U0804370

王勇 主編

『齊魯先賢家譜整理研究』叢書

張秉國 編著

# 《馮氏世録》二種整理研究

齊魯書社

圖書在版編目(CIP)數據

《馮氏世録》二種整理研究 / 張秉國編著. -- 濟南：齊魯書社,2020.9
("齊魯先賢家譜整理研究"叢書 / 王勇主編)
ISBN 978-7-5333-4218-0

Ⅰ.①馮… Ⅱ.①張… Ⅲ.①家譜—研究—臨朐縣—明清時代 Ⅳ.①K820.9

中國版本圖書館 CIP 數據核字(2019)第 225415 號

**策劃編輯　李軍宏**
**責任編輯　周　磊　曹新月**
**裝幀設計　郭　靚**

**"齊魯先賢家譜整理研究"叢書**
王　勇　主編
**《馮氏世録》二種整理研究**
FENGSHI SHILU ERZHONG ZHENGLI YANJIU
張秉國　編著

---

| | |
|---|---|
| 主管單位 | 山東出版傳媒股份有限公司 |
| 出版發行 | 齊魯書社 |
| 社　　址 | 濟南市英雄山路 189 號 |
| 郵　　編 | 250002 |
| 網　　址 | www.qlss.com.cn |
| 電子郵箱 | qilupress@ 126.com |
| 營銷中心 | (0531)82098521　82098519　82098517 |
| 印　　刷 | 山東新華印務有限公司 |
| 開　　本 | 880mm ×1230mm　1/32 |
| 印　　張 | 21.5 |
| 插　　頁 | 7 |
| 字　　數 | 520 千 |
| 版　　次 | 2020 年 9 月第 1 版 |
| 印　　次 | 2020 年 9 月第 1 次印刷 |
| 印　　數 | 1—800 |
| 標準書號 | ISBN 978-7-5333-4218-0 |
| 定　　價 | **89.00 圓** |

## 主編簡介

王勇，男，1959年9月生，山東淄博人。山東師範大學文學院教授，主要從事中國古代文學藝術及齊魯傳統文化的教學與研究，著有《明清博山趙氏家族文化研究》《山東文學史》等。主持國家社會科學基金項目、山東省社會科學規劃研究項目等多項。曾集體榮獲山東省社會科學優秀成果重大成果并一等獎、山東省高等教育教學成果二等獎。

## 作者簡介

張秉國，男，1976年12月生，山東臨朐人。2006年畢業於四川大學中國俗文化研究所，獲博士學位。現爲濟南大學文學院副教授。主要從事明清地域文學與文獻研究及俗文學研究，著有《臨朐馮氏家族文化研究》《臨朐馮氏年譜》等。主持國家社會科學基金後期資助項目、山東省社會科學規劃研究項目各一項。曾集體榮獲山東省社會科學優秀成果重大成果并一等獎、濟南市社會科學優秀成果三等獎。

## “齊魯先賢家譜整理研究”叢書（十部）

《馮氏世録》二種整理研究　張秉國 編著

新城《王氏世譜》整理研究　魏恒遠 編著

《安丘曹氏族譜》整理研究　趙紅衛 校注

萊陽《宋氏宗譜》整理研究　宋金民 朱秀敏 校注

《籠水趙氏世譜》整理研究　王勇 編著

《顏山孫氏族譜》整理研究　江永紅 王濟洲 編著

東郡《傅氏族譜》整理研究　李泉 箋注

《安德田氏家譜》整理研究　黄金元 張金平 校注

《東武劉氏家譜》整理研究　張其鳳 編著

《棲霞名宦公牟氏譜稿》整理研究　王海鵬 編著

山東省2016年齊魯優秀傳統文化傳承創新工程
第一批重點項目

山東省一流學科山東師範大學文學院中國語言文學
學科建設經費資助項目

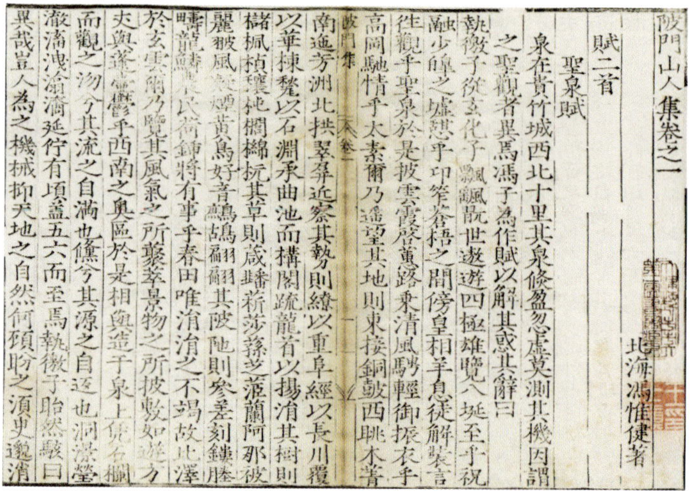
陵門山人集卷之一
北海馮惟健著
賦二首
聖泉賦
泉在貴竹城西北十里其泉倏盈忽虛莫測其機因謂
之聖觀者異焉馮子為作賦以解其惑其辭曰
執徵子從玄化子飄飄颻颻世遨遊四極雄覽八埏至乎祝
融少皥之墟慹乎卬笮蒼梧之間徬皇相羊息徒解裝言
往觀乎聖泉於是披雲霞啓蕙路乘清風驂輕御振衣乎
高岡馳情乎太素爾乃遙望其地則東接銅鼓西眺木菁
陵門集　卷一　一
南通芳洲北拱翠岑近察其勢則繚以重阜經以長川覆
以華棟甃以石澗承曲池而構閣疏龍首以揚清其樹則
櫧楓楨櫰枇櫚椰梳其草則葳蕤莿莎蓀芝茝蘭阿那被
麗披風婀娜黃鳥好音鷗鴣翩翩其陂陁則參差刻鏤膝
疇龍鱗石筍鍾將有事乎春田唯涓涓之不竭故比澤
於玄雲觸乃覽其風氣之所襲萃景物之所披敷如遊方
夫與蓬鬱乎西南之奧區於是相與造于泉上俛首擱
而觀之汐兮其流之自滿也儵兮其源之自返也洞瀅瑩
澈滴泄滴滴延佇有頃蓋五六而至焉執徵子眙然駭曰
異哉豈人為之機械抑天地之自然何頃盼之須臾遽消

馮惟健《陵門山人集》，明嘉靖刻本

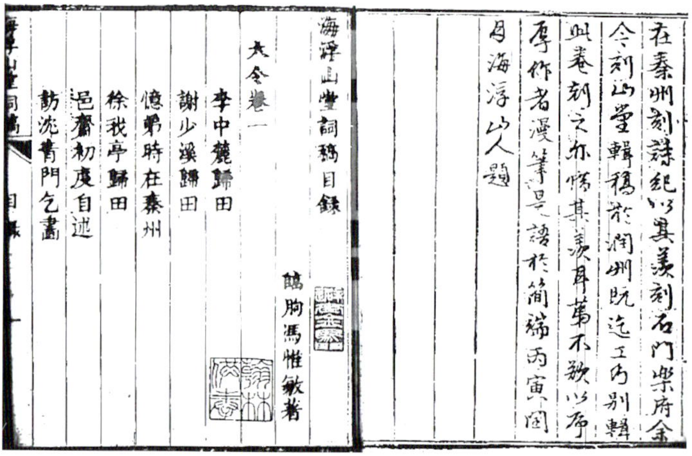
在秦州刻詩紀以其義刻石門樂府余
今刻山堂輯稿於潤州既竣工乃別輯
此卷刻之亦惜其淺耳第不欲以序
序作者漫筆是語於簡端丙寅閏
月海浮山人題

海浮山堂詞稿目錄
臨朐馮惟敏著
大令卷一
李中麓歸田
謝少溪歸田
憶弟時在秦州
徐我亭歸田
邑齋初度自述
訪沈青門乞畫

馮惟敏《海浮山堂詞稿》，明嘉靖刻本，中國國家圖書館藏

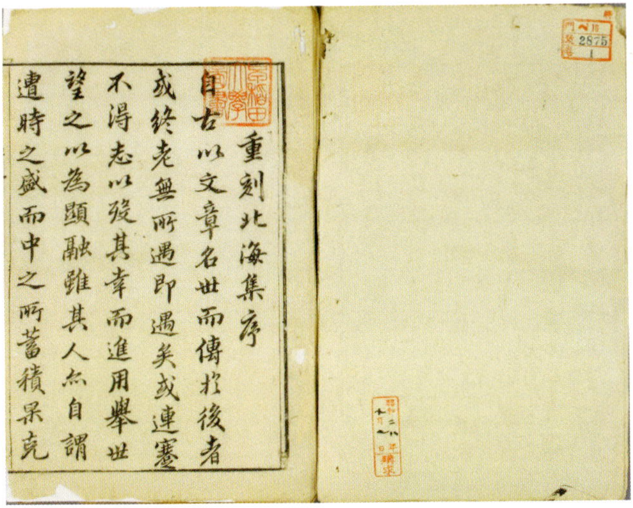

重刻北海集序

自古以文章名世而傳於後者

或終老無所遇即遇矣或連蹇

不得志以殁其身而進用舉世

望之以為顯融雖其人亦自謂

遭時之盛而中之所蓄積突克

馮琦《馮琢菴先生北海集》，萬曆三十七年（1609）刻本，日本早稻田大學藏

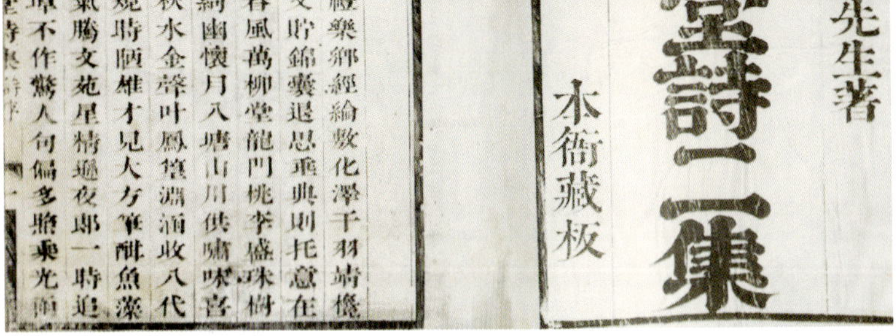

益都馮易齋先生著

佳山堂詩二集

本衙藏板

讀佳山堂詩集

世際文明會人宗禮樂卿經綸敷化澤于羽靖欃

槍大業鏤金版鴻文貯錦囊退思垂典則托意在

篇章旭日三槐閣春風萬柳堂龍門桃李盛珠樹

蕙蘭香佳致雲成綺幽懷月入塘山川供嘯咏喜

起載賡颺玉骨澄秋水金聲叶鳳凰淵涵收八代

風度軼三唐逸韻規時陋雄才見大方竿酬魚藻

麗思靜海天長嶽氣騰文苑星精邁夜郎一時追

追雅頌千載式圭璋不作驚人句偏多勝乗光

馮溥《佳山堂詩二集》，清康熙刻本

冶源本《馮氏世録》一

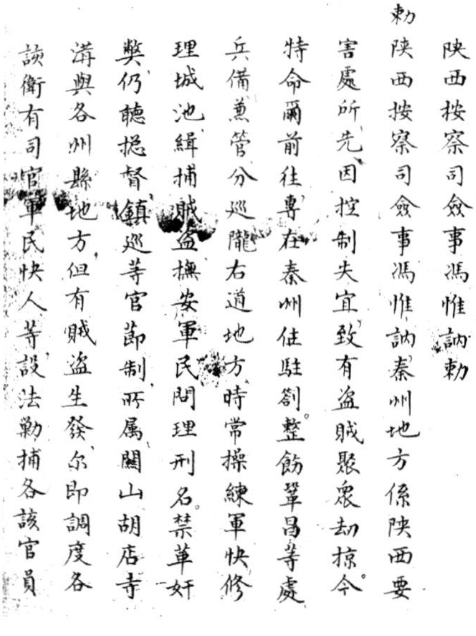

冶源本《馮氏世録》二

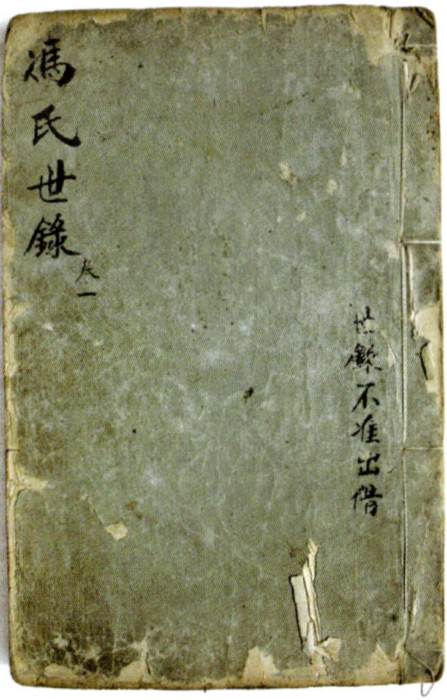

青州本《馮氏世録》一

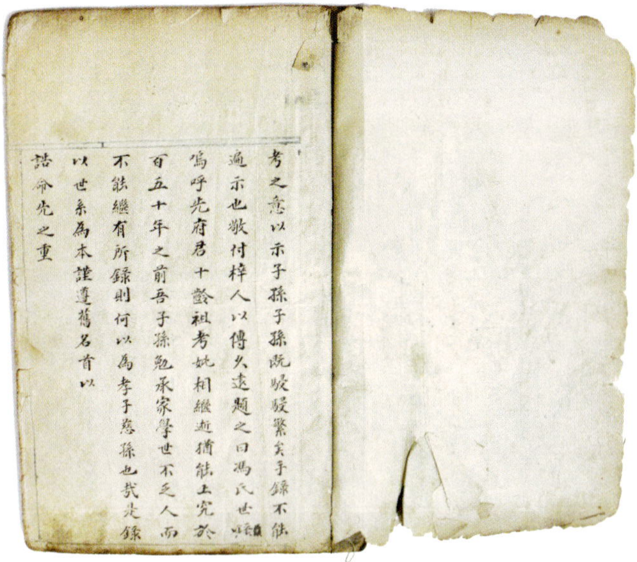

青州本《馮氏世録》二

# 總序

『齊魯先賢家譜整理研究』叢書（以下簡稱『叢書』），是山東省二〇一六年齊魯優秀傳統文化傳承創新工程第一批重點項目、山東省一流學科山東師範大學文學院中國語言文學學科建設經費資助項目。經過山東省内外十所高校與科研單位老中青三代十餘位學者的共同努力，終於順利結項，即將出版發行。作爲項目負責人，我感到十分欣慰，也堅信『叢書』將對齊魯優秀傳統文化乃至中華優秀傳統文化的創造性轉化、創新性發展産生積極影響。

一

『家譜』又稱『譜牒』『譜諜』『族譜』『家諜』『家牒』『譜録』『宗譜』『世譜』『家乘』『世録』『房譜』『譜稿』『牒譜』等（皇帝家譜則稱『玉牒』），或單稱『譜』『牒』『諜』『乘』等，是記載一姓（少數多姓）世系、重要人物事迹以及家教、家風、家訓等内容的譜籍。它起源於父系社會，由國家纂修，漢代司馬遷《史記·太史公自序》曾連稱『維三代尚矣，年紀不可考，蓋取之譜牒舊聞，本於兹，於是略推，作《三代世表》第一』『幽厲之後，周室衰微，諸侯專政，《春秋》有所不紀；而譜牒經略，五霸更盛衰，欲睹周世相先後之意，作《十二諸侯年表》第二』〔二〕。至魏晋南北朝時，已有零散的私人家譜資料記載，如《世説新語》，南朝梁劉孝標注就引家傳四十餘部。唐代出現了私家族譜專書，《新唐書·藝文志》隨之增設『譜牒類』。到宋代，私修家譜的規模已經大大超過官修家譜，其中歐陽修的《歐陽氏譜圖》、蘇洵的《蘇氏族譜》都是影響深遠的家譜名著。明清以來，私修家譜日益普及，并且往往定期重修。

中國的家譜源遠流長，浩如烟海，素與方志、正史鼎足而三，被看作中國古代典籍的一大支柱，自古以來廣爲人們關注。上海圖書館編、王鶴鳴先生主編的《中國家譜總目》〔三〕，係全球中文文獻資源共建共享項目、『十五』國家社會科學基金項目、全國高等院校古籍整理研究工作委員會資助項目。全書由海内外六百一十四家譜牒文獻收藏單位、五千餘名譜牒文獻收藏者和一千餘名譜牒文獻研究者、編纂人員合作完成，共計十册，一千二百三十萬字，著録海内外家譜五萬二千四百零一種、姓氏六百零八個，是迄今爲止規模最大的帶有内容提要的中國家譜聯合目録，也是極其重要的中華文明探源成果。該書出版以來，先後榮獲第十届全國優秀古籍圖書獎一等獎、上海市第十一届圖書獎特等獎、上海市第十届哲學社會科學優秀成果獎著作類二等獎、第二届中國出版政府獎圖書獎等，在海内外赢得了廣泛好評，也爲我們從事研究、申報課題提供了極大便利。

『先賢』一詞，至遲在秦漢典籍中已見。《禮記·祭義》云：『祀先賢於西學（周代小學名），所以教諸侯之德也。』[三]這裏的『先賢』指的是先世賢人，也即古代德才兼備者。他們既包括賢君、賢主、賢王、賢辟（德才兼備的君主），也包括賢相、賢輔、賢宰（德才兼備的宰相），還包括賢伯（德才兼備的諸侯）、賢牧（德才兼備的州郡長官）、賢令（德才兼備的縣令）、賢臣（德才兼備的臣子）、賢吏（德才兼備的官吏）與賢民（德才兼備的平民），是中國古人的杰出代表，也是中國古代家譜的亮點。先賢家譜大都具有文物價值，這從各級、各地公私收藏機構與個人競相收購先賢家譜、價格亦不斷攀升即可見一斑。近年來，新聞媒體也較關注先賢家譜的文物價值。二〇一六年三月，中央電視臺綜合頻道《我有傳家寶》節目導演賀躍進先生主動邀請筆者組織籠水（山東省淄博市博山區）趙氏族人代表趙捍東先生携帶清代刻本《籠水趙氏世譜》等赴京製作專題節目，并於當年四月四次播出，在山東省内外都産生了較大反響。而先賢家譜的輯佚、校勘、研究和利用價值，也應該高度重視。

以山東臨朐馮氏（始祖明代馮裕）爲例：《中國家譜總目》衹著録山東省圖書館藏清抄本《馮氏家乘》一卷；張秉國先生則注意到還有清道光二十八年（1848）纂修的《馮氏世譜》四卷及清光緒三十三年（1907）、民國十九年（1930）兩次續修本，一九六二年在其基礎上纂修的《馮氏族譜分派兑部》，明代以來私人過録、收藏《馮氏世録》抄本四種。經過全面比較，張秉國先生選擇《馮氏世録》二種（治源本、青州本）作底本進行整理研究，并發現了一些他書不載的碑傳墓志類文獻、世所罕見的各種誥敕，解決了諸如馮惟敏的卒年等問題（張秉國《〈馮氏世録〉二種整理研究》），爲《中國家譜總目》增補、修訂提供了重要綫索，也爲明清兩朝誕生了九位進士、九位四品以上官員并至少撰寫了六十餘種著作的臨朐馮氏家族等文獻輯佚、校勘、研究和利用奠定了堅實基礎。

先賢各有生態，也即特定環境中生存、發展的狀態及其生活習俗等，包括家族生態與社會生態。先賢家譜既是先賢家族生態的主要載體，也是先賢社會生態的輔助載體。家譜的主體是世系，通常記載始祖以來家族成員的名字、别號、生辰、幼教、婚配、子嗣、忌日、墓地、祠堂等，是研究其家族生態的第一手資料，有的還是傳世文獻中僅見的珍品。家譜中的傳記、墓志銘等，介紹家族成員科考、仕宦、交游、節操等多種信息，是研究其社會生態的重要資源，有的還可補充、糾正正史與方志等傳世文獻的缺失。先賢家譜是老祖宗留給我們的寶貴遺産，兼具物質文化遺産（家譜實體）與非物質文化遺産（家譜編纂方法）雙重屬性，是社會主義精神文明建設的深厚滋養，能够幫助世人察古鑒今，勿忘其身。它們既可爲解决人們『我是誰』『我從哪裏來』的問題提供幫助，也可爲人們明確『我到哪裏去』『我怎樣到那裏去』的目標與途徑指示方向。一九九六年底上海圖書館家譜閲覽室正式對外開放以來，爲海内外成千上萬的尋根者、續譜者與研究者解决了困難，并極大地促進了全球華人對中華民族精神基因的認同，有力地推動了當代文明家庭建設與各地旅游事業發展。先賢家譜中收録的一些家訓、家規，至今仍有借鑒意義。新城王氏四世王重光制定的書面家訓『所存者必皆道義之心、所行者必皆道義之事、所友者必皆讀書之人、所言者必皆讀書之言』及八世王士禛所寫的廉政家規《手鏡録》，還引起中共中央紀委、國家監察部的高度關注。二〇一六年四月，中央紀委、監察部網站《中國傳統中的家規》欄目組專門趕赴山東省淄博市桓臺縣王士禛故里，拍攝專題片《山東桓臺王漁洋家族：忠勤報國潔己愛民》。節目推出後，在中國共産黨内外引起了熱烈反響，爲宣傳良好家風，推動廉政建設做出了積極貢獻。

## 二

齊魯大地歷史悠久，文化燦爛，先賢産生早、數量多、影響大、定位高，是一道獨特的風景綫。遠在秦代以前，就已誕生了孔子、孟子、孫子（孫武、孫臏）等先賢，并爲管子、墨子、莊子、荀子等先賢提供了成就偉業的平臺。孔子更培養了三千弟子、七十二賢〔四〕。此後開疆拓宇，代不乏人。及至明代嘉靖年間（1522—1566）禮部會議孔廟祭禮時，甚至祇把顔淵、曾參、孔伋、孟軻等十哲以下和孔子其他及門弟子稱爲『先賢』，而把左丘明以下稱爲『先儒』〔五〕。

受『至聖先師』孔子及其家族的深刻影響，齊魯先賢及其家族特别重視譜牒編纂。從孔孟顔曾到民國諸賢，兩千餘年綿延不斷，書寫了一部家譜伴先賢成長、先賢爲家譜增色的壯麗史册。清嘉慶十九年（1814），劉鐶之主持纂修的《東武劉氏家譜》全部完成，阮元應邀爲其作序。阮元是清代著名學者、出版家，他撰寫的《疇人傳》與《積古齋鐘鼎彝器款識》，是研究中國歷代天文學家、數學家生平與古文字學的重要參考文獻，主編的《經籍纂詁》、校刻的《十三經注疏》、彙刻的《皇清經解》等，都在中國文化史上産生了巨大影響。阮元盛贊被乾隆皇帝譽爲『海岱高門第』的東武劉氏家族，稱許該譜『井然秩然，何其慎也』『不妄推世系，又何慎也』，且認爲『是譜之修，非止世家之乘，且裨國史之表，誠不可緩於今日矣』。此論持之有據，絶非虚誇。張其鳳先生經過廣泛調查，發現東武劉氏家譜除清嘉慶十九年刻本，還有清乾隆二十一年（1756）劉統勛主持纂修的《東武劉氏家譜》（已佚），以及清宣統三年（1911）劉心鑒參與纂修并抄録的《東武劉氏家譜槎河支譜》、二〇〇二年劉德浦重印嘉慶本并補劉緒煊後裔手抄本、二〇〇四年劉德浦纂修《東武劉氏家譜槎河支譜續》、二〇〇九年劉鏡如編著《東武劉氏家乘》（以上五種家譜俱不見於《中國家譜總目》），并選擇嘉慶本作底本整理研究。張其鳳先生通過全面比較，認爲劉統勛、劉墉爲清代漢族父子宰相第一。又根據《東武劉氏家譜》分别統計，發現東武劉氏有品官銜者四百一十一人次（含封贈），無品官銜者九十一人次（含封贈），是著名的仕宦世家；東武劉氏擁有十一位進士，四十二位舉人，一百五十二位監生，五十二位庠生，又是著名的科舉世家；東武劉氏擁有水利、刑名、書法、醫學、金石學、版本目録學、詩學、史學、理學、文字學等專家，傳有一百八十餘部各類著作，還是著名的文化世家。此外，東武劉氏家族六人入選《清史稿》傳記，二人入選賢良祠，三人次入選名宦祠，五人次入選鄉賢祠，三次得到清帝賜匾、題詩或盛贊（康熙、乾隆、嘉慶），是全國一流的名門望族（張其鳳《〈東武劉氏家譜〉整理研究》）。這些成果真實地展現了齊魯先賢家譜的重要地位及其輯佚、校勘、研究和利用價值。

新城王氏在明清時期共孕育了三十位進士、五十二位舉人、數十位高官，除王士禛，還有大約七十人留下了各類不同著作，是山東乃至全國最著名的仕宦望族和文化世家之一。據魏恒遠先生考察，除已見於《中國家譜總目》的《王氏族譜》十三卷［明崇禎三年（1630）毛氏汲古閣刻本］、新城《王氏世譜》八卷首一卷［清乾隆二十五年（1760）刻本］、新城《王氏世譜》不分卷［清嘉慶十三年（1808）刻本］、《大槐王氏家譜譜略》一卷（清抄本）、新城《王氏世譜》三十五卷［民國四年（1915）木活字本］、《新城王氏世譜》八卷（一九九四年鉛印本），新城王氏還有明萬曆三年（1575）、清康熙五十五年（1716）、清同治三年（1864）、二〇〇八年纂修諸譜。甚至在萬曆三年五世王之垣『創修』之前，已有其叔王文光的《徙新城譜略》（魏恒遠《新城〈王氏世譜〉整理研究》）。魏恒遠先生選擇乾隆本作底本整理研究，并廣泛收集各個版本新城王氏家譜的資料等，彙爲《新城〈王氏世譜〉整理研究・附録》一百二十一條。其中，有明代著名學者焦竑的《少司農王公傳》，明代著名戲曲作家、文學家屠隆的《王司徒誄》，明代著名文學家于慎行的《王氏琅邪公傳》《明故正議大夫户部左侍郎誥贈户部尚書見峰王公暨元配夫人于氏合葬墓志銘》《明故奉直大夫户部四川司員外郎錦峰王公墓志銘》《宣府巡撫大中丞新城王公生祠記》，明代著名戲曲作家、文學家湯顯祖的《大司馬新城王公祖德賦（有序）》，明代著名書法家邢侗的《資政大夫户部尚書王公行狀》，明代著名書畫家董其昌的《王氏族譜序》，明末清初著名文學家錢謙益的《王季木墓表》，清代著名詩人施閏章的《吏部考功司員外郎王公墓碑》，清代著名文學家、戲曲家尤侗的《王東亭進士傳》，清代著名散文家汪琬的《王象乾傳》《御史王公傳并贊》《節孝王先生傳》《誥封王母張宜人墓志銘》，清代著名文學家陳維崧的《祭王西樵先生文》，清代著名文學家姜宸英的《新城王方伯傳》，清代著名文學家朱彝尊的《文林郎湖廣道監察御史王公墓表》《誥封朝議大夫國子監祭酒新城王公墓碑》，清代著名史學家萬斯同的《王象乾傳》，清代著名經學家孫星衍的《資政大夫經筵講官刑部尚書王公傳》等。這些成果又一次清晰地展現了齊魯先賢家譜的突出地位及其輯佚、校勘、研究和利用價值。

趙紅衛女士的《〈安丘曹氏族譜〉整理研究》，宋金民先生、朱秀敏女士的《萊陽〈宋氏宗譜〉整理研究》，王勇的《〈籠水趙氏世譜〉整理研究》，江永紅女士、王濟洲同志的《〈顔山孫氏族譜〉整理研究》，李泉先生的《東郡〈傅氏族譜〉整理研究》，黄金元、張金平先生的《〈安德田氏家譜〉整理研究》，王海鵬先生的《〈棲霞名宦公牟氏譜稿〉整理研究》，也都與此相似，各具價值。

遺憾的是，齊魯先賢家譜的收集、整理、研究和利用工作還做得不够。截至目前，尚未專門全面收集傳世齊魯先賢家譜的基本信息，也未正式出版系統整理研究齊魯先賢家譜的相關著作。有鑒於此，我們群策群力，分工協作，首選明清時期十家、十一種齊魯先賢古舊族譜整理研究，希望能够拋磚引玉，得到社會各界的重視與支持，進而探源逐流，不斷拓展，以推動齊魯先賢家譜的搶救、保護和利用，促進中華優秀傳統文化的繼承、創新和發展。

三

『叢書』自準備到完成，歷時三年半，得到很多領導、專家的殷切關懷與精心指教，令筆者倍感温暖，終生難忘。

二〇一六年二月二十九日，中共山東省委宣傳部、山東省發展和改革委員會、山東省財政廳、山東省文化廳、山東省新聞出版廣電局、山東省文物局聯合下發《關於推進齊魯優秀傳統文化傳承創新工程重點項目的通知》（魯宣發［2016］3號），面向全省徵集七個類別、三十個重點項目的相關課題。四月十二日，《中共山東省委高校工委關於組織申報2016年齊魯優秀傳統文化傳承創新工程重點項目的通知》（魯高工委通字［2016］22號）正式發布，要求全省各高校認真組織申報工作，并將擇優報送省委宣傳部參加評選。我在認真研讀文件、廣泛查閱資料後，申報了『研究闡發項目』類別中的『齊魯先賢家譜整理研究叢書』。其間，數次得到山東省政協原副主席、山東師範大學原副校長、山東師範大學山東省齊魯文化研究院原院長王志民教授，山東省委宣傳部副部長王紅勇同志、文藝處處長王偉同志，山東師範大學山東省齊魯文化研究院副院長仝晰綱教授，以及山東師範大學社科處副處長孫書文教授、顧大偉老師的悉心指導。九月一日，六部門又聯合下發了《關於推進2016年齊魯優秀傳統文化傳承創新工程第一批重點項目的通知》（魯宣發［2016］22號），正式公布經全省各地、各部門及高校組織推薦、專家學者評審，最終確定的包括『齊魯先賢家譜整理研究叢書』在內的七十二個重點項目。九月二十七日，山東省財政廳下達省級宣傳文化發展專項經費給予資助。自此，項目工作全面啓動。

早在二〇一〇年上半年王志民教授組織召開的《山東文化世家研究書系》第一、二次作者會議上，筆者就已與《清代聊城傅氏家族文化研究》作者李泉先生、《清代諸城劉氏家族文化研究》作者張其鳳先生、《清代德州田氏家族文化研究》作者黄金元先生、《清代棲霞牟氏家族文化研究》作者王海鵬先生、《明清安丘曹氏家族文化研究》作者趙紅衛女士、《臨朐馮氏家族文化研究》作者張秉國先生結下了良緣。『叢書』正式立項後，本着家族文化研究與家譜整理研究、遴選家譜與聘請作者相互結合的原則，筆者首先聯繫這六位學者，他們全都慨然允諾。李泉先生『項目很有意義，稿費并不重要』的表態，尤其令我感動。除筆者以外，其餘三書作者或爲同鄉，或爲學生，也都愉快地接受邀請，并迅即展開工作。

二〇一七年三月十八日至十九日，在山東師範大學舉行了『叢書』編纂工作研討會。山東師範大學文學院院長楊存昌教授、黨委書記王興盛老師，齊魯書社社長昝亮編審，山東師範大學社科處副處長孫書文教授，山東師範大學文學院省級重點建設學科中國古代文學學科帶頭人陳元鋒教授、中國古代文學教研室主任王琳教授，山東師範大學文學院辦公室主任張冰老師，以及『叢書』十部著作的主要作者與編者共二十人，參加了本次研討會。大家集體學習了中共中央辦公廳、國務院辦公廳《關於實施中華優秀傳統文化傳承發展工程的意見》及中共山東省委宣傳部、山東省財政廳的有關文件，并就『叢書』編纂與出版計劃等進行了熱烈而深入的研究與討論。會後，由筆者起草『叢書』凡例、編撰排版要求及試寫稿共同討論修改，以便統一體例。同年十二月十七日起，『叢書』初稿陸續提交。由筆者首先通讀，并與作者隨時討論。然後轉交『叢書』責任編輯復審，再與作者和筆者共同討論，經課題組内外專家審閲後定稿，申請結項。其間，『叢書』又多次得到山東省作家協會副主席、山東師範大學文學院院長孫書文教授的具體指導，并得到山東師範大學文學院黨委書記肖光軍老師及社科處處長高景海老師、副處長顧大偉老師等的熱情幫助。

『叢書』付梓之際，筆者謹向有關領導、專家與全體作者、編者表示崇高的敬意！向協助『叢書』推進工作的山東師範大學文學院辦公室主任李金波老師及我的研究生高燕、徐寧同學表示衷心的感謝！由於時間緊迫，能力有限，書中錯誤疏漏在所難免，敬請廣大讀者批評指正！

王　勇

二〇一九年八月十五日於山東師範大學文學院

【注】

〔一〕［漢］司馬遷：《史記》卷一三〇《太史公自序》，中華書局一九五九年版，第一〇册，第三三〇三頁。

〔二〕上海圖書館編，王鶴鳴主編：《中國家譜總目》，上海古籍出版社二〇〇八年版。

〔三〕［清］孫希旦：《禮記集解》卷四六《祭義》，中華書局一九八九年版，下册，第一二三一頁。

〔四〕［漢］司馬遷：《史記》卷四七《孔子世家》：『孔子以詩書禮樂教，弟子蓋三千焉，身通六藝者七十有二人。』中華書局一九五九年版，第六册，第一九三八頁。

〔五〕［清］張廷玉等：《明史》卷五〇《志·禮四》，中華書局一九七四年版，第五册，第一二九六頁。

# 凡例

一、本『叢書』選擇十部齊魯先賢家族的宗譜整理研究，一族一部，求同存异。旨在搶救珍貴家譜，發掘歷史資料，古爲今用，推陳出新，促進人們注重家庭、家教、家風，爲弘揚優秀傳統文化、建設社會主義精神文明貢獻力量。

二、『齊魯』以今『山東省』行政區劃爲界，『先賢家譜』從明清兩朝入手。此前家譜，將來再謀整理研究。

三、本『叢書』一律以善本、足本等舊譜爲底本，以别本家譜及其他歷史文獻等參校。原文涉及帝王與尊者等跳行、空格者，一律回改，不出校。篇幅較長者，酌情分段。

四、各譜人名、字號、地名、書名等專有名詞悉仍其舊，其他文字保留繁體，但异體徑改正體、諱字徑改本字、舊字形徑改新字形，不出校記。脱、衍、倒、誤文字一律改正，并出校記。

五、標點一律采用通行竪排新式符號，引號先雙（『』）後單（「」），不用專名號。

六、注釋重在簡介族人事迹、家鄉環境及對家族産生較大影響的其他人物、事件等，非特殊意義詞語一般不注。

七、校記與注釋合爲一體，以『【校注】』標示，列於各篇文章或相同世次譜表之末。同一條内，先校後注。

八、在整理文獻過程中，對於農民起義軍被誣爲『盜』『匪』『賊』等，我們是持批判態度的，但爲保證資料的真實性、完整性，對此不做改動。

九、本『叢書』參照王志民教授主編《山東文化世家研究書系》順序排列，各書按圖片、總序、凡例、前言、目録、家譜及其校注與研究、附録等順序排列。

# 總目

# 前言

## 一

臨朐馮氏是明清時期的一個顯赫的文化世家，也是明清時期山左世家之翹楚。自馮裕以來，這個家族人材輩出，就科舉而論，共進士九名（一名武進士），舉人三名，貢生則比比皆是；就仕宦而論，有官銜者約二十人，其中四品以上有九人。這還僅指臨朐、益都（今青州）一帶，尚不包括遷至外地的馮氏。且世代以著述見長，《千頃堂書目》列馮氏著述二十五種，收入《四庫全書》的有四種，另有兩種存提要。而據筆者考察，馮氏著述可考者有六十餘種（見該書《附録》），其中尚不包括那些單篇隻簡以及馮珂等人毁於兵燹的著述。王士禛稱：『予鄉文獻舊家，以臨朐馮氏爲首。』〔一〕又稱：『二百年來，海岱間推世學者，必首臨朐馮氏。』〔二〕這些贊譽，臨朐馮氏當之無愧。

馮氏可考的祖先，是明初戍遼的馮思忠。馮惟敏《馮氏世録引》載：『先府君嘗手録《馮氏世系》一帙，實自朐高祖考始，勝國以往莫稽焉。』[三]洪武二十三年（一三九〇），明太祖設廣寧衛；二十六年，又置廣寧中、左、右、前、後五衛及右屯、後屯、前屯三衛。廣寧衛設置後，詔令山東之民三户徙一人戍遼。家居臨朐的馮思忠在征戍之列，從此戍遼爲軍户。思忠便是馮裕《馮氏世系》記載的始祖。

思忠之子馮福通（一四〇二—一四四九），生於遼東廣寧左衛，入贅於廣寧右屯衛鹽場小屯吴家，妻吴妙蓮氏（一三九七—一四六二）生四子，曰馮春、馮俊、馮旺、馮興。馮春（一四一七—一四六二），不仕，娶妻張氏。馮俊、馮旺、馮興皆無嗣。是爲馮氏戍遼後的第三代。

正統十四年（一四四九）七月『土木之變』發生，廣寧城遭受瓦剌的蹂躪。馮福通在逃難中不慎墜崖死，其長子馮春、三子馮旺逃入深山，幸免於難；四子馮興夫婦遇難。次年七月，馮春妻張氏生下一子，取名馮振（一四五〇—一四九〇），字文舉，即馮裕之父。妻李氏（一四五四—一四九二）。

從馮思忠到馮振，世籍爲軍户，直至五世馮裕始以軍籍中進士，方光大門楣。後還籍臨朐，以文學事功有聲海内，始稱『北海馮氏』。因馮裕之後，其子孫或居臨朐，或居郡城益都，故此『臨朐馮氏』指分居於兩地者。兹将主要人物簡介如下：

馮裕（一四七九—一五四五），字伯順，號閭山。幼失怙，依於叔祖母池氏，家貧而攻苦不輟。

年十七，充廣寧衛諸生，師從賀欽，究心理學。正德三年進士，歷任華亭、蕭縣令，遷晉州知州，歷南京户部員外郎、郎中，遷平凉知府，後改知石阡，官終貴州按察副使。致仕後，與友人結『海岱詩社』，開青州詩壇之風氣。有《方伯集》。馮裕一生躬行理學，曾自概生平：『希寵者負君，媚人者負己，謀身者負人，生平蓋三無負矣。』〔四〕

馮惟健（一五〇一—一五五四），裕長子，字汝强、汝至，號冶泉、陂門山人。少爲廣寧衛諸生，後隨父宦游至南京，與當地文人陳鳳、許穀等人結青溪詩社，才情縱横，有聲士林。馮裕返籍臨朐，惟健奉母弟居青州，士人睹其文筆，争相引重。嘉靖七年舉山東鄉試，屢赴會試不第。身爲長子，惟健料理家事，奉養雙親，暇則温習經史，然而屢試不第，抱憾而終。惟健是明代青州詩壇的重要代表，《續修四庫全書總目提要（稿本）·〈陂門集〉提要》稱青州詩壇『迨惟健兄弟踵起，以海涵岳負之才，競爽一門，掉鞅壇坫而詩派始大。惟健懷才早世而作述率厲，蔚起群從，其功尤不可没』〔五〕。

馮惟重（一五〇四—一五三九），裕次子，字汝威，號芹泉。弱冠，與兄惟健成廣寧衛諸生。清河令蔣某奇其文，以女許之。隨父宦游，與長兄惟健參加青溪詩社。返籍臨朐後，聲譽日起，執經願爲弟子者衆多。嘉靖十四年與弟惟訥連袂中舉，十八年又同中進士。授行人司行人，世宗南巡，惟重受節前驅，湖湘一帶暑濕難當，病倒在廬州，疽發於背。友人勸其回家就醫，惟重以王命爲辭，遂卒。有《大行集》。惟重在『四馮』中名聲最小，但山左詩壇雅重其詩，清人王苹、宋弼皆推爲『四馮』之冠，《續修四庫全書總目提要（稿本）·〈大行集〉提要》評云：『王秋史謂惟重詩「五律直逼少陵」，推爲諸馮之冠。今觀其集，精研聲律，才藻駿發，不作大曆以後語，堪與信陽、武功角逐中原。以視東渚、海亭諸老，聲光迥异，亦可知海岱詩派之變遷也。』〔六〕

馮惟敏（一五一一—一五七八），字汝行，號海浮山人。天性聰敏，青少年時代隨父宦游石阡，博覽群書。爲文章汪洋閎肆，萬言立就。不久，北歸完婚。受業於劉澄甫，尤爲臨朐縣令褚寶所重。王慎中督學山東，對其贊賞有加。嘉靖十六年中舉，但屢赴會試不第。直到嘉靖四十一年（一五六二）已過知命之年纔參加謁選，授淶水縣令。因追繳逋賦得罪豪右，被貶爲鎮江府教授，稍遷保定府通判，修府志，又集楊繼盛遺文行世。遷魯王府審理，遂自免歸。有海浮山堂《詩稿》《文稿》《詞稿》，尤善爲曲，王世貞稱其北曲『獨爲杰出』〔七〕，至近世，更受學界高度評價，如任中敏《散曲概論》稱其曲『猶詞中之有辛弃疾，有明一代，此最有生氣，最有魄力之作矣』〔八〕，梁乙真、劉大杰、鄭騫、趙景深、羅錦堂諸家都認爲他是元明曲家中第一流。另有雜劇《僧尼共犯》《梁狀元不伏老》也頗受稱道。

馮惟訥（一五一三—一五七二），字汝言，號少洲。幼聰敏穎悟，嘉靖十四年與仲兄惟重同舉於鄉，十八年同中進士。歷任宜興、魏縣知縣，遷蒲州知州、揚州府同知，補松江府，遷南京户部員外郎、郎中，出爲陝西僉事，升河南參議，擢浙江提學副使，升山西參政、按察使，遷陝西布政使，轉江西左布政，特進光禄寺卿致仕。惟訥歷官清正，仕宦三十年，囊無長物。歷官有聲，在魏有德政碑，在蒲、隴右皆有去思碑，在江右則士大夫嘆服謂『二百年所未見』[九]。著述宏富，有《風雅廣逸》、《楚辭約注》、《古詩紀》、《文獻通考纂要》、《唐音翼》、《杜律刪注》及《馮光禄集》等。

三世中，以馮子履、子咸名聲較著。馮子履（一五三九—一五九六），字禮甫，號仰芹，惟重子。惟重以行人出使，妻蔣氏於京邸舉子，百日而孤。幼穎敏絶倫，爲文詞，援筆立就。隆慶二年中進士。授固安縣令，遷兵部車駕司主事，進職方員外郎。擢山西按察司僉事，治兵大同。累遷參議、副使，大計被誣，解組自免。丁内艱除，以薦起知和州。遷陝西僉事、易州兵備副使，升河南參政，子琦已授侍讀學士，有盈滿之畏，乃致仕歸。爲人豪爽俊邁，才器絶人，機鋒神敏，事無難易，迎刃立解。尤長於治兵，可惜因惕於盈滿，未竟其才。

馮子咸（一五四八—一五九六），惟健次子，字貞甫，號望山，後更號曰本軒。少失怙，事母至孝。母歿，哀毁骨立。萬曆元年中舉，兩赴會試不第，遂不復赴，歸隱治源，修習理學，以孔孟後宋濂洛諸賢、河汾薛氏爲宗，爲山左理學名家。著作有《日進劄記》《自警私録》《耕餘筆談》《讀禮抄記》，皆不存。

三世中，還有馮子益、子復、子升、子豐、子漸、子臨、子蒙、子節等人。其中，馮子復（一五四五—一六〇五），號觀海，惟敏長子，襲廣寧衛武秩，官至廣寧左衛僉事。馮子升（一五四七—一六一二），字慎甫，惟敏次子，以子瑗貴，封户部雲南司郎中。

四世中，以馮琦最有名，馮瑗、馮珣也較有名。馮琦（一五五九—一六〇三），字用韞，號琢菴，子履子。幼穎异，讀書過目不忘，十歲能文章。萬曆四年舉於鄉，次年成進士，年纔弱冠。改庶吉士，授編修，與修《大明會典》。歷侍講，充經筵講官，補日講官，升少詹事兼侍讀學士，遷禮部右侍郎，轉吏部，升禮部尚書，卒於任。年僅四十六。遺疏請厲明作，發章奏，補缺官，推誠接下，收拾人心。語極懇摯，帝悼惜之。贈太子少保，天啓初，謚文敏。爲一代大儒，爲學以經世致用爲主。時人將其比爲賈誼、陸贄、蘇軾等人。著述宏富，較著者有《宗伯集》《經濟類編》《宋史紀事本末》等。

馮瑗（一五七二—一六二四），字德韞，號栗菴，惟敏孫。萬曆二十三年（一五九五）中進士。授湖廣茶陵州知州，升户部員外郎，升山西參政，補湖南道，調開原兵備道，與努爾哈赤對壘，後因其策略不爲當事者采納，抑鬱而歸。長於軍事，所著有《黄龍紀事》《黄龍焚草》《開原圖説》等。

馮珣（一五六三—一六四〇），字季韞，號璞菴，惟訥孫，子臨子。幼博綜群籍，知名於時。以選貢謁選陝西長武知縣。遷咸陽，補交河縣，升興安知州，累官至漢中府同知。有《韞璞齋稿》。

四世中另有馮珂、馮瓚、馮璣、馮琬、馮琰等。馮珂（一五七九—一六四四），字用鳴，號範吾，馮琦异母弟，馮琦任尚書期間，曾襄助部務，負經濟之才，未仕。馮瓚，字德元，子復子，襲廣寧衛爵爲指揮僉事。馮琰（一五八八—一六三五），字叔白，號慎菴，崇禎六年以貢生謁選四川璧山縣令，卒於任。

五世中以馮士衡、士標、士杰、士榘、士份等較有名。馮士衡（一五八三—一六四一），字于平，號宗遠，珣子。少博極群書，蜚聲青州，屢赴鄉試不第。泰昌元年（一六二〇）選貢，崇禎二年（一六二九）授浙江孝豐知縣。以詿誤罷歸。馮士標（一六一〇—一六五五），字端明，號宗尼。子咸孫。崇禎六年（一六三三）中舉，十三年（一六四〇）成進士。清順治二年謁選，授兵部武選司主事，分巡關内道。遷右參議，備兵莊浪道。升四川兵備副使，改福建按察司副使，病卒於赴任途中。馮士標是臨朐馮氏仕清第一人。馮士杰（一五九八—一六四二），字于高，本馮璲之子，過繼馮琦，以蔭選官，至南京户部員外郎。馮士榘（一六〇一—一六五七），字篤初，馮琦子，以蔭至刑部四川清吏司主事，起户部江西清吏司主事，未赴。馮士份，字于質，瑗次子，生平見於《光緒臨朐縣志》，在明清鼎革之際，隱居不仕。

六世中以馮溥最爲杰出。馮溥（一六〇九—一六九二），字孔博，號易齋，士衡子。明崇禎十二年中舉，清順治三年進士，次年補殿試，改庶吉士，授編修。累遷秘書院侍讀學士，轉左侍郎，擢都察院左都御史。遷刑部尚書，授文華殿大學士，加太子太傅。卒，謚文毅。有《佳山堂詩集》。

馮溥兄弟有馮涵、馮灝、馮泌、馮漢等，其中馮灝歷官至寧夏總兵。另有馮虎臣，字孔武，康熙二年（一六六三）中武舉，次年中武進士，其宦迹不見記載。

七世中大多無甚可稱，以馮溥三子較有聲名：長子馮治世（一六三一—？），字虞臣，庠生；

次子馮慈徹，字冒聞，號玉爽，官至兵部司務；三子馮協一（一六六一—一七三七），字躬暨，晚號退菴，以蔭選爲紹興府同知，歷廣信、廣州、汀州府知府，轉臺灣府。有《友柏堂遺詩選》。

八世中以馮肅、馮愿見于記載。馮肅（一六六七—？），馮治世長子，以蔭官至揚州知府，卒於任。馮愿（一七一八—一七六八），字端禮，協一子。以貲授池州府通判，尋攝無爲州知州，以註誤歸。馮愿有三子，時基、時增、時陛。時陛字確亭，拔貢生，歷署長山、沾化縣教諭，文名尤重於時。

臨朐馮氏自七世之後呈衰落之勢。從雍正以後，馮氏在科第方面已默默無聞。值得一提的是十三世的馮桂增，馮惟訥後裔，自幼勇健，曾誤投捻軍，降官兵，敗後用爲裨將，旋擢守備，進都司，升游擊，加副將銜。左宗棠西征，馮桂增隸於麾下，受到左宗棠器重，擢爲副將。光緒二年（一八七六）正月，襲瑪納城，因援軍未至，桂增爲賊所擒，不屈死，事迹見《清史稿·額爾慶額傳》。

臨朐馮氏除了上述居於臨朐、益都兩地的，在明清之際曾有數支遷出，其中遷至安丘的一支，以馮光第、馮爾昌較有名聲。馮光第，字擢堂，道光丁酉（一八三七）舉人，授朝城訓導。子爾慎，同治丁卯以剿捻軍功，賞藍翎五品銜。爾慎子作楝，字少枚，光緒乙亥（一八七五）舉人，有文名，以教習知縣分署河南西華。馮爾昌（一八三〇—一八九八），字玉雯、友文，號仲山，安丘景芝鎮人。同治二年（一八六三）進士，改庶吉士，授編修，歷御史、給事中，擢鴻臚少卿，出督廣東學政，歷大理寺卿，署副都御史。卒於官。

遷徙至海外的馮氏也值得一提，據韓國馮榮燮《馮氏大同譜》載馮瑗曾孫馮三仕（一六〇七—一六七一），崇禎十二年清軍圍武城，三仕由德州提兵救援，兵敗被俘，被清軍押至瀋陽。時朝鮮王子鳳林大君亦被押於瀋陽，馮三仕等九位被俘者與之結爲患難之交。明亡次年，鳳林大君被釋回國，將九人帶回朝鮮，稱『明國九義士』。然而，有學者考證馮三仕實爲馮瑗之子，似乎更近事實〔一〇〕。

另外，與臨朐馮氏同源的山東臨淄馮氏、江蘇邳州馮氏、山西代州馮氏都與臨朐馮氏後裔有交往，如代州馮右京、馮如京與馮溥以兄弟相稱，馮溥以巡察經邳州時曾將《治原圖》贈邳州授賢馮氏族人等，此不贅述。

## 二

臨朐馮氏十分注重家族的歷史，編纂家譜是其家族内部的重要工作，最早可追溯馮裕編纂《馮氏世系》，而《馮氏世録》便是其家譜的早期形態。另外，山東省圖書館藏有清抄本《臨朐馮氏家乘》一卷，也是馮氏家譜的一種。

真正以譜系爲主要内容的家譜，則是清道光二十八年（一八四八）纂修的《馮氏世譜》四卷，此後在光緒三十三年（一九〇七）和民國十九年（一九三〇）曾兩次續修。一九六二年在此基礎上修成《馮氏族譜分派兑部》是内容最爲詳實的族譜，但因所記乃馮氏闔族成員，且是依據《世録》《家乘》《世譜》等編成，所以史料價值遜於《馮氏世録》。

關於《馮氏世録》，據馮惟敏《馮氏世録引》説：『手録不能遍示也，敬付梓人以傳久遠，題之曰《馮氏世録》。』[一二]則此書或曾刊刻過。另外，馮溥的《佳山堂書目》『家刻』中列有《馮氏世録》，也説明此書曾有刻本。但刻本早已亡佚，今天所見的都是抄本。目前已面世的《馮氏世録》抄本有四種：一種是臨朐冶源車家溝馮益漢收藏本，一種是臨朐七賢梨花埠馮兆貴收藏本，一種是曹立會所藏臨朐寺頭抄本，一種是青州東壩鎮東十里村馮氏藏本。這四種《世録》因爲是不同的馮氏後裔所存，會根據各支的情况增益删削，所以内容并不完全相同。比如冶源車家溝藏本是九世馮康年在原本的基礎上增益，馮憲又據以抄存。

從四種《世録》的内容看，冶源車家溝本除了存録馮裕的《馮氏世系》《馮氏先隴表》，還有『奉祀神主』、各類敕表以及碑傳志銘，其中後者多記馮子履、馮琦、馮珂等人的傳記，應該是二支（馮惟重後人）所存。七賢梨花埠本分爲誥命敕表、墓志行狀、志録祭儀、祭文詩稿等内容，其中祭文詩稿類爲他本所無。曹立會所藏寺頭本主要是『奉祀神主』和墓志、行狀類文體。青州東壩東十里藏本大體分碑傳墓志、祭儀、誥敕諭祭、志録碑記等。

以上幾種《馮氏世録》都有重要的史料價值，其中不少文獻都十分罕見，可以廓清學術界的很多疑問。比如，關於馮惟敏的卒年，過去學界一直没有定論，但《馮氏世録》中的『奉祀神主』

及石茂華所撰《行狀》均明載其去世時間，這個問題便迎刃而解了。另外還有不少碑傳墓志類文獻不見於他書，各種誥敕更是罕見。

本次整理，選擇了冶源車家溝本和青州東壩東十里本作爲整理對象。原因是這兩種本子重合的部分較少，而且皆爲全本。而寺頭本的内容大多分見於上述兩本，七賢梨花埠本則有部分殘缺。

## 三

這裏介紹一下整理本書的機緣。王勇先生主持的『齊魯先賢家譜整理研究』叢書擬將臨朐馮氏的家譜收入，承先生不弃，筆者得以有機會整理這兩種《馮氏世録》。確定整理内容後，王勇先生又爲『叢書』編定了詳細的體例。本書即按此體例進行整理，但有些細節還需要做出説明：一是家譜中涉及許多人物的生卒年月，爲方便讀者，筆者一一查閲了《中西曆日對照表》，西曆的日期統用漢字標注。二是注釋，對重複出現的人物、典故，前文注出，後文則省，冶源車家溝本《馮氏世録》（簡稱冶源本《世録》）已經注釋的，青州東壩本《馮氏世録》（簡稱青州本《世録》）則簡要注釋。另外，本書附録爲《臨朐馮氏著述考》，此内容曾在拙著《臨朐馮氏年譜》中附録，本次作了删改，其説法有前後出入的地方，一律以本書附録爲準。

最後需要説明的是，《馮氏世録》作爲馮氏内部傳承的家譜，外人借閲不易。十多年前，筆者曾拜訪馮惟敏後裔馮榮昌先生，先生曾將冶源本《馮氏世録》借閲。遺憾的是，先生已於兩年前駕鶴西歸，謹在此獻上對先生的深切緬懷！另外，還要感謝馮惟敏研究專家鄭樹平先生的一再幫助。十多年前，鄭先生曾將七賢梨花埠本《馮氏世録》的複印本見贈，幾年前又告知青州新發現的東十里村藏本《馮氏世録》，并將照片惠贈。筆者在整理過程中，發現青州本《世録》有漏拍的内容，遂聯繫了馮氏後裔、青州圖書館的馮漢君先生，馮先生親自到藏者家中爲筆者補拍了缺頁，其熱忱也令人難忘。

張秉國

二〇一七年十二月於濟南大學

【注】

〔一〕王士禛《居易録》卷一〇，《四庫全書》本。

〔二〕王士禛《佳山堂集序》，見馮溥《佳山堂詩集》，清康熙刻本。

〔三〕見臨朐冶源本《馮氏世録》。

〔四〕歐陽德《歐陽南野先生文集》卷二六《閭山馮公墓碑》，明嘉靖三十七年刻本；李維楨《大泌山房集》卷六五《馮氏家傳》，萬曆三十九年刻本。

〔五〕《續修四庫全書總目提要稿本》第四册，齊魯書社一九九六年版。

〔六〕《續修四庫全書總目提要稿本》第四册，齊魯書社一九九六年版。

〔七〕王世貞《藝苑卮言·附録》，見《弇州四部稿》，《四庫全書》本。

〔八〕任訥《散曲概論》，中華書局一九三一年版。

〔九〕余繼登《明通奉大夫光禄寺卿少洲馮公墓志銘》，見《淡然軒集》卷六，《四庫全書》本。

〔一〇〕曹立會《馮惟敏年譜》附録《臨朐馮氏六代世譜》，認爲『明國九義士之一的馮三仕乃惟敏之曾孫、子升之孫、瑗之子無疑』。青島出版社二〇〇六年版。

〔一一〕見臨朐冶源本《馮氏世録》。

# 冶源本《馮氏世録》

臨朐冶源車家溝馮氏藏本

# 目録

## 五、奏疏……八六

## 六、墓志、行狀、墓表、傳略類……一一一

# 一、序、表

## 駢邑馮氏世譜序

古者一國之勢，原於始封；一家之風，開於始祖。商人之駿肅以湯，周人之忠厚以文，齊之强也以吕望，而魯之弱也自伯禽。陳太姬好巫覡，而其後流爲歌舞；秦之先大費爲虞，馴鳥獸有功，而其孫以息馬得國。一人之好尚，宗之百世，所以建國立家。古之英俊，必兢兢乎慎之，懼其終也。吾讀《馮氏家乘》，觀其初基及所以緒之者，其由憲副公乎〔一〕？

蓋公之曾祖父〔二〕，其去東而遼也，崎嶇山谷，摧戕鋒刃，得不絶者如綫耳。公生其時，豈遑爲締造計？即計之，如堂無法，如播無菑，其胡克濟？而公蹶然興起，明燈火於韋毳之中，縱披吟於烽燧之下，單心孝友，奮迹先民，業業皇皇，茫乎一無憑藉，而堅自刻於貽孫翼子之謀。卒之捷南宫，登顯仕，不志橐囊，不阿權貴，膏洽氓庶，威攝奸豪，四境乂安，邊圉清静。恩綸光於泉壤，天錫賁及雲裔。此其智深勇沉，夫豈一二世之度量精神所能竟其流布哉！蓋自公之去遼復青，而有馮數百年之世業〔三〕，固以定之矣。

是故公子五人，其一絶，而其四爲馮氏之四宗。一宗曰惟健〔四〕，馮長門也。健生子益〔五〕及子咸〔六〕。健與咸俱孝廉，而益諸生。咸行醇篤，及卒，門人謚貞静焉。子琬、子琰，皆有聲〔七〕。益之孫曰士標〔八〕，憲副公四世孫也，由進士歷官臬司。方其以僉事巡關中也，流賊陷商州，勢甚急，公出奇計破之。賊退，西安以平，士民頌之。一宗曰惟重〔九〕，爲馮之二門，以進士官大行，死於事。一子曰子履〔一〇〕。子履有大略，階河南參政，爲有明兩治兵。方其靖兵變，撫群盗，縛束鹿妖言道士，以安易州民，聲色不動而事以寧。皆肅肅乎有古大將風。而長子宗伯公學問深醇〔一一〕，器識淵毅，數稱古名臣。奏疏以獻，詞慨而直不可回，國是賴焉。三門曰惟敏〔一二〕，别駕公也。以孝廉判保定，條時弊十六端，稱切中。有子四人，而長子復之嫡瓚雖武秩〔一三〕，然恬淡幽逸，有儒者之概焉。大學士文毅公善之〔一四〕。次子升之嫡瑗〔一五〕，進士，累官開原兵備道，文名治績，今載人口。四門則光禄公惟訥〔一六〕，凡四宗之尤盛，推光禄公後。公潜心經濟，由邑宰晋卿官，威惠疊用。然敦孝弟，勵文學，爲本務。子奉直公臨性温平〔一七〕。孫珣〔一八〕，去長武尹咸陽，武人遮道留，若漢循吏故事。其曾孫士衡，宰孝豐〔一九〕，多异政，而和氣所感，則文毅公應運生焉。文毅公以聰敏之資，天人淹貫之才，左右王家。凡主德污隆，民生利病，朝廟大體，軍國機宜，必翼翼乎圖維厥終而後告君行之。禍福不能移，謗譽不能奪，論者謂其有魏相、李沆之風。此奚啻一姓之休，蓋四海元元之慶也。

然乃馮氏之積善累功，格天凝命，及於是而發祥蔚矣。而吾且推本論之，脱令憲副公念播蕩之無日、先祖父之無基，唯是干戈耰鋤，苟焉存活，子孫雖有志，將安所觀型而爲之？有憲副公之英杰，而後子孫從之；有子孫之宧成學就，而後數世綿之。是故馮氏之孝友，憲副公之喪池母也〔二〇〕；馮氏之好古，憲副公之師醫閭也〔二一〕；馮氏之勤心撫字，憲副公之治蕭、華亭也〔二二〕；馮氏爲大吏戢盗安民，憲副公之鎮威清也〔二三〕；馮氏立朝，風節凛然，憲副公之懷『三無負』以事君也〔二四〕。

儀正於數世之前，而風乎數世之後。如大冶之爐，陶而熔之，可以成萬劍；如長江之水，决而灌之，可以就百川。然則憲副公之爲馮氏俎豆，功德千秋，不亦宜乎？抑吾於此猶有感焉。鐘鼎之家，得禄而侈，簪纓之族，席寵而驕。祖父苦筋力〔二五〕，瘁風雨，而子孫農不安耕，士不安讀，昏然弃數世之成勞，而不知其罪，祖父雖甚聖明，豈能置身百代而下，而爲之呵禁開導之？是故有陂門、琢菴諸先生之志守〔二六〕，則必有憲副公爲之先，而箕裘可以啓；有憲副公之遠謨，則必有陂門、琢菴諸先生爲之後，而堂構可以光。作述之間，蓋兩有藉也。要之，皆天也。

乾隆癸未九月九日門晚婿劉樹序於郜城之松月軒〔二七〕。

【校注】

〔一〕憲副：明清稱按察副使爲憲副，官居正四品。此憲副公指馮裕，馮裕（一四七九—一五四五），字伯順，號間山，生於遼東廣寧衛，正德三年（一五〇八）中三甲第一百五十一名進士，歷華亭、蕭縣知縣，遷晋州知州、南京户部員外郎、郎中，出爲平凉知府，後改知石阡，至貴州按察副使。致仕後，與友人石存禮等結海岱詩社，有《方伯集》。

〔二〕公之曾祖父：馮裕之曾祖父爲馮福通（一四〇二—一四四九），爲戍遼馮氏之第二代。馮氏『去東而遼』的是馮思忠，實爲馮裕之高祖，也是臨朐馮氏追溯的始祖。

〔三〕『百』字後，原本有『世字』，爲衍字，删除。

〔四〕惟健：即馮惟健（一五〇一—一五五四），字汝强，又字汝至，號冶泉，又號陂門山人。生於廣寧，嘉靖七年（一五二八）舉人，屢赴會試不第。未仕而卒。與弟惟重、惟敏、惟訥并稱爲『臨朐四馮』。有詩文集《陂門山人集》八卷。友人陳鳳《陂門集叙》稱：『五七言近體，一似開寶以上名家。書啓誄詞，超軼峻整，使出晋宋人口，皆成奇語。至於記叙諸篇，命意深厚，敷言爾雅，不類文士之詞。』

〔五〕子益：即馮子益（一五二七—一五九八），字謙甫，號仰山，諸生。性敦厚，一生屢赴鄉試不第，馮琦有《伯考仰山公墓志銘》記其生平。

〔六〕子咸：即馮子咸（一五四八—一五九六），字受甫，號望山，又號本軒。惟健次子，子益异母弟。萬曆元年（一五七三）中舉，再赴會試後，絶意仕進，隱居於臨朐熏冶湖畔，修習理學，爲學以『主静』與『主敬』并重，涵養心體，待人接物以誠敬爲本。卒後，友人私謚曰貞静先生。著有《日進劄記》《自警私録》《讀禮抄記》《耕餘筆談》等，皆佚。

〔七〕子琬、子琰：馮琬（一五八七—一六四九），字叔堅，馮子咸長子，諸生。《光緒益都縣圖志》本傳稱其『嗜古篤學，博極群書。所著詩、古文詞，人争傳之』。馮琰（一五八八—一六三五），字叔白，號慎菴，恩貢生。自幼孝悌，《光緒臨朐縣志》本傳稱其『事母至孝，母病，侍湯藥，衣不解帶。及卒，哀戚逾常。里黨聞其號痛，莫不流涕……事兄琬，曲盡愛敬，邑人化之，以閲墻爲耻』。天啓初，兩赴會試不第。崇禎六年謁選四川璧山縣令，卒於任。

〔八〕士標：即馮士標（一六一〇—一六五五），字端明，號宗尼。父璣，祖子益。崇禎十三年（一六四〇）中三甲第一百八十二名進士。丁父憂，未仕而明亡。清順治二年（一六四五）赴京謁選，授兵部武選司主事，遷陝西按察司僉事，分巡關内道，歷右參議、四川建昌兵備道副使，至福建按察司副使，卒於赴任途中。爲臨朐馮氏仕清第一人。

〔九〕惟重：即馮惟重（一五〇四—一五三九），字汝威，號芹泉。生而敏慧，十歲能文。嘉靖十七年（一五三八），與弟惟訥同榜中進士，惟重中三甲第六十六名。授行人司行人。嘉靖十八年（一五三九），世宗南巡鳳陽，惟重奉節馳告，至廬州，疽發於背而卒。有《大行集》一卷。山左詩壇雅重其詩，清人王苹、宋弼皆推爲『四馮』之冠。宋弼稱：『予觀《大行集》，清新俊逸，直逼盛唐，特未深厚爾。』

〔一〇〕子履：即馮子履（一五三九—一五九六），字禮甫，號仰芹。惟重子，百日而孤。幼聰敏，爲文詞援筆立就。隆慶二年（一五六八）中三甲第七十名進士，授固安縣令，歷兵部車駕司主事、職方員外郎，歷山西按察司僉事、參議、副使，以被誣去官。後起知和州，遷陝西僉事、易州兵備副使，遷河南參政，致仕歸。長於邊事，爲一代儒將，沈德符《萬曆野獲編》稱其『真正邊材，惜乎不及大用』。

〔一一〕宗伯公：即馮琦，因馮琦官至禮部尚書，故稱。馮琦（一五五九—一六〇三），字用韞，號琢菴、琢吾。子履子，惟重孫。六七歲讀書，日誦千言。寒暑手不釋卷，一經目，終身不忘。萬曆五年（一五七七）中二甲第三十二名進士，改翰林院庶吉士。授編修，與修《大明會典》，升侍講，充經筵講官，補日講官，升少詹事兼翰林院侍讀學士，進禮部右侍郎，轉吏部，至禮部尚書，卒於任。遺疏請厲明作、發章奏、補缺官，推誠接下，收拾人心。贈太子少保。天啓初，謚文敏。其詩文集有《宗伯集》八十一卷，另有《經濟類編》《宋史紀事本末》《兩朝大政記》《唐詩類韵》等。馮琦被目爲『大儒』，王士禛《居易録》卷十稱『文敏公琦……號文章經濟大儒』，法人裴化行《利瑪竇神父傳》亦稱其『是位大儒，彬彬有禮，在京城深得衆望』。

〔一二〕惟敏：即馮惟敏（一五一一—一五七八），字汝行，號海浮。幼而穎异，少隨父宦游。嘉靖十六年中舉，屢赴會試不第，結茅於冶水之上居焉。嘉靖四十一年（一五六二）謁選直隸淶水令。爲豪右所中，謫鎮江府教授，稍遷保定府通判，轉魯王府審理，未赴任，自免歸。有詩文集《海浮山堂緝稿》，曲集《海浮山堂詞稿》，雜劇《僧尼共犯》《梁狀元不伏老》等。其散曲尤稱大家，任中敏《散曲概論》稱其散曲『猶詞中之有辛弃疾，有明一代，此最有生氣、最有魄力之作矣』，鄭騫、趙景深、劉大杰等亦皆將其比作詞中之蘇、辛。

〔一三〕長子復：指馮子復（一五四五—一六〇五），號觀海，惟敏長子。襲遼東廣寧衛武秩，官至廣寧左衛僉事，致仕後返回臨朐，隱於其父馮惟敏之别業。其子馮瓚，字德元，成年後赴廣寧左衛世襲指揮僉事，職滿歸鄉。《光緒臨朐縣志》卷一四本傳稱：『幼聰穎，善屬文，黌庠有聲。久之弃去，襲世爵。甫莅任，戒約軍伍，撫恤雕殘，甚有威惠，士民愛之。職滿拂衣歸。賦性曠達，而尊嚴畏慎，無嬉言惰行，戚黨胥敬憚之。居家坦夷自適，闔扉獨處，罕與人事接，遇流輩，勸勉以德，人樂其謙和而服其忠信。族侄孫大學士溥嘗爲譜牒，稱其「廉静寡欲，老而彌慎，不問生業，不履公庭，登山眺水，吟風弄月，以自頤養」，方之衛武之耆德、老聃之養生云。』

〔一四〕文毅公：即馮溥（一六〇九—一六九一），字孔博，號易齋，馮士衡之子。順治三年（一六四六）會試中式，未放榜即歸，次年補殿試，中二甲第十一名，授庶吉士，歷編修、修撰、國史院侍讀、國子監祭酒、弘文院侍講學士、經筵講官，升吏部侍郎、左都御史、刑部尚書，至文華殿大學士，卒謚文毅。有《佳山堂詩集》《佳山堂二集》等。

〔一五〕次子升：指馮子升（一五四七—一六一二），字慎甫，惟敏次子。其子馮瑗（一五七二—一六二四），字德韞，號栗菴，萬曆二十三年（一五九五）中進士，授茶陵知州，調澤州，入爲户部員外郎，升山西參政，補湖南道，未赴任而改開原兵備道。以病歸。著《晉楚從政録》《使越録》《開原圖説》《黄龍紀事》《黄龍焚草》等。

〔一六〕惟訥：即馮惟訥（一五一三—一五七二），字汝言，號少洲。自幼穎异，與兄惟健、惟重、惟敏并稱『臨朐四馮』。嘉靖十七年（一五三八）進士，歷知宜興、魏縣，遷蒲州知州，調揚州府同知，轉松江，遷南户部員外郎、郎中，出爲陝西僉事、河南布政使司參議、浙江提學副使、山西參政，升陝西右布政使，轉江西左布政，以特進光禄寺卿致仕。輯有《古詩紀》《風雅廣逸》，著有《馮光禄詩集》《楚辭旁注》《唐音翼》《杜律删注》等。

〔一七〕奉直公臨：即馮子臨（一五三七—一六〇一），字正甫，惟訥長子，庠生。以曾孫溥貴，誥贈光禄大夫、文華殿大學士兼刑部尚書加一級。

〔一八〕珣：即馮珣（一五六三—一六四〇），字季韞，號璞菴，子臨子，惟訥孫。選貢生，謁選授陝西長武知縣，轉咸陽，補交河縣，升興安知州，累遷至漢中府同知。有《韞璞齋稿》。《光緒臨朐縣志》卷一四本傳載：『以選貢謁選，授陝西長武知縣。縣瘠而衝，三年不雨……爲清刑獄，緩徵輸，齋沐祈禱，澍雨立應。是年大有，循聲達於兩臺，以最遷咸陽，百姓吁請兩臺，遮留塞路。』

〔一九〕士衡：即馮士衡（一五八三—一六四一），字于平，號宗遠，馮珣子。少博極群書，蜚聲青州。九赴鄉試不第。泰昌元年（一六二〇）選貢，崇禎年間授孝豐知縣，知孝豐七年，政績顯著，宿弊盡除。以詿誤罷歸。

〔二〇〕憲副公之喪池母：指馮裕爲叔祖母池氏服孝事。據歐陽德撰《副使閭山馮公墓碑》：『叔祖母卒，持喪三年，當道敦迫應舉，不赴。』徐階撰《貴州按察副使閭山馮公墓志銘》：『少孤，育於叔祖母池氏。及爲諸生，池卒，爲持三年喪，有司就辟之。』按，池氏卒於弘治十六年（一五〇三）五月，馮裕於弘治十七年應舉，則持喪三年、不赴應舉等記載失實。

〔二一〕憲副公之師醫閭：指馮裕就學於賀欽事。據歐陽德《副使閭山馮公墓碑》：『時諸生務涉獵爲詞章，獨往謁義州賀醫閭先生，事身心之學。』馮裕赴義州師事賀欽，在充廣寧衛諸生之後。

〔二二〕憲副公之治蕭、華亭：馮裕於正德四年（一五〇九）授華亭令，在任有惠政，《崇禎松江府志》卷三二《國朝名宦績》載：『性篤實，薄於自奉，廉於取民，好執法，不肯毫髮少假借人。劉瑾更張舊法，内差添設私員，民間大有誅求，他令皆通融，而裕獨堅挺不應。邑大水，西田多淹没，東田稍收，顧歲租不能全蠲，尚徵其半。適部使者至，又加以租外新派。民嘩言裕加賦於民，撫臺張公惑之，下裕於獄。既而察裕無他，改知蕭縣。待理時，寓居鶴城書院歲餘，空囊不充朝夕，士大夫往往有饋遺相周者。』正德七年改蕭縣，歐陽德《副使間山馮公墓碑》載：『縣新被兵，加意附循，民用安集。』《嘉慶蕭縣志》卷一一《名宦傳》：『馮裕……歲饑，發廪以賑，日煮豆粥三百釜食之，又撫流移墾草萊，補助不給，邑人依若慈母焉。』

〔二三〕憲副公之鎮威清：嘉靖十一年（一五三二），馮裕出任貴州按察副使，整飭威清戎政。徐階《間山馮公墓志銘》：『遷貴州按察副使，飭兵威清。土酋龍里死，其兄侵之，里妻率其衆據險以禦，兵各數萬人，遠近震恐。公單車往諭，皆散去。』威清：明洪武二十三年（一三九〇）在貴州設置威清衛，治所即今貴州清鎮市。清康熙二十六年（一六八七）將鎮西衛并入，改爲清鎮縣。

〔二四〕『三無負』：馮裕對平生的總結。歐陽德《副使間山馮公墓碑》：『公嘗謂：「希寵者負君，媚人者負己，謀身者負人。」……既自勖，又以勖其子。』《康熙臨朐縣志》卷三《馮氏世家》：『（裕）嘗謂：「希寵者負君，媚人者負己，謀身者負人。生平蓋三無負矣。」』

〔二五〕祖父苦筋力：『祖父』當爲『祖宗』之訛。

〔二六〕陂門：馮惟健號。琢菴：馮琦號。按，此以馮惟健、馮琦統舉臨朐馮氏克紹箕裘者，蓋以馮惟健之齊家與馮琦之治國平天下，皆爲馮氏之翹楚也。

〔二七〕劉樹：生平俟考。郚城：此借指安丘。隋大業初曾於山東安丘西南六十里置郚城縣，故稱。

# 《馮氏世録》引

先府君嘗手録《馮氏世系》一帙，實自朐高祖考始〔一〕，勝國以往莫稽焉。嘉靖初，復歸於臨朐〔二〕。族之耆輩言：吾祖於前代爲萬户侯〔三〕，有遺冢焉，今凌夷久矣，爲某者宅其上，當質之官府云。府君愀然不應。宅之者，固巨室也，然其故固不可知矣。間嘗命敏曰：『吾以幼孤，既長而不知前代世系。有叔祖母者，略能言之，而莫詳也。因考釋氏每作佛事，録先世生没歲時，悉且存焉。其不悉者，則蠹之矣。證以祖母之言，然後備録，禮失求諸野，固釋氏之猶傳乎？』又嘗命訥録世系五本，兄健以下，各授一本〔四〕。既謹受而藏之，今則敏、訥在耳，兄弟凋喪者三人，遠者三十年，近者垂二十年〔五〕，而況先考妣永感終天哉！敏之是録，承先考之意，以示子孫。子孫既駸駸繁矣〔六〕，手録不能遍示也，敬付梓人以傳久遠，題之曰《馮氏世録》。

嗚呼！先府君十齡，祖考妣相繼逝，猶能上究百五十年之前〔七〕。吾子孫勉承家學，世不乏人，而不能繼有所録，則何以爲孝子慈孫也哉？是録以世系爲本，彙而次之，總題之曰《馮氏世録》。

隆慶壬申元旦，玄孫惟敏頓首百拜謹識〔八〕。

## 【校注】

〔一〕高祖考：即惟敏高祖馮思忠，參見馮裕編《馮氏世系》。

〔二〕嘉靖三年，馮裕携家自南都北上詣京師考績，途中得知擢守平凉，遂抵臨朐，爲返籍之計，次年春始返籍於青州府臨朐縣。馮惟健《陂門山人集》卷五《書海翁哀挽册後》言返籍臨朐：『先大夫以嘉靖甲申爲郎留都六載，考績上京師，道睹邸報，擢守平凉。時上方用兵洮、慶間，邊鄙震聳，未敢挈家；欲往還間陽，則關塞阻修，不能具道里費。因計曰：「是未可以復我邦族乎？」遂取道徐、滕，抵朐山，謀諸鄉里長老……時先大夫囊無長物，唯空券相符，非海翁則先大夫之志莫償也。』《陂門山人集》卷六《游冶泉記》：『乙酉，家君移官平凉，遂留家人居青。』王崇慶《間山馮公暨配伏氏墓志銘》：『乙酉春，公將之平凉，始復於青。』

〔三〕按：馮惟敏主纂《嘉靖臨朐縣志·武勛》載：『馮才興，户部郎中暹之祖也，仕元爲萬户侯。出其曾孫珍墓表。』馮才興當爲元末『萬户』，即『萬夫之長』，是金元時官職，《嘉靖臨朐縣志》誤爲萬户侯。此稱『族之耆輩言』，則此馮才興未必爲馮裕之祖上。曹立會先生《馮惟敏年譜》考證説：『明朝初期，馮才興的子孫輩爲臨朐望族，而馮裕的先祖思忠在當時爲寒族，且祇有寒族纔會出爲戍籍的，所以説，思忠絶不會是才興的兒子，馮裕、馮惟敏在修自家世録時，未有一點牽扯，是尊重事實的。』

〔四〕按：馮裕有子五人（兩夭折者除外），依次爲惟健、惟重、惟敏、惟訥、惟直，故馮裕命惟訥録世系五本。

〔五〕惟敏兄弟五人，惟重卒於嘉靖十八年（一五三九）十月，惟直於次年二月聞訃後傷心嘔血卒，距惟敏編此《世録》均已逾三十年；長兄惟健卒於嘉靖三十二年（一五五三）臘月，距此亦近二十年。

〔六〕『子孫』前，原本有『既』字，爲衍字，删除。

〔七〕馮裕年十二失父，十四歲失母，然能追溯至其戍遼之高祖馮思忠。

〔八〕隆慶壬申：即隆慶六年（一五七二）。

## 重訂《世録》序[一]

宋蘇老泉《族譜》云：『人之情本乎親。親見於爲服，無服則親盡，而情同於塗人。夫初一人之身，而終同於塗人，斯譜之所由作也。』[二]每憶其言，瞿然懼興，愓然懼，而信其理道之有當也。吾馮氏在齊爲望族，爲秉禮會，崇敦世，篤友于，由閭山高王父反青溯之[三]，届今尚在五服之列。然慶吊遂不相往來者，爲子若孫命名而不識避忌者，此至塗人之漸。然幸未至塗人，兹譜之不可不修也。舊有《世録》一編，爲海浮曾王父庭受其譜[四]，遷遼列祖昭朗無遺。由遼復青，而後增附者鱗次，然皆詳於霄顯而略於隱壑，且也世系闕焉。嘗伏思之，譜興於盛而廢於衰。當其衰也，汲仕耆者紆朱未遑，歉德位者殺青有戒，然遂終已耶？抑待其人而行耶？

暇日披閲，因私詮次之，首補系世，以遷遼者五世、復青者三世爲一圖。別列四支，支各爲圖，而神主祔焉，詳姓字也。志逮狀庸列遺履，再次之。若碑表誄贊之類，事皆例是。文即茂娥弗録。志狀兼無者始入之，謹實行也。至綸錫優渥，累世叠膺，別彙耑帙，重君恩也。諸母合葬之文，母儀壼範，光映赫蹄，未容掩没，并附及之，表神德也。

份伏念謭末，未克紹述先大夫之志於萬一。其散亡也，復當兵灾焚燼之遺，謬誤有加，闕疑不無。若夫頫仰功德，毖敕纘承，思締造之艱，凛將墜之易，因時剔綴，按世增叙，補其脱漏，文其痍刓，而成馮氏全牒者，是重望我後人云爾。

大清順治十年歲次癸巳長至日，九世孫士份頓首百拜敬志〔五〕。

【校注】

〔一〕原文無題，此題係注者所加。

〔二〕蘇老泉：即蘇洵（一〇〇九—一〇六六），字明允，自號老泉，眉山（今屬四川）人。北宋文學家，與其子蘇軾、蘇轍并以文學著稱於世，世稱『三蘇』。有《嘉祐集》。此段略節於《嘉祐集》卷一四《蘇氏族譜》。

〔三〕閭山高王父：即馮裕，裕號閭山。

〔四〕海浮曾王父：即馮惟敏，惟敏號海浮。

〔五〕順治十年歲次癸巳長至日：即公元一六五三年夏至。士份：即馮士份，字于質，一字質之，馮瑗次子。入清不仕。《光緒臨朐縣志》卷一四本傳載：『以諸生游太學，流覽古器法物，博綜歷代圖書掌故，一時流輩交口推許。歸築静室，購奇花怪石，羅列案頭，讀書其中。兼通釋典道籙，玩其大義。雍容山水間，時與一二畸士往還，共賦詩，談名理，罕與世人接。賦性高潔，淡於榮利，不治家人生産。取與必嚴，以静觀自得、含虚坐照爲務，超然塵埃之外。時明祚已終，士份無心仕進，世比之陶元亮云。』

## 《世録》識語〔一〕

吾家世録中，原未有族譜。吾祖父嘗爲一圖〔二〕，亦未暇輯入。或以當日伯叔兄弟不遠具邇，固無事此瑣瑣爲也。今則族姓繁衍，支派衆多，或見而未識其面，或聞而不知其名。况貧富既别，强弱遂异，或兄弟殘賊者有之，或叔侄構難者有之，殆未見先世之敦睦，遂致今日之乖離。蘇子有云：『其初一人之身，後漸至於無服。服盡則親盡，親盡則情盡。』〔三〕惟恐親之至於盡而忘其爲一人之身也，斯譜之不可不作也。至於登仕進途者，備列於後。一則仰溯先德，世澤未艾；一則垂示後嗣，使知雖非縉紳之列，猶是衣冠之族。勉自振拔，勿同市井之徒，以玷我前人焉耳。

灝識〔四〕。

【校注】

〔一〕此題係注者所加。
〔二〕吾祖父：指馮灝之祖馮珣。
〔三〕蘇子：指蘇洵。此引文見蘇洵《嘉祐集》卷一四《蘇氏族譜》。
〔四〕灝：即馮灝（一六一一—一六七四），字孔素，號約齋，大學士馮溥之弟。貢生。未仕。

## 增補《世録》叙

馮氏族譜名曰《世録》，蓋其初著於始祖閭山公，而吾二世祖少洲公爲之手録也〔一〕。次海浮公修焉，再璞菴太高祖雅意搜羅〔二〕，未及考訂而抱志以没，良可哀也。厥後質之公修之〔三〕，加以誥命、神主、志狀。吾曾祖約齋公〔四〕，更益以敕書、謚典、諭葬、鄉賢、宦迹、祭禮、祭文、貞節、遺愛、疏稿、詩賦、詞章〔五〕，不亦燦然大備，爲吾族巨觀也哉！而泰徵公又復按次秩續〔六〕，具有深心，亦可以詳本源而傳永久，序昭穆以篤天倫矣。

越至今，族姓蕃衍，各南北居，苟於譜牒，不有以續修而户曉之，不唯無以考系世也，而且命名取字，莫知忌諱，其不至獲戾於先人而貽笑於君子也，蓋亦鮮矣。吾爲兹懼，爰取曾大父所修之譜，逐一抄寫而序次之。又考之尺牘之中，尋之書册之内，覓之族姓戚故之家，得吾先人一二行實，即恭敬奉持，藏諸書篋，以備參考。乃於雍正六年始加意纂輯〔七〕，積二十五年之久，族間景陶侄抄録考訂〔八〕，纔得成帙。噫！亦孰是鑒予之衷者。

兹譜也，按支增補，臚爲六册，仍遵曾大父原規。誥命、敕書、諭祭、諭葬、謚典，次世系、神主、全圖、生歿時日，再志狀、墓碑、贊傳、誄文，并鄉賢、宦迹、貞節、遺愛，兼載字號、行次、前程、官銜，其所以序次詳明，不厭浩繁，而必爲之備書者，亦非侈陳家聲而徒誇示於閭里也。抑亦使後之子孫披閲之下，燎若觀火，得以詳世系、知忌諱，而不至獲罪於先人、貽笑於君子也。夫亦可以少安矣！嗣後復有尋事考實，踵事增修，使我馮氏家譜歷久而勿替也，則更余之志也夫。

九世孫康年沐手敬識〔九〕。

【校注】

〔一〕閶山公：指馮裕；少洲公：指馮惟訥。

〔二〕海浮公：指馮惟敏；璞菴太高祖：指馮珣。

〔三〕質之公：指馮士份。士份修譜事參見其順治十年之序。

〔四〕約齋公：指馮灝，號約齋。

〔五〕『祭禮』前，原本有『禮』字，爲衍字，删除。

〔六〕泰徵公：即馮盛世，字泰徵，馮氏七世。父濟，祖士鶚，曾祖珣。

〔七〕雍正六年：即一七二八年。

〔八〕景陶侄：即馮侃，字景陶，馮氏十世。

〔九〕康年：馮康年，字善有，馮氏九世。

## 馮氏世系

五世孫裕編次

高祖諱思忠。一云三公，意者以行第數之也。

此洪武間來遼東之祖，不仕。生卒年月、葬地，皆無所考。

高祖妣王氏，生卒年月、葬地，亦無所考。

曾祖諱福通，革除年歲壬午（一四〇二）生於遼東廣寧左衛[一]，入贅於廣寧右屯衛鹽場小屯吴家[二]，生四子：長曰春，吾祖也。次曰俊、曰旺、曰興。不仕，年四十八，卒於正統十四年七月二十一日（一四四九年八月九日）未時。因北虜入寇，避於五家屯西山即十三山，墜山而殂。祖春、叔祖旺，收遺骸葬於十三山之東五家屯西南百數十步上[三]，壬丙向居中。以曾祖所生之年之地考之，則諱思忠之祖，或係伯曾祖、伯叔父，亦不可知。

曾祖妣吴氏一云胡氏，諱妙蓮，生於洪武三十年歲丁丑六月二十五日（一三九七年七月十九日），年六十六，卒天順六年四月十四日（一四六二年五月十三日）酉時，并曾祖葬於十三山之東。

【校注】

〔一〕廣寧左衛：明洪武二十六年（一三九三）置，屬遼東都司，治所即今遼寧北鎮滿族自治縣。二十八年（一三九五）廢，建文四年（一四〇二）復置，後廢。

〔二〕廣寧右屯衛：明洪武二十六年（一三九三）置，屬遼東都司，始治十三山堡（今遼寧凌海市東北石山鎮），次年徙治閭陽縣臨海鄉（今遼寧凌海市東南右衛滿族鎮）。清初廢。

〔三〕『王』字後，原本有『裏』字，爲衍字，删除。

祖諱春，行一，永樂十五年歲丁酉三月十三日（一四一七年三月三十日）子時生於廣寧左衛右屯鹽場小屯，不仕，年四十六，卒於天順六年六月二十三日（一四六二年七月十九日）午時，葬於曾祖之左。弘治三年四月改葬於廣寧城東北分水嶺下彭家園北百十步許，居中。

祖妣張氏一云徐氏，因自幼與徐家爲女，故云，諱妙果，生於永樂十六年歲戊戌十二月二十七日（一四一九年一月二十二日）申時一云戌時，年六十六，卒於成化十九年二月二十六日（一四八三年四月三日）巳時，初葬、改葬與祖同。

父諱振，字文舉，生於景泰元年歲庚午七月十四日（一四五〇年八月二十一日）辰時，不仕，年四十一，卒於弘治三年二月二十四日（一四九〇年三月十四日）申時，葬於分水嶺下，居祖之東。

母李氏，諱妙明，生於景泰五年歲甲戌二月二十三日（一四五四年三月二十一日）卯時，年三十九，卒於弘治五年四月初九日（一四九二年五月五日）未時。并父葬於廣寧城東北。

叔祖諱俊，行二，不仕，娶顧氏之母，叔祖卒，復歸於顧氏。無嗣。初葬於曾祖塋次，弘治三年四月改葬於分水嶺下，居祖之西。

叔祖諱旺，行三，不仕，生於永樂二十二年歲甲辰（一四二四）三月□日，年六十九，卒於弘治五年（一四九二）十一月□日，無嗣，仍葬於曾祖之左。初，正統十四年七月，北虜入寇，三叔祖隨曾祖避於十三山，三叔祖上山，將至於嶺而虜矢幾中其足，倉皇速登，僅得免[一]於難焉。

三叔祖妣池氏，生於永樂十九年歲辛丑正月十一日（一四二一年二月十二日）卯時，年八十三，卒於弘治十六年五月十四日（一五〇三年六月七日）丑時，并三叔祖葬。

【校注】

〔一〕免：原本作『勉』，訛。

叔祖諱興，行四，不仕，無嗣。配張氏，同卒於正統十四年七月二十一日（一四四九年八月九日）。因北虜入寇，隨曾祖避於十三山，事勢危急，四叔祖縊而死，張氏自沉於池塘。虜退，祖與三叔祖收遺骸葬於曾祖之右。

## 馮氏先隴表

五世孫裕撰

嗚呼！我先君既葬之三十二年，不肖裕遣兒惟重刻兹石表。惟我馮氏之先，居青州臨朐，國朝洪武初，詔簡山東之民三户徙一人戍遼，我始祖諱思忠者行，遂家於廣寧左衛〔一〕。曾祖諱福通，祖諱春，世積善不衰。至我先君，平直寬厚〔二〕，善聲益彰。嘗理衛之書數，每以濟人爲事，而自無所利也，故人多德之，而不知者顧以弗能致賄笑之。先母太宜人勤儉慈孝，相家政，井井有條，姻戚莫不稱焉。

初，曾祖及祖若諸叔祖墓在十三山之東五家屯原上〔三〕。先君卒，更卜地於分水嶺之南，於是奉祖考妣而葬焉。叔祖諱俊，次於右，而我先君葬於其左。太宜人尋卒，祔葬焉。時裕年纔十四，後十六年爲正德戊辰（一五〇八），舉進士，歷官南京户部湖廣清吏司署郎中事員外郎，階奉直大夫。庚辰（一五二〇）秋，裕以考績詣京師，始得誥贈先君及太宜人如例。是冬，裕南還，道臨朐，求遠祖之墓而祭之。又明年，今上改元，疏乞還遼展墓[四]，弗獲報。嗚呼！昔葬先君及太宜人，裕既幼且貧，弗克備禮。迨有今日，而禄養弗及，展墓之請又弗遂，哀痛尚忍言哉！

先君諱振，字文舉，生於景泰庚午七月十四日（一四五〇年八月二十一日），卒於弘治庚戌十月二十四日[五]，年四十一。太宜人姓李氏，生後先君四年，卒後二年，年三十九。祖考年四十六，卒天順壬午。祖妣姓張氏，年六十六，卒成化癸卯。裕懼夫久而忘也，乃泣而書之，以示我後人。

大明嘉靖元年歲次壬午六月朔日立石[六]。

【校注】

〔一〕『家』字後，原本有『焉』字，爲衍字，刪除。

〔二〕『平直』後，原本有『有』字，爲衍字，刪除。

〔三〕十三山：原本作『三山』，脱文，據馮裕《馮氏世系》及青州本《馮氏世録》所收本文補。十三山，今名石山，在醫巫閭山南端，屬今凌海市。

〔四〕迄：當作『乞』，青州本《馮氏世録》所收本文正作『乞』。

〔五〕按：據《馮氏世系》及《奉祀神主》，馮振卒年當爲『弘治三年庚戌三月二十四日（一四九〇年四月十三日）』，此處『十月』當爲『三月』之誤。

〔六〕嘉靖元年：即一五二二年。

# 二、奉祀神主

顯高祖考處士府君馮公諱福通，神主革除年歲壬午生[一]，卒於正統十四年七月二十一日（一四四九年八月九日）未時，享年四十八歲，葬於十三山之東。孝玄孫惟敏奉祀。

顯高祖妣孺人吴氏，神主生於洪武三十年丁丑六月二十五日（一三九七年七月十九日），卒於天順六年四月十四日（一四六二年五月十三日）酉時，享年六十六歲。葬於十三山之東。孝玄孫惟敏奉祀。

【校注】

〔一〕生：原本無，據文意補。革除歲：即明惠帝建文四年（一四〇二），本年朱棣打敗建文帝登基，七月下詔革除，稱本年爲洪武三十五年。

顯曾祖考處士府君馮公諱春，行一，神主生於永樂十五年丁酉三月十三日（一四一七年三月三十日）子時，卒於天順六年六月二十三日（一四六二年七月十九日）午時，享年四十六歲。葬於廣寧城東北〔一〕。孝曾孫惟敏奉祀。

顯曾祖妣孺人張氏，神主生於永樂十六年戊戌十二月二十七日（一四一九年一月二十二日）申時，卒於成化十九年二月二十六日（一四八三年四月三日）巳時，享年六十六歲。葬於城東北。孝曾孫惟敏奉祀。

【校注】

〔一〕廣寧城：明洪武二十三年置廣寧衛，治所即今遼寧北鎮廣寧鎮。清康熙三年改置廣寧縣。

顯祖考贈奉直大夫、南京户部湖廣清吏司署郎中事員外郎、加贈通奉大夫、陝西布政使司右布政使府君馮公諱振，字文舉，行一，神主生於景泰元年庚午七月十四日（一四五〇年八月二十一日）辰時，卒於弘治三年庚戌三月二十四日（一四九〇年四月十三日）申時，享年四十一歲。葬於廣寧城東北。孝孫惟敏奉祀。

顯祖妣贈宜人加贈夫人李氏，神主生於景泰五年甲戌二月二十三日（一四五四年三月二十一日）卯時，卒於弘治五年壬子四月初九日（一四九二年五月五日）未時，享年三十九歲。葬於廣寧城東北。孝孫惟敏奉祀。

顯考中憲大夫貴州按察司副使贈通奉大夫、陝西布政使司右布政使府君諱裕，字伯順，行一。神主生於成化十五年己亥七月十五日（一四七九年八月二日）酉時，卒於嘉靖二十四年乙巳六月二十四日（一五四五年八月一日）亥時，享年六十七歲。葬於堯山之東〔一〕。孝子惟敏奉祀。

顯妣誥封宜人贈夫人伏氏，神主生於成化十五年己亥十月十二日（一四七九年十月二十六日）辰時，卒於嘉靖三十一年壬子十月十三日（一五五二年十月三十日）午時，享年七十四歲。葬於堯山之東。孝子惟敏奉祀。

【校注】

〔一〕堯山：位於今山東青州市城區西北的邵莊鎮仁馬村境内，俗稱堯王山。元于欽《齊乘》卷一：『堯山，《三齊略》云在廣固城西十里。堯巡狩所登，遂以爲名。山頂有祠，祠邊有柏樹，枯而復生，不知年代。此山正臨廣固廢城纔二三里，去今府城乃十里耳。』

顯考鄉進士府君馮公諱惟健，字汝强，行一，神主生於弘治十四年辛酉二月二十六日（一五〇一年三月十五日）未時，卒於嘉靖三十二年癸丑十二月初六日（一五五四年一月九日）午時，享年五十三歲。葬於堯山之東。孝子子益奉祀。

顯妣孺人高氏，行二，神主生於弘治十五年壬戌十月初三日（一五〇二年十一月二日），卒於嘉靖十六年丁酉八月二十一日（一五三七年九月二十四日）亥時，享年三十六歲。葬於堯山之東。孝子子益奉祀。

顯妣孺人李氏，行二，神主生於正德十六年辛巳十一月初八日（一五二一年十二月六日）亥時，卒於隆慶二年戊辰七月二十四日（一五六八年八月十六日）巳時，享年四十八歲。葬於堯山之東。孝子子益奉祀。

顯祖考迪功郎行人司行人贈資政大夫禮部尚書兼翰林院學士府君馮公惟重，字汝威，行二，神主生於弘治十七年甲子正月初七日（一五〇四年一月二十三日）酉時，卒於嘉靖十八年己亥十月十八日（一五三九年十一月二十八日）□時，享年三十六歲。葬於堯山之東。孝孫琦奉祀。

顯祖妣封太安人贈夫人蔣氏，行二，神主生於弘治十五年壬戌十二月二十八日（一五〇三年一月二十五日）寅時，卒於萬曆十年壬午十月初五日（一五八二年十月三十日）午時，享年八十一歲。葬於堯山之東。孝孫琦奉祀。

顯考承直郎保定府通判府君馮公諱惟敏，字汝行，行四，神主生於正德六年辛未九月初一日

（一五一一年九月二十二日）子時，卒於萬曆六年戊寅二月二十日（一五七八年三月二十七日）子時，享年六十八歲。葬於堯山之東。孝子子升奉祀。

顯妣孺人石氏，行二，神主生於正德九年甲戌八月初七日（一五一四年八月二十六日）酉時，卒於嘉靖三十二年癸丑七月十九日（一五五三年八月二十七日）戌時，享年四十歲。葬於堯山之東。孝子子升奉祀。

顯妣孺人何氏，行六，神主生於嘉靖十二年癸巳六月初六日（一五三三年六月二十七日）未時，卒於萬曆三十八年庚戌十二月十三日（一六一一年一月二十六日）申時，享年七十八歲。葬於堯山之東。孝子子升奉祀。

顯考通奉大夫、江西布政使司右布政使，晋階通奉大夫、光禄司卿府君馮公諱惟訥，字汝言，行五，神主生於正德八年癸酉六月十九日（一五一三年七月二十一日）未時，卒於隆慶六年壬申三月二十一日（一五七二年五月二日）巳時，享年六十歲。葬於堯山之東。孝子子臨奉祀。

顯妣誥贈夫人熊氏，行一，神主生於正德十三年戊寅五月十九日（一五一八年六月二十六日）辰時，卒於嘉靖二十二年癸酉十一月二十二日（一五四三年十二月十七日）巳時，享年二十六歲。葬於堯山之東。孝子子臨奉祀。

顯妣誥封夫人魏氏，行四，神主生於嘉靖三年甲申正月初一日（一五二四年二月四日）子時，卒於萬曆十六年戊子六月十九日（一五八八年七月十二日）戌時，享年六十五歲。葬於堯山之東。孝子子臨奉祀。

顯叔考臨朐學生府君馮公諱惟直，字汝敬，行七，神主生於正德十二年丁丑四月二十九日（一五一七年五月十九日）□時，卒於嘉靖十九年庚子二月二十五日（一五四〇年四月二日）□時，享年二十四歲。葬於堯山之東。侄子益奉祀。

顯孀妣旌表貞節孺人陳氏，行二，神主生於正德十三年戊寅十二月二十二日（一五一九年一月二十二日）亥時，卒於萬曆十三年乙酉十二月十二日（一五八六年一月三十一日）酉時，享年六十八歲。葬於堯山之東。侄子益奉祀。

顯考臨朐縣學生贈茂陵衛經歷府君馮公，諱子益〔一〕，字謙甫，行一，神主生於嘉靖六年丁亥九月三十日（一五二七年十月二十四日）申時，卒於萬曆二十六年戊戌十二月二十四日（一五九九年一月二十日）酉時，享年七十二歲。葬於堯山之東。孝子璋奉祀。

【校注】

〔一〕『諱』字前，原本有『神』字，爲衍字，删除。

顯妣敕贈孺人李氏，行一，神主生於嘉靖九年庚寅（一五三〇）十月，日時無考，卒於嘉靖四十四年乙丑三月十三日（一五六五年四月十三日）亥時，享年三十六歲。葬於堯山之東。孝子璋奉祀。

顯妣敕封孺人陳氏，行□，神主生於嘉靖三十四年乙卯十二月初八日（一五五六年一月十九日）申時，卒於崇禎六年癸酉十一月二十六日（一六三三年十二月二十六日）未時，享年七十九歲。葬於堯山之東。孝子瓚奉祀。

顯曾祖考誥贈光禄大夫、文華殿大學士、兼刑部尚書加一級、府君馮公諱子臨，字正甫，行二，神主生於嘉靖十六年丁酉十月初三日（一五三七年十一月五日）辰時，卒於萬曆二十九年辛丑九月十二日（一六〇一年十月七日）午時，享年六十五歲。葬於堯山之東。孝曾孫溥奉祀。

顯曾祖妣誥贈一品夫人李氏，行一，神主生於嘉靖十六年丁酉六月初七日（一五三七年七月十三日）亥時，卒於萬曆四十三年乙卯三月初三日（一六一五年三月三十一日）卯時，享年七十九歲。葬於堯山之東。孝曾孫溥奉祀。

顯祖考河南布政使司右參政、贈資政大夫、禮部尚書兼翰林院學士府君馮公諱子履，字禮甫，行三，神主生於嘉靖十八年己亥閏七月十八日（一五三九年八月三十一日）亥時，卒於萬曆二十四年丙申八月十八日（一五九六年九月十日）酉時，享年五十八歲。葬於堯山之東。孝孫士桀奉祀。

顯祖妣誥封太夫人宋氏，行二，神主生於嘉靖十九年庚子八月十八日（一五四〇年九月十八日）卯時〔一〕，卒於萬曆三十八年庚戌五月十七日（一六一〇年七月七日）未時，享年七十一歲。葬於堯山之東。孝孫士桀奉祀。

【校注】

〔一〕『嘉靖十』後，原本有『年』字，爲衍字，删除。

顯考廣寧左衛指揮僉事府君馮公諱子復，字觀海，行五，神主生於嘉靖二十四年十二月二十七日（一五四六年一月二十九日）□時，卒於萬曆三十三年乙巳六月初二日（一六〇五年七月十七日）未時〔二〕，享年六十一歲。葬於朐南朱位村之側。孝子瓚奉祀。

顯妣孺人何氏，行□，神主生於嘉靖三十九年庚申九月二十六日（一五六〇年十月十五日）□時，卒於崇禎十年丁丑二月二十日（一六三七年三月十六日）□時，享年七十七歲。葬於朐南朱位村之側。孝子瓚奉祀。

【校注】

〔一〕神主生於……卒於……未時：原本作『神主生於嘉靖二十四年乙巳六月初二日時未』，顯係脱文，據寺頭本《馮氏世録》補。

顯考誥封户部雲南司郎中府君馮公諱子升，字慎甫，行六，神主生於嘉靖二十六年丁未十月二十四日（一五四八年十二月五日）午時，卒於萬曆四十年壬子正月二十九日（一六一二年三月一日）酉時，享年六十六歲。葬於浮山之陽。孝子瑗奉祀。

顯妣誥封太宜人李氏，行三，神主生於嘉靖二十六年丁未十二月十一日（一五四八年一月二十一日）戌時，卒於萬曆三十七年己酉七月十六日（一六〇九年八月十五日）卯時，享年六十三歲。葬於浮山之陽。孝子瑗奉祀。

顯叔考臨朐縣庠生府君馮公諱子蒙，字□□，行七，神主生於嘉靖二十七年戊申正月十二日（一五四八年二月二十一日）巳時，卒於萬曆六年戊寅正月初七日（一五七八年二月十三日）未時，享年三十一歲。葬於堯山之東。侄珣奉祀。

顯嬸妣旌表貞節孺人劉氏，行三，神主生於嘉靖三十四年乙卯六月十九日（一五五五年七月七日）午時，卒於崇禎十四年辛巳七月十九日（一六四一年八月二十五日）辰時，享年八十七歲。葬於堯山之東。侄珣奉祀。

顯考鄉進士府君馮公諱子咸，字貞甫，行八，神主生於嘉靖二十七年戊申五月初三日（一五四八年六月八日）亥時，卒於萬曆二十四年丙申五月二十六日（一五九六年六月二十一日）申時，享年四十九歲。葬於堯山之東。孝子琬奉祀。

顯妣孺人龔氏，行六，神主生於嘉靖二十七年戊申正月十五日（一五四八年二月二十四日）酉時，卒於萬曆三十八年庚戌七月二十日（一六一〇年九月七日）丑時，享年六十三歲。葬於堯山之東。孝子琬奉祀。

顯考庠生府君馮公諱子漸，字進甫〔二〕，行九，神主生於嘉靖三十一年壬子二月初二日（一五五二年二月二十五日）子時，卒於萬曆二十三年乙未六月二十九日（一五九五年八月四日）戌時，享年四十四歲。葬於堯山之東。孝子椝奉祀。

顯妣孺人徐氏，行□，神主生於嘉靖三十三年甲寅七月二十六日（一五五四年八月二十三日）戌時，卒於崇禎九年丙子六月二十八日（一六三六年七月三十日）午時，享年八十三歲。葬於堯山之東。孝子椝奉祀。

【校注】

〔一〕『字』前，原本有『神主』二字，爲衍字，删除。

顯考處士府君馮公諱子豐，字亨甫，行十，神主生於嘉靖三十四年乙卯二月初八日（一五五五年二月二十八日）辰時，卒於萬曆三十六年戊申十一月二十八日（一六〇九年一月三日）亥時，享年五十四歲。葬於朐南廣堯村之西〔一〕。孝子璲奉祀。

顯妣孺人賈氏，行□，神主生於嘉靖三十四年乙卯六月二十二日（一五五五年七月十日）卯時，卒於崇禎九年丙子四月初八日（一六三六年五月十二日）戌時，享年八十二歲。葬於朐南廣堯村之西。孝子珖奉祀。

【校注】

〔一〕廣堯村：位於今臨朐縣城南、冶源鎮西北，民國間爲冶源鎮廣堯鄉，有大廣堯、劉家廣堯、孟家廣堯等村。

顯考國子生府君馮公諱子節，字和甫，行十一，神主生於嘉靖三十九年庚申七月十八日（一五六〇年八月九日）未時，卒於萬曆三十一年癸卯九月十三日（一六〇三年十月十七日）卯時，享年四十四歲。葬於堯山之東。孝子瑄奉祀。

顯伯考茂陵衛經歷府君馮公諱璋，字孟韞，行一，神主生於嘉靖三十四年乙卯三月初五日（一五五五年三月二十七日）寅時，卒於萬曆四十六年戊午六月初一日（一六一八年七月二十二日）未時，享年六十四歲。葬於堯山之東。侄士鉉奉祀。

顯伯妣敕封孺人張氏，行□，神主生於嘉靖三十二年癸丑七月十九日（一五五三年八月二十七日）未時，卒於崇禎二年己巳二月二十六日（一六二九年三月二十日）寅時，享年七十七歲。葬於堯山之東。侄士鉉奉祀。

顯考資政大夫、禮部尚書兼翰林院學士、贈太子少保、謚文敏府君馮公諱琦，字用韞，行二，神主生於嘉靖三十七年戊午十一月二十三日（一五五九年一月一日）未時，卒於萬曆三十一年癸卯三月初三日（一六〇三年四月十三日）丑時，享年四十六歲。葬於堯山之東。孝子士榘奉祀。

顯妣誥封太夫人姜氏，行七，神主生於嘉靖三十八年己未十二月初一日（一五五九年十二月二十九日）丑時[一]，卒於崇禎元年戊辰五月初三日（一六二八年六月四日）酉時，享年七十歲。葬於堯山之東。孝子士榘奉祀。

## 【校注】

〔一〕『嘉靖三十八』後，原本有『歲』字，爲衍字，刪除。

顯祖考奉政大夫、陜西漢中府同知、贈光禄大夫、文華殿大學士兼刑部尚書加一級府君馮公諱珣，字季韞，行三，神主生於嘉靖四十二年癸亥八月十二日（一五六三年八月三十日）亥時，卒於崇禎十三年庚辰二月十九日（一六四〇年四月九日）巳時，享年七十八歲。葬於堯山之東。孝孫溥奉祀。

顯祖妣誥贈一品夫人張氏，行一，神主生於嘉靖四十三年甲子二月二十一日（一五六四年三月三日）卯時，卒於萬曆四十年壬子五月初四日（一六一二年六月二日）未時，享年四十九歲。葬於堯山之東。孝孫溥奉祀。

顯考中憲大夫、整飭遼東開原兵備道、河南布政使司右參政兼按察司僉事府君馮公諱瑗，字德韞，行四，神主生於隆慶六年壬申二月十四日（一五七二年二月二十七日）酉時，卒於天啓四年甲子十二月十四日（一六二五年一月二十二日）子時，享年五十三歲。葬於黄山之原〔一〕。孝子士份奉祀。

顯妣誥封宜人郇氏，行二，神主生於隆慶六年壬申七月十二日（一五七二年八月十九日）酉時，卒於崇禎十四年辛巳二月二十三日（一六四一年四月二日）午時，享年七十歲。葬於黄山之原。孝子士份奉祀。

**【校注】**

〔一〕黄山：在臨朐、沂源兩縣交界處，又名鳳凰山。《光緒臨朐縣志》卷三《山水》：『雙筆峰之西北二十里爲黄山。在縣治南四十里，一曰鳳凰山，大小二峰，圓秀可愛。稍西二里爲月明崖。舊志云「黄山之東折而西二十里爲月明崖」，誤。一壁千仞，下臨巨洋，與西岸小百丈崖參差相對。』

顯考處士府君馮公諱璿，字信菴，行五，神主生於萬曆元年癸酉七月十八日（一五七三年八月十五日）未時，卒於順治九年壬辰八月十八日（一六五二年九月二十日）戌時，享年八十歲。葬於堯山之東。孝子士鉉奉祀。

顯考誥贈朝議大夫、陝西布政使司右參議兼按察司僉事府君馮公諱璣，字佩衡，行六，神主生於萬曆三年乙亥九月初八日（一五七五年十月十一日）寅時，卒於崇禎十四年辛巳三月二十三日（一六四一年五月二日）午時，享年六十七歲。葬於桑村之原〔一〕。孝子士煇奉祀。

【校注】

〔一〕桑村：屬今青州市彌河鎮，在青州、臨朐交界處。

顯考邑庠生府君馮公諱璲，字用佩，行八，神主生於萬曆三年乙亥九月十六日（一五七五年十月十九日）辰時，卒於萬曆三十六年戊申二月二十日（一六〇八年四月四日）未時，享年三十四歲。葬於浮山之陰〔一〕。孝子士傕奉祀。

顯妣孺人來氏，行□，神主生於萬曆九年辛巳十二月二十五日（一五八二年一月十九日）辰時，卒於萬曆三十三年乙巳十月初六日（一六〇五年十一月十六日）卯時，享年二十五歲。葬於浮山之陰。孝子士傕奉祀。

【校注】

〔一〕浮山：即海浮山，在臨朐冶源，馮惟敏號海浮，取名以此。《光緒臨朐縣志》卷三《山水》：『海浮山，在縣治直南二十五里，下臨熏冶水，上有神祠，疏松數株，㵳如碧雲，下與水邊密竹俯仰相映。此山以北雖地勢趨下，而蔓衍平夷，無復岡嶺矣。』

顯考儒士府君馮公諱玟，字慤菴，行九，神主生於萬曆六年戊寅十月初七日（一五七八年十一月五日）□時，卒於崇禎十三年庚辰六月十三日（一六四〇年七月三十一日）□時，享年六十三歲。葬於堯山之東。孝子士薦奉祀。

顯考秀監生府君馮公諱珂，字用鳴，行十，神主生於萬曆七年六月二十八日（一五七九年七月二十一日）申時，卒於崇禎十七年七月十八日（一六四四年八月十九日）亥時，享年六十六歲。暨元配孺人李氏，神主生於萬曆五年正月初九日（一五七七年一月二十七日）卯時，卒於順治十年八月初一日（一六五三年九月二十二日）子時，享年七十七歲。合葬於堯山之東。孝子□□奉祀〔一〕。

【校注】

〔一〕『□□奉祀』，原本無，據上下文義補。

顯叔考處士府君馮公諱琮，字用升，行二，神主生於萬曆八年庚辰十一月十八日（一五八〇年十二月二十四日）□時，卒於萬曆三十七年己酉五月初五日（一六〇九年六月六日）未時，享年三十歲。葬於浮山之陽。孝侄士傕奉祀。

顯考邑庠生府君馮公諱珖，字德温，行三，神主生於萬曆十年壬午十月十五日（一五八二年十一月九日）子時，卒於順治三年丙戌七月初一日（一六四六年八月十一日）未時，享年六十五歲。葬於廣堯村之西。孝子士儼奉祀。

顯妣孺人王氏，行□，神主生於萬曆十一年癸未正月十五日（一五八三年二月七日）申時，卒於崇禎四年辛未九月十七日（一六三一年十月十二日）辰時，享年四十九歲。葬於廣堯村之西。孝子士儼奉祀。

顯考庠生府君馮公諱琬，字叔堅，行十，神主生於萬曆十五年丁亥正月初三日（一五八七年二月九日）戌時，卒於順治六年己丑十一月二十二日（一六四九年十二月二十五日）辰時，享年六十三歲。葬於堯山之東。孝子士獻奉祀。

顯妣孺人王氏，行□，神主生於萬曆十七年己丑（一五八九），月日時無考，卒於萬曆四十八年庚申四月二十六日（一六二〇年五月二十七日）寅時，享年三十二歲。葬於堯山之東。孝子士獻奉祀。

顯妣孺人陳氏，神主生於萬曆三十年壬寅四月十八日（一六〇二年六月七日）寅時[一]，卒於順治六年己丑九月二十日（一六四九年十月二十五日）卯時，享年四十八歲。葬於堯山之東。

孝子士獻奉祀。

【校注】

〔一〕『萬曆三十』後，原本有『九』字，爲衍字，删除。

顯考庠生府君馮公諱榘，字潤菴，行二，神主生於萬曆十五年丁亥十一月十六日（一五八七年十二月十五日）巳時，卒於崇禎九年丙子十一月初四日（一六三六年十一月三十日）辰時，享年五十歲。不知葬所。孝子士偡奉祀。

顯考四川璧山縣知縣府君馮公諱琰，字叔白，行十六，神主生於萬曆十六年戊子六月二十五日（一五八八年七月十八日）子時，卒於崇禎八年乙亥三月初四日（一六三五年四月二十日）申時，享年四十八歲。葬於浮山之側。孝子士猷奉祀。

顯妣孺人周氏，神主生於萬曆十九年辛卯六月初二日（一五九一年七月二十一日）巳時，卒於崇禎十二年己卯四月初八日（一六三九年五月十日）未時，享年四十九歲。葬於浮山之側。孝子士猷奉祀。

顯考處士府君馮公諱璦，字德輝，行四，神主生於萬曆十六年戊子九月二十九日（一五八八年十一月十七日）□時，卒於萬曆四十三年乙卯五月二十一日（一六一五年六月十六日）辰時，享年二十八歲。葬於廣堯村之西。孝子士佶奉祀。

顯妣孺人劉氏，神主生於萬曆十四年丙戌八月二十三日（一五八六年十月五日）戌時，卒於順治五年戊子九月初九日（一六四八年十月二十四日）辰時，享年六十三歲。葬於朐南廣堯村之西。孝子士佶奉祀。

顯考處士府君馮公諱琨，字季修，行十九，神主生於萬曆十七年己丑二月初六日（一五八九年三月二十一日）寅時，卒於順治十四年丁酉六月二十二日（一六五七年八月一日）亥時，享年六十九歲。葬於堯山之東。孝子士良奉祀。

顯考處士府君馮公諱瑶，字德英，行三，神主生於萬曆二十二年甲午十二月二十一日（一五九五年一月三十日）戌時，卒於崇禎十六年癸未十月二十八日（一六四三年十二月八日）戌時，享年五十歲。葬於浮山之西。孝子士佐奉祀。

顯妣孺人陳氏，神主生於萬曆二十四年丙申三月初六日（一五九六年四月三日）申時，卒於崇禎十四年辛巳五月十五日（一六四一年六月二十二日）巳時，享年四十六歲。葬於浮山之西。

孝子士佐奉祀。

顯考浙江湖州府吉安州孝豐縣知縣、贈光禄大夫、文華殿大學士、兼刑部尚書加一級府君馮公諱士衡，字于平，行一，神主生於萬曆十一年癸未六月初三日（一五八三年七月二十一日）巳時，卒於崇禎十四年辛巳五月初九日（一六四一年六月十六日）未時，享年五十九歲。葬於雲山之原[一]。孝子溥奉祀。

顯妣敕封孺人誥贈一品夫人白氏，行三，神主生於萬曆十五年丁亥四月二十五日（一五八七年六月一日）巳時，卒於崇禎十四年辛巳五月十五日（一六四一年六月二十二日）未時，享年五十五歲。葬於雲山之原。孝子溥奉祀。

【校注】

〔一〕雲山：即青州雲门山。于欽《齊乘》卷一：『雲門山，府城南五里。上方號大雲，頂有通穴如門，可容百餘人。遠望如懸鏡，泉極甘冽。崖壁上銜蚌殼結石，相傳海田所變。』按：雲门山有馮氏新阡，毛奇齡《易齋馮公年譜》載崇禎十四年『是冬，葬孝豐公、太夫人於雲門之新阡』。

顯祖考臨朐縣庠生府君馮公諱士鶚，字于舉，行二，神主生於萬曆十四年丙戌正月初二日

（一五八六年二月十九日）寅時，卒於崇禎四年辛未二月十四日（一六三一年三月十六日）戌時，享年四十五歲。葬於堯山之東。孝孫盛世奉祀。

顯祖妣孺人公氏，行七，神主生於萬曆二十年壬辰四月十七日（一五九二年五月二十七日）未時，卒於康熙十八年己未八月十二日（一六七九年九月十六日）酉時，享年八十八歲。葬於堯山之東。孝孫盛世奉祀。

顯考恩貢生府君馮公諱士偁，字于錫，行一，神主生於萬曆十九年辛卯四月十九日（一五九一年六月十日）酉時，卒於崇禎九年丙子十月十二日（一六三六年十一月九日）辰時，享年四十六歲。葬於朐南姬家河〔一〕。孝子雍奉祀。

顯妣孺人李氏，神主生於萬曆二十年壬辰八月十六日（一五九二年九月二十一日）辰時，卒於順治十二年乙未二月二十一日（一六五五年三月二十八日）辰時，享年六十四歲。葬於朐南姬家河。孝子雍奉祀。

【校注】

〔一〕姬家河：在今臨朐冶源水庫大坝之南。

顯考儒士府君馮公諱士儀，字于一，行三，神主生於萬曆二十一年癸巳正月初三日（一五九三年二月三日）辰時，卒於萬曆四十四年丙辰五月十六日（一六一六年六月二十九日）酉時，享年二十四歲。葬於城南之原。孝子澄奉祀。

顯妣孺人曹氏，行一，神主生於萬曆二十一年癸巳九月初十日（一五九三年十月四日）辰時，卒於順治二年乙酉八月十六日（一六四五年十月五日）午時，享年五十三歲。葬於城南之原。孝子澄奉祀。

顯考處士府君馮公諱士鵬，字于南，行四，神主生於萬曆二十四年丙申正月初九日（一五九六年二月六日）申時，卒於康熙九年庚戌十月十六日（一六七〇年十一月二十八日）酉時，享年七十五歲。葬於堯山之東。孝子泳奉祀。

顯妣孺人王氏，行一，神主生於萬曆二十五年丁酉十二月二十六日（一五九八年二月一日）卯時，卒於天啓六年丙寅初一日（一六二六年一月二十八日）申時，享年二十九歲。葬於堯山之東。孝子泳奉祀。

顯妣孺人朱氏，行□，神主生於萬曆三十九年辛亥二月二十四日（一六一一年四月六日）寅時，卒於康熙三十一年壬申十月二十三日（一六九二年十一月三十日）辰時，享年八十二歲。葬於堯山之東。孝子滰奉祀。

顯考九江府後營游擊府君馮公諱士偉，字于充，行四，神主生於萬曆二十四年丙申三月初七日（一五九六年四月四日）卯時，卒於順治十二年乙未七月二十三日（一六五五年八月二十四日）酉時，享年六十歲。不知葬所。孝子紀奉祀。

顯妣孺人李氏，神主生於萬曆三十年壬寅正月十九日（一六〇二年二月十日）亥時，卒於順治十年癸巳三月初九日（一六五三年四月六日）酉時，享年五十二歲。不知葬所。孝子紀奉祀。

顯考南京户部湖廣司員外郎府君馮公諱士杰，字于高，行一，神主生於萬曆二十六年戊戌二月二十五日（一五九八年三月三十一日）丑時，卒於崇禎十五年壬午六月初六日（一六四二年七月二日）午時，享年四十五歲。葬於堯山之東。孝子渼奉祀。

顯考處士府君馮公諱士奎，字于東，行五，神主生於萬曆二十六年戊戌八月十三日（一五九八年九月十三日）酉時，卒於康熙六年丁未九月十四日（一六六七年十月三十日）丑時，享年七十歲。葬於城南之原。孝子渭奉祀。

顯考國學生府君馮公諱士伉，字于真，行五，神主生於萬曆二十七年己亥十一月十一日（一五九九年十二月二十七日）□時，卒於崇禎十四年辛巳四月初八日（一六四一年五月十七日）寅時，享年四十三歲。不知葬所。孝子縉奉祀。

顯叔考户部江西司主事府君馮公諱士棨，字篤初，行三，神主生於萬曆二十九年辛丑九月二十一日（一六〇一年十月十六日）卯時，卒於順治十四年丁酉八月十二日（一六五七年九月十九日）寅時，享年五十七歲。葬於堯山之東。侄渼奉祀。

顯嬸妣敕封安人曹氏，行二，神主生於萬曆三十一年癸卯四月初八日（一六〇三年五月十八日）辰時，卒於順治十年癸巳閏六月二十七日（一六五三年八月十九日）子時，享年五十一歲。葬於堯山之東。侄渼奉祀。

顯考中憲大夫、福建按察司副使府君馮公諱士標，字端明，行二，神主生於萬曆三十八年庚戌九月初七日（一六一〇年十月二十三日）卯時，卒於順治十二年乙未九月初六日（一六五五年十月五日）巳時，享年四十六歲。葬於八岐山之陽[一]。孝子旭奉祀。

顯妣誥封恭人劉氏，行一，神主生於萬曆三十七年己酉十月二十七日（一六〇九年十一月二十三日）申時[二]，卒於康熙三十一年壬申九月初一日（一六九二年十月十日）巳時，享年八十四歲。葬於八岐山之陽。孝子旭奉祀。

## 【校注】

〔一〕八岐山：位於今臨朐五井鎮西，又名八士山。《光緒臨朐縣志》卷三《山水》：『八士山，在縣治西南二十五里，《魏書·地理志》「西安有八士山」即此。又名八歧山，亦曰八旗山。八峰駢秀，遠望如森戟排空。』

〔二〕於：原本脱，據文義補。

顯考邑庠生府君馮公諱士佐，字于弼，行一，神主生於□年□月□日□時，卒於□年七月十八日□時，享年□□□歲。葬於圈西〔二〕。孝子録奉祀。

顯妣孺人吴氏，行□，神主生於□年□月□日□時，卒於□年正月十三日□時，享年□□□歲。葬於圈之家西。孝子録奉祀。

顯妣孺人裴氏，行□，神主生於□年□月□日□時，卒於□年十一月二十九日□時，享年□□□歲。葬於圈之家西。孝子鈔奉祀。

顯妣孺人孟氏，行□，神主生於□年□月□日□時，卒於□年三月二十九日□時，享年□□□歲。葬於圈之家西。孝子鐸奉祀。

【校注】

〔一〕圈西：當從下文作『圈之家西』，具體地點俟考。

顯考郡庠生府君馮公諱涵，字孔淵，行一，神主生於萬曆三十三年乙巳四月初七日（一六〇五年五月二十四日）寅時，卒於康熙十五年丙辰九月初四日（一六七六年十月十日）亥時，享年七十二歲。葬於城東之原。孝子撫世奉祀。

顯考光禄大夫、太子太傅、刑部尚書、文華殿大學士加一級、謚文毅府君馮公諱溥，字孔博，行二，神主生於萬曆三十七年己酉十二月初五日（一六〇九年十二月三十日）寅時，卒於康熙三十年辛未十二月十一日（一六九二年一月二十八日）子時，享年八十三歲。葬於堯山之東。孝子治世奉祀。

顯妣誥封一品夫人房氏，行□，神主生於萬曆三十八年庚戌二月初四日（一六一〇年二月二十六日）申時，卒於康熙十四年乙卯正月初十日（一六七五年二月四日）酉時，享年六十六歲。葬於堯山之東。孝子治世奉祀。

顯考考授知縣府君馮公諱灝，字孔素，行三，神主生於萬曆三十九年辛亥九月初七日（一六一一年十月十二日）亥時，卒於康熙十三年甲寅十一月二十二日（一六七四年十二月十八日）未時，享年六十四歲。葬於城西之原。孝子楨世奉祀。

顯考臨朐縣庠生府君馮公諱澄，字孔清，行四，神主生於萬曆四十年壬子正月十六日（一六一二年二月十七日）寅時，卒於康熙四年乙巳七月初一日（一六六五年八月十一日）未時，享年五十四歲。葬於堯山之東。孝子芳世奉祀。

顯妣孺人張氏，行四，神主生於萬曆四十年壬子九月十二日（一六一二年十月六日）丑時，卒於順治十八年辛丑十二月初七日（一六六二年一月二十六日）未時，享年五十歲。葬於堯山之東。孝子芳世奉祀。

顯考處士府君馮公諱潛，字孔昭，行五，神主生於萬曆四十年壬子二月十一日（一六一二年三月十三日）申時，卒於崇禎十五年壬午五月二十二日（一六四二年六月十八日）巳時，享年三十一歲。葬於堯山之東。孝子名世奉祀。

顯考庠生府君馮公諱濟，字孔惠，行六，神主生於萬曆四十年壬子四月初八日（一六一二年五月八日）寅時，卒於順治十年癸巳六月十九日（一六五三年七月十三日）子時，享年四十二歲。葬於蕘山之東。孝子盛世奉祀。

顯妣孺人蔣氏，行三，神主生於萬曆四十年壬子（一六一二），月日時無考，卒於崇禎二年己巳正月二十七日（一六二九年二月十九日）□時，享年十八歲。葬於蕘山之東。孝子盛世奉祀。

顯妣孺人鍾氏，行一，神主生於萬曆四十三年乙卯閏八月二十二日（一六一五年十月十四日）亥時，卒於康熙二十六年丁卯九月初八日（一六八七年十月十三日）巳時，享年七十三歲。葬於蕘山之東。孝子盛世奉祀。

顯考庠生府君馮公諱泳，字孔游，行八，神主生於萬曆四十三年乙卯九月二十日（一六一五年十一月十日）卯時，卒於康熙十四年乙卯十二月二十七日（一六七六年二月十日）巳時，享年六十一歲。葬於洱水之東。孝子安世奉祀。

顯考處士府君馮公諱滋，字孔修，行九，神主生於萬曆四十四年丙辰六月初一日（一六一六年七月十四日）寅時，卒於順治十四年丁酉二月二十日（一六五七年四月三日）寅時，享年四十二歲。葬於蕘山之東。孝子定世奉祀。

顯叔考庠生府君馮公諱泌，字孔延，行十一，神主生於天啓四年（一六二四）甲子三月□日□時，卒於順治三年丙戌二月十七日（一六四六年四月二日）□時，享年二十三歲。葬於堯山之東。孝侄治世奉祀。

顯孀妣孺人王氏，行□，神主生於天啓三年癸亥十一月十六日（一六二四年一月六日）辰時，卒於崇禎十六年癸未二月二十日（一六四三年四月八日）丑時，享年二十一歲。葬於堯山之東。侄治世奉祀。

顯考庠生府君馮公諱濯，字孔澤，行十二，神主生於天啓五年乙丑（一六二五）□月□日□時，卒於順治十三年丙申五月二十日（一六五六年六月十二日）□時，享年三十二歲。葬於堯山之東。孝子綜世奉祀。

顯叔考處士府君馮公諱濬，字孔哲，行十三，神主生於天啓六年丙寅十一月初七日（一六二六年十二月二十五日）子時，卒於康熙十三年甲寅三月十六日（一六七四年四月二十一日）午時，享年四十九歲。葬於堯山之東。侄盛世奉祀。

顯孀妣孺人鍾氏，行四，神主生於崇禎二年己巳九月二十六日（一六二九年十一月十日）□時，卒於順治六年己丑四月二十一日（一六四九年五月三十一日）巳時，享年二十一歲。葬於堯山之東。侄盛世奉祀。

顯孀妣孺人曹氏，行六，神主生於崇禎七年甲戌四月十五日（一六三四年五月十一日）□時，卒於康熙十五年丙辰六月初八日（一六七六年七月十八日）子時，享年四十三歲。葬於堯山之東。侄盛世奉祀。

顯叔考處士府君馮公諱漢，字孔倬，行十四，神主生於天啓七年丁卯（一六二七）□月□日□時，卒於順治十二年乙未七月二十五日（一六五五年八月二十六日）□時，享年二十九歲。葬於堯山之東。侄治世奉祀。

顯考庠生府君馮公諱渭，字孔尚，行十六，神主生於崇禎七年甲戌九月初五日（一六三四年十月二十六日）□時，卒於康熙二十二年癸亥五月初八日（一六八三年六月二日）□時，享年五十歲。不知葬所。孝子覺世奉祀。

顯考候選州同知、鄉飲大賓、敕封承德郎、誥贈武德騎尉府君馮公諱録，字孔叙，行二，神主生於崇禎九年丙子十一月十七日（一六三六年十二月十三日）□時，卒於康熙四十九年庚寅四月十四日（一七一〇年五月十二日）□時，享年七十五歲。葬於圈之家西。孝子訓世奉祀。

顯妣孺人敕封安人、誥贈宜人張氏，神主生於□年□月□日□時，卒於□年四月初八日□時，享年□□□歲，葬於圈之家西。孝子訓世奉祀。

顯妣敕封安人、誥贈宜人傅氏，神主生於□年□月□日□時，卒於□年五月二十九日□時，享年□□□歲。葬於圈之家西。孝子訓世奉祀。

顯妣敕封安人、誥贈宜人高氏，神主生於康熙元年壬寅三月初四日（一六六二年四月二十一日）申時，卒於雍正九年辛亥七月十二日（一七三一年八月十四日）□時，享年七十歲。葬於圈之家西。孝子新世奉祀。

顯考學正教諭、遵例改授縣丞府君馮公諱訓世，字素臣，號騈農，行一，神主生於康熙二十二年癸亥十二月初七日（一六八四年一月二十三日）未時，卒於乾隆二十六年辛巳十月二十日（一七六一年十一月十六日）酉時，享年七十九歲。葬於圈之家西。孝子慕奉祀。

顯妣孺人吴氏，行三，神主生於康熙□年□月□日□時，卒於乾隆□年□月□日□時。葬於圈之家西。孝子慕奉祀。

顯考國學生府君馮公諱省世[一]，字魯堂，行二，神主生於康熙三十三年甲戌六月初八日（一六九四年七月二十九日）亥時，卒於乾隆三十年乙酉七月初八日（一七六五年八月二十三日）未時，享年七十二歲。葬於臨朐城北之新阡。孝子憲奉祀。

【校注】

〔一〕馮公：原本脱『公』，據文例補。

顯妣孺人李氏，行三，神主生於康熙三十四年乙亥八月二十四日（一六九五年十月一日）酉時，卒於乾隆二十二年丁丑（一七五七）〔一〕，享年六十三歲。葬於臨朐城北之新阡。孝子憲奉祀。

【校注】

〔一〕卒於乾隆二十二年丁丑：原本無，據文例補。

顯考敕授承德郎、安徽廬州府督糧分府、誥贈武德騎尉、河南汝寧營左軍守備府君馮公諱新世，字易周，行三，神主生於康熙三十七年十一月二十三日（一六九八年十二月二十四日）亥時，卒於乾隆四十年閏十月二十一日（一七七五年十二月十三日）戌時，享年七十八歲。葬於圈之家西。孝子殿元奉祀。

顯妣敕封安人、誥贈宜人王氏，神主生於康熙三十七年十一月二十三日（一六九八年十二月二十四日）亥時，卒於乾隆三十四年十一月初一日（一七六九年十一月二十八日）酉時，享年七十一歲。葬於圈之家西。孝子㤭奉祀。

顯妣誥贈宜人辛氏，神主生於雍正戊申年十月初十日（一七二八年十一月十一日）亥時，卒於嘉慶庚午年正月十八日（一八一〇年二月二十一日）卯時，享年八十三歲。葬於圈之家西。孝子殿元奉祀。

顯考武庠生府君馮公諱殿魁，字奠安，行六，神主生於乾隆二十四年六月十二日（一七五九年七月六日）子時，卒於乾隆五十四年十二月二十一日（一七九〇年二月四日）午時，享年三十一歲。葬於圈之家西。孝子其敬奉祀。

顯妣孺人李氏，神主生於乾隆二十五年六月二十二日（一七六〇年八月二日）戌時，卒於乾隆五十四年三月二十五日（一七八九年四月二十日）□時，享年三十歲。葬於圈之家西。孝子其敬奉祀。

顯考誥授武德騎尉、河南汝寧營左軍守備府君馮公諱殿元，字貫三，改西奎，行七，神主生於乾隆乙酉年三月十六日（一七六五年五月五日）酉時，卒於嘉慶二十五年庚辰四月二十九日

（一八二〇年六月九日）未時，享年五十六歲。葬於圈之家西。孝子其恭奉祀。

顯妣誥封宜人孫氏，行三，神主生於乾隆二十六年十一月二十六日（一七六一年十二月二十一日）亥時，卒於嘉慶八年七月二十一日（一八〇三年九月六日）巳時，享年四十三歲。葬於圈之家西。孝子其恭奉祀。

顯妣誥封宜人鄧氏，行一，神主生於乾隆四十五年八月十九日（一七八〇年九月十七日）子時，卒於嘉慶十八年七月初六日（一八一三年八月一日）未時，享年三十四歲。葬於圈之家西。孝子其慎奉祀。

# 三、敕表

## 陝西按察司僉事馮惟訥敕

敕陝西按察司僉事馮惟訥，秦州地方係陝西要害處所〔一〕，先因控制失宜，致有盗賊聚衆劫掠。今特命爾前往，專在秦州駐劄。整飭鞏昌等處兵備〔二〕，兼管分巡隴右道地方〔三〕，時常操練軍快，修理城池，緝捕賊盗，撫安軍民，問理刑名，禁革奸弊。仍聽總督、鎮巡等官節制。所屬關山、胡店、寺溝與各州縣地方〔四〕，但有賊盗生發，爾即調度各該衛有司官軍民快人等，設法勦捕。各該官員人等敢有違慢誤事者，聽爾量情懲治，應奏請者指實參奏，拿問究治；未盡事宜，照該部原擬施行〔五〕。爾爲憲臣，受茲簡命，必須持廉秉公，正己率下，務俾地方寧静，斯稱任使。如或因循苟且，以致奸弊弗革，軍民弗安〔六〕，必罪不宥。爾其勉之慎之！故敕。

嘉靖三十年□月□日。

廣運之寶〔七〕。

【校注】

〔一〕秦州：明洪武十五年（一三八二）置秦州衛，屬陝西都司，治所在秦州城（今甘肅天水市）。

〔二〕鞏昌：金正大中改鞏州置，治所在隴西縣，元初改置鞏昌路，明初復爲鞏昌府。

〔三〕隴右道：唐貞觀元年置，爲十道之一。轄境相當今甘肅隴山六盤山以西，青海省青海湖以東及新疆東部地。

〔四〕關山：一名小隴山，在今陝西隴縣西六十里。《讀史方輿紀要》卷五五隴州『隴山』條：『小隴山在州西八十里，一名關山，以近隴關而名也。山長八十城，路通臨鞏，爲秦鳳要害。』胡店：即今陝西寶鷄市陳倉區胡店鎮地。寺溝：即今陝西寶鷄市鳳縣平木鎮一帶。

〔五〕『原』字後，原本有『議』字，爲衍字，删除。

〔六〕『奸』字前，原本有『姸』字，爲衍字，删除。

〔七〕廣運之寶：明代内府印章。因明代敕令在落款處加蓋此印章，故《馮氏世録》抄本將『廣運』和『之寶』分書於落款日期之兩側，本書整理統放於落款之後。

## 山西布政司分守冀寧道右參政馮惟訥

敕山西布政司分守冀寧道右參政馮惟訥〔一〕：近該巡撫山西官題稱，本省地方節年拖欠糧草數多，雖設有本司管糧官，緣各道地方遥遠，兼以升遷去任，接管不常。迄要各道分守專一督催，庶幾事有責成。已下部議覆相應。特命爾不妨原務，查照該部題准事理，會同糧儲道〔二〕，嚴督所屬太原府并曲陽等二十八縣掌印、管糧等官，將節年拖欠及見年一應錢糧設法追徵。務要如期上納，每年完至九分以上，聽撫按官指實舉薦。如有惰誤廢事，亦聽查昭節題事例定擬；未完分數論劾〔三〕，以憑定奪施行。爾受兹任，宜盡心催督，勿憚煩勞，使糧餉充足，防秋有賴，斯稱任使。爾其欽承毋怠。故敕。

嘉靖三十八年十月初六日。

廣運之寶。

【校注】

〔一〕分守冀寧道：明山西布政司置，轄太原府等處。

〔二〕糧儲道：即督糧道，明代十三布政使司各置一員，一般由僉事負責。

〔三〕『論』字後，原本有『劾』字，爲衍字，删除。

## 皇帝敕諭浙江按察司副使馮惟訥〔一〕

朕惟自古帝王治天下者，率以興學育材爲首務，而學校之興廢、人材之盛衰，治道之隆替繫焉。此蓋已然之明驗也。今特命爾往浙江巡視，提督各府州縣儒學，爾其欽哉！夫總理一方學政，是即一方之表率也。然率人以正，必先正己。爾其務端軌範，嚴條約，公懲勸，俾爲師爲弟子者，一崇正學、迪正道。革浮靡之習，振篤實之風，庶幾儲養有素而待用不乏，斯足以稱簡任之意。如或因循歲月，績效弗彰，朕將爾責焉。爾其勖哉。所有合行事宜，申明條示於後，其慎行之毋忽。故諭。

嘉靖四十一年四月□日。

廣運之寶。

【校注】

〔一〕按：本年，馮惟訥遷浙江提刑按察使司按察副使、提督學道，馮惟敏《少洲馮公行狀》：『壬戌，升浙江提學副使，便道省墓，哀痛伏地者久之。』

## 山西布政使司右參政馮惟訥敕〔一〕

敕山西布政使司右參政馮惟訥，所屬地方遞年拖欠糧草數多，王府、軍衛所禄米俸糧撥給不足，預備倉糧，全無儲積，饑民無以賑濟，而管糧官員多有受賄，縱容糧里書算人等多端作弊。兼以所在軍衛刁撥官舍旗軍，包攬挾制，不肯上納，以致糧草往往欠缺，而所收者又多虧折。究其所以，蓋由官無專管之故。今特命爾專一往來，提督所屬府縣税糧、馬草等項，并預備倉糧，帶催料價。其府州縣管糧官弁并提調正官，敢有不行催徵，違誤限期，及似前縱容各倉、攢通同官豪勢要軍民人等，兜攬侵欺糧價抵换等項情弊事發，軍職并文職五品以上，指實參奏拿問；六品以下官員人等悉聽爾，輕則量情處治，重則拿送本司，理問所及，所在官司，依律問擬，照例發落。年終將催徵過已完未完、該納糧草及措置過預備倉糧數目，造册繳部，以憑稽查。爾受兹專委，須夙夜盡心，廉謹自持，務要催督以時，出納惟公。俾前項糧儲足用，民不告勞，斯稱委任。如或因循怠忽，以致違誤，責有所歸。爾其勉之慎之。故敕。

嘉靖四十二年十二月二十二日。

廣運之寶。

【校注】

〔一〕按：本年秋，馮惟訥升山西布政使司右參政，本年冬，有敕督餉。據友人謝榛詩《寄馮大參汝言時督餉平陽》，知惟訥至平陽督餉。

## 陕西按察司僉事馮子履敕

敕陝西按察司僉事馮子履：今特命爾整飭鞏昌等處兵備，兼管分巡隴西道地方〔一〕，清理驛遞，巡禁茶馬，專在秦州駐劄。時常操練軍快，修理城池，緝捕賊盗，撫安軍民，問理刑名，禁革奸弊。所屬關山、胡店、寺溝與各州縣地方〔二〕，但有盗賊生發，爾即調度各該衛所有司官、軍兵、快人等，設法剿捕。爾聽總督鎮巡官節制。各該官員人等，敢有違慢誤事者，聽爾分别懲治，應奏請者指實參奏，拿問究治。其秦、鞏二衛，并禮店千户所屯田事務，分屬爾專管，屯田道不得干預。爾宜查照部題准事理，嚴督各掌印、管屯等官，着實整理，毋得推諉誤事。爾受兹兼任，又須持廉秉公，正己率下，務使田野開闢，屯糧充足，兵備修舉，地方安静，斯稱委任。如或因循怠忽，責有所歸，爾其勉之慎之。故敕。

萬曆十四年九月二十六日。

廣運之寶。

【校注】

〔一〕隴西道：又稱隴右道，馮子履時以僉事分巡隴右道。《神宗實録》卷一七八『萬曆十四年九月』：『甲辰，升……兵備臨安等處和州知州馮子履爲陝西僉事。』

〔二〕關山：原本作『開山』，據臨朐七賢本《馮氏世録》改。

## 山西按察司副使馮子履敕

敕山西按察司副使馮子履，今特命爾分巡冀北道〔一〕，專管整飭大同鎮城、聚落城、北東路鎮邊等堡〔二〕，渾源、蔚州、大同、靈邱、廣昌、廣靈六州縣兵備〔三〕。撫恤軍士，點閱兵馬，繕修城堡，防禦寇盗，收斂人畜，保障地方，稽查錢糧，問理刑名，禁革奸弊。不許省城往來耽延，有廢職務。所屬有司衛所官吏軍民人等有犯，輕則量情懲治，重則參奏拿問，仍聽總督鎮巡官節制。近又該屯田都御史題稱〔四〕：宣、大二鎮屯田，宜付兵備、守巡兼理。清查隱占，均平糧額，開墾抛荒，一應屯政，聽爾悉心經理，年終具呈撫按，照防秋事例會題舉刺。爾爲憲臣，受兹委任，須持廉秉公，盡心竭力，使兵强食足，地方有賴〔五〕，斯稱任使。如或怠忽誤事，責有所歸，爾其勉之。故敕。

萬曆十五年九月□日〔六〕。

廣運之寶。

【校注】

〔一〕分巡冀北道：明代大同鎮下轄四道，分巡冀北道爲其中之一。所防守的路綫範圍從今轄下陽高縣和新榮區交界的鎮邊堡開始，從西一直到新榮區的西北部，從南則一直到了今河北境内的蔚縣和大同市的靈丘縣。分巡冀北道的轄制範圍包括兩路，分别是北東路和不屬路。

〔二〕大同鎮城：治所在今山西大同市，屬於分巡冀北道的不屬路所轄。聚落城：即今雲州區聚樂堡鄉聚樂村，屬分巡冀北道不屬路。北東路鎮邊等堡：北東路屬分巡冀北道，下轄八堡，分别是鎮邊堡、鎮川堡、鎮羌堡、得勝堡、弘賜堡、拒墻堡、鎮虜堡、鎮河堡。

〔三〕渾源：即今山西渾源縣，當時屬大同府。蔚州：舊址在今山西平遥西北。大同：即雲州區，當時屬大同府，位於今大同市之東。靈邱：即今山西靈丘縣，在大同市東南角。廣昌：治所在今河北淶源縣。廣靈：治所在今山西廣靈縣。

〔四〕屯田都御史：當爲崔鏞，字汝洪，陝西佳縣人。嘉靖四十一年進士，授潞安府推官，遷户部主事，升山西按察司僉事，進左參議、按察司副使、右參政。萬曆三年十一月，遷右僉都御史巡撫山西。

〔五〕『地』字前，原本有『城』字，爲衍字，删除。

〔六〕十五年：青州本《世録》作『四年』。按，作『四年』是。馮子履於萬曆四年升山西按察司副使，五年春大計，議削職，故此敕命當在萬曆四年。

## 山西布政使司分守冀寧道右參議馮子履敕

敕山西布政使司分守冀寧道右參議馮子履：近該巡撫山西官題稱〔一〕，本省地方節年拖欠糧數多，雖設有本司管糧官，緣各道地方遥遠，兼以升遷去任，接管不常，乞要各道分守官專一催督，庶幾事有責成。已下該部議覆相應。今特命爾不妨原務，查照該部題准事理，會同糧儲道，嚴督所屬太原府并陽曲等二十八縣掌印、管糧等官，將節年拖欠及現年一應錢糧設法追徵，務要如期上納。每年完至九分以上，聽撫按官指實薦舉。如有惰誤廢事，亦聽查照節題事例定擬，未完分數論劾，以憑定奪施行。爾受兹委任，宜盡心催督，勿憚煩勞，使糧餉充足，防秋有賴，斯稱任使。爾其欽承毋忽。故敕。

萬曆十六年□月□日。

廣運之寶。

【校注】

〔一〕巡撫山西官：或爲鄧林喬，或爲王基。萬曆十六年鄧林喬丁憂去職，七月，任浙江左布政使王基爲右副都御史巡撫大同。王基，字啓亨，山東青州左衛人，嘉靖四十四年進士，累官至南京户部尚書兼兵、工二部尚書。

## 山西按察司副使馮子履敕

敕山西按察司副使馮子履：今特命爾整飭紫荆關等處兵備，在易州駐劄〔一〕。其紫荆一關并所轄隘口，東起沿河口總，西至白石口總止〔二〕。及保定一府二十州縣。保定五衛、茂山衛〔三〕，并山西廣昌、靈邱等縣各該軍衛，有司俱聽管轄，仍兼馬政。爾於前項鄰近州縣衛所内揀選精壯軍餘民快，處給官馬器械〔四〕，責令巡捕軍民職官，管領就在本處，如法操練。遇有盜賊生發，選委巡捕官及謀勇、指揮等官統領剿捕。其閱視邊關，查點人馬，問理刑名，禁革奸弊，俱照原擬，仍聽督撫官節制。事有干涉，巡撫山西都御史一體呈請施行〔五〕。軍衛有司官員如有貪殘不職、玩寇殃民〔六〕，應提問者徑自提問，應參奏者具奏處治。每歲六月中旬，偵探虜警緩急，悉心調度。仍會各將官相機戰守。若邊關非時警報，馳赴料理，仍查兵部近題事理，帶管驛傳稽核錢糧，嚴查應付勘合，并驛遞官吏人等作弊害人者，俱要盡法禁治〔七〕。每年將行過事理，開送巡撫衙門轉咨該部查考，不許取具文移了事。爾爲憲臣，受茲委任，須持廉秉公，正己率下，務使軍民安妥，盜賊屏息，地方寧静，斯稱任使。毋得因循怠惰，自取罪戾，爾其勉之慎之。故敕。

萬曆十九年□月□日〔八〕。

廣運之寶。

【校注】

〔一〕紫荆關：是長城上一座著名的關城，位於今河北省易縣城西四十公里的紫荆嶺上，爲河北平原進入太行山的要道之一。易州：隋開皇元年置，治所在今河北易縣，明代屬保定府。

〔二〕沿河口：長城上的關隘，即今北京市門頭溝西北沿河城鄉。白石口：長城真保鎮的重要關隘，位於今河北淶源縣白石口村。

〔三〕保定五衛：永樂元年（一四〇三），設置保定前、後、左、右、中五衛，隷大寧都司。茂山衛：在今河北易縣南。明景泰元年（一四五〇）由保定府移於此。

〔四〕『處』字前，原本有『虡』字，爲衍字，删除。

〔五〕巡撫山西都御史：此敕實在萬曆十七年，説見下。此時任山西巡撫都御史者爲李采菲，字君采，號臨江，直隷河間人。嘉靖四十四年進士，由行人歷升山西行太僕寺卿，整飭寧武邊備，累至山西布政使參政，分守冀南道。升山西布政使，萬曆十七年，晋右副都御史，巡撫山西。

〔六〕殃：原本作『央』，改。

〔七〕『盡』字後，原本有『心』字，爲衍字，删除。

〔八〕十九年：青州本《世録》及七賢本《世録》皆作『十七年』。按：據馮琦《己丑冬書懷寄呈家君》有『我父方北來』『邊塞五千里，邊塞爲喉咽』『雄風自西來，易水蕭蕭寒』等句，均可證馮子履於萬曆十七年己丑遷易州兵備副使，此本『九』當爲『七』之訛。

# 四、諭祭

## 諭祭馮子履文〔一〕

維萬曆二十四年十二月初十日，皇帝遣山東按察司副使兼布政使司右參議于仕廉〔二〕，諭祭原任河南布政使司右參政、封通議大夫、禮部右侍郎兼翰林院侍讀學士馮子履。文曰：

維爾行方古人，學有家法。服茹荼之儀訓，發拔茅之賢科。宰畿邑，播譽於循良〔三〕；贊夏曹，精心於搜校〔四〕。洊更藩臬，强半邊陲。早挂神武之冠，獨賁丘園之帛。爾哲嗣爲予近臣，日宣勸講之勞，大發趨庭之藴。頃俞至懇，往慰寧思。爰貤宗伯學士之封，以爲日月岡陵之壽。胡然訃至，遽爾告終。宜備榮哀，特隆葬祭。英靈如在，尚克歆承！

【校注】

〔一〕原無題，此題係注者所加。

〔二〕于仕廉（一五五九—一六四五）：字元貞，號振方，金壇人。萬曆十四年（一五八六）進士，累官至户部右侍郎。著有《職掌録》《救荒書》等。萬曆二十四年，于仕廉任山東按察司副使兼布政使司右參議。

〔三〕畿邑：指京城管轄之縣。馮子履初任順天府固安縣令，在任有聲，入祀固安名宦祠，清陳崇砥《咸豐固安縣志》卷五《官師》：『馮子履，山東臨朐人，隆慶二年由進士令固安，修學宫。後升兵備道，祀《名宦》。』馮子履治固安政績另參鍾羽正《仰芹馮公行狀》及于慎行《仰芹馮公墓志銘》。

〔四〕夏曹：對兵部的俗稱。馮子履曾任兵部車駕司主事、職方員外郎。

## 諭祭馮子履并妻宋氏文（一）〔一〕

維萬曆三十九年□月□日，皇帝遣山東等處承宣布政使司右布政使〔二〕，諭祭原任河南布政使司右參政、贈禮部尚書兼翰林院學士馮子履并妻封太夫人宋氏〔三〕。文曰：

惟爾性質剛明，才猷爽達，配兹賢媛，誕我良臣。載筆雅擅其兼長，典禮立成乎正議；久徵燕翼，兼識熊丸。惟喆嗣之云亡〔四〕，實愍懷之猶切。爰兹弃珥，載葺若堂。祭葬并頒，幽靈式耀！

祭品

猪一口重百斤，羊一腔重五十斤，鳳鷄一隻〔五〕，煠骨一塊，煠魚一尾，鷄湯一分，魚湯一分，果十五色各五斤，饅頭五分，粉湯五分，降真香一炷重五斤，油燭一對重二斤，黄封酒二瓶，焚祝紙一百張。

【校注】

〔一〕原本無題，此題係注者所加。

〔二〕右布政使：『右』字原本脱，據七賢本《世録》補。萬曆三十九年山東布政使司左布政使爲李同芳，右布政使爲孫承榮。孫承榮：直隸長洲人，萬曆十四年進士，累官至山東右布政使。

〔三〕太夫人宋氏：即馮子履妻宋氏（一五四〇—一六一〇）。宋氏卒於萬曆三十八年，其孫士杰赴京請恤，遂有此諭祭。參俞彦《明奉直大夫、南京户部湖廣清吏司員外郎于高馮公行狀》。

〔四〕喆嗣：原本作『詰嗣』，據七賢本《世録》改。此喆嗣指馮子履與宋氏之子馮琦。

〔五〕『一』字後，原本有『尾』字，爲衍字，删除。

## 諭祭馮子履并妻宋氏文（二）〔一〕

維萬曆三十九年□月□日，皇帝遣山東等處承宣布政使司右布政使〔二〕，諭祭原任河南布政使司右參政、贈禮部尚書兼翰林院學士馮子履并妻封太夫人宋氏。文曰：

惟爾方岳舊臣，青齊世德，迪成令子，著望秩宗。嗟淑配之後亡，啓佳城而晋錫。載頒諭祭，用示眷懷。靈爽有知，并承不昧！祭品同前。

【校注】

〔一〕原本無題，此題係注者所加。

〔二〕『右布政使』，原本漏『政』字，據文例補。萬曆三十九年山東右布政使爲孫承棨，參見上篇。

## 諭祭馮琦文（一）〔一〕

維萬曆三十一年四月二十六日，皇帝遣禮部右侍郎兼翰林院侍讀學士郭正域〔二〕，諭祭原任禮部尚書兼翰林院學士馮琦。文曰：

惟卿傳家經術，濟世科名。載筆詞林，三長獨擅〔三〕。横經講幄，十載爲勞〔四〕。陟宫端翰學之清班，歷貳禮佐銓之茂伐〔五〕。棘闈搜士，文體一新；宗伯寅清，大典肇備〔六〕。讜論時文於補牘，善言猶進於陳尸〔七〕。『直哉史魚』，卿之謂矣。有才無命，天道謂何？特示眷於加籩，復疏榮於封樹。靈其不昧，歆予愍恩！

## 【校注】

〔一〕原本無題，此題係注者所加。

〔二〕郭正域（一五五四—一六一二）：字美命，號明龍，湖廣江夏人。萬曆十一年進士，歷官至禮部右侍郎掌翰林院篆，攝部事。「妖書」事起，爲政敵誣陷，幾至死。後家居。有《皇明典禮志》等。萬曆三十一年三月三日，馮琦以禮部尚書卒於任，四月，帝遣郭正域諭祭。

〔三〕詞林：指翰林院。馮琦曾任編修，直史館，參與纂修《大明會典》。三長：三種長處，指史才、史學、史識，説見唐劉知幾《史通》。

〔四〕橫經講幄，十載爲勞：萬曆十一年馮琦任經筵展書官，十五年任經筵侍講，十七年升經筵講官，又充日講官，直至萬曆二十年升左庶子，任職講官達十年之久。

〔五〕宫端翰學：指馮琦任詹事府少詹事兼翰林院侍讀學士，掌院事。貳禮佐銓：指馮琦先任禮部右侍郎，後轉吏部右侍郎。

〔六〕棘闈搜士，文體一新：指馮琦歷任鄉試、會試考官，萬曆十四年任會試同考，十六年主湖廣鄉試，十九年主順天鄉試，二十九年主會試，均作《試録》以求正文體、端士風。大典肇備：指馮琦任職禮部尚書後，先後主持皇太子册立典禮、加慈聖皇太后徽號、皇太子冠禮、皇太子婚禮等大典。

〔七〕讜論句：《明史·馮琦傳》曰『琦明習典故，學有根柢，數陳讜論，中外想望丰采，帝亦深眷倚』。善言句：馮琦效故人尸諫之誼，遺疏諫帝。馮琦《宗伯集》卷五九《爲病危戀主恭進微言，懇乞聖明省覽，大修德政，以慰輿情、以補未報深恩疏》：『旬日以來，不可復起，思戀聖主，伏枕强書，纔及數語，便已困憊，即復置之。置之而終心不能自已，蓋十日始成此疏，其語無足采，而其情有足戀者！臣言止矣，臣終無報國之日矣！惟聖明留意省覽，臣不勝咽嗚感戀仰望之至！』

## 諭祭馮琦文（二）〔一〕

維萬曆三十一年八月初二日，皇帝遣山東等處承宣布政使司右布政使劉尚忠〔二〕，諭祭原任禮部尚書兼翰林院學士、贈太子少保馮琦。文曰：

惟卿器美珪璋，忠耿金石，列侍從而啓沃久，典南宫而禮樂修。吁嗟溘亡，倐臨首七。載陳樽俎，以表憫懷。惟靈有知，尚歆斯渥！

**【校注】**

〔一〕原本無題，此題係注者所加。

〔二〕劉尚忠：青州本《世録》作『劉尚志』，是。劉尚志，字士行，怀寧人，隆慶五年進士，歷官至山东左布政使。據張德信《明代職官年表》，劉尚志於萬曆三十三年至三十五年任山東布政使，與此處『萬曆三十一年』有异。萬曆三十一年山東右布政使爲劉卿。

## 諭祭馮琦文（三）〔一〕

維萬曆三十一年十一月十七日，皇帝遣山東等處承宣布政使司右布政使劉尚忠〔二〕，諭祭原任禮部尚書兼翰林院學士贈太子少保馮琦。文曰：

惟卿器美珪璋，忠耿金石，列侍從而啓沃久，典南宮而禮樂修。吁嗟溘亡，倏臨窀穸。載陳樽俎，以表惻懷。惟靈有知，尚歆斯渥！

【校注】

〔一〕原本無題，此題係注者所加。

〔二〕『劉尚忠』當作『劉尚志』，説見上。萬曆三十一年十一月，馮琦下葬於青州堯山，帝遣山東布政使諭祭。此諭祭與上文略同。

## 諭祭馮溥文〔一〕

維康熙三十一年十一月丙子朔粵廿七日壬申，皇帝遣分守登萊整飭海防道山東布政使司參議加三級丁蕙〔一〕，諭祭太子太傅、刑部尚書、文華殿大學士加一級致仕、謚文毅馮溥之靈，曰：

朕惟輔弼之任，簡畀老成。秩既冠於班行，禮用周乎存殁。蓋臣能大受，斯國有殊恩。洵盡職以無愆，自酬庸而無麾。爾馮溥賦質醇誠，飭躬端謹。蚤官翰院，譽擅淹通；旋掌成均，教弘樂育〔二〕。迨拔擢佐銓衡之重，而審官表澄叙之能〔三〕。秉憲南臺，昭激揚於風紀；祥刑比部，體矜恤於平反〔四〕。屢陟崇階，益彰亮節；遂膺眷命，詔入綸扉〔五〕。正色巖廊，恒勵直方之雅操〔六〕；棐忱夙夜，獨標沉毅之風規。倚毗良殷，成勞丕著。及乎引年請告，解組家居，尚期頤養丘樊，詎意溘歸泉壤。用深軫悼，聿沛恩施。易以嘉名，錫之奠醊。嗚呼！典型如在，彌增舊德之思；牲醴式陳，特焕新綸之寵。惟爾靈爽，尚克歆承！

【校注】

〔一〕原本無題，此題係注者所加。

〔二〕丁蕙：字次蘭，號澹園，江西豐城人，康熙六年進士，官至山東登萊道參議。成均：指國子監，馮溥順治十一年升國子監祭酒。

〔三〕此兩句分别指順治十六年馮溥升吏部右侍郎，順治十七年奉旨考察滿族官員。

〔四〕南臺：御史臺，明清指都察院。康熙七年九月，馮溥升都察院左都御史。比部：指刑部。康熙九年三月，溥遷刑部尚書。

〔五〕綸扉：猶内閣。明清時稱宰輔所在之處。康熙十年二月，溥授文華殿大學士。

〔六〕巖廊：借指朝廷。馮溥正色立朝，爲人所稱，如徐元文《懷賢詩・馮太傅溥》：『岳岳馮太傅，由來秉直伉。格心帷幄中，抗議岩廊上。』李元度《國朝先正事略》卷三《馮文毅公事略》：『立朝屢忤權貴，岳岳無所回，風節尤高。』

# 五、奏疏

## 爲恭謝天恩比例陳款懇乞恩慈俯賜矜允以伸子情事[一]

太子少保、吏部尚書臣孫丕揚謹題[二]：爲恭謝天恩比例陳款懇乞恩慈俯賜矜允以伸子情事。驗封清吏司案呈奉本部，送吏科抄出，日講官、禮部右侍郎兼翰林院侍讀學士馮琦奏謝乞恩，奉聖旨：『知道了。欽此欽遵馮琦日講效勞，准照例給與父母誥命。吏部知道，欽此。』[三]欽遵抄出到部送司，續奉本部送准，本官咨送本身履歷緣由、并應該封父母妻名氏到部送司。查得本官父馮子履原任河南布政使司右參政致仕[四]，職卑於子，合照子官封，通查案呈到部，看得日講官、禮部右侍郎兼翰林院侍讀學士馮琦奏乞照比日講恩例，請給恩典。既經奉有前項，特旨合行[五]，翰林院撰文、中書舍人關軸書寫。臣等未敢擅便，開坐謹題請旨：

計開：

撰述官一員。

誥命二軸〔六〕。

正三品。

禮部右侍郎兼翰林院侍讀學士馮琦該授通議大夫，山東青州府臨朐縣人。由進士改庶吉士，初任翰林院編修，二任本院侍讀，三任右春坊右諭德兼翰院侍讀、照舊日講，四任左春坊左庶子兼翰林院侍讀、掌管本坊印信、經筵日講照舊，五任詹事府少詹事兼翰林院侍讀學士、掌管本院印信、經筵日講、充副總裁，六任今職。妻姜氏，已封孺人〔七〕，今該封淑人。

以上共一軸。

父馮子履原任河南布政使司右參政，該封通議大夫、禮部右侍郎兼翰林院侍讀學士；母宋氏，已封孺人〔七〕，今該封淑人。

以上共一軸。

萬曆二十四年閏八月初三日，奉聖旨：是。

【校注】

〔一〕原本無題，此題係注者所加。

〔二〕孫丕揚（一五三一—一六一四）：字叔孝，號立山，陝西富平人。嘉靖三十五年（一五五六）進士，歷官至太子太保、吏部尚書。卒贈太保，謚恭介。

〔三〕萬曆二十四年八月十二日，馮琦以父子屢病，上疏乞封父母，得旨如所請。《宗伯集》卷二四《爲恭謝天恩比例陳款懇乞聖慈俯賜矜允以伸子情事》：『臣以憂親成病，再疏乞歸，奉聖旨：「馮琦情詞懇切，准暫給假回籍，着馳驛去。伊係日講官，還賞路費銀二十兩、紵絲一表裏。吏部知道。欽此。」臣不勝激衷，不勝感泣……臣較量才品，何敢比擬前人？皇上優禮儒臣，實則紹隆聖祖，况臣父疾病日迫，臣愚憂懼日深，既不敢自必尚有報主之身，又不敢必親尚有承恩之日，是以冒昧陳款，仰瀆宸嚴，憐臣至情，查顧鼎臣、謝丕事例，預給與臣父母誥命。臣父當危而拜命，或可因喜以獲安，倘臣父延一日之生，即微臣安惜百身之報，臣不勝感激仰望之至。萬曆二十四年八月十二日。奉聖旨：「知道了。」馮琦日講效勞，准照例給與父母誥命。吏部知道。」』同卷《爲辭朝事》：『伏念臣遭逢明聖，激沐恩私，方緣親身兩病而乞歸，乃體臣子至情而予假……恩禮若此，報稱謂何？返哺如烏，情少伸於愛日；往來似雁，意常在於隨陽。臣無任戰兢惶悚之至。萬曆二十四年八月十二日。奉聖旨：「知道了。」』按：馮琦本年三品未及一年，依例衹能給予其父母四品誥命，此封誥爲破例之舉。《神宗實録》卷三〇〇：『（萬曆二十四年八月十七日）日講官禮部右侍郎兼翰林院侍讀學士馮琦再疏以親病乞歸，上以其情詞懇切，准暫假回籍，着馳驛，給賞路費銀二十兩、紵絲一表裏。』『給馮琦父母誥命，以其日講效勞，不在考滿例。』沈德符《萬曆野獲編》卷一三《非例得封》：『萬曆二十四年，禮部侍郎馮琦以父山西參政子履病，給假省覲，亦乞恩求封。上命如所請。然馮三品未及一年，乃翁年止六旬，尤爲异典云。』

〔四〕『致』字後，原本有『事』字，爲衍字，删除。

〔五〕『旨』字後，原本有『命』字，爲衍字，删除。

〔六〕誥命二軸：此二軸誥命見於臨朐七賢本《世録》：一爲《禮部右侍郎兼翰林院侍讀學士馮琦父母誥命》：『奉天承運皇帝，制曰……爾原任河南布政使司右參政馮子履乃禮部右侍郎兼翰林院侍讀學士琦之父……朕曲體斯情，悉俞所請，兹特封爾爲通議大夫、禮部右侍郎兼翰林院侍讀學士。……制曰……爾封安人宋氏乃禮部右侍郎兼翰林院侍讀學士馮琦之母……兹特晋贈爾爲淑人，從夫并貴……萬曆二十四年閏八月初三日之寶。』另一軸爲《禮部右侍郎兼翰林院侍讀學士馮琦并妻誥命》，落款爲『萬曆二十四年八月初八日之寶』。

〔七〕『孺人』，原本無『人』字，據文例補。

## 爲欽奉恩詔事〔一〕

吏部驗封清吏司：爲欽奉恩詔事。奉本部送，據整飭莊浪兵備道右參議馮士標請給誥命等，因該部查明於順治十一年九月十三日題奉〔二〕：欽依合應給照付本官收執，撰文領軸施行，須至執照者。

計開：

應給撰；

誥命二軸〔三〕；

從四品。

整飭莊浪兵備道兼理馬政屯田水利、陝西布政使司右參議兼按察司僉事馮士標，該授朝議大夫，山東青州府臨朐縣人。進士，初任兵部武選司主事，二任陝西分巡關内道僉事，三任前職。妻劉氏，該封恭人。父璣，該贈朝議大夫、陝西布政使司右參議兼按察司僉事。前母王氏，該封恭人；母竇氏，該封太恭人。

順治十一年九月二十七日〔四〕。

【校注】

〔一〕原本無題，此題係注者所加。

〔二〕按：此日期有誤。七賢本《世録》載《朝議大夫福建按察使司閩海道副使宗尼馮公行述》：『戊子，擢允吾……壬辰，升四川建昌道副使。』則馮士標於順治五年擢陝西布政使司右參議兼按察使司僉事、整飭莊浪道兵備，順治九年已遷四川建昌道副使，此諭旨不當在順治十一年。

〔三〕誥命二軸：見於七賢本《世録》，一爲《整飭莊浪兵備道兼理馬政屯田水利陝西布政使司右參議兼按察司僉事馮士標父母誥命》：『奉天承運皇帝，制曰……爾馮璣乃……馮士標之父，道在提躬，爰被絲綸之重；志存作室，式弘堂構之遺。兹以覃恩贈爾爲朝議大夫、陝西布政使司右參議兼按察司僉事，錫之誥命。……爾……馮士標母竇氏，愛子能勞，篤義方於杼柚；相夫克順，端令範於閨闈。兹以覃恩封爾爲太恭人。』一爲《整飭莊浪兵備道兼理馬政屯田水利陝西布政使司右參議兼按察司僉事馮士標并妻誥命》。兩封誥命落款均爲『順治八年八月二十一日。制誥之寶』。

〔四〕此日期誤，依上條誥命落款，當在順治八年八月。

## 爲比例陳情懇乞天恩俯賜恤典以光泉壤事（一）〔一〕

禮部尚書兼翰林院學士臣范謙等謹題〔二〕：爲比例陳情懇乞天恩俯賜恤典以光泉壤事。祠祭清吏司按呈奉本部送禮科抄出，原任日講官、禮部右侍郎兼翰林院侍讀學士今給假丁憂馮琦奏前事，奉聖旨：『禮部知道。欽此。』〔三〕欽遵抄出到部，送司行准，翰林院手本查開：本官於萬曆十七年二月初六日補經筵講官，八月初八日補日講官。又准吏部驗封清吏司查開：萬曆二十四年閏八月内該原任日講官、禮部右侍郎兼翰林院侍讀學士馮琦奏稱，比照日講恩例，請給誥命，伊父馮子履封通議大夫、禮部右侍郎兼翰林院侍讀學士訖，各等因回覆。到司查得《大明會典》并恤典條例内一款：兩京三品文官父母，曾授本等封者照例祭葬〔四〕。又一款：侍從而日侍講讀，方與題請，及照本部屢年題准，特恩所加祭葬，大約於本等品級内量加一等〔五〕，如無祭者，給與祭一壇，無葬者給與半葬，應半葬者給與全葬〔六〕。又查得先任日講官、吏部左侍郎兼翰林院侍讀學士王希烈奏父王廷望〔七〕，日講官、太子賓客、吏部左侍郎兼翰林院侍讀學士沈一貫奏父沈仁佶〔八〕，各病故乞要恤典等。因該本部覆奉欽依賜給祭葬去後，今該前因通查案呈，到部看得：原任日講官、禮部右侍郎兼翰林院侍讀學士馮琦奏父馮子履病故，乞要賜給祭葬一節爲照，本官三品雖未滿秩，而日講積有年勞〔九〕，伊父先已誥封，殁後宜從恩恤，以示優禮儒臣之意。既經該司查有前例，似應與祭一壇，給與全葬。恭候命下，行翰林院撰文〔一〇〕，山東布政司轉屬支給官錢，買辦祭品、香燭、紙，就遣布政司堂上官致祭，及行工部造墳安葬。但特恩出自朝廷，臣等未敢擅便，伏乞聖裁，緣係比例陳情，懇祈天恩俯賜恤典以光泉壤。及奉欽依禮部知道事理，謹題請旨。

萬曆二十四年十一月十二日奉聖旨：准照例與祭一壇，仍給全葬。計開：

猪一口，羊一腔，饅頭五分，粉湯五分，果子五色每色五斤，案酒五盤，鳳鷄一隻，煠骨一塊，煠魚一尾，酥餅四個，酥錠四個，鷄湯一分，魚湯一分，降真香一炷，燭一對重一斤，焚祝紙一百張。

## 【校注】

〔一〕原本無題，據下文加。

〔二〕范謙（一五三四—一五九七）：字汝益，號含虛，江西豐城人。隆慶二年進士，改庶吉士，累官至禮部尚書兼翰林院學士，贈太子太保，謚文恪。天啓三年，改贈太子太傅。有《雙柏堂集》。

〔三〕萬曆二十四年十一月，朝廷給予恤典。七賢本《世録》載馮琦《誥命至日告文》：『自兒乞歸，臨行拜疏，蒙皇上俯從給父母誥命，蓋特恩也。父聞命，三日而逝。今日誥命至矣，安得父起而被衣冠，北向一謝耶！向使父尚無恙，夫婦父子同時拜命，豈非人世盛事？兒之乞封，原因父病，封章下而父不及見也。哀哉！伏惟嚴親之恩與天罔極，明主之恩與親罔極，恩被殁存，路分生死，悲痛之極，聊以自慰。目睹寵榮之事，反爲摧裂之端，惟父冥漠之中，欣服恩命，敬告靈几。執筆長號，尚享！』

〔四〕申時行等《大明會典》卷一〇一：『凡文官三品以上，不論已未考滿，其各父母妻，必曾授本等封，俱照例祭葬。』『凡三品父母曾授本等封者，無論亡故先後，一視其子以爲差等，其已經考滿者祭葬全給，未經考滿者祭一壇，減半造葬。』

〔五〕『本』字後，原本有『官』字，爲衍字，删除。

〔六〕申時行等《大明會典》卷一〇一：『凡四品五品文官，以侍從、春官、軍功等項……侍從必日侍講讀……其特恩所加祭葬，大約於本等品級内量加一等，如無祭者給與祭一壇，無葬者給與半葬；應半葬者給與全葬。如講讀官，則五品本身有祭，四品本身父母得擬祭葬，三品祭得及其妻。』

〔七〕王希烈（?—一五七七）：字子中，江西南昌人。嘉靖三十二年（一五五三）進士，歷官翰林院侍讀學士、國子監祭酒、禮部侍郎，至詹事府吏部左侍郎。卒贈禮部尚書，謚文裕。其父王廷望，號蛟川，有《王蛟川詩稿》。以希烈貴，贈承德郎、刑部侍郎。

〔八〕沈一貫（一五三一—一六一五）：字肩吾，號龍江，又號蛟門。鄞縣人。隆慶二年進士，改庶吉士，累官至太子太保兼少師、吏部尚書、建極殿大學士。其父沈仁佶（?—一五九一），字允成，號慕閑，萬曆十九年十月卒，沈一貫乞祭葬，有旨照例并祭仍給全葬。

〔九〕『日講』，原本無『講』字，據文義補。

〔一〇〕『行』字前，原本有『之』字，爲衍字，删除。

## 爲比例陳情懇乞天恩俯賜恤典以光泉壤事（二）[一]

工部署掌部事、都察院右副都御史臣徐作等謹題[二]：爲比例陳情懇乞天恩俯賜恤典以光泉壤事。屯田清吏司案呈：奉本部送准禮部咨，該原任日講官、禮部右侍郎兼翰林院侍讀學士馮琦父馮子履病故，乞要賜給祭葬一節，奉聖旨：『准給照例與祭一壇，仍給全葬，欽此。』[三]欽遵咨部送司，查得正德六年六月内該本部《爲審時省禮以寬民力事》，議得兩京三品文官父母病故，曾授本等封者，照依今定，後開價值轉行有司措給，喪家自行造葬。題奉武宗皇帝聖旨：是。造墳開壙，工料價銀則例都准擬行，欽此。已經通行，欽遵在卷。今該前因，查呈到部，臣等看得原任日講官、禮部右侍郎兼翰林院侍讀學士馮琦係三品文官，日侍講讀，效勞有年，啓沃功深。伊父馮子履已授本等誥封，今故造墳工價委宜從厚全給，既經禮部覆奉，欽依備咨前來，相應題請恭候命下，本部行移山東布政司，將合用造墳工價銀兩照依後開擬定數目，行屬派辦徵給〔四〕，喪家自行造葬，該司仍委堂上官一員〔五〕，前去造墳處所，依式督理。造葬畢日，備將給過銀兩數目造册奏繳，仍具數報部查考。緣係比例陳情，懇乞天恩俯賜恤典以光泉壤。事理未敢擅便，開坐謹題請旨。

萬曆二十四年十一月二十六日，奉聖旨：是。

## 【校注】

〔一〕原本無題，據下文加。

〔二〕右副都御史：『副』當爲衍文。徐作：江西南昌人，嘉靖四十一年進士，歷官至工部侍郎、右都御史。

〔三〕《神宗實録》卷三〇四『萬曆二十四年十一月』：『（甲辰）禮部題侍郎馮琦討父恤典，命與祭一壇，仍給全葬，以日講加恩故也。』

〔四〕辨：原作『辦』，訛。

〔五〕堂上官：明代各衙署之長官因在大堂之上處理公務，因稱堂上官，亦稱堂官。七賢本《世録》載《維萬曆二十四年十二月初十日皇帝遣山東按察司副使兼布政司右參議于仕廉諭祭原任河南布政司右參政封通議大夫禮部右侍郎兼翰林院侍讀學士馮子履文》，則此次堂上官爲山東參議于仕廉。

## 爲比例陳情懇乞天恩俯賜恤典以光泉壤事（三）〔一〕

原任禮部尚書兼翰林院學士今已故馮琦男原任南京户部湖廣清吏司員外郎馮士杰謹奏〔二〕：爲比例陳情懇乞天恩俯賜恤典以光泉壤事。臣父馮琦，繇萬曆五年進士改翰林院庶吉士，授編修，歷官禮部尚書兼翰林院學士、經筵日講官、國史副總裁，恭遇神祖册立光宗皇帝正位東宫，暨册封福王、瑞王、惠王、桂王行冠婚禮，加上慈聖宣文明肅貞壽端獻皇太后徽號。大典殷繁，拮据勞瘁，殁於官。欽蒙聖恩，軫念微勞，賜給祭葬，加祭，贈太子少保，謚文敏。伏念臣父啓沃功多，寅清績茂，風節夙著於朝寧〔三〕，品望久愜於輿情，雖忠猷未究鴻施，而勤事已叨异數。子孫未報涓埃，何敢復有希覬？緣臣母姜氏先以臣父誥封夫人，後以臣弟士榘任太僕寺寺丞〔四〕，覃恩加封太夫人，於本年五月初二日病故。伏睹《大明會典》并恤典條例内一款：『凡兩京一品以文官并父母妻曾授本等封者，俱照例祭葬。』又一款：『凡二品三品文臣曾經賜葬者妻故在後〔五〕，俱許祔葬，惟授夫人者例給開壙工價。』〔六〕查得原任南京禮部尚書、贈太子少保林爊妻先封淑人、後封太夫人黄氏病故，伊男原任户部四川清吏司員外郎林世吉奏乞祭葬〔七〕；又查得原任南京禮部尚書贈太子少保陶承學妻先封夫人後封太夫人董氏病故，伊男原任國子監祭酒陶望齡奏乞祭葬〔八〕：該禮部題覆俱蒙賜祭，開壙合葬并祭。今臣母事例實與相同，伏乞皇上俯沛敝帷之澤，弘施掩骼之仁。敕下該部查議，如果微臣所請與舊章不謬，照例具覆，賜祭開壙合葬，將臣父列名并祭。則恩綸煥自丹陛，盛典賁及黄泉。臣父母銜結於九原，子孫頂戴於奕世矣。臣不勝激切懇祈待命之至。

【校注】

〔一〕原無題，據下文加。

〔二〕士杰：即馮士杰（一五九八—一六四二），字于高，本馮璲子，過繼與馮琦。以蔭至南京户部湖廣司員外郎。生平參俞彦《明奉直大夫、南京户部湖廣清吏司員外郎于高馮公行狀》。

〔三〕『朝』字後，原本有『佗』字，爲衍字，删除。

〔四〕士槼：即馮士槼（一六〇一—一六五七）：字篤初，馮琦妾夏氏所出，以蔭歷四川清吏司主事、太僕寺寺丞。

〔五〕『曾』字後，原本有『授』字，爲衍字，删除。

〔六〕申時行等《大明會典》卷一〇一：『凡尚書、左右都御史在任病故者祭二壇，其加有東宮三少或兼大學士贈一品者，祭四壇；父母、妻祭俱一壇。』『凡二品、三品文臣，曾經賜葬者，妻故在後，俱許祔葬。惟授封夫人者，例給開壙工價，其餘不給。』

〔七〕林燫（一五二四—一五八〇）：字貞恒，號對山，閩縣人。祖瀚、伯父庭棉、父庭機皆官至尚書。嘉靖二十六年（一五四七）進士，選庶吉士，授檢討，擢修撰。嘉靖三十二年充景恭王講讀官，升司經局洗馬兼侍講官，參與校理《永樂大典》，升國子監祭酒，加太常卿，遷禮部右侍郎，改吏部，又遷南吏部，就遷工部尚書，改禮部。卒贈太子少保，謚文恪，有《林學士集》。《萬曆福州府志》卷五四《人文志》：『燫立朝議論風采，望傾一時。留都九卿欲丐文壽執政，不答也；門生故舊托以居間，不應也；爲江陵張相所擠，出而南，南而老於家，不悔也。襲布茹蔬，蕭然一室，問業之屨常滿。忠誠孝友，朝野無間言。』林世吉（一五四七—一六一六）：字天迪，號泰華，戲曲家。以蔭入太學，授右軍都督府郡事，升户部員外郎，掌山東臨清税務，興利除弊，商賈稱便。有《叢桂堂集》《群玉山房詩集》。

〔八〕陶承學（一五一八—一五九八）：字子述，號泗橋，浙江會稽（今紹興）人。嘉靖二十六年進士，授中書舍人，擢御史，因彈劾仇鸞誤國，出爲徽州知府，遷河南布政使，召爲太僕寺卿，旋改任應天府尹，遷工部侍郎，改刑部，升任南京禮部尚書，因與張居正不和，辭官歸里，卒贈太子少保，謚恭惠，有《字學集要》。陶望齡（一五六二—一六〇九）：字周望，號石簣，晚號歇菴居士。

萬曆十七年探花，授編修，歷官至國子監祭酒。謚文簡。有《歇菴集》。《列朝詩集小傳》丁集下『陶祭酒望齡』稱：『萬曆中年，汰除王、李結習，以清新自持者，館閣中平倩、周望爲眉目云。』

## 青州府爲博訪謚典事〔一〕

據禮部咨前事，據益都、臨朐兩縣申：已故禮部尚書兼翰林院學士、贈太子少保崇祀鄉賢馮□〔二〕，係山東青州府臨朐縣人，由萬曆丁丑進士，選翰林院庶吉士。己卯，授翰林編修。辛巳，直史館，纂修《大明會典》。癸未，充經筵展書官。丙戌，同考會試，纂修六曹章奏、起居注。丁亥，《大明會典》成，進侍講，賜銀幣，掌文臣誥敕。戊子，主考湖廣鄉試。己丑，充經筵日講官，進右春坊右諭德。辛卯，主考順天鄉試。壬辰，進左庶子，主考武舉會試，復進少詹事兼翰林院侍讀學士，掌院事，纂修國朝正史，充副總裁。廷推内閣〔三〕。乙未，進禮部右侍郎，丁外艱。戊戌，服除，再推内閣。己亥，充玉牒副總裁，進吏部右侍郎。辛丑，主考會試，再推内閣，進左侍郎〔四〕，協理詹事府事，教習庶吉士。尋拜禮部尚書兼翰林院學士，上册立東宫儀注，皇上采納。建儲禮成，逾月，皇太子冠禮成。上慈聖皇太后徽號，禮成。明年，皇太子婚禮成。佐銓典禮，積勞成疾，壬寅卧病，猶條上四方水旱灾异狀，陳弭救之策。屬纊前一日，命家人補舊牘上之，疏入，卒於京邸〔五〕。予祭葬。以萬曆□年□月□日奉主祀於學宫之鄉賢祠。切照本官心符聖賢，手植綱常，經術本自家傳，忠孝蓋其天性。文章班馬，三長獨擅於詞林〔六〕；事業夔龍，廿載談經於講幄。寶謨載筆，雲漢爲章。棘院持衡，鳳麟得士。清通簡要，司黜陟而佐政冢宰；明允篤誠，典禮樂而端居宗伯〔七〕。共象天喉舌，作帝股肱。至誠動主上之知，先覺任天下之重。遂使青宮正位，前星朗耀於黃離。共羡紫極轉圜，少海澄波於蒼震。定宗社萬年之計，快中外一時之心〔八〕。若夫闡經義以淑人，正文體以維世。條奏六曹封事，捷若承蜩；斟酌九塞軍機，洞若觀火〔九〕。此其經濟之緒，益徵謀國之真。疏牘屢陳，社稷攸賴。止礦罷税，役未革於生前；讜論危言，諫尤切於身後〔一〇〕。力苟補於主衮，心無間於死生。此其干國如家，真是爲臣無己。蓋其立朝徇義，啓心沃德，上聞帝佐之師師；至若因事納忠，盡瘁鞠躬，無愧王臣之蹇蹇。信是千秋之文獻，允爲百辟之儀刑。在朝廷諒有公評，在鄉邦孚合輿論。宜易嘉名，以昭信史。

看得禮部尚書馮琦，聖明心腹，詞臣冠冕。承家忠孝，致身竭力以無遺；華國文章，濟變經常其胥賴。志存啓沃，則進《通鑒分解》之書，遂使深宮亦有經筵〔一一〕；念切糾繩，則勤止礦罷税之請。期於衮衣，永無闕德。棘院精品題，而名賢多出其門，可方知貢之永叔；銓曹秉衡鑒，而選人雅當其識，何殊啓事之山公〔一二〕？正文體、正士風，力排澆邪，亹亹真儒作用；策東倭，策西夏，先機奇中，桓桓老將運籌。少海欲澄，能迎引以疏其脉；前星既朗，爰黼黻以焕其光。調和善骨肉之間，典章關廟社之重。加冠合巹，嘉禮焜煌於青宮；顯號徽稱，大孝敦崇於慈幄〔一三〕。元良蚤建，允孚魏公定册之祥；遺疏進規，遠媲史鰌尸諫之藎〔一四〕。始終完節，宇宙全人。誠輿論所同稱，宜謚法所必予。

【校注】

〔一〕青州府：原本『府』後衍『臨』字。

〔二〕冯：原本後有空格，蓋諱『琦』字也。此處以下簡介馮琦生平，可參《神宗實録》卷三八三：『琦，山東臨朐人，萬曆五年進士。改庶吉士，授編修，與修《會典》。十四年，會試同考。十六年，主湖廣試；充經筵日講。十九年，主順天試；升詹事，掌翰林院事；充正史總裁官；晉禮部侍郎，與修玉牒；改吏部侍郎。二十九年，主會試，教習庶吉士；遷禮部尚書，卒於官。琦性靈穎，於書無所不窺。典文衡，所識拔多知名士。在秩宗，慎封典，正文體，佐銓署吏，夙夜在公。時上方開礦榷税，中使遍天下。琦伏枕草疏，其略曰：「今日朝政未肅者，病在人情之惰；吏治未清者，病在士風之貪；君臣上下之暌者，病在形迹之疑。而其要莫急於收拾人心，故去惰在批發章奏，除貪在速補監司郡守，通君臣上下之情在去疑端於事、釋疑根於心。而所謂收拾人心者，撤中使、止礦税也。」疏甫上即卒，中外惜之。』

〔三〕萬曆二十六年戊戌（一五九八），馮琦服除，會推内閣，不果。公鼐《琢菴馮公行狀》：『戊戌服除，廷臣再推入内閣，不果。』按，本次會推馮琦第二次在列，首次則在萬曆二十二年甲午（一五九四），《神宗實録》卷二七三：『（萬曆二十二年五月丁亥，即初十日）吏部會推閣臣七員：原任東閣大學士王家屏、南京禮部尚書沈一貫、左都御史孫丕揚、原任吏部右侍郎鄧以贊、少詹事馮琦。上以原旨「不拘資品」爲先年陸光祖謀推自用，今何又推吏部并掌院御史，顯屬徇私，仍將前次所推通寫來看。』

〔四〕按：萬曆二十九年辛丑七月，馮琦進吏部左侍郎，九月，上點馮琦入閣，爲沈一貫所阻。《國榷》卷七九『神宗萬曆二十九年』：『（九月）戊午，禮部尚書兼翰林院學士沈鯉、朱賡并兼東閣大學士，直文淵閣。時廷推九人，上已點朱國祚、馮琦，而沈一貫密揭「二臣年未及艾，曷少需之，先爰立老成者」，蓋爲賡地也。』

〔五〕萬曆三十一年二月，馮琦效尸諫之誼，連日草疏，三月二日疏成，報入而卒。此疏即《宗伯集》卷五九《爲病危戀主恭進微言懇乞聖明省覽大修德政以慰輿情以補未報深恩疏》，中云：『旬日以來，不可復起，思戀聖主，伏枕强書，纔及數語，便已困憊，即復置之。置之而終心不能自已，蓋十日始成此疏，其語無足采，而其情有足戀者！臣言止矣，臣終無報國之日矣！』

〔六〕馮琦與友人于慎行并稱爲詞林冠冕，錢謙益《列朝詩集小傳》丁集下『馮尚書琦』：『于有《穀城集》，馮有《北海集》，并行於世。當時士大夫入史館，服習舊學，猶以讀書汲古爲能事，學有根柢，詞知典要，二公其卓然者也。』《明史·于慎行傳》：『慎行學有原委，貫穿百家。神宗時，詞館中以慎行及臨朐馮琦文學爲一時冠。』

〔七〕司黜陟而佐政冢宰：萬曆二十七年至二十九年，馮琦任吏部侍郎，主持官員考選，於大計條例中增『浮躁』一款。《明史·馮琦傳》稱其在吏部『莅政勤敏，力抑營競，尚書李戴倚重之』。典禮樂而端居宗伯：萬曆二十九年十月初一，馮琦任禮部尚書，本月内册立皇太子并册封四王，又加慈聖皇太后徽號，又典皇太子冠禮、婚禮。

〔八〕指馮琦主持皇太子册立大典，爲『國本』之争畫上句號。《明史·馮琦傳》：『帝將册立東宫，詔下期迫，中官掌司設監者以供費不給爲詞，琦曰：「今日禮爲重，不可與争。」其弟户部主事瑗適輦餉四萬出都，琦立追還，給費，事乃克濟。』

〔九〕正文體以維世：馮琦兩主鄉試，皆欲端正士風，萬曆三十年更上《爲重經術袪异説以正人心以勵人材疏》。斟酌九塞軍機：馮琦長於邊事，有《備倭》《東省防倭議》《朝鮮撤兵留兵議》等涉及朝鮮戰事。另外，名將李如松、葉夢熊等夙知其韜略，寧夏戰事時，『每進戰，輒馳騎問方略，公策首用間、無數攻河、無輕决河水，恐薄多殺士卒，川雍卒能自保，以摧鎮百萬生靈易數賊命，非完計』（《琢菴馮公行狀》）。

〔一〇〕止礦罷税：馮琦曾數次上疏請罷礦税，二十七年九月，偕吏部尚書李戴上疏請罷税，見《明史·馮琦傳》。讜論危言：《明史·馮琦傳》曰『數陳讜論，中外想望丰采，帝亦深眷倚』。

〔一一〕《通鑑分解》：原爲馮琦經筵、日講時所講内容，曾有單行本，其内容即《宗伯集》卷三一至卷四七所收《日講通鑑直解》。

〔一二〕知貢之永叔：指北宋時歐陽修曾知貢舉，薦拔賢士。啓事之山公：指晋朝山濤善於甄拔人才，其啓奏對人物先加評論然後公奏。

〔一三〕加冠合卺：指皇太子冠禮、婚禮皆馮琦主持承辦。顯號徽稱：萬曆二十九年十月，上皇太后徽號。《宗伯集》卷五五《爲慶賀疏（二）》：『仰維皇上大孝，尊親益隆聖敬，於本年十月二十八日加上慈聖宣文明肅貞壽端獻皇太后徽號。』

〔一四〕元良蚤建：指册立皇太子。魏公：指宋代韓琦，封魏國公。史鰌尸諫：春秋時衛國大夫史鰌生前没能説服國君，死後以尸諫之。事見《韓詩外傳》。

## 翁正春奏謚[一]

禮部左侍郎翁正春奏[二]：馮琦才優經濟，器本恢宏，是以條議動中機宜，敷陳每多詳切。如規切宰執而寢三王之并封[三]，擻回餉金而完册立之大典[四]。他如塞給諫之幸竇[五]，阻中使之關防[六]，斥税監以護撫臣[七]，黜二氏以崇正學[八]：皆其表著者。盛典當錫，追謚文敏[九]。

【校注】

〔一〕原無題，此題係注者所加。

〔二〕翁正春（一五五三—一六二六）：字兆震，福建侯官人。萬曆二十年狀元，授翰林院修撰，歷春坊中允，主順天鄉試，進庶子，擢少詹事兼侍讀學士。萬曆三十八年（一六一〇）升禮部左侍郎，署部事。天啓元年（一六二一）起爲禮部尚書，協理詹事府事，任《實録》副總裁。天啓四年，因亢論忤魏忠賢，辭歸。卒謚文簡。有《青陽集》《南宫奏疏》。

〔三〕萬曆二十一年，内閣首輔王錫爵向神宗妥協，推出『三王并封』之議。馮琦有《上王相公論三王并封書》，力陳其不可，終使王錫爵幡然改圖。公鼐《琢菴馮公行狀》：『東宫未建，上下三王并封議，公奏記太倉王公曰：「是必不可。」王公急上章已之，亦稱得馮某書云然，其爲時所推如此。』《明史·馮琦傳》曰『三王并封議起，移書王錫爵力争之。』

〔四〕萬曆二十九年十月初，馮琦升任禮部尚書，主持册立皇太子大典。公鼐《琢菴馮公行狀》：『行禮有期，忽司設傳經費不給，當改卜。公曰：「此萬世計，豈容旋踵，奈何以一時費稽大典？度支即匱極，他處萬萬可緩，必移以佐此。」時公弟户部郎瑗輦餉四萬出都矣，馳檄追還，給司設而禮成。』《明史·馮琦傳》：『帝將册立東宫，詔下期迫，中官掌司設監者以供費不給爲詞，琦曰：「今日禮爲重，不可與争。」其弟户部主事瑗適輦餉四萬出都，琦立追還，給費，事乃克濟。』

〔五〕公鼐《琢菴馮公行狀》：『往時銓司遷轉論俸，而資望或相兼，淹速不能無疑，且嗜進者易懷徼幸。公申議於部，疏爲定格，月朔則於一月之内俸最深者揭書壁間，次第題補，不盡則開入下月之首。其以地之遠近、才之繁簡有所低昂者，總於本月應升員數斟酌，即有欲行其私、厚營求者，勢不可得。銓路稱平。』

〔六〕《明史·馮琦傳》：『南京守備中官邢隆請别給關防徵税，琦不可，乃以御前牙關防給之。』

〔七〕公鼒《琢菴馮公行狀》：『山西税監孫朝誣奏撫臣魏公允貞，下部院參看，公具疏魏公清正、於天下撫臣無兩，願以百口保之，上置不問。』王錫爵《琢菴馮公墓志銘》：『孫朝誣奏撫臣魏公允貞，公疏以百口保之，得不問。』

〔八〕萬曆三十年春，爲端正士習，馮琦上《爲重經術袪异説以正人心以勵人材疏》，批評士習：『始而厭薄平常，稍趨纖靡；纖靡不已，漸騖新奇；新奇不已，漸趨詭僻。始猶附諸子以立幟，今且尊二氏以操戈，背弃孔孟，非毁程朱，惟南華西竺之語是宗是競，以實爲空，以空爲實，以名教爲桎梏，以綱紀爲贅疣，以放言恣論爲神奇，以蕩弃行檢、掃滅是非廉耻爲廣大。』

〔九〕萬曆三十七年議謚，孫承澤《馮文敏公傳》：『三十七年議謚，禮部左侍郎翁正春奏……』據《明史·馮琦傳》：『天啓初，謚文敏。』則知此次議謚未果。

## 爲殁世無端受謗懇乞代爲昭雪事〔一〕

原任禮部尚書兼翰林院學士已故馮琦弟候選知縣馮珣謹稟：爲殁世無端受謗懇乞代爲昭雪事。

伏念先兄生前無大罪過，殁世横遭謗毁，事無影響可憑，言若風波乍起。知簧鼓之有人，置萋非於不論。既不較是非於彼我之間，又何申辯駁於口吻之際。忽於前月見禮部核明謚典，專指先兄。中間論列，亦無他事，一謂附同閣臣阻格禮部侍郎敖□□謚號[二]，一謂《辛丑科會試録》進呈與傳外者不同[三]。夫侍郎敖與先兄同年同館，最稱知厚，未嘗有一言一事相爲矛盾，何至於請謚請恤遂致齟齬[四]？部稿現存，文集并載，獎譽誠然，阻格何有[五]？况用附同以阻乎人，當因附同必得於己，先兄無謚[六]，又誰阻之也？至《試録》一書，則載諸名文而行之者也。况經同考多人更定，原非先兄一手删成。彙送禮部，刊刻進呈，立意不同，稿必二册，明言於部堂，曰此進呈者也，另刻一板，此傳外者也。另刻一板，或先刻進呈，印完後即行改削，人方無從勘對，莫由測度。不然，機事稍有不密，改易稍在後時，則已傳布而播揚之矣，奚取不同哉？當時署部事者爲侍郎朱□□[七]，諒不爲先兄役使至此，驟指不同據爲罪案，豈試録爲一人之書，而進呈乃一人之事耶？夫不同者，必内藉之以獻諛，而外掩之以沽名，不識進呈試録得塵皇上乙夜之觀否？先兄即至愚至不肖，或亦念及此，必不用《試録》作諂臣媚子之態，爲獵進希寵之階也。重原之逝者不再起，萬世之公論可以自鳴。伏乞名公念一日之雅，雪九原之謗，俯察往事，代爲一言。庶幽魂可慰於泉臺，而直道少申於朝寧。不然，既獲罪於國家，必見擯於名教。顧名公即明弃之，又何敢望置於齒牙之間哉！珣臨稟不勝悚仄待命之至。

**【校注】**

〔一〕原無題，據下文加。

〔二〕敖□□：原文『敖』後有空格，實指敖文禎（一五四五—一六〇二），字嘉猷，號龍華，江西高安人。萬曆五年進士，選庶吉士，授編修，歷贊善、洗馬、祭酒，充日講，官掌翰林院，累官禮部右侍郎，卒贈尚書。有《薛荔山房藏稿》。按：萬曆三十年十月，敖文禎卒於任，馮琦時任禮部尚書，上疏請予恤典并擬謚號。因敖文禎生前得罪首輔沈一貫，議謚事未果。次年『妖書案』起，沈一貫欲以陷次輔沈鯉與禮部侍郎郭正域，因郭正域爲敖文禎門生，議謚事更爲沈所阻，敖文禎子敖景喆大訴沈一貫及馮琦。時馮琦已卒，馮珣乃代兄昭雪。郭正域爲敖文禎所撰《墓銘》載：『往公以宫洗起家少詹事……既公入都見執政，執政謾言曰：「公未稱輦上君子，則不佞未了事。」公踞馬笑曰：「天下事尚多未了，而寧是乎？」執政銜公諷已不事事。亡何大比，公當典試事，竟以公領北國子事，蓋奪公試事也。未幾，以叙遷掌詞林篆。故事：閣中有事六曹者用詞林篆。公一切閣中有所請於六曹者，輒尼不行，於是兩執政恨公入骨。亡何，公卒，正域率公門下士詣執政，爲公請易名之典，執政不答。時祠郎吴默廉得公清正忤執政狀，上疏亟稱公抗直，當與謚。太宗伯稍更訂祠郎語，得旨：不即與謚。而公孠子喆憤懣不平，出不孫語，大詬執政與太宗伯，於是執政疑正域慫恿之。後南北黨分，執政私人在言路者，竟肆搏噬，幾陷正域殺身之禍。』然郭正域亦對馮琦頗有微詞，上述《墓銘》曰：『公邅回仕路幾三十年，當遷而不遷，當典試而不典試，當謚而不即謚，同籍中陰陽時事，每得執政意，無所不遇合，而迄今人且指其瑕。』『同籍中陰陽時事』者，即指馮琦迎合沈一貫而未予敖文禎謚典。此論實爲求全責備。

〔三〕《辛丑科會試録》：即萬曆二十九年（一六〇一）的會試試録。是科主考爲馮琦與曾朝節，馮琦作《辛丑科會試録序》。謡傳馮琦進呈者與外傳者不同，馮珣明指其誣。

〔四〕同年同館：敖文禎與馮琦爲萬曆五年進士同榜，又同入選庶吉士。兩人交相契厚，馮琦《宗伯集》與敖文禎《薜荔山房藏稿》中相互交往唱和的詩文不少，亦可佐證兩人之關係。

〔五〕部稿：指禮部的檔案。有關議恤的禮部覆疏亦見《薜荔山房藏稿》卷一〇。文集：即馮琦的文集。馮琦爲敖文禎請求恤典的奏疏即《爲遵例陳情懇乞天恩俯賜恤典以光泉壤疏》，此疏見於《宗伯集》卷五五，亦見於《馮琢菴先生北海集》卷三七、《馮用韞先生北海集》卷三七。據此疏内容，對敖文禎頗多『獎譽』，而毫無『阻格』，馮琦先據《大明會典》及《恤典條例》議謚，然後評曰：『本官提躬一意清修，仕路耻由捷徑。賢關視篆，式宣造士之猷；講幄談經，茂著責難之義。人競進而已獨退，世尚圓而已獨方。雅有松柏之標，足愧脂韋之態。相應易名，以符公論，恩典出自朝廷，伏惟聖明裁定。』據此疏，可知郭正域與敖景喆等純係求全責備，且其時（萬曆三十年十月）馮琦已病勢深沉，勉爲部務，郭正域在其去世後謗語騰詬，殊爲意氣用事！

〔六〕萬曆三十一年三月三日，馮琦以禮部尚書卒於任，李廷機以侍郎署部務，亦未予謚典。直至萬曆三十七年，侍郎翁正春始爲議謚。

〔七〕朱□□：原稿『朱』後有空格，即指朱國祚（一五五九—一六二四），字兆隆，秀水人。萬曆十一年進士，改庶吉士，累官至禮部侍郎，光宗即位，以東閣大學士入閣。辛丑科會試在萬曆二十九年春，時禮部尚書余繼登已卒，朱國祚以禮部侍郎攝禮部事，馮琦以吏部侍郎主會試。當時《會試試録》由禮部負責纂定刊行，馮琦僅以主考撰序而已。

# 六、墓志、行狀、墓表、傳略類

## 明故河南布政使司右參政、封通議大夫、禮部右侍郎兼翰林院侍讀學士仰芹馮公墓志銘

萬曆丙申八月十八日，故河南參政、誥封禮部侍郎、翰林院侍讀學士仰芹馮公卒於家，冢子少宗伯琦上書請恤，上念琦講讀勞，推恩所生〔一〕，特遣守臣臨祭，賜少府金錢以葬，如卿臣法。宗伯卜以其年十二月十二日奉安玄宫〔二〕，來徵堂斧之銘，禮也。慎行游公父子，交誼甚深，敢不唯命！

叙曰：公諱子履，字禮甫，别號仰芹。自上世爲青州臨朐人。國初徙實遼左，數傳至閭山公裕，舉室南遷，即郡城家焉，官貴州按察副使。是生五子，皆以科名文雅稱雄海内，其仲則芹泉公惟重，舉嘉靖戊戌進士。爲行人，奉使湖湘，道卒。配蔣氏安人〔三〕，舉公京邸，百日而孤，考不聞問也。蒲伏號泣，抱而歸舍，四壁蕭然。父友一川宋公來哭〔四〕，酹諸几而女焉。稍長，穎敏絶倫，日

誦萬餘言，爲文詞，援筆立就。十三補郡諸生，未冠受廩，名伏一時。

隆慶丁卯（一五六七），與計偕，明年戊辰成進士。伏闕上書，訟母蔣氏『食貧矢節，耕織自給，以供膏火，俾臣厲志進修，得有成立』。朝廷感動，命表其閭。是年，除固安知縣，治行著聞。徵爲兵部車駕司主事，滿考課最[五]，進職方員外郎。萬曆甲戌（一五七四），以望擢山西按察司僉事，備兵大同，數有邊功。累遷參議、副使，治兵如故[六]。爲故政府嬖人所中[七]，議且左遷，蔣安人老矣，宗伯已第，爲太史，公因解組自免，日承甘膬，若將終焉。

丁内艱，除，以言官交薦，起知和州[八]。尋擢陝西僉事，備兵隴西。居三年所[九]，遷山西參議。又一年所，遷河南副使，以才任要劇，改備易州。又三年所，遷河南參政，奉璧入賀。宗伯方直講幃，新拜宫尹，公乃謂曰：『嗟乎！造物忌太盛，奈何父子同時官至穹顯，吾去汝歸矣。』遂稱病乞休。宗伯因請扶侍[一〇]，賜金給驛以歸，當世榮之[一一]。無何，詔趣宗伯入侍。越二歲，公以病聞，宗伯連章請急，主上憫然許之，以所居官爵公，及其生存，蓋异數也[一二]。宗伯奉策書馳傳，五日抵舍，加紱於床，公持其手而泣曰：『必報上恩，有死無二。』三日而瞑。距生嘉靖己亥（一五三九）閏七月十八日，得生五十有八歲。生受崇名，殁邀殊寵，可謂哀且榮矣。

公爲人豪爽俊邁，才器絶人，機鋒神敏，事無難易，迎刃立解；剖析利害，人所不瞭，片語可決。與人處，和易傾竭，不爲城府，而動有檢押[一三]，無所曲徇。嘗曰：『吾行圓而性方，理所不可，賁育不能奪也。』孝友子諒，内行篤修，有仁人長者之稱焉。歷官幾三十年，爲監司、長史，治迹不同，大指修舉廢墜，振飭綱紀，操三尺繩吏，銖兩之奸毋少假貸。案無留牘，庭無留訟，曲直皆得其平。然好優禮士大夫，延見長老，問所疾苦。暇則前諸儒生，談説經義，得俊爲多〔一四〕。所在士民感慕，去常見思云。固安多盗少兵，公藉良家少年，教之騎射，厲使求盗，禽可三百餘人，萑苻絶警。大同歲祲，發倉賑贍，調給兵食，厚招商賈，輸挽雲集，軍民以安。邊給軍餉，司農新班法馬重於舊時，吏匿而懸其舊，郎中不知也，軍士大恚，甲而譟於門。公聞，呵殿而入，掠吏問狀，得其新者以給，衆乃不嘩。郎中長跽謝曰：『微公，不死亂卒，即死法矣。』虜既納款，雲中直其王庭，以公主市，所予虜繒絮不中量，責邊將吏，更以善美，虜索溢額，即禁勿予。時有鬥變，得公面諭，無不懾伏。小酋那吉入市，操弓矢前，跪請與公之士角。公曰：『吾與汝射。』虜射利近，密遠其侯，公矢相屬於的，酋盡輸其衣馬，嘣指大愧。乃前其侯，使自射而賞之，復盡予其衣馬，酋乃大喜。其操縱威懷，多此類也。隴西盗數百盤據關山，無能禽制，公馳尺檄曉譬，從之以兵，盡散其衆。值歲饑旱，多方拊循，流移盡復，秦人德之，有俎豆焉〔一五〕。易州故設兵屯，及罷防邊，多所散遺，或更其直以佐它費。公至，盡復故額，得彀騎千餘，日訓練之。會有兵事，詔使視師，易爲上選。

辛卯，彗星見，民間訛言『易水有王者氣，官舉兵誅至矣』，衆皆反走，城郭爲空。郎中項君過公〔一六〕，公曰：『民方恫疑，不可驟止也。』趣命庖人治具，不闔扉而飲酒，徐遣吏曉譬曰：『此訛言，毋恐。』士民且疑且覘，知其無它，乃定。東鹿有妖徒惑衆，聚至千餘，長吏走白兩臺，計且請兵。公曰：『此一亭長力耳。』爲檄下邑，逮其魁即訊，論遣餘衆各散歸農，官無所問。檄至而解。奸民上言易州諸山礦金可采，下兩臺議，公曰：『不可，礦之爲利，民竊則贏，官開則詘，策非便也。無事而聚衆，寇且生心，密邇九陵，將傷地脉，誰敢任之？』兩臺如議以覆，事乃得已。其後數年，竟用諸軍校言，礦使大出，西輔首困矣。

公居塞上久，周知邊事，能寬假諸將，全其體貌，毋徇以小文。雲中郭將軍琥廉而少鈍〔一七〕，保定楊將軍紹勛有勇而卞〔一八〕，失群下心，皆爲當事所疑。公先後調護，各盡其能。比楊移鎮遼左，謂曰：『以公才略不難當虜，而難御士，願少慎之。』楊竟以繩下急敗，中它法死，恨不用馮公言也。故諸生時，嘗赴臨淄試，夜歸，大雪，有侯生者隊而僵於谷，衆弗顧也。公止，親掖出之，乘以己騎，且扶且行，及城乃曙，生得無死〔一九〕。郡人聞之，無不感嘆。長安周媪嘗以賣珠至舍，醉而遺其櫝，歸而忘其處，憤欲自裁，公使趣召媪也，至而得珠，叩頭謝曰：『老婦無以報公，但焚香祝天，報公子孫耳。』塞上嘗得善馬，日行數百里，絶愛之，或飲諸河，馳而斃，自囚請死，公曰：『置之，而公不以一馬傷吾健兒。』又嘗有玉環爲吏所觸碎，吏怖欲死，亦貰不問。其有度如此。故吏士樂爲效力，雖嚴不怨也。

居官廉，不受私，里居十餘年，未嘗以事干有司，而與鄉曲最下者均茵席，踆踆退讓，如恐先之。亦時從二三故人觴咏游娱，爲歡未厭也。以公才猷質行，卓冠人倫，年不逮耆，位不及政，故足悲矣。然陰施厚積，克享天心，會五世之祉，而鍾諸哲嗣，以元德茂學遭際聖明，將有枚卜之命〔二〇〕，所禔福於廟社而大亢其宗，烏可量哉！

元配宋氏，累封淑人，莊恪惠和，克修壼政，父禮部司務延年，即一川公。子男二，長即琦，舉丁丑進士，累官禮部右侍郎兼翰林院侍讀學士，娶姜氏，處士嵐女，累封淑人；次珂，郡諸生，才俊士也，娶李氏，茂才延緒女。女三：一適張元豸〔二一〕，縣令華鳳孫；一適遲一梧，少司馬鳳翔孫〔二二〕；一字蔣璽卿春芳子奎胤〔二三〕。孫男一，士慤〔二四〕，琦出。

銘曰：華胄維馮，宗遼祖青，歸廓其閎。連枝四五，厥陰蓋畝，或蓄而廡。考瘁於塗，罔聞呱呱，有母茹荼。劻勤儆逸，學成名立，舊德是食。束髮登朝，肇尹東郊，政有謳謠。入陪圻父，謨謀樽俎，允文孔武。出歷價藩，於朔於燕，於隴之原。惟兹氓隸，是拊是飭，厘之三尺。旭燠冬陽，棱肅秋霜，膏流大方。蒸徒羆虎，甲則練組，罔或伏莽〔二五〕。彼獷者戎，厥角來庭，爾勛既升。慶流式穀，維師啓沃，將諧枚卜。公曰歸與，數有盈虚，我操其餘。如彼喬岳，出雲漠漠，雨施孔渥。如彼長川，汩瀚其淵，厥浸瀰天。維皇祐德，既豐其澤，年胡不百。維帝酬庸，勸孝作忠，物備禮崇。奄宅吉土，司空之萬，自天胙汝。寢成孔安，有銘在埏，子孫億千。

賜進士出身、資政大夫、禮部尚書兼翰林院學士、前經筵日講、國典副總裁官、同年友東阿于慎行撰文〔二六〕。

## 【校注】

〔一〕生：原本缺，此文亦見《穀城山館文集》卷二一（下省稱《文集》本），據補。

〔二〕宗伯：即馮琦，時任禮部右侍郎。萬曆二十四年八月，馮子履病卒，十月，馮琦乞墓志於于慎行。據邢侗、阮自華《東阿于文定公年譜》：『（萬曆二十四年）冬十月己巳……宗伯馮公琦乞尊人志銘……十有二月，狩院姚公思仁報命薦遣祭馮太公於青州之第，致志銘。』

〔三〕配：原本缺，據《文集》本補。『蔣氏』後，原本有『公』字，爲衍字，删除。

〔四〕宋公：即宋延年（一五一二—一五六五），字仁夫，號一川，青州益都人。嘉靖十六年（一五三七）舉人，謁選，累至南京禮部司務。與『臨朐四馮』交厚。生平見馮惟敏《南京禮部司務一川宋君行狀》。

〔五〕滿考課最：原本缺，據《文集》本補。

〔六〕兵：原本缺，據《文集》本補。

〔七〕故政府孌人：指陳三謨。曾朝節《仰芹馮公傳》：『丁丑，都給事中陳三謨，政府孌也，與公有郤，誣奏公前爲僉事宜罷狀，銓部弗是，議平調。有旨削一級。』陳三謨，浙江仁和人，嘉靖四十四年進士，歷官至吏科都給事中。先爲高拱門生，後又諂事張居正。沈德符《萬曆野獲編》卷二一『佞人涕泣』：『張江陵柄政，給事陳三謨者，本高新鄭入室弟子，以郎署改至吏科都。比丁艱歸，出補則高已敗，又爲張所愛，復補吏垣。而奪情事起，群議保留，十三道已有公疏矣，惟吏垣當爲首，而同寅有謂不可者，遲一二日未上，江陵召去，跪而詈之。陳亦絮泣，謂非出己意，退而奮筆爲首上之。次年推太常寺卿，至辛巳大計，亦以論列調南……至江陵敗而陳亦斥矣。』

〔八〕萬曆十年十月初五，子履母蔣氏卒（詳《世録·奉祀神主》）。萬曆十三年正月，子履服除，進京候補，起和州知州。馮琦《府君行略》：『乙酉服闋，起知和州。』

〔九〕居：原本缺，據《文集》本補。

〔一〇〕因：《文集》本作『固』。

〔一一〕馮琦《府君行略》：『癸巳……府君浩然有歸志，所知謂府君年方逾艾，奈何遽請老以去……於是上疏稱病，乞身以歸。不孝亦以省覲行。上優禮講僚，給驛，予道里費，父子相繼出都門，都人里人以爲榮。』《宗伯集》卷二四《爲恭謝天恩事》：『該臣於本月十七日具疏給假省親，十九日奉聖旨：「馮琦准給假回籍省親。伊係日講官，着馳驛去，仍賜路費銀二十兩、紵絲兩表裏，着限五個月前來供職。欽此。」……倦鳥依林，方懸車之是望；慈烏反哺，俾擁傳以言旋。金緋争羡其同歸，銀幣復沾乎异數……臣無任感戴激切之至。萬曆二十一年九月二十四日奉聖旨：「知道了。禮部知道。」』

〔一二〕按例：文臣滿三年考，始得封父如其官。馮琦任禮部侍郎僅年餘，神宗特准以三品滿秩封其父母，這是萬曆一朝絶無僅有之曠典，終明之世，亦屬稀有之殊榮。《神宗實録》卷三〇〇：

『（萬曆二十四年八月十七）日講官禮部右侍郎兼翰林院侍讀學士馮琦再疏以親病乞歸，上以其情詞懇切，准暫假回籍，着馳驛，給賞路費銀二十兩、紵絲一表裏。』『給馮琦父母誥命，以其日講效勞，不在考滿例。』沈德符《萬曆野獲編》卷一三《非例得封》：『萬曆二十四年，禮部侍郎馮琦以父山西參政子履病，給假省覲，亦乞恩求封，上命如所請。然馮三品未及一年，乃翁年止六旬，尤爲异典云。』

〔一三〕押：《文集》本作『柙』。

〔一四〕得俊：《文集》本作『造就』。

〔一五〕秦人德之，有俎豆焉：《文集》本作『秦人德而俎豆之』。

〔一六〕郎中項君：即項德楨（一五五五—一六〇五），字庭堅，號玄池，嘉興秀水人。萬曆十四年（一五八六）進士，歷山西參議、密雲參議、河南副使等。有《名臣寧攘要編》。

〔一七〕郭琥：字宗器，永昌衛人。繇總旗積首功爲大同副總兵，隆慶元年（一五六七）遷薊州總兵，三年，轉任山西總兵。萬曆元年（一五七三），改鎮大同，十一年，晋左都督致仕。覺羅石麟《山西通志》卷九四《名宦》稱：『琥與趙岢皆宿將知名，琥潔廉好籌畫，識軍進止。』

〔一八〕卞：原本無，據《文集》本補。楊紹勛：生平籍貫待考，萬曆十五年由薊遼副總兵遷爲保定總兵，十九年改昌平總兵，旋代李成梁爲遼東總兵。萬曆二十一年，回衛聽勘，二十三年以罪戍邊。

〔一九〕馮子履雪夜救生事，當時流傳頗廣，如袁黄《了凡四訓·積善之方》：『馮琢菴太史之父，爲邑庠生。隆冬早起赴學，路遇一人，倒卧雪中，捫之，半僵矣。遂解己綿裘衣之，且扶歸救蘇。夢神告之曰：「汝救人一命，出至誠心，吾遣韓琦爲汝子。」及生琢菴，遂名琦。』

〔二〇〕枚卜：古代用占卜法選官，明代則指入閣。馮琦久負相望，萬曆二十二年五月，會推閣臣即在列，時馮琦侍父家居，事見《神宗實録》卷二七三，《國榷》卷七六『神宗萬曆二十五年』：『（五月）丁亥，吏部推閣臣王家屏、沈鯉、孫鑨、沈一貫、左都御史孫丕揚、吏部右侍郎鄧以贊、少詹事馮琦。上以推及部院，不允。』後萬曆二十六年、二十九年皆在會推名單中。

〔二一〕張元豸：《文集》本作『秉彝』。

〔二二〕遲鳳翔：字德徵，號朐岡，臨朐人。與馮惟訥、張邦彦、傅應召號稱『臨朐四杰』。嘉靖二十三年進士，授户部主事，遷兵部職方司郎中，升陝西洮岷兵備副使，遷都察院右僉都御史，巡撫宣府，轉大理卿，遷户部侍郎巡撫河南，轉兵部侍郎。著有《四書説》《朐岡集》等。

〔二三〕蔣春芳：字實伯，益都人。萬曆八年進士，授揚州府推官，丁憂，補大同，升河南道御史，至尚寶司卿。

〔二四〕士慤：按馮琦三子，士杰、士楷、士榘，皆生於萬曆二十六年之後，士慤獨生於馮子履在世之時，其生平不見於《世録》，當是早卒。

〔二五〕『伏莽』，原本作『莽伏』，訛，據文義改。

〔二六〕于慎行（一五四五—一六〇八），字無垢，一字可遠，號穀山。東阿（今山東平陰東阿鎮）人，隆慶二年進士，歷官至禮部尚書兼東閣大學士，贈太子太保，謚文定。有《穀城山館詩集》《穀城山館文集》《穀山筆麈》《讀史漫録》等。于慎行與馮子履進士同年，又與馮琦同在史館，爲萬曆年間詞臣代表，并稱『于、馮』。

## 明故河南布政使司右參政、誥封通議大夫、禮部右侍郎兼翰林院侍讀學士仰芹馮公行狀〔一〕

公諱子履，字禮甫，號仰芹，郡之臨朐人也。馮氏於青爲望族，公父芹泉，登戊戌進士，爲行人，使楚中，道病，不旋踵而卒，時公生京邸，芹泉公没時未知也〔二〕。訃至，蔣太安人携以歸，祖閭山抱而泣曰：『嗟乎，仲子不幸殁，没而有子〔三〕，是天哀勞臣而不絶其胤也。』已，撫摩視孤，則又泣曰：『是子神色奕奕，非庸常者。其父業未竟，天其或者將啓諸！』囑太安人善視孤。太安人亦以是自慰，勤劬呴噢。稍有識，即檢父書教之。

公生而聰慧。及學書，日誦萬餘言，爲文不屬草，頃刻立就。從姊夫岱宇石公學〔四〕，十三爲諸生，有教聲黌序。性少嗜酒，嘗夜飲達旦。太安人怒，泣不食，公亦伏地泣謝，後不敢。由是下帷發憤，每試輒高等。十八受餼廩。戊午，宗伯生〔五〕。丁卯，舉於鄉。戊辰，成進士。詣闕下上書，言母守節狀，天子旌其閭。是歲〔六〕，授固安令。

固安近京師，事煩夥，中貴多請寄。公持法立斷，神采峻發，庭無留事，邑無冤民。上官有大獄，皆移公取衷焉。修學葺城，百廢俱舉。訓諸儒生，曲有禮意。樂接士大夫，無所不歡合，然罔敢私請者，底今邑人士思慕之。〔七〕邑故多盜，公擇良家子爲牙兵，教習騎射，察非常，捕盜賊，盜賊以故不發。發又輒得，諸游劫無敢近固安者。蓋公方在有司，而文武威望已藉甚公卿間矣。〔八〕

辛未，擢兵部車駕司主事，歷職方員外郎〔九〕。甲戌，升山西按察司僉事，治大同。值大同方洊饑〔一〇〕，公爲實倉廩、籌軍餉〔一一〕，通商惠民。是歲也，饑而不害。時貢市新啓，虜王幕直大同〔一二〕，其市曰得勝口。公主之，申明約束，布威信，察邊吏無得侵賞格，失款虜心，虜逾額要求，公亦禁弗予〔一三〕，内外肅然。把漢那吉者，黠虜也〔一四〕，時入市謁公，伐其騎射，請與公之士角，賭以衣馬。譯者以告，公笑曰：『虜無它〔一五〕，謂而公文吏耳。』令移的百步外〔一六〕，連發命中。虜矢重〔一七〕，屢負，盡失衣與馬，面赤流汗〔一八〕。公度虜意迫〔一九〕，則令移的近，而再命之射，漸給之，虜大喜〔二〇〕，叩頭去。諸部聞之，皆懾服，無敢橫者矣。大同軍素悍，司農頒新法馬餉軍，吏匿之而用其舊，一軍盡甲，環部署而讙。公聞，則荷殿至〔二一〕，叱之曰：『若輩藉藉，爲餉乎？吏弄奸，易法馬，乃公爲若答之耳，何遽爲狂圖，不畏死耶？』皆叩首願聽命。乃以法繩吏，追新法馬給軍，軍遂定。

乙亥，升副參議；丙子，升副使，皆以籌邊勞也。丁丑大計，吏科陳君三謨者，故與公有郤，乃以前僉事署枉狀奏公，部議當平調。陳復言之政府，調旨削一級〔二二〕。衆議嘖嘖不平。公囂然曰：『吾母老，宜歸養，是輩欲我去，去之善。』由是解組歸。時宗伯已登第入詞林矣。太安人病失明，公歸，日侍飲食〔二三〕，候起居，母子歡然甚得。而間則邀昆弟故人置酒高會〔二四〕，諧笑呼盧，盡醉而罷，以爲常。己卯，茂才生。壬午，居太安人喪，哀毀逾禮。〔二五〕時虜入西寧，詔舉材堪邊鎮者，臺省共舉公。公服闋，雅不欲出，姻友共强之，乃囂然曰：『吾不奉先慈〔二六〕，已無意人間事，乃公欲我出，出亦善。』遂起知和州。至則平徭役，抑豪强，歲饑爲請蠲賦，發倉廩賑之。拮据拊循，不以遷謫意怠民事。民亦心附公，惟恐旦夕遷去，失良父母。

丙戌，擢陜西僉事，治秦州。值州方旱也，公禱雨，雨立應。〔二七〕撫輯士民，修明武備〔二八〕，政紀一新。有劇盜數百人聚關山，公傳檄諭之，而以兵隨其後，盗望風解散。戊子，遷山西參議，去而秦人尸祝之。己丑，遷河南副使，治大梁。尋改治易州。時款貢日久，邊備漸弛，易雖重鎮，兵不滿千人，踐更、驅使復居其半，而裁廩食以佐公帑、奉過客。公至則請增兵，簡老弱，募健勇，爲治戟矛捆矢，日討訓之。軍實大振。及邊事告急，天子使使視師〔二九〕，而易州一軍爲之冠。方礦事未起也〔三〇〕，易奸民首奏疏窺上意，上下疏議之。都御史宋公以問公〔三一〕，公曰：『自古未聞開礦富國者，今國家雖乏財〔三二〕，奈何欲煩苦萬民、取給地下。即不得而利不償費，害也。得之而怨歸於上，力殫於下，長奸施奪，爲害滋甚。』宋公以聞上，事得已。竟公任，無復議礦者。

辛卯，彗星見，民訛言易水間有王者氣〔三三〕，天子且舉兵加誅焉。會一偏將將兵過易水〔三四〕，或曰：『此即行誅者也。』民駭然，急走散入山谷，城郭爲空。部司項公馳詣公，公笑曰：『有是乎？君第飲，民今還，定無恐也。』即款項公，坐不闔扉而飲酒，而命人馳諭之〔三五〕。民窺公安飲，則復稍稍還。乃捕訛言者治之，民遂定。束鹿道人有爲左道惑衆者，民聚聽，至千餘人，吏就索賄不得，則急紿令：『是白蓮謀叛者。』令走告兩臺，將請兵誅之，公笑曰：『何至是！愚民相扇聚，止可煩一檄耳。令亡賴，爲吏愚，何詑而公爲也？』〔三六〕乃爲一檄，一諭遣其黨，一執道士即訊，應時解散焉。公數居邊鎮，猝遇非常，皆以笑談雍容消大變。同事諸公聞之，曰：『馮公議論翩翩，甚脱耳，至變亂當前，不懾不竦，隨機勘定，他人雖千百何能及？』其材望服人又如此。〔三七〕

癸巳，遷河南參政。甫之任，以入賀至京師。時宗伯已轉宮詹，奉講筵，貴顯矣。公浩然動歸興〔三八〕，所知勸止之，則不從，曰：『吾前已脱迹仕途，爲國恩未報，故復黽勉出。今憊矣，有子幸奉聖人侍禁幄，此區區自適日也。』〔三九〕於是乞身歸。而宗伯亦以省覲行。上爲賜驛傳道里費，父子相繼出都門，里人皆榮之。

既抵舍，申舊約，與客酣飲對弈。宗伯日侍前，道故舊，爲笑樂。久之，不懌，則使宗伯行。宗伯辭不允，復之京。然念公甚，時時遣候公，公寓書，勉以『盡忠，勿念我，我快飲甚樂耳』。每暇日，則與縉紳爲真率會，酒酣以往，謔笑爾汝，日醉二三。晨起對客外，即坐書室課次公讀。次公坐而讀，則喜。客至，出課業共評之，恨不即見其成也〔四〇〕。

丙申，弟貞靜先生卒於冶水〔四一〕。公素厚諸昆，馳往哭之慟，歸而病作。既少愈，復出從容飲〔四二〕。無何，輒劇。卒之日，談笑如平時，已而呼衣冠服之。二子跪受囑，公曰：『汝兄弟猶一人耳。兄善教弟，弟善聽兄教。』目茂才曰：『汝能讀書，則我兒；不能，則自弃也。』[四三]鑒戒得失，在目前耳。』遂不復言，從容瞑而没，時八月十八日也。

初，公疾，戒舍中毋以聞宗伯，疾劇乃召之[四四]。宗伯聞而上章請急，上推恩封公，予假給驛，以五日馳至家，父子相見，持而泣。已而致朝命，公色喜，手額謝，更三日卒也。人謂宗伯少遲治裝即不及見公，公先三日没即不及見新命，天之佑助慈孝，蓋其至哉！

訃聞於朝，天子命守臣諭祭，司空營葬事，蓋自宗伯三歲中蒙上恩德三予假，再歸省公於卧榻，受制詞，没而給全葬，視三品大臣有加禮。士大夫相傳以爲异數，因而嘆上優禮儒臣至此，國家盛事也。[四五]

公性明爽高亮，與人處，傾懷抱無町畦，善爲笑言，若儻宕者。然禮度周旋，纖毫不爽。其遇人有氣岸矜夸者，輒調笑狎之，即木訥敦朴，益憐愛厚視之。人開心陳説，即不當心，喜之；即囁嚅深藏，則以爲欺我，厭薄之。親故有過端，必面相語，語已，即待如初。以是人皆敬憚公，無致怨者。

心慈愛，好急人之難。爲諸生時試臨淄，大雪失道，侯生者陷坎中，哀呼無救。公獨扶而出，以己所乘乘之，而步行掖以歸。周媪者，京儈也，挾故侯珠一篋，醉而遺諸途，求弗得，則呼號欲自刃。公得而召與之，得不死。[四六]乙未，邑大饑，出宋莊藏粟，捐價以濟貧民，所全活者甚衆，閭里頌義焉。自宗姻至知友，告飢寒者予衣食，婚喪者爲助給。即屢索屢獲，獲而更索，不以厭，亦不瑕疵也。

馭僕隸，嚴而不苛。大同舍人踣良馬〔四七〕，秦州吏碎玉縧環，皆貸之，不加罪。然約束舍中人甚備，不令鮮衣冠横里中。

識鑒朗徹，號善知人。在雲中知大將琥，琥老而慎，當道欲處之，公曰：『是夫也廉，廉，將德也，所益多矣。』〔四八〕當道然之。郭卒善其任〔四九〕。在中山知大將紹勛，紹勛轉遼東，且行，請益，公曰：『君剛而好察，剛易折，察難爲下，若不少易，其不殁乎？』〔五〇〕楊至遼東，果以剛察敗，罪至死，死乃悔不用馮公言。

宦轍所至，推轂士及官屬將吏，皆爲聞人。居官二十餘年，堅持一節，宦橐僅佐酒饍。治田數區，不欲積贏財遺子孫。家居好爲德，然不以私事瀆有司。議論依名節，每談及仕路非禮媚人及陰謀相抵者，輒慨然痛恨。嘗謂士人進退少能自拔者，不爲白簡驅則白首歸耳〔五一〕。故未老而致政，其素志然也。

議者謂公曠逸似達，持正似果，倜儻似豪，決退似隱，若乃忠孝大節，光映後先，而從容指顧，消大亂、定大議，以彼其材，何所不至？功業未盡究，其將在後人乎？易簀數言，諄諄棠棣之戒，意念深矣。

余父子與公家累世姻友，知公最真。宗伯有命，敬列而狀焉，以俟國史。

公生於己亥七月十八日，距卒，得年五十有八。配宋氏，南京禮部司務一川公女。蓋自芹泉歿而一川來哭之，遂許婚。累封淑人。子二：長宗伯琦，娶妻處士嵐女；次茂才珂，娶郡廩生李延緒女。女三：一歸張令君華鳳孫元豸，一歸遲侍郎鳳翔孫一梧，一許聘蔣侍御春芳子奎胤。孫一，士慤，琦出[五二]。

賜進士、吏科都給事中、侍經筵、年眷侄鍾羽正撰[五三]。

【校注】

〔一〕誥：原本缺，此文亦見鍾羽正《崇雅堂集》卷一三（下省稱《崇雅》本），據補。

〔二〕没：《崇雅》本作『歿』。

〔三〕没：《崇雅》本作『歿』。

〔四〕此句《崇雅》本無。按：岱宇石公，即石繼芳，字克肖，號岱宇，益都人。娶馮惟重長女，即子履長姊。嘉靖三十四年舉人，歷猗氏教諭、桐城知縣、錦衣衛經歷，升寧夏副使，遇哱拜之亂，遭難。

〔五〕十八……宗伯生：此句《崇雅》本無。

〔六〕詣闕……是歲：《崇雅》本無。

〔七〕修學……思慕之：《崇雅》本無。

〔八〕馮子履在固安之治績，已引起注意，時名將譚綸曾薦之。《譚襄敏奏議》卷一〇《舉劾有司官員以昭勸懲疏》：『固安縣知縣馮子履，人如精金美玉，操比烈日嚴霜。催科能屏絶鞭笞，逋負獨少拯溺。則胼胝手足，全活何多？法不撓於權豪，惠每先施煢獨。』

〔九〕歷職方員外郎：《崇雅》本無。

〔一〇〕洊饑：連年灾荒。

〔一一〕餉：《崇雅》本作『响』。

〔一二〕虜王幕直大同：《崇雅》本無。

〔一三〕失款虜……弗予：本句《崇雅》本作『失邊和』。

〔一四〕把漢那吉者黠虜也：《崇雅》本無『者黠虜也』。

〔一五〕虜無它：《崇雅》本無。

〔一六〕《崇雅》本『百步外』後有『自與射』。

〔一七〕虜：《崇雅》本作『那吉』。

〔一八〕面赤流汗：《崇雅》本無。

〔一九〕虜：《崇雅》本作『其』。

〔二〇〕虜：《崇雅》本作『遂』。

〔二一〕荷：《崇雅》本作『呵』。

〔二二〕部議……削一級：《崇雅》本作『削職一級』。

〔二三〕飲食：《崇雅》本作『食飲』。

〔二四〕則：《崇雅》本無。

〔二五〕己卯……適禮：《崇雅》本無。

〔二六〕囂然曰吾：原本無，據《崇雅》本補。

〔二七〕值州……雨立應：《崇雅》本無。

〔二八〕撫輯士民，修明武備：《崇雅》本作『撫士民，修武備』。

〔二九〕使使：《崇雅》本作『使使者』。

〔三〇〕方：《崇雅》本無。

〔三一〕公：原本脱，據《崇雅》本補。宋公：當即宋仕（一五三八—一六一八），字汝學，號可泉，山東平原人。隆慶五年進士，授衡水知縣，改遵化，遷御史，歷官爲大理少卿，遷右僉都御史巡撫保定，累官至南刑部右侍郎、南京右都御史，卒贈太子少傅。

〔三二〕財：原本作『才』，據《崇雅》本改。

〔三三〕王者氣：《崇雅》本作『王氣』。

〔三四〕偏將將兵：原本脱一『將』字，據《崇雅》本補。

〔三五〕命：《崇雅》本作『令』。

〔三六〕爲吏愚何詑而公爲也：《崇雅》本無。

〔三七〕又：《崇雅》本無。

〔三八〕歸與：《崇雅》本作『歸與』。

〔三九〕曰……自適日也：《崇雅》本無。

〔四〇〕晨起……其成也：《崇雅》本無。

〔四一〕貞静：原抄作『貞觀』，據《崇雅》本改。

〔四二〕容：《崇雅》本作『客』。

〔四三〕目茂才……則自弃也：《崇雅》本無。

〔四四〕疾劇乃召之：《崇雅》本作『疾革則召之』。

〔四五〕蓋自宗伯……國家盛事也：《崇雅》本作『以十二月十日葬洋水之陽，蓋新阡也』。

〔四六〕爲諸生試臨淄……得不死：此段《崇雅》本無。

〔四七〕大同：《崇雅》本脱『大』字。

〔四八〕益：《崇雅》本作『蓋』。

〔四九〕『郭』字後，原本有『善』字，爲衍字，删除。

〔五〇〕殁：《崇雅》本作『没』。

〔五一〕白簡：原抄訛作『曰簡』，據《崇雅》本改。

〔五二〕琦出：《崇雅》本作『珂出』。

〔五三〕鍾羽正（一五五四—一六三七）：字淑濂，號龍淵，益都人。萬曆八年（一五八〇）進士，授滑縣知縣，擢禮科給事中，改工科，遷吏科都給事中，以言事斥爲民。光宗即位，起太僕少卿，進本寺卿，歷右僉都御史、左副都御史，遷户部侍郎，拜工部尚書。有《崇雅堂集》。

## 明故河南布政使司右參政、封通議大夫、禮部右侍郎兼翰林院侍讀學士仰芹馮公神道碑〔一〕

公諱子履，字禮甫〔二〕，號仰芹，副使閭山公裕之孫，行人芹泉公惟重之子〔三〕，今少宗伯琦之父。舉隆慶五年進士，除固安知縣，遷爲兵部車駕司主事、職方員外郎。擢山西按察司僉事，備兵大同。累遷參議、副使。時公以威望屢鎮重邊，隆顯矣，爲權幸所中，當左遷。公乞免，歸侍蔣太安人。

尋丁内艱。服除，以薦起知和州，尋升陝西僉事，備兵隴西。歷遷山西參議、河南副使。以才堪部劇，改備兵易州。又三年，遷河南參政。捧賀表至京，遂乞休。時宗伯方直講筵，亦請歸侍父病。天子許之，爲賜金、予傳以歸。無何〔四〕，宗伯趨召還〔五〕，而公遂病以卒。卒之歲，纔五十八。公之病也，宗伯請急，浹日章三上，天子又許之，爲特予父母三品誥命。宗伯得請，則五日夜馳至家，侍湯藥，三日而公卒。卒後，天子復念琦講讀勞，推恩其父，遣守臣臨祭，賜全葬。嗚乎〔六〕！公於君臣父子始終際會之數，何其盛也！

公爲人才氣踔絶，神爽無滯，用其生平所施見獨吏迹〔七〕，吏迹多在塞垣。初任固安，剖决如神，藉良家子爲牙兵，習騎射，使迹盗。固安以無盗。其任大同也，值歲祲〔八〕，公爲發廥廩〔九〕，時糴糶，商賈集而民不饑。會司農頒新法馬，給軍餉，吏匿而仍其舊，一軍噪，皆甲。公聞則呵殿至，叱之曰：『吏無法當死，若以數百人死易一吏乎？』立追其新者給軍，軍遂定。

當是時，款市議初起，諸邊或不能廉察，將吏稍欺給虜物，失虜心，而又或心畏虜，稍俯仰從之，闌出溢與無禁。獨大同多寡一如額。一日，把漢那吉入市，操弓矢謁公，請與公之士射，决賭衣焉。公笑曰：『此不足煩吾材官，吾文吏自當之。』令遠樹侯，公矢發輒中，虜負衣馬且盡。公知其愧也，乃更移侯近，使虜自射，而漸以其物與之。虜大喜，叩頭去。其有文武材善操縱如此。

再起治和州，一如治固安時，不以遷吏傲忽州事〔一〇〕。和州大治。繼治秦，適盗起，公馳檄喻之，而隨以兵，盗立解。其在易也，省向所供億過客及一切無名之費，悉以養兵，別簡募精壯，日訓習之。會有兵事，天子使使者視師，易爲諸鎮最。辛卯，彗星見，民訛言易有王氣，相驚告曰大帥且至〔一一〕，則盡走。部司項馳告公，公即留項與飲，而徐遣人諭走者〔一二〕，且曰：『夫驚不可以止驚，子姑安飲，行定矣。』束鹿有左道惑衆者，聚至千人，長吏馳白兩臺，且請兵。公笑曰：『何至是，吾縛其魁而破散其黨，吾檄至而解耳〔一三〕。』已而皆如其言。蓋公居常自稱人：『使吾居官守職，蹈常襲故，無以逾人。若當倥偬之會，事變卒至，赴窾應節，或有微長。』〔一四〕蓋人亦以此推服公。而是時易州奸民已有言近地礦可采用者，兩臺以問公，公曰：『富國之道多端，何必礦？

礦自上開，利一而害什伯〔一五〕。且易州近陵寢，傷地脉，不可。』

今公没而采礦之使旁午於道〔一六〕，邊海有急，畿輔地滔汹汹需材賢，使公此時而在，用事者詎能捨置公，而公於爾時亦不知能受，抑首受成事與否？又不知能如今之豪舉者，動則張小爲大、言誅言剿，示武勇否？嘗竊謂以公之材，世受國家厚恩〔一七〕，寧赴節死疆場間，不當早就閑寂〔一八〕，猥附辭盈知足之義，而鍾給事則數聞公語矣〔一九〕，云：『吾三十年仕途，所見稍自愛重、安進退者，非蹇蹇驅塵車，即負重劾歸耳。』嗚呼！公之勇退，倘亦意有所不可，而姑托焉者乎？

公居塞上久，習邊事，馭將吏寬轡策，使各盡其長。善郭將軍琥廉，調護之，使終其任。知楊將軍紹勛勇而傷其卞急也，語之曰：『子剛而好察，非令終道也。』後楊果以剛察敗，比死，曰：『吾負馮公。』其他所推轂士吏，以公教，爲世聞人者不少。

初，公爲諸生試臨淄，歸，夜雪。有侯生者隊谷中，扶之出，乘以己乘，徒步掖而歸，得無死。長安賣珠媪周，醉遺珠而忘其處，遽欲自刃，公使趨召媪，媪至則以珠與之。大同舍人踣公所愛善馬日行數百里者，秦州吏碎公玉環，皆貰不問。其德量如此。

公行圓性方，内行甚修。與人交易，直無城府。居官不營官槖，歸不問家人生産。不入公門。日召賓客故人，以詩酒自娱樂，輒至醉。初，余嘗一識公於瀛博道中，寬然朴厚長者也。固不意其遇事健决如此。當公指揮談笑，玩弄驕虜劇盗於股掌之上，亦豈知公與鄉曲小夫日班坐泥飲無間哉！賢者固不可測，天下真才識，必不掀髯戟指，作蜂蠆可喜、睢盱可畏之狀，如公者是矣。

馮氏於青爲望族，閭山公五子，皆以科第起家。其仲爲芹泉公，以行人奉使，卒於湘。公即蔣安人所撫百日孤也。公長子宗伯文學器局，天下擬之陸敬輿、韓稚圭，而少子茂才珂，項君常爲予言才雋過乃兄〔一〇〕。馮氏且世稟公遺德，黼黻帝治，爲世光儀，豈徒表東海已哉！

宗伯既葬公，郵書命予銘墓道之石〔一一〕，爲之銘。銘曰：

有美巨宗，興於營北。憲伯南歸，舊駢是宅。繩河瑟瓚，積厚而長。四杰代興，仲氏彌昌。侃侃烈考，輶軒盡瘁。公之初生，厥日未晬。太母之節，格於皇天。撫公於褓，其訓三遷。乃對軒墀，乃令左輔。不競不絿，民歌且舞。入贊樞管，克詰兵戎。視師代北，屢奏膚公。玁狁于襄，潢池于定。人之捷翻，公則不競。挂冠懸輿，歸侍慈幃。五十而慕，衣彩夔夔。毁往譽還，如鏡斯拭。南服大邦，用公思戢。還公舊節，寄以安攘。於渭之將，於晋之陽。易水浚郊，惟翰惟屏。矯矯天衢，長轡方騁。知止不殆，公曰歸歟。冢嗣請侍，六傳前驅。貴不及驕，滿恒思溢。家範閫儀，四方是式。東山北海，爲樂孔多。及於疢疾，鼓缶以歌。宗伯請急，腐心泣血。五日而至，三日而訣。煌煌封誥，惟公承之。鬱鬱佳阡，司空營之。遺孤亢宗，餘慶昌後。止孝止慈，古今稀遘。出爲翔鳳，處爲冥鴻。三槐手植，入座考終。能出能處，能作能止。進不忘退，生無怖死。忘進退易，忘生死難。結纓易簀，神識恬然。名炳丹青，精歸河岳。有銘在桓，九原可作。

賜進士及第、光禄大夫、太子太保、禮部尚書兼武英殿大學士、知制誥經筵國史玉牒總裁、奉敕加吏部尚書兼建極殿大學士、予告太原王錫爵撰〔一二〕。

【校注】

〔一〕此文見王錫爵《王文肅公文草》卷七，題作《參政仰芹馮公墓表》（下省稱《文草》本）。

〔二〕字禮甫：《文草》本無。

〔三〕裕：《文草》本作「某」；惟重：《文草》本作「某」。

〔四〕無：《文草》本作「亡」。

〔五〕《文草》本「宗伯」後多「復」。

〔六〕乎：《文草》本作「呼」。

〔七〕生平：《文草》本作「平生」。

〔八〕祲：原本作「侵」，訛。

〔九〕嗆：《文草》本作「倉」。

〔一〇〕以：《文草》本作「倚」。

〔一一〕帥：《文草》本作「師」，是。

〔一二〕徐：《文草》本作「陰」。

〔一三〕吾檄至而解耳：《文草》本作「檄至立解耳」。

〔一四〕蓋：《文草》本無。按，馮子履對其將才頗爲自負，馮琦《宗伯集》卷七〇《寄王老師》

稱：『先君宦迹半在塞垣，自負其才足以當一面，而中扼於權幸，晚惕於盈滿，未得盡究其用而自老於田間。居嘗謂人：「使吾居官守法，蹈常習故，無以逾人。若當倥偬之會，事變狎至，卒然而起，卒然應之，飆發電邁，不失肯綮，似當有一日之長。」』王錫爵即據此書信概括。

〔一五〕伯：當爲『佰』之訛，《文草》本作『百』，是。

〔一六〕《文草》本作『没』後多『未幾』。

〔一七〕國家厚恩：《文草》本作『國恩』。

〔一八〕早：《文草》本無。

〔一九〕鍾給事：即鍾羽正，時任吏科都給事中。王錫爵此文即依據鍾羽正《仰芹馮公行狀》而作。

〔二〇〕項君常爲予言：《文草》本作『宗伯常詫予』。

〔二一〕《文草》本此句後作『諸子孫婚嫁具志中者不論，論其大者』，無以下銘文。

〔二二〕太原：王錫爵爲南直隸太倉人，但其出自太原王氏，故仍以『太原』冠其氏。

## 明故河南布政使司右參政、封通議大夫、禮部右侍郎兼翰林院侍讀學士仰芹馮公墓表〔一〕

賜同進士出身、嘉議大夫、禮部右侍郎兼翰林院侍讀學士、前詹事府詹事掌院事、經筵日講官、記注起居、正史副總裁年家古瀛余繼登撰〔二〕

賜進士出身、嘉議大夫、都察院協理院事左副都御史、前翰林院庶吉士、年家晚生晋人張養蒙書丹〔三〕

賜進士出身、亞中大夫、光禄寺卿、前翰林院庶吉士、年家晚生雲中李植篆額〔四〕

予初與今少宗伯馮公用韞讀中秘書，聞其尊人仰芹公負高世才，睥睨宇内。時公以憲副侍養蔣太安人家居也。竊妄意，是必負氣難近。比公再起，入都門，侍公於其子舍，則一見如舊識。久而杯酒示相洽，出肺肝相示，遂定爲忘分之交。自是公去爲臯爲藩，不常遇，然遇未嘗不飲，飲未嘗不歡。最後，公以河南參伯入賀萬壽，至則已決去志矣〔五〕。因侍酒，從容言世方需才，豈可令公有留才。公笑曰：『盈而溢，天之道。吾懼其盈也。』未幾，以病自免歸。於時宗伯方以宫詹翰長侍上於講幃，疏請歸視，上予假五月〔六〕。宗伯歸，日爲具侍，公與賓客諸故人飲，意甚適，不欲出。再疏乞侍養，上不許。又見公健，善飲無恙，乃北上，獨時時使人伺公安否。越歲，聞公戒飲，則怦怦心動。又數月，聞病卧，遽以急請，上允之。瀕行，復爲公請封，上復允之。蓋异數也。宗伯乘傳，晝夜馳，五日抵家，而恩命亦以是日至。宗伯視公於榻前，道上恩德，父子相對感泣。公時疾已篤，然猶笑語如平時。又三日，逝矣。是萬曆丙申歲八月十八日也，得年五十有八耳。

公天才縱横，無所不可，文不煩思，而數千百言，援筆立就。未習爲吏，而初令固安，當畿輔大邑，理繁剸劇，迎刃而解，目無留牘，庭無滯訟。訟者不得盡其辭，猾吏不敢緣以爲奸。治邑有暇，樂延見士大夫，問民所疾苦，或晋諸儒生，論析疑義。第以私請，則無所假借，久之，亦無敢干以私者。輕裘緩帶，温然儒生，而胸中甲兵，有韜鈐之士所不敢望者。固安素苦盜，捕盜又苦無兵，公曰：『是不難爲盜，何難爲兵？』乃藉良家子〔七〕，懸賞格令捕盜，以故盜發輒得所，稍不得，或失之旁邑。終公在邑，桴鼓不鳴。其爲大同僉憲也，值虜新款，以公主市，所爲操縱張弛，動中機宜。歲時犒賞不如式，則責主者，如額則止，額以外即虜百索百不應。虜酋有以裘馬來角射者，公連發連中，盡入其裘馬〔八〕。虜駭愧。又徐出其所負者，以計還之，虜又大喜過望。以是公在事數年，爲少參、爲副憲，虜終懾伏不敢動。滹沱易水之間，畿南重鎮，久無警，士卒銷以供私役〔九〕，屯輪糜以稱使客〔一〇〕，公備兵其地，省費節冗，簡兵清餉，士始有尺籍伍符，兵視諸軍獨壯，而鎮爲益雄。生平不離杯酌，於天下事若不經意者，而排難應卒，决疑定傾，當機立斷。方在大同，奸吏有緣法馬新舊間減軍餉以自私者，一軍盡讙，甲而噪於司餉者之門。公聞故，呵殿入顧，曰：『此罪在吏，吾爲若治之足矣。』即抵吏於法，出新法馬以給軍，軍乃安。其在秦州，盜嘯聚山谷，以數百計。公曰：『是不制，將不可制。』先馳檄喻之，而遣兵隨其後。盜大駭，爲解散去。

歲辛卯，彗星見，訛言主在易州有王者氣，上且舉兵加誅焉。争相恐動，一日嘩曰兵至矣，皆出走不可禁。司空郎項公懼，就公問計。公不應，第呼酒與飲，吏民見公無他，轉相告語，走者始歸。束鹿人有以妖言聚衆者，衆且千人，吏索賄不得，紿令曰：『此相聚謀反耳。』令恐，請兵往討之。公曰：『何至是！』爲檄逮其渠首，而散遣其徒，各歸農，竟不煩兵。奸民有疏言易州礦金之利者，章下兩臺。兩臺檄公議，公曰：『生財有道，未聞取給地下者〔一一〕。且采而不得，則爲費大；采之而得，則爲害大。况鑿山坑谷，不能無傷地脉。陵寢在近，誰敢任之？』事遂已。

公自爲令以至大吏，所至務舉其職。獨居家，則不問生業，好行其德，出於天性。爲諸生試於臨淄，雪夜歸，有侯生者迷失道，墮谷中，呼衆求援，衆若弗聞也者。公獨援之出，乘以己騎，而徒步掖之，生得無死。長安周媪醉，遺所鬻珠於公舍，旦日召而還之。歲饑，斥所藏粟以周貧者，曰：『吾不能使路無飢人，能不使廪有餘粟也。』嚴馭僕隸，不令横里中，而嘗寬其所不及。所繫玉絛環頗愛重，爲吏所觸碎，所蓄養馬日行可數百里，爲卒斃，悉置不問。其襟量又如此。

蓋公坦中曠度，如谿如谷，探之無迹，取之無盡。取則若逢，過則若化。仕宦七年，至憲大夫，不爲速；以非罪被糾彈，不爲恚；定變故於頃刻談笑間，不爲功；勇退於急流之時，不爲慕戀。能圓能方，能勞能逸，不以一善自執，而人亦無能執一以名公者。孔子曰：『鳥，吾知其能飛；魚，吾知其能游；獸，吾知其能走。至於龍，吾不能知其乘風雲而上天。』公其猶龍乎！

夫世之人，往往强其才所不逮，以求滿其心所欲至；及其不競，而後悔其弗勝也晚矣。惟豪杰之士，嘗操其有餘於身，而遺其所未足者於後。公父芹泉公官行人而殁，百不一試，而餘所未足者於公；公固有所用之矣，然亦十不一試，而餘所未足者於宗伯公。宗伯公以异才蜚聲詞林，以正學結知明主，其用公所未足以禔福生民，當未可量矣。

公諱子履，字禮甫，閥閲始末，已詳載狀志，不具論。謹述其概，表之貞石，曰：此明慶、曆間才大夫仰芹馮公之墓，以俟後人欲知公者考焉。

【校注】

〔一〕此文亦見余繼登《淡然軒集》卷一〇（《文淵閣四庫全書》本），題作《馮仰芹墓表》（下省稱《淡然》本）。

〔二〕余繼登（一五四四—一六〇〇）：字世用，號雲衢，交河人。萬曆五年進士，選庶吉士，歷官至禮部尚書。卒，贈太子少保，謚文恪。有《淡然軒集》《典故紀聞》等。與張養蒙、李植均爲馮琦進士同年。

〔三〕張養蒙：字泰亨，號見冲，澤州人。萬曆五年進士，選庶吉士，歷吏科左給事中、工科都給事中、河南右參政，入爲太僕少卿，遷左副都御史，至户部右侍郎。天啓初，謚毅敏。居言職，慷慨好建白。

〔四〕李植：字汝培，父承式，自大同徙江都。萬曆五年進士，選庶吉士，授御史，發馮保十二大罪，與江東之、羊可立相結，追論張居正，以此受知於帝，擢太僕少卿。爲言路所攻，貶户部員外郎，出爲綏德知州。居十年，起爲沅州知州，屢官至右僉都御史，巡撫遼東。卒贈兵部右侍郎。

〔五〕『已决』，原本作『决已』，訛，據文義改。

〔六〕馮琦於萬曆二十一年侍父歸，上予假五月，余繼登作《送馮用韞學士奉詔歸省序》：『萬曆癸巳秋，馮君用韞晋宫詹學士，視翰篆，浸浸向用矣。會其尊人仰芹先生以河南大參入賀萬壽還，移疾乞致仕。用韞聞之，即具疏請歸省視。天子嘉其意，予五月休沐，加賜金幣，俾乘傳以歸。』

〔七〕藉：《淡然》本作『籍』。

〔八〕虜：《淡然》本作『敵』，下同。

〔九〕私役：《淡然》本作『役使』。

〔一〇〕稱：《淡然》本作『過稱』。

〔一一〕聞：《淡然》本作『有』。

## 明故河南布政使司右參政、誥封通議大夫、禮部右侍郎兼翰林院侍讀學士仰芹馮公傳

公諱子履，字禮甫，别號仰芹，青之臨朐人。國初，徙實遼左。祖憲副閭山公裕還居郡城，有五丈夫子，能文詞，博雅，擢科第，有名。仲芹泉公惟重，嘉靖戊戌進士，爲行人，使於楚，道卒。配

蔣安人，生公京邸，則芹泉公旅櫬東矣。訃至京，安人携公歸，家徒四壁立。公幼而聰慧。稍長，日誦萬餘言，文援筆立就，未嘗屬草。十三補郡諸生，十八受廩餼。又十年丁卯，中鄉試。戊辰，聯舉進士。遽念曰：『吾母蔣劬勞教育，居不蔽風雨，食不給饘粥，所爲矢志節良苦，莫以聞。』乃自上書言狀，天子詔表其閭。是秋，授令固安。性敏斷，事迎刃解。庭無留訟，曲直皆得其平。凡大獄，必委訊焉。修學葺城，百廢具舉。喜與士大夫接，亦亡敢干以私。政暇課士，所賞識多爲聞人。藉少年爲兵，教習騎射，使捕盜，輒得主名誅之，盜無近固安者。

辛未，擢兵部車駕司主事，歷職方司員外郎。甲戌，升山西僉事，治大同。歲祲，發倉粟，又預給軍月廩，商賈粟至，昂直招之，得不饑。邊給軍餉，大司農頒新法馬重，吏匿而用舊者，郎中弗知，軍士甲而噪於門，曰：『必殺克餉者矣。』公聞，至而叱曰：『吏奸法，第爲若治之耳。』乃以法繩吏，追新法馬用給軍。軍遂不嘩。郎中長跪謝曰：『微公，不死亂卒，亦死法爾。』時虜初受款，約束未定，虜王幕直大同市得勝口，公戒邊吏給虜衣幣務擇善者，索逾額則禁勿予。虜憚，不敢桀黠。虜把漢那吉請與公之士角射，以衣馬賭。公曰：『吾與若射耳。』虜矢重不能遠，令士移的百步外，公連發命中，盡輸虜衣馬，則又令移的稍近，輒虜獨射，乃盡還衣馬。始嗫指愧，已復色喜而去。

乙亥，升參議，丙子，升副使，皆以籌邊勞。丁丑，都給事中陳三謨，政府嬖也，與公有郤，誣奏公前爲僉事宜罷狀，銓部弗是，議平調。有旨削一級。衆論爲不平，公曰：『吾母老，固願歸養。』

即解組歸。蓋是時蔣安人病失明，公之子宗伯已登第爲史官矣。公歸，日視太安人食飲，候起居，歡然母子間，意甚得。間邀昆弟故人置醉高會〔一〕，盡醉乃罷。壬午，蔣安人即世，公居喪，哀毀逾禮。

服闋，會虜入西寧，詔舉邊材，臺省交薦公，姻友皆强其行。起知和州，至則平傜役，抑豪强。歲大水，請蠲賦賑恤諸，不以遷謫厭怠。丙戌，擢山西僉事〔二〕，治秦州，值大旱，拊循流移還業，飭吏治，修武備，百度肅然。有盗數百人，嘯聚關山，公檄諭而隨以兵，盗即解散。

戊子，遷山西參議，既去，秦人尸祝焉。己丑，遷河南副使，治大梁，尋改易州。易重鎮，自虜款塞，罷乘障，兵不滿千人，且半它役，而裁廩食以佐公帑、奉過客。公至，請復馬步兵，簡老弱，募驍健，日訓練之。及邊事告急，天子使使閱邊，易州兵獨振。

辛卯，彗星見，民間訛言易水有王者氣，官兵來誅。民空城郭反走。郎中項君馳詣公。公笑曰：『第坐飲酒。』與項君不闔扉而飲，徐遣吏曉諭：勿恐，爲訛言者項且治之。乃定。束鹿有妖徒惑衆，聚聽至千餘人，吏索賄不得，紿令，白兩臺以兵誅之。公曰：『何至是！』乃爲一檄，一逮造妖者即訊，一諭餘衆歸農。遂息。奸民上言易州諸山有礦金，下兩臺議，以問公，公曰：『不可。礦利微，官開且釀害，密邇九陵，傷地脉誰敢任之？』兩臺以聞，乃已。

癸巳，遷河南參政，甫任，入賀萬壽。宗伯方爲宫詹，在講筵，公輒浩然有歸志。所知謂公年方逾艾，何遽請老爲？公曰：『造物忌太盛。奈何父子同時穹顯。』遂稱病乞休。宗伯因請扶侍。天子賜道里費，馳驛歸。宗伯侍宴樂，公日召客對奕酣飲，相與道故舊，爾汝諧笑。無何，詔宗伯入，宗伯疏辭，不允，之京。越二歲，公以病聞，宗伯連章請急，上惻然及公之生，予宗伯學士封，宗伯并日飛傳抵舍，公持其手泣曰：『兒毋忘上恩。』三日而瞑。訃聞，上又命守臣諭祭，司空營葬事，當世榮之。

公爲人豪邁夷曠，機神敏妙。與人處，儻宕無城府，然尺寸未嘗有失。崖岸矜詡者調笑狎之。樸誠不欺，乃見愛重。過必面語，語已如初。以是咸敬畏之，無怨者。爲諸生，試臨淄，大雪夜行，侯生墜坎中而僵，公止，親掖出之，乘以己騎，扶而歸，生得無殆。長安周媪挾故侯珠售，醉而忘其櫝，求弗得，欲死。公得而召與之，媪感泣籲謝。鄉邑饑，出粟捐價〔三〕，多所全活。助給宗黨姻友，衣食婚喪，頻數不厭。大同卒踣良馬，秦州吏碎玉絲環，皆寬貸之。至約束舍人，絶不令鮮衣冠橫里中。

議論持大體，無所曲徇。居塞上久，諳邊事，寬假諸將，不拘以小文。雲中郭將軍琥廉、保定楊將軍紹勛勇，皆爲當事所抑，公力調護之。郭卒善其任。楊後移鎮遼左，謂之曰：『以將軍才，不難當虜，然剛而好察，難爲下矣。慎戒之！』楊竟以繩下敗，中它法死，恨不用其言。

居官不受私，里居十餘年，未嘗干請。與鄉曲最下者均茵席，踧踧退讓。孝友子諒，内行篤修，有仁人長者風概焉。

配宋氏，芹泉公同年宋一川公女，來哭芹泉公喪，即許聘，累封淑人。子二：長宗伯琦，次茂才坷。公生嘉靖己亥閏七月十八日，没萬曆丙申八月十八日，享年五十有八。

史節曰：治邊與治民异，欲驅將吏賈勇死敵，詎繩尺步趨莊臨之哉？折節改容，噢咰之，既操之旋，乃縱之以能得其心，故不難蹈湯火也。在堂皇如威神，爲尊嚴拘拘介特可矣。公即爲州縣，交游不得關説，部司不能撓撼。神定機運，可不謂才乎？綰疆事，從容指顧，懾狂虜，銷亂萌。其以結士，倜儻慨慷，推心置腹，罔不效命，保大戾遠易也。急欲引退，未竟功業，亦不究其天年，真以俟後人哉？

賜進士及第嘉議大夫、禮部右侍郎兼翰林院侍讀學士、掌院事、纂修正史副總裁、經筵講官、年家子衡郡曾朝節頓首撰〔四〕。

【校注】

〔一〕醉：當爲『酒』。

〔二〕山西：當爲『陝西』之訛。萬曆十四年丙戌，馮子履擢陝西僉事。《神宗實録》卷一七八『萬曆十四年九月』：『甲辰，升……兵備臨安等處直隸和州知州馮子履爲陝西僉事。』

〔三〕捐：原本作『損』，訛。

〔四〕曾朝節（一五三五—一六〇四）：字直卿，號植齋，湖廣臨武人。萬曆五年（一五七七）探花，授編修。累遷至禮部侍郎，兼經筵講官。再擢禮部尚書，充東宫侍講。著有《紫園草》《南岳紀略》《臆言》《易測》等。

## 明河南布政使司右參政、誥封通議大夫、禮部右侍郎兼翰林院侍讀學士

### 仰芹馮先生傳

先生諱子履，字禮甫，別號仰芹先生。上世青之臨朐人。國初，徙實遼左。祖貴州按察副使閭山公裕，舉室南遷，居郡城。生五丈夫子，俱以文詞雄海岱間，集行於世，俱科第顯。而嘉靖戊戌進士官大行芹泉公惟重，仲也。大行公奉使使楚，道卒於楚。蔣安人舉先生京師舍中，方百日而稱孤。

先生家世清白吏，安人抱是孤也以歸，家徒四壁。惟是先生生而穎慧，异群兒。稍長，日誦萬餘言。爲文援筆就，不屬草。年十三，補郡諸生，即著諸生中。未冠既受廩。隆慶丁卯計偕，對公車。戊辰成進士，上書言母氏矢節食貧狀。天子爲之感動，詔表其閭。

是歲，除固安令。固安當畿輔大邑，多重事，近貴事，即不易决，即稍遲，請寄至。先生剖决如神，諸大獄來移立就去。日坐堂上，移晷，案牘蕭然，莫敢以私請。常以暇治城池，治學宫，延見士大夫，時藝課諸生。蓋其性體無滯，而才力厚也。邑故多盗，先生曰：『是原在無兵。』藉良家子爲牙兵[一]，親校其騎射，得主名三百人，伏誅。諸游劫由是盡遁去。而先生文武威名已藉藉公卿間。

辛未，擢兵部車駕司主事，歷職方員外郎。甲戌，擢山西按察司僉事，治大同。歲祲，時賑發預調，給厚招商以粟，至得不饑。貢市之議，自大同始，諸賢王當户故分布市，獨虜王幕直大同塞市，曰得勝口。先生主之，虜初款，約束未立定，稍稍示裁抑，或失歡虜心，或更心思虜，少俯從之，故易我。先生善操縱，立威信，所予虜繒絮必中量，禁邊將吏毋給虜。虜要求逾額亦禁勿予。虜酋把漢那吉自伐其騎射，持湩酪來摸拜[二]，願與之士決賭。公馮軾觀之，度虜亡狀，以乃公文吏也，乃下令樹侯百步外，自起射，與虜矢相屬於的，盡輸其衣馬。虜嗞指面赤，則稍移前，使虜自射，一矢一與，盡予衣馬。虜復大喜，叩頭去。虜矢重不利遠，驕而折之，其迫也而柔之，毋生耻心。自是諸部畏服，無敢横。

越明年乙亥，升参議。又明年丙子，升副使，皆用邊勞云。先生是時威名大振塞上，人思得先生旦夕領專制，而會丁丑大計吏，爲權幸所誣，當削一級。遂乞免，歸侍蔣太安人。太安人年七十有五，而師少宰已登第，官詞林，先生以『吾百晬之身賴母氏而有此，母年老又失明，既不敢奉以出，乃敢辭以自出？雖使歲九遷何益？吾計决矣』。朝論先生誣，又難先生才，欲奪之，不可。歸侍太安人食飲起居，問無恙。而間則邀兄弟故人置酒高會，對奕歡呼，以醉爲節。於是長林豐草，徜徉將終焉。

壬午，居太安人喪。虜入西寧塞，詔舉异材任邊者，臺省首先生。乙酉，以服闋，起知和州。先生故素貴，又用詔起，顧不以遷吏厭忽州事，一如其治固安者。豪某殺人，先生按之急，則故以他細事告，法司檄召之，訊而幸脱。已而部即果檄豪，謂先生：『州吏欲抗法司乎？』先生曰：『州吏不得抗法司，乃得抗法耶？』卒自論豪如法。和州大治。

丙戌，擢陝西僉事，治秦中。歲大旱，飭吏治，修武備，拊循百姓，流移皆復其居。盜數百嘯聚山谷間，勢甚張，先生曰：『制盜與制敵异。夫善制盜者下使盜爲敵。』〔三〕第馳檄往諭之，而以兵出不意，從盜望風解。戊子，遷山西參議，秦人尸祝焉。己丑，遷河南副使，治大梁。亡何，改知易州。易當京師右輔，稱雄鎮，故設重兵以守。自虜款市罷塞，卒數百人徒投於官，歲時不復訓練，而以犒士金錢佐公幣，稱過客。先生至，則曰：『縣官市虜而撤自衛，非策。夫戎德，何厭之有？即虜朝市而夕寒盟，兵使者顧不慮耶？』於是請復馬步兵千餘人，悉簡老弱，罷歸農，募驍健，爲治盾矛掤矢，而日討之，軍大振。會邊事告急，天子使使者視師，易冠諸軍。方礦事未起也，易奸民首言礦利可采，上下其疏，撫臣議以問先生。先生不可，曰：『礦之爲利，民利也。官采之必多費，利不償。即利矣，害必多，利亦不償，且九陵而實近，焉得無傷地脉哉！』事遂已。癸巳，遷河南參政去。去易三年而礦議繁興，西輔先之，由是觀之，先生數語，乃爲易人請三年命矣。

甫至河南，以入賀來京師，則師少宰增秩宫詹〔四〕，奉講筵，貴矣，浩然動歸興，遂堅不可奪，必得報，而師亦以省覲請行。上擾啓沃功，賜驛，予道里費，父子相繼出都門，里人榮之。既抵舍，師日侍，邀宗族故人申舊約，飲樂如往時。有詔趣師入，三疏辭，不許。師入居二年，弟貞静公卒。先生素友愛諸昆，貞静公謝孝廉不仕，篤行質，有古誼，最相歡。哭之慟，歸而病。病且革，尚與故友唐、劉輩調笑如平時。師及弟茂才跪請遺，曰：『汝兄弟猶一人耳，兄善教，弟善聽兄教。』謂茂才曰：『能讀書即吾兒，不則自弃也。鑒戒得失，在目前耳。』無他語而神恬然，亦無悲惋倉卒態，從容以没瞑。

方先生病聞，師典少宗伯，浹日連章請急，天子許之，特予父母三品誥命，如其官。師得請奉策書，五日夜馳至，加紱於床，持手泣曰：『必報恩，有死無二。』三日而卒。訃聞，天子命守臣臨祭、司空營葬事。蓋三歲中師蒙上恩，三予假、再歸省，及先生存而受制詞，殁而給全葬，如卿臣法。師於君臣父子之間，异數也。

先生性高爽敏捷，遇事不經思，指顧解，然纖悉必中。有他人再三計不能得者，先生卒語得之，已而皆符其言。雖卒然當大非常，人倉皇莫措，特以談笑定之。與人處，懷抱必傾，然不能非禮曲徇人。人來開心歸誠，即不當必喜；其囁嚅深藏，必以爲欺慢然，心厭薄之。或至面言相正，然已復待如初。大抵多慈愛，好行其德。嘗諸生雪夜行，遇侯生失道僵凍，人皆自救不及，先生獨出生坎中，而以其乘生歸〔五〕，得無死。周媪遺故侯珠，千金，欲自殺，得而趨召與之。宗族戚黨有緩急，捐日用佐焉，雖屢索予不厭。亦不以瑕疵人。乙未歲饑，盡出藏粟，活貧民。曰：『吾不能使道路不飢，然不能使廩有餘？』蓋人無不誦德先生者。嘗聞先生在大同，大同舍人蹐所愛千里馬，請囚，笑而遺之。在秦州，吏碎玉環，不問。乃知先生又非止爲德惠，其氣度汪汪萬頃，卓越古人上矣。

顧多拂直不能容人過，脂韋者流亦每每難苦先生。故嘗自謂：『吾性圓而行方〔六〕，理所不可，賁育不奪。』然而恤士愛人才，不難委曲全之。善雲中郭將軍琥，特取其長，而曰廉將也，所蓋多矣。善中山楊將軍紹勛，特慮其短，深戒之曰：『剛而好察，人將不堪汝。』楊果以剛敗，而悔不用馮公。先後起家，俱得塞上，勞於塞。塞人無不習馮公威名，非獨楊一事而已。

吴生曰：先生才略器識，殆天授，僅於塞垣顯其一班，又僅顯其顯者耳，其微者固未之顯也。乙亥之役，虜震矣，先生談笑數語，玩弄股掌間而虜定。司農吏以法馬挑軍，軍震矣，先生呵殿，部郎治具飲而民定。向令譸張豪舉，亂而後取之，功孰大焉？而先生默坐消其變，天下不知功先生，先生亦不言功。以非罪被中，天下莫不屈先生，先生亦不以爲恚。再起再乞，自去就若行雲，胸次闊略，睥睨一世人。至居官守，尺寸不逾。自爲令至大吏，凡簿書期會，必躬至。在家不問生業，嘗謂不佞曰：『吾雖家世通籍，先人所遺無長物。吾少也初授廩餼，貧無以稱贄，盡脱簪珥以益，則牛衣相對泣。』常念是也不忘，故不欲厚積遺累先人名，而嘗自謂：『無財不欲爲居積，無才不欲居膴職，無德不欲煩有司。』敬禮若先生者，其超於世味之外，坦然於寵辱得失之途，而特托於酒以游者也。其淵乎似道乎？以彼其才云然，猶皮相先生耳。

先生生於嘉靖己亥閏七月十八日，卒於萬曆丙申八月十八日。配宋氏，大行公同年友宋公河南女，來哭大行喪，即許聘，累封淑人。子男二：長師少宰也，丁丑進士，累官禮部右侍郎兼翰林院侍讀學士，晋吏部右侍郎，兼學士如故。或曰：先生舉師而夢韓魏公，因以名焉。嘗以問先生，先生曰否。次茂才珂。他備狀志中，不論次。

黄安吴化撰〔七〕。

【校注】

〔一〕藉：當爲『籍』。

〔二〕摸拜：當爲『膜拜』之訛。

〔三〕下：當爲『不』之誤。

〔四〕師：指馮琦。馮琦於萬曆十六年主湖廣鄉試，取吴化爲解元。公鼎《琢菴馮公行狀》：『戊子，主考湖廣，得俊獨多。試士數千卷，翻校無所遺。拔落卷吴君化首，解額果全楚名士。』

〔五〕而以其乘生歸：『其』後當脱『騎』字，于慎行《仰芹馮公墓志銘》：『嘗赴臨淄試，夜歸，大雪，有侯生者隊而僵於谷，衆弗顧也，公止，親掖出之，乘以己騎。』當據補。

〔六〕性圓而行方：當作『行圓而性方』，可參于慎行《仰芹馮公墓志銘》。

〔七〕吴化：字敦之，號曲蘿，黄安人。萬曆十六年湖廣鄉試解元，萬曆二十三年進士，授鎮江推官，數斷疑獄，出人意表。累官禮部主事。卒年七十二，有集若干卷。

## 顯考河南布政使司右參政、誥封通議大夫、禮部右侍郎兼翰林院侍讀學士府君行略

不孝以八月初聞府君病，上章請急，主上惻然念之，予假以歸。已，復推講幄恩，予父母誥命，蓋特典也〔一〕。不孝既拜命，乘驛騎，以五日至子舍，省府君於病榻前。府君持不孝而泣：『初不意病至此，至此又不意尚見汝。』不孝俯而泣，仰而致天子命。府君爲破顔，尚自幸也。猶及生而受之，已復感泣，手額謝曰：『必報國，有死無二。』不孝事府君病，肌膚如削，跪而循其脉，脉尚治。府君素不服藥，手藥以進，猶强爲不孝飲之。更三日而弃不孝孤也。傷哉！

不孝親壯而出，病而歸，今無論壯時，即欲一見病狀可得乎？不孝積罪逆通於天，胡不於其身，而以殃我府君？即使大命不敢請，被天子寵命，更優游一二年，復不然，而淹頓床蓐，不孝侍湯藥數月，於人子之心猶慰也。傷哉天乎，何至是乎？

府君諱子履，字禮甫，别號仰芹。嘉靖中，我大父芹泉翁以大行使於湖湘，及廬州，疽發於背。深惟王人出使，以尸將事之誼，行不旋踵，以及於卒。是時我大母蔣太安人生府君於京邸百晬矣，而大父不知也。訃至京邸，大母痛幾死，不死，徒以有府君。日抱府君而泣曰：『何時得汝成立，爲汝父以麦飯澆坯土乎？』一川宋公與大父同年〔二〕，來吊喪，哭失聲，就几前許以女歸府君。益都令梅林胡公聞而高之〔三〕，實代行聘定禮。

府君稍長，穎敏絶倫，日誦萬餘言，爲文不屬草，晷刻立就。從姊丈岱宇石公受學焉〔四〕。年十三，爲郡諸生。又二年，我母宋淑人來歸。是時家貧甚，居不蔽風雨，食不給饘粥。我大母與一婢一僕耕桑自給，而旦暮課府君讀書。府君少飲醉而夜歸，晨省大母，大母卧不起，府君亦跪不起。兩姊皆跪於榻下〔五〕，府君頓首謝後不敢，大母乃起。府君以是感厲，下帷發憤，每試高等。年十八，受廩餼於學宫。明年，不孝琦生。又十年丁卯，舉於鄉。戊辰成進士。詣闕下上書，言母守節狀，天子下詔表其閭。是歲秋，授固安令。

府君見事敏，持法斷，坐堂皇上〔六〕，神采映發，事至，迎刃立解。居常謂：『大事不厭詳，小事不厭速，使百姓坐淹禁守，官寺缺農桑之務，非政理也；且邑近輦轂，稍遲即請寄至矣。』故其爲政，案無留牘，庭無留訟，曲直皆得其平。鄰境有大獄，上官皆以移府君取衷焉。禮重士大夫，士大夫亡敢干以私者。政暇則課諸生，凡所賞識，未嘗不爲聞人。城圮，修城，學宫圮，修學宫，居期年，百廢舉矣。邑苦多盗，府君藉少年爲牙兵，親校其騎射，以捕盗，得三百人，皆就誅，盗無敢近固安界者。

辛未，擢兵部車駕司主事，歷職方司員外郎。甲戌，擢山西按察司僉事，治大同。甫至大同，歲旱，野無青草，已而霖雨七旬，斗米數百錢。府君拮据荒政，如拯焚溺。發倉粟食餓人，預給軍士月廩，商賈以粟至者厚償其直。軍民乃安。大同給軍餉皆如大司農，新法馬重於舊時，郎中賈公朴茂人也〔七〕，吏隱新法馬於承塵上，以舊者給賈公。一軍盡甲，擁其門而譟，曰：『是克軍餉，必殺之。』府君呵殿而至，叱之曰：『若曹訩訩爲亂乎？吏隱法馬爲奸利，乃翁爲若笞之耳。』軍士乃帖服不復譁。賈公長跪叩首曰：『微公，我不死亂卒，則死法耳。』貢市之議，自大同始，諸賢王當户分市於各鎮，虜王駐大同塞，主虜王市者曰得勝口，則府君實任之。時虜初款，約束未定，諸操縱經畫，府君謀居多。於虜市衣幣不如法，責邊吏更擇善者予虜。虜索逾額，禁邊吏勿予。虜亦不敢桀。

初，款塞者由把漢那吉，那吉來就市，既摸拜〔八〕，持湩酪飲府君，自伐其騎射，曰：『願與公之士射，公憑軾觀之。』府君曰：『吾與汝射。』虜矢大不利遠，府君密移其的百步外，射，命中，虜盡輸其衣馬，嗌指面赤。乃移稍前，令虜獨射之，一矢予一馬，盡予衣馬，虜復大喜。乙亥秋，虜幾變矣，府君以數語懾之而定邊，人服其威略。是年，升參議，丙子，升副使，皆以籌邊勞也。

都給事中陳君三謨，故與府君有郄，誣詆府君，以前僉事署誣狀奏之，部議於法當平調。陳復言於政府，調旨削一階。於是府君解組以歸。當是時，太安人年七十五矣，不孝琦始登第，官詞林。所知或謂府君年方壯，不宜遽自弃，且以公之才也，陳君言當不當也朝論定矣。府君謝曰：『履以百晬之孤，賴母氏而活，四十年來未嘗一日離母氏。母居與居，母出與出，今母年且老，又失明，既不敢奉以之官，又不敢辭親以出。即使歲九遷，都貴顯，終不以彼易此。而况左徙之臣乎？』府君既決策不出，每晨起，問太安人無恙，則邀宗族兄弟及故所善客，高會小樓上，左持螯，右持杯，握槊對奕，歡呼劇飲，以醉爲節。或間至别墅，乘小駟，委蛇緑陰中，不知而望者以爲仙至。暮歸舍，問太安人無恙而後寢。己卯，子珂生。壬午冬十月，太安人卒，府君哀毁逾禮。

明年春，葬太安人。會虜入西寧塞，朝廷命廷臣舉异才可當一面者，臺省以府君應詔。乙酉，服闋，起知和州。府君既素貴，又以薦起，人皆謂：『公旦夕當遷，毋庸自折節爲也。』府君曰：『爲刺史，即刺史耳。即有後命，我不敢知。』初至審徭役，三日而竣。差次貧富，甲乙錙銖無爽者。歲大水，民巢樹杪以居。府君聞於上官，蠲其賦而請帑金賑恤之。士争詣公府。受賑高生者，甚貧，獨不來。府君以爲賢有行，試其文，又最優，給官田以旌之。生無婦，爲娶婦。生以此知名里中。豪某殺人，前刺史不敢問〔九〕，府君方按之，則以他細事告法司。法司檄召之，外吏不敢勿予，則重罪可且勿問，以此藉爲解脱。府君持不發，而按其罪益急。部郎某恚甚，使人謂府君：『州吏欲與法司抗乎？』府君曰：『令甲隔江不得勾攝，矧捨其大而問其細，謂三尺何？州吏寧逆法司，不敢逆法。』部郎氣懾，卒論里中豪如法。

丙戌，擢陜西僉事，治秦州。歲大旱，府君禱雨，雨立應。飭吏治，修武備，拊循百姓，流移皆復其居。盗數百人聚關山，勢張甚，府君檄諭之，以兵隨其後，盗望風解散。戊子，遷山西參議，去而秦人尸祝之。

己丑，遷河南副使。治大梁。亡何，改治易州。易州當京師右輔，西控紫荆，稱雄鎮。故事，使者防秋，則率騎士屯浮屠峪，以扼虜衝，故設兵特重。自虜款塞，罷乘障吏卒，獨守城兵數百役於官，已復令踐更而徵其半廩，歲時不復訓練，以犒士金錢佐公費，稱過使客。府君至，即復馬步兵千餘人，不能操弧矢者罷農，更募善騎射補之。指揮易置，士争慷慨自奮。及邊事告急，天子使使者視師，而府君一軍爲之冠。

故事，近塞諸山禁不得伐，樹木以障虜，而工部分司給内府薪炭取材於山〔一〇〕，材盡，勢不能不深入，民必執之，曰：『是闌入禁山。』於是民與商日相持而争，部郎、監司亦積不相能。府君與嘉興項公相與約〔一一〕，曰：『事王事也，曲直在民，輕重在法，如權衡然。兩無所畸重則兩無怨，而事兩相濟。』部郎與監司交歡自此始。

辛卯，彗星見，民訛言易州淶水間有王者氣，精祲見於天，天子舉兵行誅。會一偏將將其軍過易水，市人相驚曰：『監斬至矣。』則反而走，市大擾，空城郭，匿山谷間。項公聞故，坐帷車詣府君，回視從官已半逸矣。項公曰：『事將奈何？』府君曰：『民方恫疑，急招之，走益急益遠。』命庖人具晨餐，不闔扉而飲酒，使人徐謂曰：『此訛言，勿恐也。』士民且疑且信，覘府君不闔扉而飲酒，轉相告語，皆來歸。府君捕倡言者置之法，民始定。束鹿道士用左道爲妖妄言〔一二〕，百姓從之聽法者千餘人，起祠宇。吏從索金錢，靳弗予，則告令曰：『是白蓮教謀不軌，部署定矣，將以某日起。』令怖，急走詣都御史，御史請兵剿之。府君曰：『是一亭長力耳。』爲兩檄，合而封之，使者至縣而發。其一執道士及吏即訊，其一諭愚民散遣之。其黨伏不敢動。道士就執，以妖言誅，令以輕妄署下考，罷之。奸民上章言易州山有礦利，采之可富國。天子下其疏〔一三〕，撫按議之，都御史宋公、御史徐公以問府君〔一四〕，府君議曰：『自古未聞開礦富國者。小民盗竊錙銖足活旦夕，且若朝廷開之，必設官，必設官署，必設兵爲衛，則利不償費也。且當天下困窮易動，而聚民往往爲亂始。聚則不可散，散之將復聚，是教愚民弃耕桑爲盗賊，於策不便。自秦人塹山堙谷，不能無傷地脉。况聚千餘人發鑿山壠，九陵在近，誰敢任之？』宋公、徐公如府君議聞於朝，事乃得暫已。府君去三年而礦議復興，西輔首困矣。

癸巳，遷河南參政。甫之任，以賀萬壽如京師。是時不孝琦增秩至少詹事，父子相見邸中。府君浩然有歸志，所知謂府君年方逾艾，奈何遽請老以去。即吾友余世用亦爲文止之〔一五〕，謂『與其以去爲名，不如不去以立功報國家』。府君謂不孝曰：『自吾入官，未見父子宦於朝而同時三四品者，吾何德以堪之？滿易傾，全易缺，吾且歸乎！能報國家在汝，不能報亦在汝。』於是上疏稱病，乞身以歸。不孝亦以省覲行。上優禮講僚，給驛，予道里費，父子相繼出都門，都人里人以爲榮。

既抵舍，府君日飲酒，與客對奕，大略如數年前時。居常謂不孝曰：『吾爲諸生至困，然未嘗諂人、干求人。及守官歷中外，倦游而歸，鄉曲最下者吾皆與均禮，未嘗敢侮人驕人。』鄉人或以事請居間，輒謝曰：『居官而人以私來言者，甚厭之。今以干人，人誰不然。且已受賕而使人枉法，則不如其自爲之也。』先後居家十三年，未嘗以事干有司。上官至郡城者，未嘗不重府君，待之有加禮。不孝日侍左右，顧不孝而喜〔一六〕。或時不自得也，不孝跽而問故，則曰：『向固謂報國家者在汝，汝久居里中，吾意不欲耳。』不孝病，不任行，三疏請於朝，上不許，不孝乃復至京師。

乙未，遷今官。

丙申，余叔本軒公卒於冶水〔一七〕。本軒公行誼如古人，病甚，以二孤托府君〔一八〕。兄弟相持而泣，邀之郡城，日供薪水，視醫藥，曰：『即不諱，寧於正寢耳。』久之，本軒公欲行，留之不得。居數日，本軒公卒。府君哭之慟，顧四野茫茫，殯宫寂然，感慨傷懷，歸而卧病。病中忽忽自語：『安有行誼如是而令野死，生者謂何？』不孝聞府君病，馳歸，挾醫與俱來，而病已不可爲矣。傷哉！

病且革，尚與故友唐君、劉君調笑如平時〔一九〕。已而目上視，汗沾衣。不孝泣請曰：『父病如此，寧無一言遺我兄弟？』府君曰：『汝兄弟猶一人耳。兄善教弟，弟善聽兄教。』目珂曰：『汝能讀書即我兒，不讀書則自弃也。鑒戒得失，在目前耳。』我母宋淑人泣曰：『病勢急矣，猶可爲我母子少留至於旦乎？』府君笑曰：『此在司命，不在我。』侍者請易衣，曰：『閉門，勿使擾也。』遂不復言，神恬意定，亦無悲惋，亦無恐怖，如將有信宿之行者。即結纓易簀，未有以异也。傷哉！

時丙申八月十八日酉時也。距其生己亥七月十八日，凡得年五十有八。訃聞於朝，天子命守臣諭祭，司空營葬事，如卿臣法。

府君性高亮明爽，與人處，懷抱傾竭，人來語者推心歸誠，即未必當，必喜；其囁嚅不書，不喜也。或質以事，隨響立應。剖析利害，人數千語不瞭者，數語决之。事已而質之，皆符其言。處僚采，和易無城府，然亦無一事曲徇人。自解組歸，與故友杯酒笑談，窮日竟夕，歡甚無間言。及公府事，嘿而不應。常曰：『吾行圓而性方，理所不可，意所不欲，賁育不能奪也。』宗族兄弟間解衣推食，藹藹如同胞。諸兄弟有緩急，未嘗不輟日用佐之。稍不當，盡言相正，言竟，即復如初。居官視事，剖決如流。文移遲一日，吏必得杖；銖兩之奸，必致行法焉。左右凜凜，重足立庭，寂若無人。然詿誤觸犯，自謂必重譴，顧獨寬貸無所問〔二〇〕。嘗得善馬，日數百里，絶愛之，有舍人飲於河，遇市虜與争馳，半道死，舍人頓首伏階請罪，府君笑而貸之。有玉環，吏觸碎之。府君曰：『汝寧有心碎之耶？汝無罪。』以故群下雖畏府君法，然亦願事之，爲盡力，雖嚴不怨也。

居常謂朝廷以邊事任大將，寄屬甚重，而文吏操文法議論繩之，喘息皆仰文吏，而有事獨以大將當之，非命官意也。在雲中，郭將軍琥老而愼，當事欲處之，府君曰：『是夫也廉，廉，將德也，所蓋多矣。』郭卒善其任。而繼郭者以墨敗，雲中乃愈思郭將軍，而服府君能知人也。在中山，知楊將軍紹勛，紹勛勇敢，積戰功至大將，而巡關使者急持之，府君爲之解甚力。楊移鎮遼左〔二一〕，以策咨府君。府君曰：『以公之才，不難制虜，而難馭下，願少慎之。』楊竟以剛察失士心敗，且死，乃悔不用馮公言。

生平輕財利，喜施予，振人之急，不憚危險。爲諸生時，督學試於臨淄，歸而值夜大雪，諸生多失道，侯生陷坎中，凍且僵，大呼，無反顧者。府君跨一衛，扶而起，以衛與之，自扶以行。抵郡城，天已曙矣，侯生得無死。居京邸，周媪者持故侯家珠求易，醉而遺其櫝，府君視之，珠也，直可數百金。明日，遇媪於途，挾白刃呼天欲自刺死，召至舍還之。媪叩頭謝：『老婦無以報，但焚香祝天，報公子孫耳。』自戊辰服官，及於謝政，始終一節，家無餘資。嘗謂不孝曰：『吾歷官，法外無所取，素不喜結納貴人；法外亦無所予，俸入以佐酒，營薄田數區，不欲橐中有贏金。子孫而賢，吾以佐其廉；不賢，吾無以益其過耳。』琦與珂至不肖，奉府君庭訓，不至顛隕。居官教以官，爲諸生教以士。琦每從京邸接家教，報必勉以修職業、報朝廷厚恩。一歲之中，數致意焉。今歲夏，府君已病，猶手書問，不孝跽而發書，不知汗之沾背也。嗟乎，今復欲聞府君一言、見府君一書，可得乎？

明主之恩，不可勝量。府君啓手足，不孝僅及見之；上之賜命，府君僅及聞之。向使疏入留三日不報，不孝抱終天之恨死矣。嗚呼！藉主恩報親，反不能代親報主，不忠不孝，不如無生！此所爲仰天椎胸、泣盡而繼以血者也。今日自度無一事可致於親、可解於心者，惟仁人君子憐而賜之銘。府君雖死也，猶不死也。謹稽顙以請。

賜進士第、亞中大夫、光禄寺卿李用敬填諱〔三〕，孤子琦泣血書。

## 【校注】

〔一〕馮琦於萬曆二十四年八月十二日上疏，《宗伯集》卷二四《爲恭謝天恩比例陳款懇乞聖慈俯賜矜允以伸子情事》：『臣以憂親成病，再疏乞歸，奉聖旨：「馮琦情詞懇切，准暫給假回籍，着馳驛去。伊係日講官，還賞路費銀二十兩、紵絲一表裏。吏部知道。欽此。」臣不勝激衷，不勝感泣……臣較量才品，何敢比擬前人？皇上優禮儒臣，實則紹隆聖祖，况臣父疾病日迫，臣愚憂懼日深，既不敢自必尚有報主之身，又不敢必親尚有承恩之日，是以冒昧陳款，仰瀆宸嚴憐臣至情，查顧鼎臣、謝丕事例，預給與臣父母誥命。臣父當危而拜命，或可因喜以獲安，倘臣父延一日之生，即微臣安惜百身之報，臣不勝感激仰望之至。萬曆二十四年八月十二日，奉聖旨：「知道了。」馮琦日講效勞，准照例給與父母誥命。吏部知道。」』同卷《爲辭朝事》：『伏念臣遭逢明聖，激沐恩私，方緣親身兩病而乞歸，乃體臣子至情而予假……恩禮若此，報稱謂何？返哺如烏，情少伸於愛日；往來似雁，意常在於隨陽。臣無任戰兢惶悚之至。萬曆二十四年八月十二日，奉聖旨：「知道了。」』

〔二〕一川宋公：即宋延年，馮琦外祖父，嘉靖十六年（一五三七）舉人，累至南京禮部司務。馮琦大父即馮惟重，嘉靖十三年舉人，十七年成進士，并未與宋延年同年，此處爲馮琦誤記。『臨朐四馮』中，馮惟敏與宋延年同科中舉，爲同年。

〔三〕梅林胡公：即胡宗憲（一五一二—一五六五），字汝貞，號梅林，績溪人。嘉靖十七年進士，授益都令，轉餘姚，擢御史，巡按宣大，轉浙江巡按，因剿倭功，升兵部右侍郎、閩浙總督，累官至兵部尚書。嚴嵩敗，因黨附下獄死。宗憲尚智謀，多奇計，爲一代抗倭名將。宗憲與『四馮』之馮惟重、惟訥爲進士同年，也與惟健、惟敏交厚。惟健有《五歌贈胡益都梅林》，惟敏有《賀梅林胡先生兩薦叙》和《胡母挽册後序》。

〔四〕岱宇石公：即石繼芳，娶馮子履長姊。

〔五〕兩姊：子履兩姊，均嫁益都石氏，長嫁石繼芳，次嫁石茂元。

〔六〕按，『皇』字衍。

〔七〕郎中賈公：當即賈實，生平不詳，河南祥符人。萬曆初年任户部督餉司郎中。覺羅石麟等《山西通志》卷七九《職官》：『賈實，舉人，萬曆時任户部督餉郎中。河南祥符人。』

〔八〕摸拜：當爲『膜拜』之訛。

〔九〕『前』字後，原本有『史』字，爲衍字，删除。

〔一〇〕『山』字前，原本有『材』字，爲衍字，删除。

〔一一〕嘉興項公：即項德楨，字庭堅，號玄池，嘉興秀水人，故稱。時任工部主事，而馮子履以山西按察司副使備兵易州。

〔一二〕『用』字後，原本有『左』字，爲衍字，删除。

〔一三〕『天』字後，原本有『下』字，爲衍字，删除。

〔一四〕都御史宋公：即宋仕，萬曆十六年至十九年以僉都御史巡撫保定。御史徐公：查覺羅石麟《山西通志》卷七九《職官》，萬曆年間任御史的徐姓官員有徐鳴鶴、徐申。『徐鳴鶴，進士，萬曆時任巡按宣大御史，河南杞縣人。』『徐申，進士，萬曆時任巡按宣大御史，直隸長洲人。』

二者孰是，俟考。

〔一五〕余世用：即余繼登。余繼登作《送馮用韞學士奉詔歸省序》以勸：『夫天下無事，即中材亦可以自效；天下有事，非卓犖之才難與應卒。今饑饉薦臻，羽檄交馳，不可謂無事矣，君家大人既身負其奇，自宜畢智竭力、排難解紛，以樹尺寸，報累葉之寵榮。奈之何當五十有五之年，抱十不一試之略，猥自托於止足之説遽求便安，以自遂其私也！夫世唯需才，而才之用世各有所重。才非大用者，以退爲世重，知進而不知退，則敗名；才可大用者，以進爲世重，知退而不知進，則無功。君家大人果才盡而退乎？抑有才而不盡用，姑以退爲名乎？不挾其才而進以就功，乃挾其才而退以就名，豈以其所重在此，所輕在彼也。……與其退而就榮名、有其名而無其功，孰與進而就禄位，有其名兼有其功也？』

〔一六〕不孝：原作『下孝』，訛。

〔一七〕本軒公：即馮子咸（一五四八—一五九六），字受甫，號望山，又號本軒。惟健次子。萬曆元年舉人，絶意仕進，隱於臨朐冶水之畔，修習理學，爲學以『主静』與『主敬』并重。卒後，友人私謚曰貞静先生。

〔一八〕二孤：指馮子咸二子馮琬、馮琰。馮琬（一五八七—一六四九），字叔堅，諸生。《光緒益都縣圖志》本傳稱其『嗜古篤學，博極群書。所著詩、古文詞，人争傳之。』馮琰（一五八八—一六三五），字叔白，號慎菴，恩貢生。自幼孝悌，天啓初，兩赴會試不第。崇禎六年謁選四川璧山縣令，卒於任。

〔一九〕唐君、劉君：生平俟考。

〔二〇〕問：原作「門」，訛。

〔二一〕「左」字前，原本有「在」字，爲衍字，删除。

〔二二〕李用敬：字仲學，號雲坡，山東益都縣人。嘉靖二十年進士，授壺關知縣，遷工科給事中，轉户科，升兵科都給事中。三十四年，以疏救張經，廷杖落職。隆慶元年，起户科都給事中，升太僕寺少卿，至光禄寺卿。丁母憂歸。年九十卒。

## 明河南右參政贈禮部尚書仰芹馮公暨配封太夫人宋氏合葬墓志銘

賜進士及第、通議大夫、禮部左侍郎兼翰林院侍讀學士署部事紀注起居、

經筵日講官閩人翁正春撰

詞林之有宗伯馮公，文章勛業可空千古，蓋吾黨壇幟云。揆厥自出，則大參仰芹公及太夫人宋實父母之。先是，仰芹公卒，宗伯方貳秩宗，以祭葬請。上念宗伯在講幄久，勤勞素著，得推恩而以卿禮予之。先相國縠峰于公業已志其墓矣〔一〕。太夫人死，後於宗伯凡七年，宗伯之功弟長武令珣嘗爲行述〔二〕，以備紀内德。及營兆，啓大參公玄扃祔焉，任子士杰疏聞於朝。適余典禮官，爲覆議如制。士杰因謂余與宗伯同朝後先兹典，又實假寵以賁及泉壤，敢徼先君子而以王父母之合

葬志銘請。余以先相國與長武君辭可藉也，遂合而銓其次第。

公諱子履，字禮甫，仰芹其別號也。家世臨朐。自臬副誾山公裕始徙居郡城。公父芹泉公惟重，嘉靖戊戌進士，官大行，娶於蔣，封安人，公之母也。當蔣之舉公也僅百日，芹泉公以有事皇華，卒於道。公之父年友一川宋公不忍公幼孤，撫而以女女之。稍長，奇穎，援筆數千言立就。其補諸生與食餼也，年俱未及冠。隆慶丁卯，與計偕，明年戊辰成進士。除固安令，以治行徵爲駕部主政，晋職方郎。尋擢僉憲，備兵雲中。累遷參議、副使，積有邊功。竟中忌者之口。已而言路交薦，起知和州。未幾，秦歷晋，臬藩如故。官改升河南右參政。

公負過人之才，遇事胸中輒有成畫。尤於盤錯分糾處，恢然有餘於刃。與人雖不設町畦，而履繩蹈矩，毫無逾軼。欲干以私而不能，以故競緑不偏，治辨有體〔三〕，所至俱赫赫。而最著者，固安多狹少〔四〕，時或弄戈潢池，公懸爲賞格以緝盜，盜悉鋤薙而亂繩以解。在雲中，大司農新班法馬以給軍需，顓重於昔，吏匿不以聞，司儲者幾於鼓噪釀釁矣。公掠吏問狀，以新者給之，嘩始得息。虜之款也，應受歲賞金繒，邊將或有所乾没，不中量予之，責無赦，中量矣。虜索於額之外，又禁勿予。小酋那吉以善射自驍雄，嘗張弓挾矢，請與吾之偏裨角射。固公剩技也，親與之試。楊葉百步，矢道相屬，虜屈，盡輸其衣馬以獻。蓋虜射利近不利遠，已乃稍移其侯於近，使之自射，更給前衣馬賞之，虜無不畏威懷德者。隴右值歲儉，流移載道，無所聊賴，則逞而憑嘯山谷。公拊之而鴻飛集澤，烏合解散。是大有造於西也。易州故設屯伍，自徙以防邊，散弛久矣。會有兵事，詔視師，乃居易獨居前茅，則簡閱訓練，實有公在。

辛卯，彗見，因訛傳易水有王氣，將大舉兵誅壓焉。民皇皇莫必旦夕，至於背井離鄉不顧。公多方曉諭，俾獲有寧宇。易有奸民上言諸山中礦可采也，下其議於公。公力持不可，事得寢。公去，遂爲言利者所中，礦使出而西輔首被困矣。東鹿妖徒鼓衆聚黨，至數千人，長吏將以兵請，公止之，第檄治其渠魁，衆無所問，一日遂散其黨。蓋公揚歷中外，夷情民隱，洞若觀火，故醜虜玩之股掌，惟所操縱，士卒運於指臂，惟所調伏。厘奸剔蠹，立辨於咄嗟，惟所揮斥，無不如意。而且席可避、榻可下，陳仲舉之禮孺子〔五〕；而且不問馬、不督卒，岐山下之食野人〔六〕；而且玉環可碎、侍從無罪，韓忠獻之恕誤吏〔七〕；而且程量材官，隨器授任，郭汾陽之善將將〔八〕。至里居十餘年，一刺不通，千金为德，則自公餘事耳。

太夫人宋，公配也，即所稱一川宋公女。當其于歸於馮，産固落甚，大參公又豪舉，不問其家，太夫人獨躬紝績爲息業，上以滫瀡奉其姑安人蔣，下以篝燈佐太參公讀〔九〕，并佐其娱客與酒，然猶職中饋也。及太參公貴，從之官，宦況宜非所習，乃時效箴規，以裨益公。公爲令，捕盗數百，將悉就誅，則曰：『盗誠罪當誅，然得無失人以傷好生？』市貢議約束，人置一喙，公持論獨中窾，則曰：『寧爲錞，勿爲刃，以起睨者之妻斐。』之秦，秦固先光禄公舊游地也〔一〇〕，則曰：『有先人之棠陰在，君好爲之，令世載馮氏德。』又性至孝，姑安人蔣有女弟適牛姓者，特延置之，與蔣朝夕。且貽之田，爲食生送死，具以是得姑歡心耳。姑病，太夫人侍藥餌惟謹，至没而含斂哭泣，無不備禮。太參公卒〔一一〕，誓必與偕，哀毁徹晝夜，蕭然骨立，則强自持曰：『庶幾及見兒之竟厥施乎，幸而及矣。』膺有紫誥，進玉冠華紱，御之反愀然不樂，蓋念太參公不及偕與之享也〔一二〕。宗伯自起家詞垣，歷正卿，諸所黼黻皇猷、裁成大典者，即半册史記未堪揚厲，雖其才饒金馬哉，所得於母訓者良多。季子珂故貳出，太夫人亦爲之孩提訓誨，與宗伯無异。大參公有弟封計部郎〔一三〕，嘗以居第售於公。既受直矣，其子瑗甫十歲，聞而哭，太夫人語公以『緩急人所時有也，奈何以一居宅失昆弟好，矧小郎咄咄英氣，非久居人下者』，立出券還之。仲母陳氏女也〔一四〕，以無嗣故大歸於陳，太夫人迎而養之，没，復治其殮窆甚備，遺貲悉分從子侄，已無利焉。太參公有姊適於石〔一五〕，暮年家替，太夫人時給其匱乏，仍要之歸，於同興居。從大參公職方時，長安有周媪者，挾故侯珠，直可數百金，醉忘去。太夫人急謂公召媪還之，媪叩首籲天，謝曰：『非太夫人，老媪抵死不足以償。』

大都太夫人慈孝惠和，出於天性，又諳暢大義，有烈丈夫風。故貴而能降，嗇而好施，于所事所撫，各當其節，即戚者、黨者、疏者、賤者、羸不克竪者、貧不自存者，無不咏流沫而沾餘膏，所謂陰行隱德非耶？

我聞之：行陰者陽召我，德隱者顯食報。笄珈褕翟，褒章叠錫，固天之不負太夫人也。然既與大參公并躋融顯，又生受宗伯太夫人之封，胡不令大參公及太夫人并没於宗伯之手，以畢其尊養榮哀？而宗伯反没於太夫人之手，造物者似可問。蓋滿易傾，全易缺，太夫人業已言之矣。

大參公生於嘉靖十八年閏七月十八日，卒於萬曆二十四年八月十八日，享年五十八歲。太夫人生於嘉靖十九年八月十八日，卒於萬曆三十八年五月十七日，享年七十一歲。有丈夫子二：長即琦，舉萬曆丁丑進士，累官禮部尚書兼翰林院學士，娶姜氏嵐女；次珂，補郡弟子員，娶李氏茂才延緒女。女三：一適張令君華鳳孫元豸，次適遲侍郎鳳翔孫一梧，一適吕方伯三才畏太學生應卜[一六]。孫男四：長士杰，官生，嗣子，聘庠生王世鶴女；次士楷，官生，聘禮部主事高桂女[一七]；次士椝，聘户部郎中曹璉女[一八]，俱宗伯出。次士鼎，聘劉孝廉待聘女。孫女三：一字吏部郎中董可威男佑[一九]，一字吏科都給事中鍾羽正男訢，一未字，俱珂出。以萬曆三十九年四月合葬於祖塋堯山之原，敬請士杰之請[二〇]，志而銘之。銘曰：

枝分若木，東土肇祥。昭兹來許，華閥熾張。粲粲象賢，玉質金相。蟬聯簪組，爲龍爲光。公比圻父[二一]，以甸四方。威德選邑，位禄駢穰。洵美者庸，齒兮未償。洋洋聲施，紀於旂常。緊惟淑媛，鳳卜其昌。壺政攸肅，嫿帷自襄。褓褓藐孤，勿隕宗祊。亦越葭莩，軫念靡皇。樹德既滋[二二]，俾壽而臧。疇必百齡，徽音不忘。大參猷略，宗伯文章。尸祝畏壘，彤管縹緗。有坎而封，若斧若堂。漆登雙璧，於焉永藏。龍螭之碑，千載鏘洋。永綏爾後，慶源未央。

【校注】

〔一〕穀峰于公：即于慎行，字無垢、可遠，號穀山、穀峰。于慎行曾撰《仰芹馮公墓志銘》，見前。翁正春此文作於馮子履妻宋氏（卒於萬曆三十八年五月十七日）卒後，時于慎行已去世，故稱『先相國』。

〔二〕馮琦卒於萬曆三十一年（一六〇三），其母宋氏卒於三十八年（一六一〇），相距七年。長武令珣：即馮珣，馮珣嘗撰宋氏《行述》，今不見於各種《馮氏世録》。

〔三〕辦：當爲『辦』之訛。

〔四〕狹少：當爲『俠少』之訛。

〔五〕陳仲舉之禮孺子：陳仲舉即陳蕃，字仲舉，漢末汝南平輿人。性剛正，桓帝末年任太傅，與大將軍竇武謀誅宦官，事泄，反爲所害。孺子即徐稚，字孺子，豫章人。品行高潔，不屑仕途。陳蕃任豫章太守時，平素不接賓客，唯因稚特設一榻，以示禮遇。《世説新語·德行》：『陳仲舉言爲世則，行爲世範，登車攬轡，有澄清天下之志。爲豫章太守，至，便問徐孺子所在，欲先看之。主簿白：「群情欲府君先入廨。」陳曰：「武王式商容之閭，席不暇暖。吾之禮賢，有何不可？」』此以陳蕃比擬馮子履之禮賢。

〔六〕岐山下之食野人：秦穆公厚待百姓事。《史記·秦本紀》：『初，繆公亡善馬，岐下野人共得而食之者三百餘人，吏逐得，欲法之。繆公曰：「君子不以畜産害人。吾聞食善馬肉不飲酒，傷人。」乃皆賜酒而赦之。三百人者聞秦擊晋，皆求從，從而見繆公窘，亦皆推鋒爭死，以報食馬之德。』以此比擬馮子履任山西僉事時吏卒累死其良馬事。

〔七〕韓忠獻之恕誤吏：韓忠獻，即宋代名臣韓琦（一〇〇八—一〇七五），字稚圭，號贛叟，安陽人。天聖五年（一〇二七）進士，累官至樞密使，拜相，累封魏國公，謚忠獻。宋彭乘《墨客揮犀》卷七：『韓魏公知北都，有中外親獻玉盞一隻，云耕者入壞冢而得，表裏無纖瑕可指，真絶寶也。公以百金答之，尤爲寶玩，乃開醇召漕，使顯官，特設一卓，覆以綉衣，致玉盞其上。且將用之酌酒，遍勸坐客。俄爲吏將誤觸，臺倒，玉盞俱碎。坐客皆愕然，吏將伏地待罪。公神色不動，笑謂坐客曰：「物破亦自有時。」謂吏將曰：「汝誤也非故也，何罪之有？」公之量寬大重厚如此。』亦見元陶宗儀《説郛》、明彭大翼《山堂肆考》、何良俊《語林》等。

〔八〕郭汾陽之善將將：郭汾陽即郭子儀。郭子儀對諸將寬厚，《新唐書·郭子儀傳》：『麾下宿將數十，皆王侯貴重，子儀頤指進退，若部曲然。幕府六十餘人，後皆爲將相顯官，其取士得才類如此。與李光弼齊名，而寬厚得人過之。』

〔九〕太：當爲『大』之訛，馮子履官至布政司參政，俗稱『大參』。

〔一〇〕先光禄公：即馮惟訥。嘉靖三十五年（一五五六），馮惟訥出爲陝西僉事，分巡隴右，兼督學政，駐秦州。萬曆十四年（一五八六），馮子履亦出任陝西僉事，備兵隴西，與叔父惟訥職任相同。

〔一一〕太：當爲『大』之訛。

〔一二〕太：當爲『大』之訛。

〔一三〕封：封計部郎：指馮瑗父馮子升，惟敏次子，以子瑗貴，誥封户部雲南司郎中。

〔一四〕仲母：指馮惟直妻陳氏（一五一九—一五八六），兵部尚書陳經之女，馮惟直卒後，守寡近五十年。《（嘉靖）青州府志》卷一六《列女》：『馮惟直妻陳氏，益都人，兵部尚書陳經女也。生三月，不能啼。既長，沉默寡言，專女紅，父母鍾愛之。年十九，適直。躬紡績，勸直力學。每校藝冠多士，陳輒喜，稍不揚，即嘆曰：「諸伯仲爲當世名儒耶？」年二十三，直卒，陳撫户慟哭……乃朝夕爲必死計，家人每踪迹之，得不死。已乃孤身歸父母家，剪髮茹素，誦經拜斗，獨居一室，家人罕睹其面。偶節序回，拜家廟，哭聲痛切，聞者下泪。』馮琦《旌表節婦叔祖妣陳氏墓志銘》：『母以大司馬女爲宦家婦，當兩家盛時，執箕帚以事夫子・者僅二年也。其它含辛茹荼，煢煢無定居者且五十年。』

〔一五〕太：當爲『大』之訛。有姊適於石：按馮子履兩姊皆適石氏，此當指其長姊嫁石繼芳者。石繼芳以副使歿於寧夏之亂，馮子履夫婦資助其姊當爲情理中事。

〔一六〕畏：當爲『子』之訛。吕三才：字位吾，號子參，臨朐人。隆慶五年（一五七一）進士，歷南京户部主事、員外郎、郎中，監蘇淞，升西安府知府、山西按察司副使，至山西右參政，分巡冀北道兼按察司僉事。其子吕應卜，生平不詳。

〔一七〕高桂：字仲芳、崇坊、鳳翥，山東濰縣人。萬曆五年（一五七七）進士，選泰興知縣，擢爲禮部主事、員外郎、郎中。萬曆十六年順天鄉試，高桂上疏指摘可疑者八人，中有大學士王錫爵之子王衡、申時行之婿李鴻，請覆試。降甘泉知縣。後起爲貴州副使。

〔一八〕曹璉：字還素，山東益都人，萬曆二十九年（一六〇一）進士，授户部主事，歷員外郎、郎中，監督滸墅鈔關，司大同邊儲，出入平允。卒於任。與兄璜、弟珖皆進士，交勵名節，并以文行清直著名。

〔一九〕董可威：字嚴甫，山東益都人。萬曆二十三年進士，授衛輝府推官，升南京吏部考功主事，遷光禄少卿、順天府丞，兩推巡撫宣大，以母老乞休未赴。丁憂服闋，補工部侍郎，晋尚書。善詩文，《光緒益都縣圖志》稱其『詩文宏博典麗，一歸大雅』。

〔二〇〕敬請：當爲『敬從』之訛。

〔二一〕『父』字前，原本有『公』字，爲衍字，删除。

〔二二〕『既』字後，原本有『臧』字，爲衍字，删除。

## 馮太公誄〔一〕

故河南布政使司右參政、封通議大夫、禮部右侍郎兼翰林院侍讀學士馮太公者，吾師少宰學士先生父也。小子一龍，受知少宰先生，爲所選士〔二〕。玄化曲成，大明私照。義同卵翼，恩比丘山。聞太公之訃，愴怛不禁。徒負在三之義，莫效百身之贖。跼蹐一官，綦組空縻於南邦；瞻望三津，素車竟阻於北海。不待雍門之琴，而痛凄心腑；奚俟山陽之笛，而感深涕泗。爰撰誄詞，庶幾揚芬昭懿，抒其哀慕焉。誄曰：

昔在漢室，大小馮君[三]。椒聊蕃衍，瓜瓞繽紛。雲仍耳禾，奕葉有聞。明起大行，四牡騑騑。長轡不騁，莫策其勛。藐焉者孤，誕於都邑。父不逮見，祖抱而泣。曰此蛟龍，非池中物。其生也慧，風雲倏忽。通藉金閨，委蛇簪紱。爲母上書，苦節冰霜。天子表閭，紫泥煌煌。牛刀小試，剖竹爲邦。允文允武，治行無雙。入補司馬，出綰臺章。代方告饑，通商實廩。虜謀窺我，一鏃而寢。罔敢跳梁，奉約惟謹。呵止脱巾，軍中高枕。片言之鋒，百鋌倍刃。兩歲再遷，賞不償勞。云胡貝錦，射影刁刁。公解其綬，子登於朝。銅龍白虎，給札抽毫。昆弟故人，式燕游遨。和州之命，蹶然後起。不以佐官，而耽卧理。秦臬甫升，隨車甘雨。撫民民輯，逐盜盜敉。秦人尸祝，良翰咸喜。自晉之藩，治兵涿易。訛言盈市，竄者傾邑。談笑乃定，萬井安集。采金禍始，力排乃息。迄今流毒，服公先識。熊車赴洛，入賀萬年。少宰既貴，青宫講筵。曼容辭禄，疏傅歸田。子侍父還，天子曰賢。給驛賜金，輿馬駢闐。鳩杖鹿車，優游里社。兒勉旃哉，縻軀陛下。二豎不仁，貽書邸舍。少宰遄反，色喜豫暇。手攬封章，三日委化。嗚呼哀哉！

公性坦宕，削去町畦。肝腸在舌，彼哉囁嚅。公心慈愛，緩急倚賴。遺珠見還，碎玉蒙貸。嗚呼哀哉！

公才雄武，定亂弭禍，去而見思，來則歌慕。公節皎皎，羔羊素絲。臨鼎不染，在廛曷緇。嗚呼哀哉！

公度汪汪，大河長江。蠡莫可測，葦豈易杭。施於後嗣，奚必在身。天道明明，一酌一斟。嗚呼哀哉！

龍之不才，少宰所造。摩頂至踵，曷云能報。人亦有言，後海先河。公之云亡，有泪滂沱。嗚呼哀哉！

直隸蘇州府推官門下晚學生朱一龍頓首拜撰。

【校注】

〔一〕原本無題，此題係注者所加。

〔二〕朱一龍：字虞言，湖廣天門人，萬曆十六年舉人，萬曆二十年進士，授蘇州府推官，歷官至吏部考功司郎中。

〔三〕大小馮君：西漢馮奉世之子馮野王、馮立相繼爲太守，有善政，民稱之曰大小馮君。《漢書·馮奉世傳》：『立居職公廉，治行略與野王相似，而多知有恩貸，好爲條教。吏民嘉美野王、立相代爲太守，歌之曰：「大馮君，小馮君，兄弟繼踵相因循，聰明賢知惠吏民，政如魯、衛德化鈞，周公、康叔猶二君。」』

# 明資政大夫、禮部尚書兼翰林院學士、贈太子少保琢菴馮公墓志銘〔一〕

賜進士及第、光禄大夫、太子太保、吏部尚書、建極殿大學士、知制誥、經筵、國史、玉牒總裁予告奉敕存問太原王錫爵撰

萬曆壬寅五月望日〔二〕，禮部尚書山東馮公以病乞歸，至十有五疏〔三〕，上不許。三輔臣助爲請，不報。癸卯三月三日〔四〕，公薨，上本欲大用公，故重予公歸。至是訃聞，哀焉，爲加贈太子少保，賜祭葬如例。遣客部郎吴用先護喪歸〔五〕，以十一月二十日葬於祖阡〔六〕。

先是，公將薨，呼其同里吉士公君鼐而屬之曰〔七〕：『子爲我狀，志墓必太倉王先生，王先生知我。』其明日〔八〕，有寄公手書數行與予訣者〔九〕，則屬纊之又前二日也〔一〇〕。夫公文章事業滿天下，何待余知？惟公則實知予，予雖髦不聞〔一一〕，其忍辭？

馮之先本臨朐人，徙家遼左〔一二〕。公曾祖憲副公裕始復而土。憲副公有子四人，皆舉制科。公祖惟重爲行人〔一三〕，早卒。行人公子參政公子履，以文武材名世，則公父也。公母宋夫人妊公時，大母蔣太夫人夢一朱衣貴人當户〔一四〕，自名韓琦，遂以名公。

公幼穎絶人，而嗜學甚苦，常翳燈帷中，默誦竟夜，惟恐父母知。年十九舉山東丙子鄉試〔一五〕，丁丑成進士。改翰林院庶吉士。余時司教習焉。己卯，授翰林院編修。辛巳，直史館，纂修《大

明會典》，尋授中貴人書。壬午，册封代藩，參政公舊備兵雲中，去未數歲，公以金馬爲王國上介〔一六〕，人皆榮之。癸未，充經筵展書官。丙戌，同考會試，尋編纂修六曹章奏兼起居注。丁亥，《大明會典》成，升侍講，賜銀幣，掌文臣誥敕，以爾雅擅一時。戊子，主考湖廣。己丑，充經筵講官，尋補日講官，與交河余文恪公私計〔一七〕，謂：『講臣與上日隔，徒訓詁，無爲也。』稍證引古今政治得失，冀有所感動。升右春坊右諭德。辛卯，主考順天。公兩主試事，翻校無所避，兩解首得之廢卷中，皆海内名士。所發策，俱宫府大計，剴至而有深憂，讀者始以王佐期公〔一八〕。

壬辰，主武舉會試。癸巳，升少詹事兼翰林院侍讀學士，掌院事。參政公以盈滿爲念，遽乞致仕。公遂請覲省上，上賜以金帛文綺〔一九〕，命乘傳歸。而晨夕參政公側，洗腆上壽，即有司干旄及门〔二〇〕，不數數見也。假滿，更欲移病，不許，予寬假。會廷推閣臣，當事者以公望重，越資次推公。假又滿，適上允輔臣奏修國朝正史，起公副總裁。乙未，升禮部右侍郎，而參政公病，戒不以聞於公。比公聞，疾且革矣，遂一日三上疏乞歸，并引講臣例請封父母。得旨如所請，疾馳四晝夜抵家〔二一〕，拜參政公於床下，泣致誥封。又三日乃卒。公常謂人：『生平榮遇偶爾，惟是三日，足當百年。』追惟主恩，未嘗不流涕也。

戊戌，服除。己亥，以原官充《玉牒》副總裁，尋進吏部右侍郎。故事，翰林佐吏部，優游養望而已。公獨慨然以人材爲己任，太宰李公折行輩下公，凡公所銓定〔二二〕，概不復省，畫諾而已。一時吏治稱得人。每月揭官俸最深者於壁，以次推補，即才地不同，就一月中低昂之，後者不得逾，營求之門杜焉。辛丑，草計吏條教，極詳而核，且請准京察例增『浮躁』一款，無概署『弛跅』者爲『不及』，掩才士之長。時論韙之。旋主考會試事，公初罷計〔二三〕，僨甚，然卷必竟閲，詭邪者不得參，文體爲之一變。無何，文選司郎中以推欽降官，觸上怒，公爲太宰具謝罪疏，乞令該司落職供事。上嘉其恭慎，報可。十年以來，聖怒發而復霽，銓部之得所請者，僅此而已。是時税使横甚，頗侵黜陟權。孫朝誣奏撫臣魏公允貞，公疏以百口保之〔二四〕，得不問。張忠論知縣韓薰當調〔二五〕，高寀薦布政使陳性學可巡撫〔二六〕，公力言其不可，乃已。李鳳乞爲參隨官入賀加銜〔二七〕，公爲移書陳大司徒止之〔二八〕，士氣倚公而振。是秋，三品考滿，贈封蔭子如制。進左侍郎，協理詹事府，教習庶吉士。旬日册立詔下，公拜爲禮部尚書〔二九〕。先是，公請建儲、止礦税疏且數十上，所以密贊宫庭間更多苦心，至是以大禮屬公，士大夫咸欣欣慶其遭焉。迨期，司設傳經費不給，公曰：『今日禮爲重，不可與争。』時公弟户部君瑗已輦遼餉四萬出都矣，即還追給司設而册立行。逾月，皇太子冠，上慈寧皇太后徽號。明年，皇太子婚，三大典皆成公手〔三〇〕。覃恩封三代，皆尚書學士，而公體且以積勞瘁矣。逾年，竟薨於官。

計公在禮部無幾何，病居其九矣。然所陳言疏皆手創，先以詔令不信、灾沴頻仍，請急罷礦税、徹中使，不報則請姑以中使之良者易其尤無良者〔三一〕，語皆痛絶。又請廣厲學宫，嚴禁异説，列十五款以正士趨，修同姓諸王表，月朔揭某府某爵應得之序，以格額外之徼請者。秦王由中尉繼國統，令甲惟嫡子得襲，餘子當仍中尉，王以嫡久未生，請先封庶長郡王以待嫡〔三二〕。公執謂此濫端不可啓。屢奉旨趨議報，終持不上。有中使以監造乞易關防，公弗給，上至以御關前牙防給之。其執法不阿借如此。

壬寅歲暮，猶手條上四方灾异，陳弭救之策，凡數千言。病且死，命家人補綴舊牘上之，比於尸諫。即奄忽中與寮友昆季相决絶，語惟報國之爲惓惓焉。竟以是没矣。悲夫！

公學以經世爲主，不喜爲浮夸。其籌邊料事，如數一二。辛壬間，有議開五臺礦税濟邊者，公遺書彼中撫臣云：『礦利甚細而開釁巨，釁必自内啓。』後數年，礦使果大擾。寧夏亂卒訌，公語征西諸將：『無苦攻城、無輕决河水，苟善用間，賊黨行自潰。』後果如公言。他策東倭之不果就封、楊酋之必以兵克，皆驗。而至其論虜，則謂款不可驟罷，宜以羈縻修戰具。征東事竣，則謂當以倭遁論將士功，不可更苛求。其持論又平如此。每奏疏出，人競傳録，大抵直如賈誼而温，達如陸贄而約，醫如蘇軾而巽。深語欲涕，微言可思。尤善因事納忠要以迎上善，機連引端，類諷一而勸百，雖造膝末由，或不能盡見施用，而後世藎臣良宰必有取以爲法者。見朝士好静論，多异同，嘆曰：『夫先自猜矣，安能禁上猜？』公事以國衷之〔三三〕，其私嫌則密爲譬解，苦口而不居德，使人意消。故朝士類有仇有黨，而公獨以中立稱。猶記余在事時，公數密規余過，退而無後言，即《泰交疏》小酬群心〔三四〕，其端已自公發之。凡公所爲朋友補過、合和朝廷，皆此類也。

居常曰：『處今之世，論事當先急公而後私，事君當先勿欺而後犯。但得寬一分即有一分之益，爲一事即有一事之功。』識者以爲知言。公内行純至，事母夫人篤孝，撫弟珂愛與教兼。疾革時，曰：『吾不没於婦人之手。』屬珂啓手足焉。惠施宗黨，斥俸之半，置義田、義學，爲立族約。諸葛太史妻子之托[三五]，所以恤嫠教孤，無遺力。爲公童子師，及有一日之知，報之無不浮其恩者。尤喜獎成後進，有寸長片善，津津常不去口。

其家居時，邑令吴君宗堯被逮[三六]，公約士民送至濟上，密爲營救甚力，令得不死。甲午，青大饑，爲出粟里中，賴存活者甚衆。癸巳，兵部檄調青州兵征倭，時公在京，力争青州兵但任守城，不任戰，得罷歸，且人賦以道里費者[三七]。青民至今多有尸祝公者。此於公爲細行，然可書。

嘗私按公始末，負朝望甚蚤，遇主知甚深。然甚蚤則才太盡，甚深則語太盡。究公所以有聽有阻，焦神敝形而中道夭者，倘謂是也？或曰：公器局膽智，大約如韓公而文采過，以過之，故年位稍不及。嗚呼！人耶天耶！吾以慨世焉。

公文集若干卷，自有知者。其詩以情真爲宗，次傳聲調。長篇感激沉壯，類老杜；五七言律和雅會心，絶不如近時名家，以浮音亢節自喜[三八]。所著書有《通鑒分解》《經濟類編》《兩朝大政記》《唐詩類韵》藏於家。

公諱琦，字用韞，生於嘉靖戊午十一月二十三日，卒於萬曆癸卯三月初三日，得年四十有六。配太醫院醫士姜嵐女[三九]，封夫人。男三：長士杰，聘南京刑部侍郎王公基男庠生世鶴女。次士楷，聘兵部武選司郎中高公桂女。皆以公蔭爲國子生。又次士榘，聘吏科都給事中鍾公羽正女，側出。女一，字右府經歷石公恂男，夫人姜氏出[四〇]。

銘曰：

顒顒馮公，六德純備。耦變適時，剛柔乃配。堂陛不親，如隔重淵。遇公則合，行方道圓。物情求多，人惡其上。遇公則降，事任名讓。水火構鬥，身爲鼎鐺。匕調其間，化爲和羹。此徑彼塗，弗避弗就。中衢而趨，萬術來奏。裏誠秉忠〔四一〕，志在贊翊。乞司厥成，册典斯秩。先雲而雨，不吸自泉〔四二〕。終畜其膏，未沛垓埏。福惟皇明，瘁乃邦國。於公可輕，委命盡職。旂旐來歸，賁此壤塋。魂魄不化，顧瞻帝京。曰惟主恩，未報以死。繹思其先，視我孫子。

【校注】

〔一〕此墓志見於《王文肅公文草》（下簡稱《文草》本）卷一〇，題作《禮部尚書兼翰林院學士贈太子少保琢菴馮公墓志銘》。

〔二〕五月望日：《文草》本作『□月□日』。

〔三〕據《宗伯集》中所載乞歸疏，第十五疏《爲病勢危篤苦情可憐十五懇恩速放生還疏》之後，尚有《爲病危職廢情苦詞窮懇乞賜臣生還以延殘喘疏》《爲病勢十分危篤母子二命相連懇乞聖慈憐憫拯救疏》二疏，故其乞歸疏共十七。

〔四〕三月：《文草》本無。

〔五〕客部郎吴用先：《文草》本作『行人某』。吴用先：字體中、本如，號余菴，又號浮度居士，祖籍桐城，休寧人。萬曆二十年（一五九二）進士，授臨川令，入爲禮部主客司主事、員外郎、郎中，遷浙江按察使、布政司參政、布政使，遷都御史，巡撫四川。辭官歸。召入爲工部侍郎，薊遼總督。魏忠賢用事，致仕歸。有《塞玉山房集》。

〔六〕此句《文草》本作『以某年月日葬於某阡』。

〔七〕公鼐（一五五八—一六二六）：字孝與，號周庭，山東蒙陰人。萬曆二十九年（一六〇一）進士，選庶吉士，歷官至禮部右侍郎，謚文介。有《問次齋稿》。少與馮琦同名，號『齊地二彦』，後以詩文與于慎行、馮琦并稱爲萬曆前期山左詩壇領袖。

〔八〕日：《文草》本作『月』。

〔九〕予：《文草》本作『余』。

〔一〇〕又：《文草》本無。

〔一一〕兩『予』字，《文草》本均作『余』。

〔一二〕家：《文草》本作『實』。

〔一三〕本句，《文草》本作『公祖爲行人公惟重』。

〔一四〕蔣太夫人：《文草》本作『蔣夫人』。

〔一五〕十九：《文草》本作『若干』。丙子：《文草》本無。

〔一六〕參政公……王國上介：《文草》本作『時參政公備兵雲中，公須册竟，服上使衣拜舞庭下』。

按：萬曆十年馮琦以使節册封代藩，時父子履已罷歸家居，則『服上使衣拜舞庭下』爲想當然之辭，可知此文收入《文草》删削致誤。

〔一七〕余文恪公：即余繼登，時與馮琦同爲日講官。

〔一八〕始：原作『殆』，據《文草》本改。

〔一九〕金帛：《文草》本作『白金』。

〔二〇〕及門：原本無，據《文草》本補。

〔二一〕四晝夜：當爲『五晝夜』。馮琦《府君行略》：『不孝以八月初聞府君病，上章請急……不孝既拜命，乘驛騎，以五日至子舍，省府君於病榻前。』《宗伯集》卷七〇《寄王老師》：『不孝聞先君病，上章得請，以五晝夜至於舍。』馮瑗《先兄行實》：『兄乘驛騎，五晝夜而抵舍，拜上恩命。』

〔二二〕太宰李公：即李戴，字仁夫，號對泉，河南延津人。隆慶二年（一五六八）進士，授興化令，擢户科給事中，累官至禮科都給事中，出爲陝西右參政，進按察使，遷山西左布政使，晉副都御史，巡撫山東，入爲刑部侍郎，遷南京户部尚書，至吏部尚書。銓定：《文草》本作『銓品裁定』。

〔二三〕公初罷計：《文草》本此句前有『時』。

〔二四〕孫朝：生平不詳，萬曆中任山西税監。魏允貞：字懋忠，南樂人。萬曆五年進士。授荆州推官，擢御史，因疏論輔臣，出爲許州判官，累遷右通政，以右僉都御史巡撫山西，力抗礦監張忠、稅監孫朝。進副都御史，辭歸，即家，進兵部右侍郎。尋卒。天啓初，追謚介肅。萬曆二十八年，孫朝訐奏魏允貞，馮琦與尚書李戴救之，《神宗實録》卷三四七『萬曆二十八年五月』：『己未，吏部尚書李戴等參看稅監孫朝訐奏撫臣魏允貞非是。蓋允貞稟性太剛，任事太執，處人太峻，即與閣部大臣時有争論，不能曲奉内臣可知。孫朝疏中「欲食其肉而寢其皮」，在皇上前尚駡詈如此，其在彼中盛氣以加撫臣可知……内臣日以參訐撫按爲事，内臣之私人日以挑激撥置參訐爲事，恐朝廷自此紛紛矣。不報。』按此疏即《宗伯集》卷五〇《爲梟獍惡臣大蠹國計首倡阻撓屢抗欽命疏》。針對孫朝誣告，馮琦在此疏中説：『若謂其貪濫攘克，贓至三十餘萬兩，則臣等敢以百口保之。允貞籍南樂，去京不遠，皇上試加體訪，其房屋大小、田産多寡，事之虚實，當自瞭然。若指廉潔爲貪濫，指節省爲攘克，使天下清吏聞之，無不灰心，貪官聞之，有以藉口，非所以昭平明之理也。』

〔二五〕張忠：萬曆時任山西礦監。韓薰：生平不詳，陜西洋縣人，以貢生謁選，授夏縣知縣，爲山西稅監孫朝、礦監張忠所不喜，馮琦偕尚書李戴論救，户科給事中程紹亦疏救，斥爲民。

〔二六〕高寀：順天文安人，幼給事上前，累遷御馬監監丞。礦稅使起，以稅監使閩，四十二年，又兼廣東稅監。所在騷擾，民不聊生。張燮《東西洋考》卷八《稅璫考》：『比寀銜命南下，金鉦動地，戈旗絳天，在在重足，莫必其生命。而黠吏、逋囚、惡少年、無生計者，率望膻而喜，營充税役，便覺刀刃在手，鄉里如几上肉焉。寀在處設關，分遣原奏官及所親信爲政，每於人貨凑集，置牌書聖旨其上，舟車無遺，鷄豚悉算……原奏官魏天爵、林宗文百計媚寀，由是得幸。忽進一方云：「生取童男女腦髓和藥餌之，則陽道復生，能御女種子。」寀大喜，多買童稚，碎顱刳腦。貧困之家，每割愛以售。惡少年至以藥迷人稚子，因則就寀，幸博多金者。税署池中，白骨齒齒。』陳性學：《文草》本作『某某』。陳性學，字所養，一字還冲，浙江諸暨人，陳洪綬之祖。萬曆五年進士。授行人，升貴州道御史，任廣東僉事，轉貴州按察副使、福建按察使，升廣東布政使，終陝西左布政。

〔二七〕李鳳（？—一六一四）：生平俟考，萬曆二十七年任廣東市舶司太監，大肆壓榨，民不聊生。

賀：《文草》本作『貲』。

〔二八〕陳大司徒：即户部尚書陳蕖，字伯含，湖廣應城人。隆慶二年進士，累官至户部尚書。

〔二九〕爲：《文草》本無。

〔三〇〕大：原作『太』，據《文草》本改。

〔三一〕其：《文草》本作『其中』。

〔三二〕庶長：《文草》本作『庶長子』。

〔三三〕國：《文草》本作『國論』。

〔三四〕《泰交疏》：即萬曆二十八年馮琦所上《爲仰繹君臣一體之旨恭率群僚自省自責并陳大義至

情以成泰交疏》，見《宗伯集》卷五二。

〔三五〕葛太史：即葛曦，字仲明，號鳳池，山東德平（今德州）人。萬曆四年山東鄉試解元，萬曆十一年進士，改庶吉士，授檢討。有《葛太史集》。

〔三六〕吴宗堯：字仁叔，歙縣人。萬曆二十三年進士，授益都知縣。性强項，萬曆二十六年，疏論礦監陳增，增遂劾宗堯阻撓礦務，逮繫下詔獄拷訊。後釋爲民，未幾卒。天啓時，贈光禄少卿。《明史》有傳。

〔三七〕者：《文草》本無。

〔三八〕亢：原作『元』，據《文草》本改。

〔三九〕姜嵐：生平俟考，山東益都人，太醫院醫士。

〔四〇〕男三……夫人姜氏出：《文草》本作：『男三：長士杰，次士楷，次士榘，皆以公蔭爲國子生。』

〔四一〕裹：《文草》本作『裹』。按，作『褱』是，同『懷』。

〔四二〕吸：《文草》本作『汲』。

## 明資政大夫、禮部尚書兼翰林院學士贈太子少保瑑菴馮公行狀〔一〕

公諱琦，字用韞。其先自臨朐徙實遼左，至公曾祖憲副公復自遼左歸臨朐。憲副公諱裕，正德戊辰進士，生四子，皆舉制科，有文名。仲子諱惟重，嘉靖戊戌進士，官行人，以出使卒，是爲公祖。行人公生二子，諱子履，隆慶戊辰進士，官河南參政，爲藩臬名臣，是爲公父。

公未育時，祖母蔣夫人夢偉丈夫朱衣當户，問其名，曰：『我韓琦也。』母宋夫人夢有光如日入其室，旬月而生公。公生而壯偉，穎慧絶人，授書日記千言，十歲能文章。嗜學，晝夜不輟。父母以勞禁之，乃懸帳翳燈〔二〕，默誦達曙。十六補郡諸生，佘司馬立督學試〔三〕，爲山東第一。丙子舉於鄉，丁丑成進士，改翰林院庶吉士〔四〕。時同選者二十八人，公齒最後。江陵張公嚴峻，少所許可。公每進揖，目河中張公曰：『幼而碩者，國器也。』己卯，授編修，用大慶恩受封敕。辛巳，直史館，纂修《大明會典》。上方加意文翰，内出詞臣撰次耦語詩餘日以千數，公取急立就，無一不稱旨。尋授中貴人書，訓以禮法，中貴人奉之惟謹。壬午，册封代藩〔五〕，代直雲中地，參藩公備兵雲中，公甫丱。未數歲，以金馬近臣持節爲王國上介，觀者塞途，呼曰：『天使，吾郎君也。』代王及文武大僚雅重公，享有加禮，公一無所受〔六〕。癸未，滿三年考，充經筵展官。丙戌，同考會試。尋編纂六曹奏章，直起居注。

丁亥，《大明會典》成，升侍講，賜金帛〔七〕，掌文官誥敕。訓辭典雅，受命者以公當制爲幸。戊子，主考湖廣，得俊獨多。試士數千卷，翻校無遺，拔落卷吴君化首，解額果全楚名士。程録盡出公手。其文以意爲主，通達無佶屈〔八〕，精核切事情。録行，海内誦習，文體爲之一變也〔九〕。己丑，充經筵講官〔一〇〕，尋補日講官。與交河余文恪公約曰：『前代經筵以資獻替，今日講取訓釋耳。上久之不御講，講臣安所關其忠？當稍引古治亂，證時政得失，此古人諷諫意也。』今集中《通鑒分解》，規戒措注[一一]，皆有用之文，成一家言。是歲，升右春坊右諭德。辛卯，主考順天，所得士及程録一如楚中。時邊費不足，有議開五臺礦稅以濟用者，公寓書雲中撫臣云[一二]：『五臺歲議礦稅千二百，何濟緩急？無論聚衆啓争，异日朝廷聞而厚求，中貴慕而營使，禍且安窮？』數年後，礦事遂大起。

壬辰，升左庶子。值寧夏亂卒戕撫臣，脅虜拒守，久不下。倭入朝鮮，迫遼左，朝廷旰食。公居常念世受恩厚，仕十餘歲，坐致華貴[一三]，無所益。今國有急，思得馳驅自效。時參藩公爲易州兵使[一四]，臺臣薦其材宜在行間。參藩公謂公：『内外臣圖報亦均，吾邊吏也，戎乃其職。吾宣力疆埸，爾顓精論思，分誼庶幾各盡。』會事寧，皆不果。先是，征西諸將葉大司馬、李將軍夙知公有文武材[一五]，每進戰，輒馳騎問方略。公策首用間，無數攻城[一六]、無輕决河水，恐薄多殺士卒，川壅猝難自保，以摧鎮百萬生靈易數賊命[一七]，非完計。是秋，公主武舉會試，以東西事發策，備陳利害。放榜，寧夏平，前後言皆奇中。癸巳三月[一八]，大計京朝官，時論稱允。而考功郎旋削籍去。言者力争，至引『左庶子馮某謂二百年無此考察』以爲重。東宫未建，上下三王并封議，公奏記太倉王公曰：『是必不可。』王公急上章已之，亦稱得『馮某書云然』，其爲時所推如此。

無何，升少詹事兼翰林院侍讀學士，掌院事。參藩公自河南入賀，公日夕侍，參藩公顧衣帶曰：『物忌太盛，父子而一時共此，豈凉德所堪？』即日上章致仕。公隨請覲省，上錫以文綺，給道里費，乘傳去。旌麾金紫，項背相望，都人以爲榮。

公既歸，奉二尊人歡甚，晨昏上食視寢[一九]，無間寒暑。參藩公晚年豪於酒，巾車匹馬，逍遥郊野間。公入則佐觥籌，出則鞚引導從，娱戲色笑，比於嬰孺。或時休沐，去左右則必問誰侍，翁得無不適。自官府及戚里酬應，一切謝絶。人罕睹其面，曰：『某以仕宦早離膝下，幸主恩許侍，居一日則侍吾親一日，他非所知也。』假滿，以親老移病再告，不許，予寬假半歲。會廷推閣臣，公資未及，且家居，當選者以公重望[二〇]，遂越次列公名。假滿時復請[二一]，參藩公曰：『豈可以我故數孤上命？』輔臣奏修國朝正史，起公爲副總裁，不得已就道。

乙未，升禮部右侍郎。時倭報紛紜，大司馬石公主封貢[二二]。公曰：『倭跳梁海外，安所需吾封？』阻之，不能得。丙申，乾清宫火。公從禮部上疏修省，又約日講諸臣别疏同上。夏，參藩公病，戒家人勿使公知。比公聞，已疾革矣。叩闕三疏乞歸[二三]，并引講臣例請封父母。上悉報可，賜金給驛如前，封參藩公如其官，母爲淑人。公拜表宵馳，至齊門千二百里[二四]，沿途置騎道左，銜尾而易，不解衣四晝夜抵舍，致恩命榻前，泣不能止。參藩公笑曰：『子若是，此不足翁所耶？』爲公强舉一匕箸，又三日乃卒。公毁頓欲絶者數四。喪制務遵禮法，而儀物之豐、哀戚之至，四方來觀者謂全齊從所未有。三年杖而後起。

戊戌，除服，廷臣再推入内閣，不果。公雖家居，見朝政士論有不便者，輒憂形於色。時中使四出，百姓嗷嗷，庶寮比見斥逐，縉紳之勢愈輕，而士大夫意見復多有同异。公謂群臣自相猜阻，何由見信於上？不信則不任，不任則權且旁竇。移書朝士，必以至公血誠、息争絶疑、共濟國事爲主。其有以己意水火者，皆極譬解，聞者亦自爲融釋。

楊酋事，初議剿，旋更議撫，數年無成畫。公以賊旅拒命，法宜必討，第厚集兵威，迫而問之，賊將自殲。時多主撫者，而酋畔益甚，後卒用大兵而後平。自庚寅河西創後，談虜者争言罷款，公謂：『不量力而驟絶虜，勝算安在？九邊無所不備，奚恃而無虞？且我曷不問内修而亟挑釁乎？』所與邊鎮撫督書，權關右、宣大緩急，不失銖兩。數年邊事以羈縻少息，無能易公言者。王師救朝鮮，或謂我不當代受兵，公曰：『我非救朝鮮，乃争朝鮮也。我於朝鮮，如周漢人保西域以制匈奴，豈可使折而入倭以爲用？』〔二五〕經略邢司馬公將濟師〔二六〕，异議者持之急。公致書邢公曰：『今日事如唐討淮蔡，惟天子與裴晋公斷之，故能底績耳。若如老兵費財之説，捷於何有？』及倭遁去，异議者猶不足已。公謂釜穴既空，屬國完復，此何可謂非功？諸臣久羈异域，轉戰數千里，即有所亡失，詎可謂罪？天下皆以公言爲平。公辨析諸事，具見全集書叙中〔二七〕，文多不載。

己亥，以原官充《玉牒》副總裁，尋進吏部右侍郎。誓墓而行曰：『非報國無以寧吾親也。』時公浸用，天下想聞其風采。故事，翰林佐銓者多優游不與事，公曰：『惟才濟世，惟宰任才。天子不以臣不肖，俾貳均統，豈敢以尸禄卒歲？』太宰李公於公爲父執，尤愛重公，虚己以聽之。啓事須公屬草，諸司章奏悉付公裁正。公知無不爲，入省則銓叙流品，研審其賢不賢〔二八〕，出則延士大夫，咨吏治、察民隱，劑量人地之宜，而上下其任。一時官無失職，人無滯才，天下莫不喜公之得盡其用，亦莫不多李公之能推心於公也。往時銓司遷轉論俸，而資望或相兼，淹速不能無疑，且嗜進者易懷徼幸。公申議於部，疏爲定格，月朔則於一月之内俸最深者揭書壁間，次第題補，不盡則開入下月之首。其以地之遠近、才之繁簡有所低昂者，總於本月應升員數斟酌，即有欲行其私、厚營求者，勢不可得。銓路稱平。

山西税監孫朝誣奏撫臣魏公允貞，下部院參看，公具疏魏公清正，於天下撫臣無兩，願以百口保之，上置不問。張忠論知縣韓薰當調，高寀薦布政陳性學爲巡撫，公力言中使不可侵黜陟權，事得已。故納粟入監及吏人請假者，例出金若干爲部費，積金千餘。公曰：『此無名錢不可蓄。』白宰公罷之，而以其餘修考功官署。後言者指爲部寮私橐，而不知其有前奏公用。都給事中王公德完上疏〔二九〕，下詔獄，公憂之，至廢寢食，疏救不省。及王公被杖去，公爲延醫護出疆，視其無恙乃已。

辛丑，計吏條奏，約教一出於公，比往例倍爲詳審。舊制：外考當左降者悉署『不及』，公以『不及』者謂其才力劣耳，若輕佻周章，豈盡無才者？今以有餘爲不足，非裁抑成就之意，乞如京察增『浮躁』一款，從之。饒州通判沈榜以墨轉王官〔三〇〕，緣税璫保留舊任，公謀於太宰，大計後特疏榜罪，上立命削籍。廣東税使李鳳乞爲參隨官入資加秩，事下户部，公移書大司徒陳公，力止得罷。

旋主考會試，衡藝必以典正不悖經訓爲準。制額三百人，卷皆親閲，詭异者悉置不録，所取號爲得人。既復慮士習浮侈，乃於《肅官常疏》中備言士慎始進〔三一〕，而近日奢靡相高，實長貪競，乞嚴加約束。於是士稍慕爲淡泊，浸浸有崇雅之風。

文選郎中以推欽降官忤旨陳狀，公爲太宰具疏請罪，且言選司之難，乞令郎中落職供事，上褒嘉允行。嘉靖中，總督尚書張經以讒死事〔三二〕，久無爲言者，公疏白其冤，與恤典。山西布政麻溶有清操〔三三〕，卒於官，請贈太僕卿。公勤勞職業，略無停晷，而遇事必言，或非本部職掌，事有關係者，即闔門草奏，反覆論列，不憚煩聒。佐政僅二年，請建儲、止礦稅疏無慮數十上〔三四〕。又善以微辭納約，言必中窾。上諭户部有『君臣一體』語，即具疏爲群臣引咎，以動上意。稅使陳奉激變楚民罷還，即請釋奉所誣逮諸臣罪。中行秩滿及行取官有先授職者，遂乞并下散館。及臺諫之命，兵部職方司官合署被黜，主司朱君化孚以奉差特免〔三五〕，因備列十九年後各部司屬未承行而并罷者，宜加甄叙。其因事納忠，皆此類。上或聽或不聽，而誠悃所發，毫無隱情，孜孜焉惟恐不及盡言爲愧。疏詞剴而暢，類蘇氏父子而加疏〔三六〕。每一疏出，都人相競傳録。

滿三品考，增封如制，蔭一子入胄監。胄復推入内閣，不果。進左侍郎，協理詹事府事，教習庶吉士。旬日，拜禮部尚書兼翰林院學士，疏辭，不許。時將舉東宮典禮，特簡公爲宗伯，中外相慶得人。公入部三日，具上儀注。行禮有期，忽司設傳經費不給，當改卜。公曰：『此萬世計，豈容旋踵？奈何以一時費稽大典？度支即匱極，他處萬萬可緩，必移以佐此。』時公弟户部君瑗輦遼餉四萬出都矣，馳檄追還，給司設而禮成。逾月，皇太子冠，上慈聖皇太后徽號。明年春，皇太子婚，未半歲四舉大禮。是時，三殿未成修〔三七〕，朝儀曠廢，掌故多闕。公倉卒受命，隨宜斟酌，無一不稱上意，輿情大服。覃恩封三代，皆尚書學士，誥詞備極襃美。

郊廟罷享者十餘年，公以大典告成，此可言之機，疏謂：『皇上以大典之行歸德聖母，躬薦徽號，願以事聖母之心事天，躬行郊祀。』詔以三殿未建、禮儀不便躬親，已之。三月，上體違豫，公方以積瘁致病，朝夕走問起居，徬徨不寐〔三八〕，日不再食。如是者浹旬〔三九〕，病日益進，公不爲意也。忽奉旨停礦稅，雪冤獄、録蔭臣〔四〇〕，及罷諸役之不便者。命下，遠近歡呼。越二日，上疾間，有詔仍舊。公上言：『聖體危而復安，聖德光而復晦。布二三之令，失億兆之心。後有緩急，詔令將不可信。』黄河涸竭，運道塞，公言：『黄河亘古巨浸，豈容竭澤？今中使播惡幾遍海宇，土崩瓦解，所在見告，天心仁愛，灾沴已多，而復示以河竭。諄諄懇懇，不啻耳提。皇上寧無動心？願亟罷礦税、撤中使以答天意。』已，復陳救急易行之策，謂：『陳奉一易，全楚帖然。今天下行事最酷、爲怨太甚者，不過四五人，願皇上召還民之所怨者，以畀民之不怨者，即中使之中，寬猛相代，庶幾可救蒼生倒懸之半。』疏上，皆不報。公見士習异説，以二氏之語亂經，傳注幾廢，疏請厘正，上嘉納之，令部具條例，乃酌爲十五款條上，悉下所司議行。

宗藩日盛，雖定有分限，而格外請求者多。公曰：『裁以義不若齊以法。』乃修同姓諸王表，親疏爵名遞次其等，月朔據某府某爵應得之序，立成大書，榜之通衢，毫髮不可逾越，覬覦者自銷。秦王由中尉入繼國統，惟世子得襲，親王餘子仍當如中尉制。王以妃久無出，乞先封庶長子郡王以待嫡，上下部議。公曰：『庶長子今封郡爵，他日嫡子生，則庶長子爵如故，一子業已可封，諸子雖非可封者，濫恩於何所底？且秦藩既得請，諸藩以旁支繼者不少，請者紛然而起，靳之將何辭？』持不上。久之，王再疏請，上復下部趨報，公竟寢其事。崇王爲世子請封繼妃，已得俞旨，俄復請封再繼者，公執奏勿與，上内批與之。通政司使沈公子木奏復建文祀〔四一〕，公曰：『是當。』言者覆請立建文廟於懿文太子廟側，以時享祭，不果行。

時公病愈深，累疏乞休。再乞補左右侍郎，上勉留不允。元輔諸公密疏稱公爲聖世實臣〔四二〕，宜許暫歸就醫，以待他日大用，亦不許。公念上眷厚，非旦夕可去，且無貳卿，不宜久弛部務，力疾出廳事。司屬關白，裁决如常。舊禮曹歲終類奏灾异，止應故實。公以今年灾變特甚，上弭灾疏，亹亹千言，見者不謂其病也。福王婚禮擇吉，上命中使召，公蒲伏入長安門，顛仆不前。儀制郎中捧敕出，扶掖以歸。除前數日，猶執筆理簿書，務完一歲事。

癸卯元旦，晨起，衣冠拜行廟，壽太夫人成禮。又二日，鼒入視之，則聲咯咯在咽喉間〔四三〕，病不可爲矣。就與語，絶無黯慘可憐之色。且見太夫人憂甚，故爲寬容。時命進食，食不入則匿其餘，告太夫人曰：『兒小愈，今食倍他日也。』至是，乞歸疏凡十五上，元輔諸公又爲代請者二，卒不報。清明前五日，處置後事，書遺囑，井井無一剩語。二月晦，鼒見其委頓，執手泣失聲。公曰：『無爲怛化，命數已定。所關者大，縱費心力何能爲也！』問其所欲言，俯首稱『老母』二字即止。已，謂諸弟曰：『吾且死，第報國之心不能萬分一，日前有疏未就，願附古人尸諫之詛〔四四〕，可補綴上之。』三月二日，漏下二鼓，公延康侍御及甭并門下士數人入卧内〔四五〕，尚儼然正冠，徐曰：『行狀在子。』又曰：『啓予足啓予手。』乃拱而稱謝。衆出，令侍者執筆，書碑諸文曰『乞言某公某公』。書完，猶有所改易。鷄初鳴，問左右：疏上否？對曰已上，遂命盥沐，顧諸弟曰：『可矣！吾不死於婦人之手，弟當爲吾更衣。』衣竟，移榻就中堂，方至而没。越數日，榻後得詩草曰：『浩渺天風駕海濤，三千度索問仙桃。翩翩一鶴青冥去，已隔紅塵萬仞高。』蓋絶筆也。嗚乎异哉！

公天姿杰邁，詞采英發，可以雄視一世。而接賓客、當事任〔四六〕，和易周慎，常若不及。孝友篤至，而不爲曲徇姑息之愛。撫弟珂如少子，教之如嚴師，惟恐拂其意，又慮不達其材。其家居詩《鶺鴒》諸篇，大抵惓惓友于所爲作也。録蔭意在弟，曰：『與吾子，不若與吾父之子。』弟不受，遲久始定。尤重雍睦，喜施與，慕義若飢渴，宗黨婚喪不克舉者，則曰：『於我手給。』自禮部侍郎歸，積俸不滿三百金，以其半置義田、義學，而訓族之子弟，立爲約戒，以垂永久。授業師張先生謁選入京〔四七〕，道侮緹帥，緹帥令邏者以旁事證引，欲置之死。公以室居先生，自爲先生營救〔四八〕，誓以官贖先生事，卒得白。楊民部文裕亦公在固安時所授業〔四九〕，殁而無子，托邑令厚恤其喪，爲之立嗣。佘司馬故粤西人〔五〇〕，其少子兄弟不相容，出居孝感。致書孝感令，延師而教之，爲寄束脩費。故相高公拱與公從祖光禄公有隙，柄銓日，格參藩公選取。高恤典久罷，子務觀疏請，下禮部，公以高有籌邊功，覆給恤典，且與贈謚。葛太史曦臨没，托公以其子，出槖中付公藏。公外爲治喪，令姜夫人内伴其配任氏，調護無餘力，求給諫楊君士鴻女妻其孤〔五一〕。後任氏亦卒，而太史兄尚賓公適辭官歸里〔五二〕，乃還之橐，共謀所以教孤者，歲必問其何業，至今未已。童子時塾師二人居里中，已老，則月出錢米給饔飧以養。故交一日之歡，靡有不報，不於其身則於其子孫。尤喜獎藉後進，士出其門以文名者甚多。

料事深遠，能言人所不能言。忠於人謀而不肯居德。邑令吴君宗堯爲税使所中，逮繫連及郡守丞以下，齊人洶洶。公時家居，約闔郡士民保持。令至濟上，賫書都中親密爲之營救。後令卒得全，郡守臣不至重譴，公與有力，人無知者。甲午，齊大饑，出粟臨朐、益都二邑間，全活數十百人。

性淡泊無所好，而獨喜佳山水，東方之勝，足迹皆遍。素不嗜酒，宴會未嘗卜夜。至與之論風雅、辨古今，沛然如萬斛之泉，終日霏霏不絶。談諧戲笑，皆成文章。平居不問家人生産，漫然若無意世故者。及臨大事、持正議，則凛不可犯。在禮部，一切貴寵陳請，無絲毫假借。中使以監造乞易闗防，公執勿給。上以御前牙闗防給之，後又有乞者復然，至以上怒動，公亦不移也。

公於學無所不窺，而以實用爲主。常曰：『性命淵微，奥宊未易測；名物象數，耳目未易該。博古期於可行，窮經要在致用〔五三〕。』故其文章關於世務者爲多。鼒每謂歷代文學之臣，必有以議論爲功業者，如漢之董、賈、晁錯，唐之魏玄成、陸敬輿，宋之歐、王、司馬，其文皆專於經世，而有用與不用。公之在我朝，當比於數子，惜用而未盡，其賈長沙、陸敬輿之儔乎？

公於治術，尚名法，主清議，而不爲苛激。嘗語所厚善：『今天下隔暌，人材銷落，論政當以體國奉公爲先，別白是非爲後；事君當以誠意感通爲先，犯顔觸忤爲後。若能隨分盡職，殫竭心力，寬一分則受一分之益，爲一事即有一事之功。』此可謂識救時之機、得解紛之要者矣。

公幼喜爲詩。其詩貴見情真，而用意遠，格雖師古，法在獨造。常與友人書曰：『有吟咏之詩，有著作之詩，如杜子美者，所謂著作之詩也。』故其長篇諸什，往往以用世之志自見，意蓋原本杜氏。近體和雅，不爲亢厲峭急之語，今所存者猶爲未竟之業。而即其所造，與模擬形似、流連光景者，固不可同日而語也。以蚤達，未及著書，僅有《通鑒分解》《經濟類編》《兩朝大政記》《唐詩類韵》藏於家。文集十卷，尚多散佚，後世必有傳之者。

公生於嘉靖戊午十一月二十三日，卒於萬曆癸卯三月初三日，春秋四十有六。配姜氏，累封夫人，太醫院醫士嵐女。男三：長士杰，聘南京刑部侍郎王公基男庠生世鶴女〔五四〕；次士楷，聘兵部武選司郎中高公桂女，二子皆蔭入國子。次士榘，聘吏科都給事中鍾公羽正女。俱側出。女一，字右府經歷石公恂男之瞥〔五五〕，夫人姜氏出。

鼒與公居同里，生同庚，閥閲相比，世好相及，而又與公少同筆硯，晚年通籍，又出公門下〔五六〕。公謂鼒頗爲知己，故屬纊之際，以狀見托。小子其曷敢辭！然當公從仕之後，鼒方幽居一壑，其立朝大節概未有聞。而辭之蕪陋，又不足以闡揚德美，掇拾仿佛，十不得其二三。若夫嘉銘貞石，光賁九京〔五七〕，則有大君子之鴻筆在矣。

翰林院編修同郡公鼐謹狀〔五八〕。

【校注】

〔一〕此文亦見《馮用韞先生北海集》卷四六所附，題曰《行狀》，林景暘玉恩堂刻本（下省稱《北海集》本）。

〔二〕燈：《北海集》本作『燭』。

〔三〕佘：原本作『余』，據《北海集》改。佘立：字季札，號樂吾，廣西馬平人。嘉靖四十一年（一五六二）進士，授吏部主事，改户部、禮部，出督山東學政，遷廣東僉事，轉山東參議，累官右副都御史巡撫應天。萬曆二十五年，以兵部左侍郎監軍入朝。

〔四〕翰林院：《北海集》本作『翰林』。

〔五〕藩：原本作『籓』，據《北海集》本改。代藩，即代王府，朱元璋子朱桂的王府，故址在今山西大同。

〔六〕一無所受：原本脱，據《北海集》本補。

〔七〕帛：《北海集》本作『幣』。

〔八〕佶：《北海集》本作『蛣』。

〔九〕也：《北海集》本無。

〔一〇〕『筵』字前，原本有『講』字，爲衍字，删除。

〔一一〕戒：原本作『成』，據《北海集》本改。

〔一二〕雲中撫臣：即大同巡撫。萬曆十九年辛卯，邢玠以右僉都御史巡撫大同。

〔一三〕貴：《北海集》本作『貫』。

〔一四〕參藩公：原作『參籓公』，據《北海集》本改。下文多處徑改，不出校。

〔一五〕葉大司馬：即葉夢熊，字男兆，號龍潭，廣東歸善（今廣東惠陽）人。嘉靖四十四年（一五六五）進士，授福清知縣，擢户部主事，改御史。以諫受把漢那吉降，謫郃陽縣丞。歷歸德司理、南户部主事、郎中，升贛州知府，補安慶，遷雲南副使，改浙江巡海副使，遷山東按察使、右布政使，以左僉都御史巡撫貴州，副都御史巡撫甘肅，以討寧夏功，遷右都御史兼兵部左侍郎，加兵部尚書，改工部，進太子太保。李將軍：即李如松（一五四九—一五九八），字子茂，號仰城，遼東鐵嶺人，名將李成梁長子。襲父職爲寧遠伯勛衛，累遷山西總兵，遷宣府。寧夏哱拜之亂，任提督陝西軍務總兵官，以功升都督。萬曆二十年，以總兵出兵朝鮮，加太子太保。萬曆二十五年，任遼東總兵官，戰殁。謚忠烈，加封寧遠伯。

〔一六〕城：原本作『河』，據《北海集》本改。

〔一七〕摧：《北海集》本作『雄』。

〔一八〕三月：《北海集》本作『二月』。

〔一九〕『寢』字前，原本有『藩』字，爲衍字，删除。

〔二〇〕『公』字後，原本有『遂』字，爲衍字，删除。

〔二一〕時：《北海集》作『將』。

〔二二〕大司馬石公：即石星（一五三八—一五九九），字拱辰，號東泉，東明（今屬山東）人。嘉靖三十八年（一五五九）進士，除行人，擢吏科給事中，坐言事杖爲民。萬曆初起復，升尚寶司少卿，歷大理寺左右丞，出爲南太僕卿，擢左僉都御史，進左副都御史，轉兵部左右侍郎，升工部尚書，改户部，復加官兵部尚書。倭寇朝鮮，力主封貢之議。後事敗下獄死。有《東泉集》。

〔二三〕『叩』字前，原本有『乞』字，爲衍字，删除。

〔二四〕至齊門：《北海集》本作『京師至齊門』。

〔二五〕周漢人：《北海集》本作『漢人』。以爲用：《北海集》本作『以爲倭用』。

〔二六〕邢司馬公：即邢玠（一五四〇—一六一二），字搢伯，號昆田，益都人。隆慶五年（一五七一）進士，授密雲知縣，擢御史，巡按陝西，累官兵部尚書。萬曆二十五年，封貢事敗，受命總督薊遼軍務，偕經略楊鎬、備倭總兵官麻貴、劉綎、陳璘等入朝鮮抗倭，逾年倭平。卒贈太子太保。

〔二七〕書：原本脱，據《北海集》本補。

〔二八〕不賢：《北海集》本作『不肖』。

〔二九〕王德完：字子醇，四川廣安人。萬曆十四年進士，選庶吉士，改兵科給事中，累遷户科都給事中。光宗立，召爲太常少卿，擢左僉都御史，累官至户部侍郎。萬曆二十八年十月，王德完疏請册立，因言及宫闈，上震怒馮琦疏救，即《宗伯集》卷五二《爲科臣言出風聞致觸聖怒懇乞寬宥以弘聖德疏》。按：王德完之疏實與馮琦商量而上，據王士禛《池北偶談》卷六《王公家書》：『萬曆庚子，臨朐馮公琢菴琦、南充黄公慎軒輝同侍皇長子日講。退謂王公（德完）曰：「今日皇長子閎言母后憂危狀，殆不自保。」馮又曰：「今日之計，母后安則皇長子安，而天下安，否則危矣。須得一人拼性命説破，庶有濟乎！」王公慷慨起曰：「此言官責，公詞臣，可無言，然某言之必死，老母弱子，以累慎軒矣。」疏入，神宗大怒，下詔獄究問主使之人。當是時，馮公自分不免。王公備任慘毒，但云道路喧傳，高皇主使。語不及他。拜杖謫歸。』

〔三〇〕沈榜：浙江仁和人，隆慶元年舉人，歷官至江西饒州府同知，萬曆二十七年因貪墨削職，夤緣太監得復職，馮琦偕尚書李戴疏榜罪，削籍去。

〔三一〕《肅官常疏》：即《宗伯集》卷五四《爲肅官常清吏治端士習懇乞聖明嚴爲申飭以挽回世道人心疏》。

〔三二〕張經（?—一五五五）：字廷彝，號半洲，福建侯官人。正德十二年（一五一七）進士，歷嘉興知縣、給事中、太僕寺少卿、大理寺卿、山東巡撫，以兵部右侍郎總督兩廣軍務，晋陝西三邊總督、南京户部尚書，改兵部。爲嚴嵩構陷，坐以失律，弃市。有《半洲稿》。

〔三三〕麻溶：字明之，宣城人。萬曆十一年進士，歷吏部主事、郎中，以户部郎中分守冀南道，遷汾州守、山西參政，及卒，貧不能殮。馮琦爲請，贈太僕寺卿。

〔三四〕上：《北海集》本無。

〔三五〕朱化孚：號岱晟，安寧人。萬曆二十年進士，授行人，主試貴州，號得士。遷兵部主事，轉本部郎中，擢寧夏兵備道，轉貴州參議，升湖廣按察使。有《陽城紀勝》。

〔三六〕疏：《北海集》本作『婉』。

〔三七〕成：《北海集》本無。

〔三八〕彷徨不寐：《北海集》本作『夜彷徨不寐』。

〔三九〕浹：原本作『狹』，據《北海集》本改。

〔四〇〕蔭臣：《北海集》本作『廢臣』。

〔四一〕沈公：原本作『陳公』，據《北海集》本改。沈子木（一五二八—一六〇九）：字汝南，號玉陽子，浙江歸安人。嘉靖三十八年進士，授當塗令，擢工部主事，遷員外郎，歷廣西副使，進右參政，擢湖廣按察使，晋右副都御史撫山西，遷南太常卿，入爲通政使，晋南京右都御史。

〔四二〕元輔：指當時内閣首輔沈一貫。萬曆三十年七月，沈一貫上《馮宗伯宜予告揭帖》：『昨日山東一省官員尚書蕭大亨等二十餘人齊來朝房，來見臣等，爲禮部尚書馮琦講説患病真實，甚危極苦，勢難久留，欲臣等進揭上請，若獲早准回籍，尚可保身事君等情。』十月，沈一貫又代爲乞請，《神宗實録》卷三七七『萬曆三十年十月』：『戊申，大學士沈一貫等題：「禮部尚書馮琦實係病危，委非退托。況部事繁劇，無一佐貳代理，雖欲安心静養，勢不能必，衹益之病耳。……使其果疾篤耶，其身自危殆，留之何益。與其愈留愈請，沿爲虚文，孰若旋去旋補，得有實用。臣等有慨於中久矣，非獨爲琦發也。統望皇上裁之。」不報。』

〔四三〕咽：《北海集》本無。

〔四四〕尸：《北海集》本作『化』。

〔四五〕康侍御：即康丕揚，字士遇，號驤漢，山東陵縣人。萬曆二十年進士，授寶坻縣令，轉密雲縣令，擢御史，巡按山西、遼東，致仕歸。

〔四六〕任：據《北海集》本補。

〔四七〕張先生：生平俟考。

〔四八〕自：《北海集》本作『身』。

〔四九〕楊文裕：字順叔，固安人。隆慶四年舉人，歷官至九江榷使。

〔五〇〕佘：原本作『余』，據《北海集》本改。

〔五一〕楊士鴻：原名雲鴻，字盤石。原籍平原縣，移籍禹城。萬曆十七年進士，授密雲知縣，升刑科給事中，改吏科。

〔五二〕尚寶公：指葛昕，字幼明，號龍池，德平人。以祖葛守禮蔭起家，授都督府都事，遷工部郎中，累官尚寶司卿。有風節，持正不阿，天下壯之。詩文疏爽駿快，有《集玉山房稿》。

〔五三〕窮經：《北海集》本作「窮理」。

〔五四〕刑部：原本作「邢部」，據《北海集》本改。王基：字啓亨，青州左衛人，嘉靖四十四年（一五六五）進士，授户部主事，遷員外郎、郎中，時相欲羅爲私人，基不往，因左遷兩浙鹽運同知，擢大同知府，升山西副使、右參政，丁憂歸，服闋，補蒲州。歷湖廣按察使、浙江布政使，入爲兵部右侍郎，轉左，引疾歸。再起南京刑部侍郎，升户部尚書，總督倉場，兼兵、工二部尚書。卒贈太子少保。有《雲中奏議》。

〔五五〕石恂：青州人，兵部尚書石茂華之子，官生，歷官至石阡知府。

〔五六〕公鼒籍爲青州府蒙陰縣，馮琦籍貫青州府臨朐縣，二人皆生於嘉靖三十七年戊午，臨朐馮氏與蒙陰公氏爲世交，二人并稱「齊地二彦」，公鼒許之爲「四海一知音」（《答用韞夜話作》）、「四海一知己，老死足自寬」（《答用韞》）。萬曆二十九年，公鼒方中進士，時馮琦以吏部侍郎主考會試，以摯友而成爲其門生。

〔五七〕九京：《北海集》本作「九原」。

〔五八〕《北海集》本無「翰林院編修」。

# 明資政大夫、禮部尚書兼翰林院學士贈太子少保琢菴馮公神道碑[一]

光禄大夫、柱國、少傅兼太子太傅、吏部尚書、中極殿大學士、知制誥、經筵日講事、國史、玉牒總裁四明沈一貫撰

資政大夫、協理京營戎政兵部尚書、前奉敕總督宣大山西軍務、侍經筵洺州王世揚書[二]

光禄大夫、柱國、少保兼太子太保、刑部尚書、前總督宣大山西軍務兼理糧餉、太子太保、兵部尚書兼都察院左副都御史泰安蕭大亨篆[三]

贈太子少保馮公琦，字用韞，青之臨朐人。萬曆丁丑進士，入翰林爲庶吉士，授編修，歷禮部尚書兼學士。歲癸卯，卒於位，壽四十有六。海内士人識不識，恨不大拜、永年、究厥施[四]。而上亦云：『是前輔臣錫爵所嘗薦者。』爲憮然云[五]。

公天質奇瑋，氣朗朗絶塵，學無所不窺[六]，期於經世致用。入史局，益究心我列帝典謨洎先臣條畫。供奉日講十餘年，所陳説治本亂萌，比古諷諫，積有若干卷。爲侍講、宫坊時，或議開五臺礦可助邊，則移書守臣：『此千數金幾何，而令他日有聞則求多膻而營使者[七]，孰利多寡也？』東朝未建，下詔并封三王，則立奏記太倉公『有祖訓在』，太倉公亟引争，直謂『左庶子馮琦語臣如此』云[八]。爲少詹事、禮部右侍郎時，倭在朝鮮，封議興[九]，則言：『倭跳梁海外，方張甚，安

所急吾封？』先是，寧夏卒據城畔，公策之，謂宜用間，無急攻而輕決河灌城，微獨多殺傷士，且恐水壅猝難自反，即以雄鎮百萬命易數賊首，未稱得計矣。

罷外艱家居，聞朝事有不可，輒憂於色〔一〇〕。西虜創後，談者争言罷市，公曰：『言何易哉！曷不問内備而亟挑釁爲？』所與諸制梱書，權關右、雲中、上谷緩急甚晰。師救朝鮮，咸疑我不代人受兵。公曰：『我非救朝鮮，争朝鮮也〔一一〕。漢人故用西域制匈奴矣。假令朝鮮折而入於倭，且代倭難我，惡乎其不救？』〔一二〕經略邢大司馬濟師，公力贊之：『今日如唐蔡功，斷乃成耳。』〔一三〕且倭既遁，异議猶不休，公謂：『諸臣久异域，轉戰數千里，藩屬復完，不可謂非功。即有所亡失，詎可謂罪？』播酋拒命，公謂：『討固宜，顧何用煩騷天下半，第先聲驟迫而多疑之，行自殲也。』〔一四〕此其前後料敵制勝，出人意表，而洞燭終始〔一五〕，無不逾度懸中者。

其在吏部，入則佐太宰，澄流品，出則廣延見，周咨詢。隨人地資望而劑酌所宜，疏定銓格。每月旦，書其需次之俸，而揭諸屏次銓之，既月復如之，幾幸者乃無容私。而故事，計外吏有疵者，悉署『不及』。公謂：『京考有「浮躁」之目，浮躁者過之，非「不及」也。必正其稱，乃服人心。』疏而增之。蓋少宰二年而草建儲、停礦税疏甚多，皆剴切曲盡，善以邇言微語作轉旋。上諭及『君臣一體』，則爲群臣引咎，以微動之。楚璫陳奉罷還，則請釋其所誣逮者，即以推敕降官被誥〔一六〕，則言：『今選曹不易爲宜，容其以落階供事。』當譴職方〔一七〕，空其署，則請免其比舍不預事者，而因備列數年中所連坐者，咸宜甄叙云〔一八〕。其因事納忠，多此類也。上或用或不用，顧察公悃誠，而時爲之霽威竦慮矣〔一九〕。

將舉三慶典，特簡公秩宗，三日而具諸儀〔二〇〕。俄司設璫稱詘〔二一〕，欲改期，公瞿然曰：『中外眼穿，此舉今已晚，何所得若言？』適户曹郎輦遼餉四萬金出都，遽以便宜止之。而畀司設，禮遂成。因言：『上以大禮成歸功聖母，親朝長信宫，加徽號，事親至孝。願持此事天，躬郊祀之禮。』上勞之云：『其須三殿成。』壬寅之反汗也〔二二〕，公抗言：『聖體危而復安，何可令聖德光而復晦？播二三之令，失億兆之心，後有緩急，人誰信之？亦思瀕危時有金如山，何所用哉？』復以灾沴三疏論中使，皆報聞。其得稍禁抑者，若晋璫孫朝詰魏中丞允貞，而言『貞清操無兩，臣願以百口保』，得不問。張忠者掊一令宜調，高寀者挽一藩使可巡撫。公言此輩何知，安可令侵黜陟權。饒倅既墨敗，緣税事，希復留，公削其籍。粤璫李鳳爲其翼豎營貲官，公謂大司徒：『何可令此事自今始？』俱得寢。所遣璫乞關防至再，公固勿與，上乃牙章代之。而佐銓時，痛故大司馬張公經讒死，白其寃，與恤典。麻方伯溶卒，貧，請特贈太僕卿。典禮時，疏覆故相高公拱有款虜功，恤贈賜謚。通政使沈公子木請復建文君祀，議廟之於懿文側。若申定宗制，則議罷秦庶長子封，奪崇繼妃封，皆據法持公，凛凛必行，無虞中格與旁撓也。秩宗二年，疏復十數上。易簀時，猶删其嘗所草牘而奏之，比於尸諫。遲明，度疏入，乃瞑。嗚呼！公可謂致身盡瘁矣。

弱冠登朝，二十七年，自以世受國恩，念所爲報主承先者，晷刻在慮。大旨欲引當道，顧先務自捐成心，厚集君子之朋，乘宜量分而精圖之。恒言：『今朝士自相猜，何由信於上？不信則不任，不任且旁啓竇。必也至誠至公，息争絶嫌，庶有濟乎？』又曰：『吾儕當以體國奉公爲先，别白是非爲後；誠意感通爲先，犯顔觸忌爲後。寬一分有一分之益，成一事有一事之功，毋爲難巨輒諉。』噫，此真救時要術，古大臣詎有易哉！何以相乃不死！嗟夫！人之生也，咸賢之甚難；咸賢之而可信於後來，尤甚難。公之早世也，大命也夫。余屢隕涕而爲之碑，然未暇詳，詳乃在志狀、家乘、詩文集中。[二三]

銘曰：方公誕時，于鑠有徵。銜火曜闈，母也寤興。王母曰嘻，睹冕而降[二四]。稱宋魏國，昔于來降。禮斯瑰寶，肇叶嘉名。誰能叶之，實韓載生。煜燁五雲，著祥臚句。藜閣蘭臺，亦兹早遇。若韓焚草，公乃積誠。若韓決策，公乃不驚。若韓籌邊，匪旅以勝。若韓鋤奄，匪敕用膺[二五]。長流深壑，浡乎厥神。高山大岳，龐乎厥真。謂稚圭誰，吾用韞是。來去一身，曩今問起。孰氏爾韞，寠位與年。寠位與年[二六]，人胡却前。我書豐珉，旌此靈域。重來何時，祚我明德。

【校注】

〔一〕此文亦見沈一貫《喙鳴文集》卷一七（下省稱《喙鳴》本）。

〔二〕王世揚（一五四四—一六〇八）：字孝甫，號懷棘，廣平縣人。萬曆五年進士，授行人，擢湖廣道監察御史，以右僉都御史巡撫宣府，加右副都御史，晋兵部侍郎，總督宣大，累官至兵部尚書。

〔三〕刑部：原作『邢部』，訛；泰安：原作『秦安』，訛。蕭大亨（？—一六一二）：字夏卿，號岳峰，山東泰安人。嘉靖四十一年進士，授榆次令。擢户部主事，升郎中，歷河南按察司僉事、調陝西，升山西右參議，補陝西右參議，遷山西副使、參政，以僉都御史巡撫寧夏，改宣府，升兵部侍郎，遷刑部尚書，改兵部。卒贈太傅。

〔四〕永年：《喙鳴》本無。

〔五〕臣：《喙鳴》本無。憮：原本作『撫』，據《喙鳴》本改。

〔六〕不：原本脱，據《喙鳴》本補。

〔七〕則求多膻而營使者：《喙鳴》本作『而膻使者』。

〔八〕云：《喙鳴》本無。

〔九〕封議輿：原本作『款議典』，據《喙鳴》本改。

〔一〇〕輒：原本作『輟』，據《喙鳴》本改。

〔一一〕也：《喙鳴》本無。

〔一二〕代：原本作『伐』，據《喙鳴》本改。

〔一三〕邢大司馬：即邢玠。耳：原本脱，據《喙鳴》本補。

〔一四〕播酋……行自殲也：《喙鳴》本無。

〔一五〕制勝……終始：《喙鳴》本無。

〔一六〕即：《喙鳴》本作『郎』。詰：《喙鳴》本作『詰』。

〔一七〕當：《喙鳴》本作『嘗』。

〔一八〕云：《喙鳴》本無。

〔一九〕竦慮矣：《喙鳴》本無。

〔二〇〕諸：《喙鳴》本無。

〔二一〕設：原本脱，據《喙鳴》本補。

〔二二〕壬寅之反汗：指萬曆帝反悔諭停礦税。《明史·馮琦傳》：『三十年，帝有疾，諭停礦税，既而悔之。琦與同列合疏争。』

〔二三〕何以……乃在志狀、家乘、詩文集中：《喙鳴》本無此數句，而有『斯人之早世也，大命也夫，余屢隕涕而爲之碑』。

〔二四〕降：《喙鳴》本作『絳』。

〔二五〕膺：《喙鳴》本作『正』。

〔二六〕寠位與年：原本無，蓋涉上而脱，據《喙鳴》本補。

# 明資政大夫、禮部尚書兼翰林院學士贈太子少保琢菴馮公墓表〔一〕

賜進士出身、光禄大夫、太子太保、禮部尚書兼文淵閣大學士、知制誥、經筵日講、玉牒總裁山陰朱賡撰〔二〕

賜進士出身、資政大夫、兵部尚書兼都察院右副都御使、奉敕總督薊遼保定軍務兼理糧餉禦倭經略渝州蹇達篆〔三〕

賜進士出身、資政大夫、兵部右侍郎兼都察院右僉都御史、奉敕總督川湖貴州軍務兼理糧餉新城王象乾書〔四〕

宗伯青社馮公既襄事，越明年，山陰朱賡始能表其墓〔五〕。先是，余同參藩公舉南宫，已，與公同史局，兒偱又公闈中所舉士也〔六〕。每次第其遺事，且理且罷去者數矣。雖然，情不忍表，事不宜弗表，表其大者顯者。表曰：

公名琦，字用韞，先世自臨朐徙實遼左，憲副裕復爲臨朐人。憲副公四子，皆制科名士。仲惟重，官行人，子曰子履，官參藩，有文武才，豪宕負氣骨，實生公。

公生而碩偉，穎慧异人〔七〕。聽稱説先朝典故，亹亹不倦。丙子舉於鄉，丁丑成進士，改翰林院庶吉士。己卯授編修。辛巳，直史館，纂修《大明會典》，授書中貴人。壬午，册封代藩，參藩公舊備兵雲中，公以上使過其地，觀者榮嘆之。癸未，充經筵展書官。丙戌，同考會試，尋編纂六曹章奏、起居注。丁亥，《大明會典》成，進侍講，賜銀幣，掌文臣誥敕。戊子，主考湖廣鄉試，榜皆楚材，前茅尤知名士。

己丑，充經筵講官，與交河余文恪公共事〔八〕，因計曰：『講幄甚隔，徒區區持章句爲獻納地，何疏也？不如引古昔理亂，證時政得失，庶幾萬一感動耳。』進右春坊右諭德。辛卯，主順天鄉試。畿闈四方，士龐雜無歸一，又輦轂下易起聲迹爲毀譽。公毖飭有加，都人士稱服如三楚時。會有倡開五臺礦峒以佐經費者，公移記守臣：『此阿堵物何濟緩急，而令禍本貽後日。』

壬辰，進左庶子。值寧夏藩之變〔九〕，公策亟用間間賊，賊易與者，决河非完計。是秋，公主武舉會試，以東西事發策，皆奇中。一日内降議三王并封，公奏記太倉公〔一〇〕：『是萬不可行。』太倉公據《祖訓》力争，直引『左庶子琦語臣如此』。尋進少詹事，兼翰林院侍讀學士，掌院事。參藩公自河南入賀，乞致仕。公請覲，上賜以金帛，乘傳東歸。日侍參藩公嬉嬉樂也，假滿移病，不許，寬假。

會廷推閣臣，當事者越次及公。公假適滿，輔臣奏修國朝正史，起公副總裁。乙未，進禮部右侍郎；丙申，乾清宫火，公從禮部疏論灾异所從起。夏，參藩公病，公一日三上疏乞歸〔一一〕，更引講臣封父母例，希殊恩，上報可。宵馳抵里，泣致上命，參藩公爲一發粲。又三日，始卒。公嘗言寵遇，輒泣下，以爲曠古未有也。

戊戌，服除，再推内閣。己亥，以原官充《玉牒》副總裁，尋進吏部右侍郎。故事，翰林官少辛，優游語無可否〔一二〕。公獨慨然以人才爲任。太宰李公虚己聽之，月朔揭月中倖深者於壁，次第出除目即才地〔一三〕，就月中低昂，無藉言資望亂選法、啓僥幸門〔一四〕。稅使朝訐奏山西巡撫允貞，公具疏『魏允貞清正無兩，不宜使刑餘持其短長』。忠奏知縣某當徙，采薦布政某可開府大臣，公力黜陟權不宜出中使口，皆格不行〔一五〕。

辛丑計吏，條奏一出於公，視往事爲詳密。且曰：『「不及」議黜降，宜也。乃才力有餘而氣易率，習易驕，一切注以「不及」，何以服其心？乞如京朝官增「浮躁」以別之。』著爲令。尋主考會試〔一六〕，取士以爾雅典則爲主，三録皆行於世。文選郎以誤推欽降官得罪，公爲太宰具疏，乞郎中落職供事。上爲之霽威。故總督尚書張經以讒死〔一七〕，久不白，公疏請恤典。山西布政使麻溶有清操，請贈太僕卿。公佐銓僅一年〔一八〕，因事納忠，請建儲宫、罷礦稅，疏無慮數十上，皆洞悉情理，人人以公輔期公。至是滿三品考，贈封如制。再推内閣，進左侍郎，協理詹事府事，教習庶吉士。

旬日，拜禮部尚書兼翰林院學士。公視事三日，即具上册立東宫儀，司設以經費不足，意改期。公曰：『此難以口舌争。』〔一九〕乃馳騎追還遼餉四萬金充費，大禮遂成。逾月，皇太子冠，上慈聖皇太后徽號。明年春，皇太子婚，諸禮皆公手裁定，咄咄立辦〔二〇〕。覃恩封三代皆尚書，而公以勞瘁遂病。先後十五疏乞歸。一日，有旨召公，公輿疾趨長安門，扶掖以歸。逾兩月，遂不起。

公在禮部，所條列悉宫府大計〔二一〕，首以親郊廟、信詔令爲言，復陳救急易行策。謂陳奉一易，全楚帖然。今天下最酷烈者，不過三數人，願擇中使之寬和者畀之。公見士好詭异，倡新説爲奇，請厘正。因條上十五事，上嘉納，次第行之。修諸王表，月朔揭其府若爵之序，請求者不得行〔二二〕。秦王由中尉繼王，請以庶子王郡，以待嫡，令甲支子入繼，嫡子襲親王，餘子皆守本爵。公執謂濫端不可啓。監造中使乞易關防，公不應，上以御前牙關防給之。壬寅歲暮，卧病，猶條上四方水旱灾异狀，陳弭救之策。屬纊前一夕，命家人補舊牘上之，慨然曰：『吾以此尸諫。』疏入而瞑。

公天性和易周慎，常若不及。至臨事，侃侃争是非，未嘗少失官守。生平仕宦以經術事上，至策諸邊防、諸省會事，又宿將老吏不如也。嘗策朝鮮用兵，爲門庭逐寇，非衛倭人，不退即以不退罪之，倭退又以退罪之，傷勞臣心。且既已遁矣，少損失，何過問乎？公每嘆士大夫意見水火，自相猜阻，何由見信於上？今日論政當先體國，事君當先積誠，彼急於别黑白、務於有犯無隱者，猶其後也。聞者以爲知言。所著作半皆散佚無見，書獨諸封事載國史中。

先是，祖母太夫人夢朱衣人當户立，曰『我韓琦也』，已而生公。世遂按忠獻立朝〔二三〕，以惜公遇，尤大惜公年。夫片言悟主，即爲大榮；盡職無曠，即爲不朽。公佐銓典禮，皆宗社重寄，豈必鼎鉉耆艾哉〔二四〕！即忠獻自盟，能愜所欲建立否？吾謂馮公爲無憾〔二五〕，遂忍痛而爲之表。

## 【校注】

〔一〕此文亦見朱賡《朱文懿公文集》卷八（下省稱《文集》本）。

〔二〕朱賡（一五三五—一六〇八）：字少欽，號金庭，浙江山陰（今浙江紹興）人。隆慶二年進士，改庶吉士，授編修，歷侍讀、禮部左右侍郎，至禮部尚書兼東閣大學士。有《朱文懿公文集》。

〔三〕蹇達（一五四二—一六〇八）：字汝上，更字汝循，號理菴，巴縣人。嘉靖四十一年進士，授祥符令，累官至右都御史兼兵部尚書、薊遼總督、太子太保。有《督撫奏疏》《鳳山草堂集》等。

〔四〕王象乾：字子廓，號霽宇，山東新城人。隆慶五年進士，歷僉都御史巡撫宣府，加兵部侍郎，總督川湖貴州軍務，以平播功，遷薊遼總督，進兵部尚書，兼署吏部事。累加太子太師。

〔五〕能：《文集》本作『得』。

〔六〕『參藩』原本作『藩參』，訛，據文例改。朱賡與馮子履爲同榜進士，又與馮琦爲翰林院同僚。其子朱敬循，號石門，萬曆十九年順天鄉試中舉，馮琦爲主考。二十年成進士，歷禮部郎中，改吏部稽勳司，遷太常少卿，終右通政。

〔七〕慧：《文集》本作『惠』。

〔八〕交河余文恪公：即余繼登，謚文恪。

〔九〕藩：《文集》本作『蕃將』。

〔一〇〕太倉公：指王錫爵，因其爲江蘇太倉人，故稱。

〔一一〕上：《文集》本無。

〔一二〕語：《文集》本作『晝諾』。

〔一三〕目即：《文集》本作『爲用』。

〔一四〕無藉言資望亂選法、啓僥幸門：《文集》本作『無藉人觀望亂常以啓僥幸門』。

〔一五〕山西税監孫朝誣訐巡撫魏允貞、礦監張忠論調夏縣知縣韓薰、廣東税監高寀薦布政使陳性學爲巡撫，見王錫爵《琢菴馮公墓志銘》：『孫朝誣奏撫臣魏公允貞，公疏以百口保之，得不問。張忠論知縣韓薰當調，高寀薦布政使陳性學可巡撫。』

〔一六〕考：《文集》本作『典』。

〔一七〕張經：《文集》本作『蔡經』。按，張經初冒蔡姓，及顯貴始改復本姓。

〔一八〕一年：《文集》本作『二年』。

〔一九〕曰：《文集》本作『知』。

〔二〇〕咄咄：《文集》本作『咄嗟』。

〔二一〕官府：原作『官府』，據《文集》本改。

〔二二〕得：《文集》本作『能』。

〔二三〕忠獻：即韓琦（一〇〇八—一〇七五）：字稚圭，號贛叟，北宋相州安陽人。天聖五年（一〇二七）進士，歷任通判淄州、監左藏軍、右司諫、權知制誥等，升陝西安撫使，進樞密直學士，累官樞密副使、樞密使，拜爲丞相。卒謚忠獻。與范仲淹、富弼齊名，爲北宋重臣。有《安陽集》。

〔二四〕耆艾：《文集》本作『耆耋』。

〔二五〕吾：《文集》本作『予』。

## 大宗伯琢吾馮公誄有序〔一〕

維萬曆三十一年歲在癸卯，三月三日，故資政大夫、禮部尚書兼翰林院學士北海馮公告終於位。越十一月廿日〔二〕，葬於青郊祖兆，禮也。國傾大厦，世賈連城。愾嘆結於班行，寤擗流於寰宇。罷杵歌者比巷〔三〕，换瑱玦以盈塗。禮官上聞，皇情震悼。爰命司空宅兆，内史宣辭。賵以宫保之階，護以皇華之使。出東園之秘器，題奏登輿〔四〕；假虎賁之羽儀，葆吹在道。乃遵大陸，言返舊鄉〔五〕。殯閣未陳，玄宫載考。嗚呼哀哉！

夫神鍾岳降，既甄日觀之靈；光表星分，亦泄玄枵之彩。豈非弼由帝賚，運假人成，將以弘四七之訏謨，濟百六之厄會者哉？然而霖施未沛，鼎席方虚，殲茂質於華齡，踠長材於短步。栽培無準，昭假何徵。諒國步之未康，豈旻威之無厚與？行也幸緣世契，夙結心知。尚慨離居，倏馳訃問。山陽笛韵，虚纏向子之悲；谷口琴聲，永輟伯牙之奏〔六〕。芳輝欲閟，遺烈未忘。爰誄素旂，以宣哀悃。其辭曰：

邈哉景胄，代有麻徵。在秦上黨，在漢杜陵〔七〕。猗與北海，肇自明興〔八〕。重輝遞映，遥派相承。四世策名，襲珪叠組〔九〕。華耀仕林，文雄藝圃。鍾美維公，才超振古。丕構考謨，纘戎祖武。

長庚芒散，暘谷靈分。瑰姿炯夜，逸軌空群。甫臻弱冠，已際風雲。策模賈傅，對掩終軍〔一〇〕。總橐筆承明，宏辭熠爍。演綸左扉，皇猷渾噩。市駿燕臺，剖珍楚璞。畢獵瑰奇，高懸榘矱。乃貳國章問道，太室陳圖。晝延内殿，日進嘉謨。宸輝雖越，高聽猶孚。功成涓蠖，是謂師儒。乃司造士，文風允穆。陸公之奏，山公之牘〔一二〕。窮海流傳，彌天頌服。均，官常丕肅〔一一〕。儲宫茂建，國本攸寧〔一三〕。疇襄大典，實維巨卿〔一四〕。功收獻納，位正寅清。皇輿望泰，鼎路徯升。

謂天蓋夢，錫公何渥？謂天無爽，奪公何速？二豎沉綿，背寒違燠。堂下墜鱣，座隅止鵬。嗚呼哀哉！

公之性質，金純玉潔。公之才藻，雲流雷掣。二酉紬藏，九流考業。何道弗臻，何思弗徹〔一五〕？靈心秉照，算析重玄。豐華御辯，萬象雕鎸。詩則韋杜，文則馬班。隨珠耀月，和玉生烟。孝友宅躬，端恪成性〔一六〕。貌偉而恭，詞温而正。茂德鎮華，淳資抑競。峻極象崇，汪洋比映。鄧侯有位，王令無年〔一七〕。逾强望艾，髮縝顔丹。蘭膏爐夜，玉樹沈淵。有如可贖，何百何千？楚囊遺忠，衛鰌尸諫〔一八〕。太上動容，路人興嘆。帝之寶臣，民之碩範。何議之需〔一九〕，徽稱未薦。嗚呼哀哉！

蹇予窾啓，早濫詞林。繼得夫子，方駕披襟。綢繆文史，流連酒琴。豈惟偶影，允謂同心。靡謀不咨，靡適不與。載歌且謡，倡予和汝。地無邇遐，形忘出處。尺蹄之間〔二〇〕，不離寒暑。憶公北上，訣我齊郊〔二一〕。臨歧色黯，望遠魂銷。期公早遂，及予晚凋。弗圖弗慮，先折豐條。里巷同時，石交蓋藐。

維二三君，歲寒是保。歷下白楊，蘭陵宿草。公其如何，捐予復早〔二二〕。題書挂壁，賦草緘縢。耳憑墜响，目結遺形。諒齊淹速，亦了虧成。情猶未免，能不沾纓？嗚呼哀哉！

鼓篇載更，輀軒告駕。捨此華屋，即彼厚夜。塵暗墨堂，霜凝月榭。景徽未沉，儀刑永謝。牛山雪涕，溜水流寒。松風凄緊，薤露悲酸。慈親嗷嗷，稚子欒欒。鸝歌往吉，鶴化歸難。生死理常，疇能終免？烈烈如公，千秋未遠。誄德陳詞，百不一展。泪盡抽憑，心催搦管〔二三〕。嗚呼哀哉！

大學士年友東阿于慎行頓首拜撰。

**【校注】**

〔一〕大：原作『太』，據于慎行《穀城山館文集》卷三一所收本文改（下省稱《穀城》本）。

〔二〕十一月廿日：《穀城》本作『某月某日』。

〔三〕楮：《穀城》本作『杵』。

〔四〕奏：《穀城》本作『凑』。

〔五〕返舊：原作『舊返』，據《穀城》本乙正。

〔六〕山陽句：晋向秀（字子期）《思舊賦序》：『余與嵇康、吕安，居止接近，其人并有不羈之才……其後各以事見法……余逝將西邁，經其舊廬，於時日薄虞淵，寒冰凄然，鄰人有吹笛者，發聲寥亮。追思曩昔游宴之好，感音而嘆。』谷口句：即俞伯牙、鍾子期之典，見《列子·湯問》。

〔七〕在秦上黨，在漢杜陵：戰國時馮亭爲上黨守，其後家族分散，有留至山西潞城者，有居河北者；至西漢文帝時，車騎都尉馮唐徙居安陵，其弟馮騫自上黨徙居京兆杜陵，是爲杜陵馮氏。

〔八〕北海：即臨朐。馮惟敏《馮氏世録引》：『先府君嘗手録《馮氏世系》一帙，實自朐高祖考始，勝國以往莫稽焉。』馮裕之高祖，即馮思忠，明初戍遼爲軍户。

〔九〕四世：自馮琦上溯，其父子履、祖惟重、曾祖裕，四世皆進士。

〔一〇〕賈傅：即西漢賈誼，因其曾爲長沙王太傅，故稱賈傅。馮琦的策論奏疏，論者比之賈誼，王錫爵《琢菴馮公墓志銘》：『每奏疏出，人競傳録，大抵直如賈誼而温，達如陸贄而約，豈如蘇軾而巽。深語欲涕，微言可思。』公鼐《琢菴馮公行狀》：『鼐每謂歷代文學之臣，必有以議論爲功業者，如漢之董、賈、晁錯，唐之魏玄成、陸敬輿，宋之歐、王、司馬，其文皆專於經世，而有用與不用。公之在我朝，當比於數子，惜用而未盡，其賈長沙、陸敬輿之儔乎？』終軍（？—前一一二）：字子雲，濟南人，年十八選博士弟子，武帝時官諫議大夫，出使南越，後越興兵叛漢，被殺，年僅二十餘。終軍從武帝幸雍祠五時，獲白麟，上對，帝爲改元爲元狩；出使匈奴，詔問畫吉凶之狀，上奇軍對，擢爲諫大夫，事見《漢書·終軍傳》。

〔一一〕丕：《穀城》本作『不』。

〔一二〕陸公：指唐代的陸贄（七五四—八〇五），字敬輿，嘉興人。大曆八年（七七三）進士，中博學宏詞科。歷監察御史、翰林學士，拜兵部侍郎，遷中書侍郎，同平章事。貞元十年，遭户部侍郎裴延齡構陷，被罷相。追贈兵部尚書，謚號『宣』。有《陸宣公奏議》等。山公：指山濤（二〇五—二八三），字巨源，河内懷縣人。『竹林七賢』之一。司馬氏執政，累遷尚書吏部郎，晉朝建，遷大臚，入爲侍中，遷吏部尚書、太子少傅、左僕射。《晉書·山濤傳》：『濤再居選職十有餘年，每一官缺，輒啓擬數人，詔旨有所向，然後顯奏，隨帝意所欲爲先。故帝之所用，或非舉首，衆情不察，以濤輕重任意。……濤所奏甄拔人物，各爲題目，時稱「山公啓事」。』

〔一三〕萬曆年間的『國本』之争，馮琦亦曾發揮較大作用。萬曆二十一年，首輔王錫爵推出『三王并封』之議，馮琦有《上王相公論三王并封書》，寢『三王并封』之議。二十八年，馮琦主使工科給事中王德完上疏册立，隨後又上《爲亟舉大禮以定人心疏》。

〔一四〕萬曆二十九年十月，馮琦甫莅禮部尚書任，即主持皇太子册立大典，擁立『國本』。

〔一五〕弗：《穀城》本作『不』。

〔一六〕恪：《穀城》本作『確』。

〔一七〕鄧侯：指西漢鄧通，以得漢文帝寵，位至上大夫。王令（一〇三二—一〇五九）：北宋詩人。

初字鍾美，後改字逢原。原籍元城（今河北大名），長於廣陵（今揚州）。詩風奇峻，得王安石揄揚，蜚聲文壇。不幸短命早世。此以王令比馮琦。

〔一八〕楚囊遺忠：春秋時楚國令尹子囊臨死諫言，《左傳·襄公十四年》：『楚子囊還自伐吴，卒。將死，遺言謂子庚：「必城郢。」君子謂：「子囊忠。君薨不忘增其名，將死不忘衛社稷，可不謂忠乎？忠，民之望也。」』衛鰌尸諫：衛鰌即衛國大夫史魚，名佗，字子魚，亦稱史鰌。《韓詩外傳》卷七：『衛大夫史魚病且死，謂其子曰：「我數言蘧伯玉之賢而不能進，彌子瑕不肖而不能退。爲人臣生不能進賢而退不肖，死不當治喪正堂，殯我於室足矣。」衛君問其故，其子以父言聞，君造然召蘧伯玉而貴之，而退彌子瑕，徙殯於正堂，成禮而後去。生以身諫，死以尸諫，可謂直矣。』

〔一九〕需：《穀城》本作『須』。

〔二〇〕間：《穀城》本作『問』。

〔二一〕萬曆二十七年九月，馮琦服闋赴京，途中與于慎行相約同游泰山。據邢侗等《東阿于文定公年譜》：『（二十七年九月）癸丑，馮公至（泰安）州，往視之……甲寅，及馮公登岱，朝於日觀，酒於岳顛……乙卯，下，馮公飲於經峪，公文學鼐飲於禪房，宿齋所。丙辰，及馮公登三陽。丁巳，社首，抵靈岩。戊午，登方山，遂别。』此别爲兩人最後一别。

〔二二〕予：《穀城》本作『余』。

〔二三〕管：《穀城》本作『琯』。

## 宗伯馮公傳〔一〕

禮部尚書北海馮公壬寅薨於位，夏仲月，訃來自燕，予卒哭念公之嗣子幼，而予且老，遂據生平所知於公者，爲《宗伯馮公傳》。

公諱琦，字用韞，臨朐人也，學者尊爲琢菴先生。家世宦達，具志乘。父參政公子履，母宋夫人。參政公與予同舉隆慶戊辰榜進士，歷官郎徼，所至有威望，著文武聲。宋夫人妊公有异徵，大母蔣太夫人夢朱衣當户者，自稱韓琦，因以名公。

公生十八，舉於鄉，十九成萬曆丁丑進士。時予從黄門分校闈中，得公卷，大异之，意爲宿學。及放榜，故鮮華少年，然凝重弘碩，又豁然長者，不妄言笑，已有公輔之器云。已，改翰林院庶吉士，司教習者爲太原王公〔二〕。王公慎許可，又程課嚴，顧特目屬公，每見必勉以大業。公亦益嗜學，日翻讀中秘書，與太原公反覆疏解，進止皆有恒度，識者已儀重焉。

尋授編修，直史館，纂修《大明會典》，授中貴書。以正使册封代藩，王享公有加禮，公一無所受。丙戌，以經筵官同考會試，所舉皆知名士。尋編纂六曹章奏，注起居。《會典》成，晋侍講，兼掌文臣誥敕。戊子，主湖廣鄉試。辛卯，主順天；壬辰，主武舉會試。公時以少詹侍讀學士遇參政公致政，亦請覲歸。上念公父子匕箸間，再予假。

會當事者推閣臣，越資以望推公，遂起公副總裁國史。尋晋禮部右侍郎，以外艱歸。服除，以原官充《玉牒》副總裁，進吏部右侍郎。辛丑，主計吏。已，主考會試。是秋以三品考滿，晋左侍郎，協理詹事，教習庶吉士。贈封蔭子如制。未幾，册立詔下，拜公禮部尚書。尋以皇太子冠婚大典，封三世皆尚書、學士。公任事逾年，以勞瘁，疏十五上乞歸，上不許，竟薨於官。公享年四十有六，自筮仕迄今亦逾二紀。

公學既淵本六經，志復以當世爲務。一切宫府大計，胸中具有成畫。不屑屑步武詞章之習，然當世卒不能盡公之用，公亦以黑頭早謝，不能盡用於時，獨其大者可識焉。公凡五試事，每中夜校閲，不知瘁，曰：『人臣事君以人，當爲主上求實才，豈距以倉卒了故事？』故諸舉首皆拔自廢卷中，俱天下名士。所懸示程式，冲和爾雅，文體爲之一變。尤於發策沉慮殷憂，讀者爲之色動焉。以翰林佐吏部，不務優游養尊，獨銓品裁定，每月揭官俸深者於壁，以次推補，稍低昂其才地，嗜進者卒不得越。及草計吏條教，增『浮躁』以署『跅弛』者，後皆永可爲法。在經筵，以拘拘訓詁非所以格上，與交河余文恪公互引古今政治得失爲《通鑒分解》〔三〕，溯源索微，反覆感動。

公奏疏皆手自拜稿，以灾患頻仍，礦税使横甚，請蠲貸，請撤使，又請不得已以中使之良者易其尤無良者，又以百口保撫臣魏公允貞見誣於中使孫朝，又力持知縣韓薰、左轄陳性學爲中官張忠、高宷所論薦，非黜陟體，不可，皆報本〔四〕。李鳳爲參隨官請入貲加銜，公言『是虎而翼也，且漸不可長』，亟移書大司徒止之。有以邊匱議開五臺礦税，公極言礦利甚眇而乘釁爲奸巨〔五〕，後必有不可支者。已，礦使大擾，撫臣悔不用公言。又嘗以不給關防持中使之乞監造者，至請御前牙關防以去，蓋貂璫側目矣。而公持身嚴，無纖毫可指議，卒無奈公何。又長於邊事，度關白必不肯就封。已，果以封敗。亂卒訌西夏〔六〕，公語督撫無頓師堅城、無輕浸三版，以自撤藩垣、困獸無主，當善用間。卒以間潰楊酋之叛。籌事者議撫，公曰：『無能懷也，非兵不克。』後果如公言。

在禮部，以士風日壞，請廣厲學宮，嚴禁异説，條上十五款，著爲令。修同姓諸王表，每月朔揭某府某爵應得之序，如銓部法〔七〕。終公之任，無格外邀請者。秦王由中尉繼國統，欲先封庶長以待嫡，公力持不可，趨議報〔八〕，終不上。公請建儲疏凡數十上，得報可。已，當大禮，司設者猶以經費不足難公，公言：『經費額且數百萬，竭天下力不足供，待足何日？』時公弟户部君瑗輩遼餉四萬出都門，公飛書追還，給司設，遂成禮，蓋公苦心應變又如此。

公嘗言：『宋人有議論而無事功，今人有議論而無議論；非獨無議論，且浸成黨釁。』故公於朝士，皆平心處之。即有好諍，久之多悔悟。事參政公與宋夫人至孝，撫諸弟有恩紀，爲族黨置義田，又設義學以教其有志者。歲饑，出粟賑施，所全活者甚衆。又嘗於征東時力罷青州調兵之議，青人户户祝焉。

公所著書有《北海集》，予嘗爲序之，將行於世。《經濟類編》《通鑒分解》《兩朝大政記》《唐詩類韵》，已有行世者。其未付剞劂者藏於家。

公配姜，封夫人。男三，長士杰，次士楷，次士榘。女一，聘字俱詳在志狀。

余惟世韶年英鷙之士，類溺聲華，不肯務經世學；即有志經世矣，或不得遇合；遇合矣，或其人業遲暮以老。上誠任公久，海内士大夫識不識，皆信嚮公，弇沙之口，獨至公而無异議。公春秋甚富，宜足以行其志矣，而竟憂國以死。嗟乎！悲夫！黑頭憂國，能復幾人！人之云亡，能無殄瘁之戚也！

賜進士中大夫、南京太僕寺卿、前翰林院庶吉士、禮科都給事中、侍經筵官雲間林景暘拜撰〔九〕。

【校注】

〔一〕此文亦見林景暘校刻《馮用韞先生北海集》卷四六（下省稱《北海集》本）。

〔二〕太原王公：即王錫爵，時以詹事府詹事兼侍讀學士教習庶吉士，馮琦則爲萬曆五年所選二十八名庶吉士之一。王錫爵爲太倉人，因其源出太原王氏，故稱『太原王公』。

〔三〕余文恪公：即余繼登，時與馮琦同爲日講，馮琦所講匯爲《通鑒分解》，實即《宗伯集》卷三一至卷四七所收《日講通鑒直解》。其書極善借古諷今，其弟子李騰芳《擬進講記》曰：『借古人孅美得失之端，爲今日藥石攻療之論，此公之用心微曲堅苦，非人之所能知也。』

〔四〕不可皆報本：《北海集》本作『不可聽，皆報可』。

〔五〕爲奸巨：《北海集》本作『爲奸者巨』。

〔六〕亂卒：『亂』字原脱，據《北海集》本補。
〔七〕如：據《北海集》本補。
〔八〕趨：《北海集》本作『趣』。
〔九〕林景暘（一五三〇—一六〇四）：字紹熙，號宏齋，松江華亭（今屬上海）人。隆慶二年進士，選庶吉士。授禮科給事中，累官至南京太僕寺卿。有《玉恩堂集》。

# 馮文敏公傳

孫承澤

文敏馮公名琦，字用韞，其先自臨朐徙實遼左。公曾祖復自遼左歸臨朐。曾祖諱裕，舉進士，官至貴州副使。生四子，皆有才名，惟健、惟重、惟敏、惟訥，相繼取科第。惟重生子履，官河南參政，是爲公父。公未育時，祖母蔣夫人夢偉丈夫朱衣當户，問其名，曰：『我韓琦也。』

公生而穎异絶人，授書日誦千言，晝夜誦讀不輟。父母以勞禁之，乃懸帳翳燈，默誦達曙。萬歷丁丑舉進士，選翰林庶吉士，年纔十九。由編修歷宫詹〔一〕，晋陟亞卿，年未四十。入史館，肆志問學，尤究心曆聖典謨洎先臣條奏，講求有用之學。謂魏相條上漢故事，可爲師法，而奏議論事，則陸宣公一人而已〔二〕。供奉講筵十餘年，嘗與交河余文恪繼登約曰：『前代講筵以資獻替，今日講取訓釋耳。上久不御講，講臣安所關其忠？當稍引古治亂證時政得失，此古人諷諫意也。』

今集中《通鑒分解》，規戒措注，皆有用之文，成一家言。東朝未建，有詔并封三王，國論沸騰，公取《皇明祖訓》一條正告太倉[三]，太倉主其議，亟上疏引罪曰：『臣實懵，不考祖訓，左庶子馮琦教臣也。』其爲朝廷取重如此。

自詹翰爲吏部侍郎。故事，翰林佐吏部，優游養望而已。公獨慨然以人才爲己任，冢宰李公折行輩下公[四]，凡公所銓定，概不復省，一時吏治稱得人。每月揭官俸最深者於壁，以次推補，即才地不同，就一月中低昂之，後者不得逾，營求之門杜焉。辛丑，草計吏條教極詳。舊制：外考當左降者悉署『不及』。公以不及者，謂其才力劣耳，若輕佻周章，豈盡無才者？今以有餘爲不足，非裁抑成就之意，乞如京增『浮躁』一款。時論韙之。旋主考會試。時公初罷計，憊甚，然卷必竟閲，詭邪者不得參，文體爲之一變。無何，文選司郎中以推欽降官觸上怒，公爲太宰具謝罪疏，乞令該司落職供事，上嘉其恭慎，報可。十年以來，聖怒發而復霽，銓部之得所請者，僅此而已。

是時税使横，頗侵黜陟權。孫朝誣奏撫臣魏公允貞，疏以百口保之，得不問。士氣倚公而振。上將舉册立慶典，特拜爲禮部尚書。先是，公請建儲、止礦税疏且數十上，所以密贊宫庭間，更多苦心，至是以大禮屬公。士大夫咸欣幸其遭焉。迫期，司設傳經費不給，公曰：『今日禮爲重，不可與争。』時公弟户部君瑗輦遼餉四萬已出都矣，即追還，給司設而册立行。逾月，皇太子冠，上慈寧皇太后徽號。明年，皇太子婚，三大典皆成公手。公在禮部，無幾何，病居其九。然所陳言，疏皆手創，先以詔令不信、灾沴頻仍，請亟罷礦税、撤中使，不報，則請姑以中使之良者易其尤無良者，語皆絶痛。又請廣厲學宫，嚴禁异説，列十五款以正士趨〔五〕。修同姓諸王表，月朔揭某府某爵應得之序，以格額外之徼請者。秦王由中尉繼國統，令甲惟嫡子得襲，餘子當仍中尉，王以嫡久未生，請先封庶長子郡王以待嫡。公執謂此濫端不可啓，屢奉旨趨議，報終持不上。有中使以監造乞易關防，公弗給，上至以御前牙關防給之，其執法不阿借如此。

嘗有疏極論時政，草具未上。易簀之前，氣息支綴，力疾，删定繕寫奏上，以仿古人尸諫之誼。遲明，度疏入而後瞑，年四十有六。賜祭葬，贈太子少保。三十七年議謚，禮部左侍郎翁正春奏：『琦才優經濟，器本恢弘，是以條議動中機宜，敷陳每多詳切。如規切宰執而寢三王之并封，檄回餉金而完册立之大典。他如塞給諫之幸竇，阻中使之關防；斥税監以護撫臣，黜二氏以崇正學，皆其表著者。盛典當錫，追謚文敏。』有文集行世。

鄉晚學孫承澤撰〔六〕。

【校注】

〔一〕官詹：原作『官詹』，形近而訛。官詹，指馮琦嘗任詹事府詹事。

〔二〕陸宣公：即唐代陸贄。時人將馮琦的奏議比之陸贄，已見王錫爵《琢菴馮公墓志銘》及公鼐《琢菴馮公行狀》。

〔三〕太倉：即王錫爵，江南太倉人，故稱。

〔四〕李公：即吏部尚書李戴，李戴爲隆慶二年進士，與馮子履同榜，馮琦以年家子而與其同僚，故曰折行輩。

〔五〕萬曆二十九年，馮琦上《爲重經術祛异説以正人心以勵人材疏》，奉聖旨：『祖宗維世立教，尊尚孔子，明經取士，表章宋儒，近來學者不但非毁宋儒，漸至詆譏孔子，掃滅是非，蕩弃行檢……覽卿等奏，深於世教有裨，還開列條款來，務期必行。仙佛原是异術，宜在山林獨修，有等好尚的，任解官自便去，勿與儒術并進以混人心。欽此！』馮琦又上《爲遵奉明旨開陳條例以維世教疏》，列十五款：經術、文體、行檢、後場、提學、歲考、入學、冒籍、祠祀、典試、程式、參閲、關節、禁匿名帖、刻書。

〔六〕孫承澤：字耳伯，號北海，又號退谷，原籍山東益都，世隸順天府。明崇禎四年（一六三一）進士，官至刑科給事中。清順治元年（一六四四）被起用，歷任吏科給事中、太常寺卿、大理寺卿、兵部侍郎、吏部右侍郎等職。所著有《五經翼》《春明夢餘録》《庚子銷夏記》等。

## 《明史》列傳〔一〕

馮琦，字用韞，臨朐人。幼穎敏絶人。年十九，舉萬曆五年進士，改庶吉士，授編修。預修《會典》成，進侍講，充日講官。歷左庶子〔二〕。三王并封議起，移書王錫爵力争之。進少詹事，掌翰林院事。遷禮部右侍郎，改吏部。莅政勤敏，力抑營競，尚書李戴倚重之。

二十七年九月，太白、太陰同見於午；又狄道山崩，平地涌大小山五。琦草疏，偕尚書戴上言[三]：『近見太陰經天，太白晝見，已爲極异。至山陷成谷，地涌成山，則自開闢以來，惟唐垂拱中有之，而今再見也。竊惟上天無私，惟民是聽。欲承天意，當順民心。比來天下賦額，視二十年前，十增其四。而民户殷足者，則十減其五。東征西討，蕭然苦兵。自礦税使出，而民間之苦更甚。加以水旱蝗灾，流離載道，畿輔近地，盗賊公行，此非細故也。諸中使銜命而出，所隨奸徒動以千百，陛下欲通商，而彼專困商；陛下欲愛民，而彼專害民。蓋今日神奸有二：其一工伺上意，具有成奏，假武弁上之；其二務剥小民，畫有成謀，假中宫行之[四]。運機如鬼蜮，取財盡錙銖。遠近同嗟，貧富交困。貧者家無儲蓄，惟恃經營，但奪其數錢之利，已絶其一日之生。至於富民，更蒙毒害，或陷以漏税竊礦，或誣之販鹽盗木，布成詭計，聲勢赫然。及其得財，寂然無事。小人累足屏息，無地得容。利歸群奸，怨萃朝寧。夫以刺骨之窮，抱傷心之痛，一呼則易動，一動則難安。今日猶承平，民已汹汹，脱有風塵之警，天下誰可保信者？夫哱拜誅，關白死，此皆募民丁以爲兵，用民財以爲餉。若一方窮民倡亂，而四面應之，於何徵兵，於何取餉哉！陛下試遣忠實親信之人，采訪都城内外，閭巷歌謡，令一一奏聞，則民之怨苦，居然可睹。天心仁愛，明示咎徵，誠欲陛下翻然改悟，坐弭禍亂。乃禮部修省之章未蒙批答，而奸民搜括之奏又見允行。如納何其賢妄説[五]，令遍解天下無礙官銀。夫四方錢穀，皆有定額，無礙云者，意蓋指經費羡餘。近者徵調頻仍，正額猶逋，何從得羡？此令一下，趨督嚴急[六]，必將分公帑以充獻，經費罔措，還派民間，此事之必不可者也。又如仇世亨奏徐鼒掘墳一事〔七〕，以理而論，烏有一墓藏黄金巨萬者？借或有之〔八〕，亦當下按撫核勘，先正其盗墓之罪，而後没墓中之藏。未有罪狀未明，而先没入資財者也。片紙朝入，嚴命夕傳，縱抱深冤，誰敢辨理？不但破此諸族，又將延禍多人。但有株連，立見敗滅。輦轂之下，尚須三覆，萬里之外，止據單詞。遂令狡猾之流，操生殺之柄。此風一倡，孰不效尤？已同告緡之令，又開告密之端。臣等方欲陳訴，而奸人之奏又得旨矣。五日之内，搜取天下金銀已二百萬。奸内生奸，例外創例。臣等前猶望其日減，今更患其日增，不至民困財殫、激大亂不止。伏望陛下穆然遠覽，亟與廷臣共圖修弭，無令海内赤子結怨熙朝，千秋青史貽譏聖德。』不報。

尋轉左侍郎，拜禮部尚書。帝將册立東宫，詔下期迫，中官掌司設監者以供費不給爲辭。琦曰：『今日禮爲重，不可與争。』其弟户部主事瑗適輦餉銀四萬出都，琦立追還，給費，事乃克濟。

三十年，帝有疾，諭停礦税，既而悔之。琦與同列合疏争，且請躬郊廟祭享，御殿受朝，不納。湖廣税監陳奉以虐民撤還，會陝西黄河竭，琦言：『遼東高淮、山東陳增、廣東李鳳、陝西梁永、雲南楊榮，肆虐不減於奉，并乞徹還。』皆不報。南京守備中官邢隆請别給關防徵税〔九〕，琦不可，乃以御前牙關防給之。時士大夫多崇釋氏教，士子作文，每竊其緒言，鄙弃傳注。前尚書余繼登奏請約禁，然習尚如故。琦乃復極陳其弊，帝爲下詔戒厲。

琦明習典故，學有根柢。數陳讜論，中外想望丰采，帝亦深眷琦〔一〇〕。時内閣缺人，帝已簡用朱國祚及琦。而沈一貫密揭，言二人年未及艾，盍少需之，先用老成者〔一一〕。乃改命沈鯉、朱賡。

琦素善病，至是篤。十六疏乞歸，不允。卒於官，年僅四十六。遺疏請厲明作，發章奏，補缺，推誠接下，收拾人心。語極懇摯。帝悼惜之。贈太子少保。天啓初，謚文敏。

自琦曾祖裕以下，累世皆進士。裕，字伯順，以戍籍生於遼東，師事賀欽，有學行。終貴州副使[一二]。祖惟重，字汝威[一三]，進士，行人。父子履，字禮甫[一四]，河南參政。從伯祖惟健，字汝强，舉人[一五]；從叔祖惟訥，字汝言，進士，江西左布政使，加光禄卿致仕[一六]。惟重、惟健、惟敏、惟訥皆有文名[一七]，惟訥最著。

惟健子子咸，字貞甫[一八]。少孤，事母孝。母病，不解衣逾年。母没，哀毁骨立。萬曆元年舉於鄉。再會試不第，遂不復赴。講求濂、洛之學，嘗曰：『爲學須剛與恒。不剛則隳，不恒則退。』治家宗《顔氏家訓》。鍾羽正稱子咸『信道忘仕則漆雕子，循經蹈古則高子羔』云[一九]。

【校注】

〔一〕《馮琦傳》見於張廷玉等《明史》卷二一六（中華書局點校本，下省稱《明史》本）。

〔二〕左：《明史》本無。

〔三〕萬曆二十七年十月，馮琦草疏，偕尚書李戴上之，事見《神宗實録》卷三四〇。此疏即《宗伯集》卷四八《爲灾异叠見時事可虞懇乞聖明謹天戒憫人窮以保萬世治安疏》。

〔四〕中官：《明史》本作『中官』。

〔五〕何其賢：萬曆間曾任千户，生平不詳。另，嘉靖年間有何其賢，字少愚，南直隸休寧人，仕至户部郎中，但并非此任千户者。

〔六〕趨：《明史》本作『趣』。

〔七〕事見《明史·宦官·陳奉傳》：『興國州奸人漆有光，訐居民徐鼎等掘唐相李林甫妻楊氏墓，得黄金巨萬。騰驤衛百户仇世亨奏之，帝命奉括進内庫。奉因毒拷責償，且悉發境内諸墓。巡按御史王立賢言，所掘墓乃元吕文德妻，非林甫妻。奸人訐奏，語多不讎，請罷不治，而停他處開掘，不報。』

〔八〕或：《明史》本作『使』。

〔九〕邢隆：萬曆時任南京守備太監。

〔一〇〕讜論：原作『讜言論』，據《明史》本改。琦：《明史》本作『倚』。按，作『倚』是。

〔一一〕萬曆二十九年九月，帝點用琦入閣，以沈一貫密揭而止。《國榷》卷七九『神宗萬曆二十九年』：『（九月）戊午，禮部尚書兼翰林院學士沈鯉、朱賡并兼東閣大學士，直文淵閣。時廷推九人，上已點朱國祚、馮琦，而沈一貫密揭二臣年未及艾，曷少需之，先爰立老成者。蓋爲賡地也。』

〔一二〕貴州：《明史》本作『雲南』。按：馮裕官終貴州按察副使，見於各種傳記。《明史》誤作『雲南副使』，蓋沿襲《明史稿·馮琦傳》之誤。

〔一三〕字汝威：《明史》本無。

〔一四〕字禮甫：《明史》本無。

〔一五〕從伯祖、字汝强：《明史》本俱無。

〔一六〕從叔祖：《明史》本無。

〔一七〕惟敏：《明史》本無。按，馮惟健、惟重、惟敏、惟訥兄弟四人，號稱『臨朐四馮』，『四馮』中以惟重文名最小，錢謙益《列朝詩集》、朱彝尊《明詩綜》録其他三馮而未録惟重詩。《明史》無『惟敏』二字，當是脱漏。

〔一八〕貞甫：《明史》本作『受甫』。按：據馮琦《貞静先生行狀》『叔諱子咸，字受甫，别號望山，已復更曰本軒』，則知當作『受甫』。

〔一九〕鍾羽正《馮貞静先生誄》：『先生持家以禮，刑家以義，馭物以誠，愛人以德。睹其容，閔閔如也，吰吰如也。若夫子輿養志，薛包讓微，信道忘仕則漆雕生，循經蹈古則高子羔。貞不抗俗，隱不肆志。使居孔門則四科之英，在虞廷必九德之列。』

## 先兄行實

馮　瑗

歲癸卯三月三日，兄宗伯學士琢菴公卒於燕邸。前一夕，命瑗與弟珂録遺言，經後事，具備，已乃握瑗手曰：『吾生平報國未稱，事親未終，無事可述，行略當與三弟從實紀之，慎毋溢美。』三弟者，兄季韞也〔一〕。嗚呼痛哉！弟與兄自此長辭矣，欲一再睹兄容，再聞兄語，不可復得。嗚呼痛哉！拊心則五内盡摧，揮泪復萬行俱下。何能操筆措一辭？矧瑗生也晚，於兄懿行不能悉百之一也耶！

越數日，兄孟韞、季韞至〔二〕，皆自家相向而哭者數四。既而内外事小定，乞恩恤，俞旨下〔三〕。歸葬有日矣，乃收泪將遺命，以行略請之兄季韞。季韞兄又復委之弟。弟何敢辭？敢代爲搦管，而兄季韞屬辭焉。

兄諱琦，字用韞，始號朐南，先祖海浮府君知兄爲遠器〔四〕，更以琢菴，并爲之説，語『必玉琢而器始完』也。

吾馮氏之先不可考。洪武初，有祖諱思忠者，自臨朐徙實遼左，數傳而至曾祖憲副公，復歸臨朐，即郡城家焉。憲副公諱裕〔五〕，正德戊辰進士，官貴州副使，贈陝西右布政，曾祖母伏贈夫人。舉丈夫子五，次曰大行公諱惟重〔六〕，娶於蔣，嘉靖戊戌進士，官行人，奉使湖湘，道卒。時伯父大參公生於京，甫晬，大行公不知也。大參公諱子履〔七〕，隆慶戊辰進士，官河南參政，是爲兄父。娶於宋。當兄彌月之初，祖母蔣夢宋韓魏公求寓其室，伯母宋夢有光如日，燭堂上，逾旬而兄生。兄在襁褓，偉重异常兒。六七歲讀書，日誦千言。嗜學出於天性。寒暑手不釋卷，一經目，終身不忘。十歲能屬文，十五而體魁梧過伯父。伯父心异之，常語伯母曰：『是兒器姿特异，他日大吾家者，必此兒也。』是年，嫂姜氏來歸。明年補郡弟子員。又二載，少司馬佘公立督學山東〔八〕，試兒第一，曰：『是當以文章名世者。』

丙子舉於鄉，明年成進士，改翰林院庶吉士。時兒年最少，館閣先達咸器重之。己卯，授編修。以大慶恩，封嫂氏姜爲孺人，伯父母以秩過，不及。辛巳，直史館，諸應制文辭大稱旨。尋命課中貴人書。故事，授書者具文耳，而中貴人且多索刺，向他曹居間。兒課業惟謹，未嘗以一刺相假，衆皆畏服。壬午，使代藩。代爲伯父舊游地，國王與文武大寮官雲中者，雅敬兒，享禮加倍，兒一無所受。癸未，滿三年考，充經筵展書官。上見兒丰度凝然，有屬目之意。俄復充《會典》纂修官，凡國家典訓，累朝因革，考究無餘力。丙戌，分校禮闈，得隽獨多。俄充編纂六曹章奏官。丁亥，升侍講。賜白金文綺，以《會典》成叙勞也。尋掌文官誥敕，制辭典重，得王言之體。舊品官沾恩，率以幣交稱謝，兒固却以爲常，後遂無復饋者。戊子，典試湖廣，防檢周慎，迄呈録無毫髪爽，士卷數千，無不手閲。其第一爲吴君化，即於落卷中得之，果全楚名士也。程録盡出兒手，其文以意爲主，革佶屈而就流暢，去沿華而切事理。録行，海内家傳户誦，文體爲之一變。吴中王元美司寇稱爲『名世之作者，王文成文恪皆不及也』〔九〕。己丑，充經筵講官，尋復補日講官。與佘文恪公繼登約曰：『故事：經筵多獻替之言，日講衍其義耳。今上久不御講，講官安所關其忠？當稍引古誼證時政，得失具陳，庶幾以《三百》篇諫之，義「言者無罪，聞者足以誡」也。』

未幾，升右春坊右諭德。辛卯，主順天鄉試，一如楚中，録文當楚之半，其傳於天下亦如之。

壬辰，升左春坊左庶子，典試武闈，增額二十人。時叛卒據寧夏，倭據朝鮮，録中一一策兩事利害，事後皆如其言。癸巳，升少詹事兼侍讀學士，掌院事。時伯父爲河南參政，入賀聖節，兄朝夕侍，金紫相映。伯父曰：『物忌太盛，吾凉德，奈何以父子而共膴仕？』即日納節歸田里。兄亦以省覲請，上賜金給驛。父子先後出都門，都人榮羡，以比二疏。已，復連章請侍，不允，得寬假半歲。

甲午，廷推閣臣。兄資尚後，輿論以兄望甚著，遂得與名。尋以原官充纂修正史副總裁，疏辭，不允。修世宗肅皇帝紀。乙未，升禮部右侍郎，學士、日講如故。丙申，伯父病，戒家人無以報兄。比病革，兄始聞知。即上章請急，以講讀勞乞封父母，上悉報可。賜金給驛如前，封伯父大參公如其官，伯母及嫂氏姜爲淑人。兄乘驛騎五晝夜而抵舍，拜上恩命，伯父爲之色喜，强進一匕箸，又三日而没。兄哀毁幾至滅性，而行禮一如古法。禫除，未嘗一與人間慶賀禮。己亥，詔以原官充纂修《玉牒》副總裁。未拜，改吏部右侍郎，學士如故。疏辭，不允。且行且爲文告伯父墓曰：『今上下睽隔，時事艱難。國恩未酬，孤忠未效。相時潔己，義實未安。惟有至公血誠，陳力就列，理外不受一錢，法外不行一事，格外不私一用捨，意外不報一恩怨，以圖報稱。若心力既窮，計畫已竭，然後奉身而退耳。成敗利鈍，豈能逆睹？』〔一〇〕

既至都，朝野觀其作用，以覘治亂。故事，由翰林佐銓者〔一一〕，優游不與政。兄曰：『救世以人才爲急。吾職在用人，而以尸禄卒歲，若世道何？』太宰李公於兄爲父執，夙愛重兄，虚己聽之。政無大小，必諮而後行，啓事則以兄屬草，諸司奏章悉付兄厘正。兄亦知無不爲，入省則銓叙流品，略無停晷，出則延接士大夫，訪吏治民隱，劑量其人地以爲之上下。故官皆稱職，而人無滯才，天下莫不頌李公之能信用兄，而亦莫不喜兄之得盡其用。往銓司用人論俸，或有出入，兄言於宰公，疏請爲定疏，一以實俸爲主。月朔則以一月應升之俸揭書於屏，次第升轉，不盡即開下月之首，魚貫而降，不可移易。即有覬覦干謁者，無可施其術。部遂以爲例，選法稱平。太倉匱甚而内供益急，司徒具疏請，上令寬限以彰君臣一體之意。兄謂君臣隔絶、章疏稽留久矣，而明詔示以一體，是臣子挽回之時也。因疏奏：『臣下取咎，非上實過，凡所由取者，其端有六，乞皇上示群臣以用人之本心，責以不能盡職之明效，略去微細，與群臣更始。』不報。給事中王公德完上疏言宫闈事，上震怒，下錦衣拷訊，兄聞之，寢食盡廢，疏引：『孝宗朝主事李夢陽言及宫闈，孝宗既執而釋之，天下不稱夢陽之直而稱孝宗之仁。乞加寬宥，以宏聖度！』〔一二〕不報。及王公廷杖編氓去，兄爲治湯藥，護行李，遣人送之出疆，視其無恙乃已。前司馬張公經有功，以讒死，奏復張原官，仍録其子。故納貲入監及諸吏人請假者，例出金若干爲部費，積金千餘，兄曰：『此何地而何以蓄無名之錢？』白宰公罷之，以其餘修考功官署。故計吏，除罷職外，惟『不及』者分别降調，兄曰：『才短力弱，真不及也。若輕佻周章，豈盡無才者？蓋有才而不善用耳。今强附之，是指大過爲不及，指有餘爲不足，非裁抑成就之意。』於是比京察例增『浮躁』一款，報可。江西通判沈榜以墨轉王官，緣税使奏得留任，兄言之宰公，大計後特疏榜罪，上立命削籍。兵部職方司官合署被黜，主事朱君化孚奉差出，有旨特免，兄因上章：『十九年後各部司屬有未承行而并罷者，宜加甄叙。』文選郎以推欽降官忤旨陳狀，兄爲太宰具疏請罪，且言銓司之難，乞令郎中落職供事，上即允行。其善應機會皆此類。

辛丑，主考會試。時士習日漓，好爲新异。兄預爲條教，制額三百人，卷皆親閲，有離經旨、背傳注、參用佛老者，弃不録。其所取多天下知名士，一時稱爲得人。滿三品考，贈封如制。録一子入胄監。再推入内閣，不果。俄進左侍郎，協理詹事府，教習庶吉士。去政地而就散局，兄意甚適，遺書昆弟備述清閑之况。

旬日，拜禮部尚書兼翰林院學士。是時，東宫久虚，冠婚逾期不舉，廷臣疏數十上輒寢。中外未測上指所嚮。一夕，有詔册立并封諸王，趨禮部具儀，特簡兄爲宗伯。事在十日之内，典禮繁重。兼以三殿俱毁，舊制難因，創議恐忤上意，再請則懼大典復稽。兄參酌增損三晝夜，奏上儀注。行禮有日，忽内傳度支不給，且别有旨，兄亟告元輔公曰：『萬世大計，在此一舉。奈何以一時費復撓數年不决之典？度支即匱極，他處萬萬可緩，宜移以佐此。』[一三]時瑗方輦軍儲四萬餉遼左，去京數舍矣，兄謀諸大司徒移檄撤還，入内而典禮成。天下舉手相賀。逾月，皇太子冠，上慈聖皇太后徽號。明年三月，皇太子婚。未半歲四舉大禮，無一不當上意，協輿情。其識足以應機，力足以肩巨如此。

覃恩封三代皆尚書學士，誥辭備極褒美。上體違豫，兄時以積瘁且病，朝夕走大内問上起居，夜不暇寢，日不再食。如是者五晝夜不休，病日益進，而兄不爲意也。忽奉旨罷礦税、停燒造、雪冤獄、録廢臣，舉朝頌祝加額，百姓歡呼於道。越二日，上體少愈，詔仍舊旨行。兄上疏曰：『聖躬由病而就安，臣等所同喜；聖德已光而復晦，臣等所同惜。四海水火之民一旦釋之，復一旦增之；千秋堯舜之名一旦得之，復一旦失之。布二三之令，失億兆之心，後有緩急，詔命民將不信。』〔一四〕疏上，不報。時郊廟久不親，會吉典告成，兄謂此可言之機，上疏曰：『天之降福，惟有子孫衆多爲最大最久；主受天之福，無可酬答，惟有將享必親，庶幾爲報。皇上以大典之行歸德聖母，躬薦徽號，願皇上以事聖母之心事上天，因以行徽號之禮行郊祀。』〔一五〕上以三殿未建，禮儀不便躬親郊祀，未可輕易議行，已之。時黄河涸竭，兄復上言：『昔夏商之季，伊洛告竭尚爲异兆，矧黄河爲亘古巨浸，豈容竭澤。今中使播惡，幾遍海隅。土崩瓦裂，所在見告。天心仁愛，星變不已而示以日光，日赤不已而示以河竭。諄諄懇懇，不啻耳提。皇上寧無動心？願憬然深思，勿爲減損之文，當求修省之實，亟罷礦税、撤中使，以答天意。』〔一六〕不報。已復陳救急易行之策，以收天下人心，謂：『去歲楚民汹汹，一易中使，帖然無他，以用捨得宜故也。今天下行事最酷、爲怨太甚者，亦不過四五人。皇上何不召回民之所怨者，姑以民之不怨者，即中使之中寬猛相代，或令就近兼管，不必另差。如此，則免參隨等役之害，省旁出漏卮之費，可救蒼生倒懸一半。』〔一七〕亦不報。

兄見士習异説，以二氏之語亂經，傳注幾廢，大以爲憂，上疏曰：『人文向盛，士習漸漓，背弃孔孟，非毁程朱，惟南華西竺之語是宗，以實爲空，以空爲實，以名教爲桎梏〔一八〕，以綱紀爲贅庞，以放言恣論爲神奇，以蕩弃行檢、掃滅是非廉耻爲廣大，取佛經言性言心略相近者竄入於聖言，取聖言有空字無字者强同於禪教。如以中華之音雜於魋結之語，語道既爲踳駁，論文又不成章，世道潰於狂瀾，經學幾爲榛莽。非聖主執中建極，一德同風，悠悠世道，未知所届也。』〔一九〕疏奏，上嘉納之，令具條例以聞。乃爲條格十五款上之，上悉下所司議行。入夏，疾愈深，杜門乞休，不報。再疏乞補左右侍郎，得旨勉留。遣中使賜羊酒食物於家。

及廷推亞卿，不能得，求去三四而温旨慰留逾切。兄念皇上眷倚之意，知非旦夕可去，謂：『予身雖病而名在籍，部務豈容停閣。』晨起，力疾置案牘於居第，延見司屬，受事無惰容。通政使沈公子木奏復建文祀，兄奏疏曰：『天下，高皇帝之天下也。正朔，高皇帝之正朔也。本自一宗，原非兩敵，代邸天授，少帝何尤？豈可使禮樂明備之世有未祀之懿親，亦豈可使五年臨御之君無一綫之血食？請於懿文太子廟側别立一廟，四時致祭，庶足以慰高廟之神靈，而光成祖之盛德。』〔二〇〕是歲，都城及閩中星變异常，四方灾沴尤多。

歲終，兄已病亟，猶手疏致灾之由與弭灾之本，亹亹數千言。自是乞歸無虚日。東方士大夫詣内閣，求代請。内閣即具揭，謂兄爲當世特异之才、他年大受之器，且其年方壯，宜許暫歸就醫，他日可賴其用。兄隨上疏，言病必不可留，旨復敦諭不允。會福王婚禮擇吉，上命中使至居第宣兄。匍匐入長安門，顛仆不前。儀制郎中捧敕出，扶掖以歸。内閣又代爲請者二，皆不報。兄曰：『吾疏彌懇，上意彌堅。且頻煩元老留意而終不得，吾歸無日也。然部必不可廢，奈何？』

除前數日，猶批發文書不輟，務完一歲之事乃已。

今年正月，瑗奉使報命，視兄榻前，見其憊甚，伏枕上咯咯不休，而不爲黯慘可憐之色。問公事外，語不及私。疏又三四上，皆留中。一日，腹病瀉。伯母宋憂悸不寧，而惟恐兄知，常於隱處啼泣。兄覺之，强起冠櫛而見母，食不盡則匿其餘。告伯母曰：『兒病小愈，今食倍他日也。』清明前五日，命瑗及弟珂處置後事，書遺囑，井井無一剩語。三月朔日，謂瑗曰：『吾死即死耳，但報國之心未已，吾不能執筆〔一一〕，願附古人尸諫之誼，可補綴遺疏上之。』猶改竄數字。明日暮，御史康君、庶吉士公君偕兄門下士數人來視〔一二〕，兄延入卧内，曰：『與諸君作别。』復謂吉士公君曰：『以行狀相托。』又曰：『諸君啓予手啓予足。』其碑志諸文皆親定，曰某公某公，以付侍者。少頃，復問疏上否，侍者對曰已上，乃命進水盥沐。已復延醫入，舉手令診之，問如何，對曰：『比前稍弱。』顧珂弟曰：『可更衣矣，吾不死於婦人之手。』目遂瞑。越數日，榻後得詩草曰：『浩渺天風駕海濤，三千度索問仙桃。翩翩一鶴青冥去，已隔紅塵萬仞高。』蓋絶筆也。嗚呼痛哉！

兄丰裁類李元禮，器量類韓稚圭，才識類陸敬輿，議論類蘇子瞻，而先見遠慮、純心體國，則李文靖、司馬君實之儔也〔一三〕。事伯父母，真以養志爲孝，而非斤斤一儀物之奉者。視弟如少子，教之又如嚴師，意有所屬，無不口唯，惟恐拂之。一有出入，即婉曲開導，言所不能盡者，至繼以涕泣、形之詩章而不能已。録蔭意在弟珂，曰：『與其與吾之子，不若與吾父之子。』珂不受，遲久乃定。尤篤倫理，重名誼，宗黨戚執待而舉火者，亡慮數十家。官亞卿，積俸金不滿三百，以其半置義學、義田，合族子弟而教之。立五宜八戒之約。叔祖母及外舅母皆苦節久晦〔二四〕，力白諸當道，請於朝而旌其閭。德平葛太史曦卒於京，子尚襁褓，疾革，以後事托兄，并以橐中藏付之。兄躬爲治喪，求楊給事士鴻女妻其孤。後太史配任亦卒，乃歸遺橐於其孤，而歲問其所業，至今未已。授業師張先生謁選入京，道緹帥，緹帥令邏者以他事誣引，欲置之死。兄晝夜力救，誓以官贖先生事，卒得白。楊民部文裕亦伯父令固安時兄所授業，歿而無子。托邑令厚恤其喪，爲之立嗣〔二五〕。佘司馬立故粵西人〔二六〕，其少子兄弟不相容，出居孝感。致書孝感令，延師而教之，爲寄束脩費。童子時塾師已老，則爲給饔飧以養。故交一日之歡，靡有不報，不於其身即於其子孫也。人之有才者，獎藉不遺餘力，士出其門以文名者甚多。親知有困厄及冤抑不伸者，赴之惟恐不及。

料事深遠奇中，能言人所欲言。忠於人謀而不肯居德。持己謙厚，居貴顯，接士大夫及鄉曲，無論卑少，必恭謹有禮。每曰：『無衆寡無小大無敢慢，願終身行之。』癸巳甲午間，齊大饑，道殣相望。兄偕先叔孝廉公諱咸者，日出粟煮粥食之，全活萬計。

性淡泊無所好，而獨喜佳山水，東方勝迹無不遍覽。常語同游昆季曰：『迨吾告老，婚嫁已畢，當作向平五岳之游，弟輩中有能相伴者耶？』嗚乎！言猶在耳，而欲再侍杖屨，躡屐泉石林野之間，不可得矣！

素不嗜酒，宗戚宴樂或朋舊爲好會，少坐，未嘗卜夜。至與之探討古今，揚扢風雅，則沛然如萬斛之泉，終日霏霏不絶。談諧戲笑，皆成文章。尤善開發人意，有盛怒深憂者見之亦爲融釋。至臨大事，持正議，凜凜不可犯，亦堅不可移。

在禮部，凡王國封爵秩謚，畫爲條格，一成不可越。文武大臣有陳乞，悉裁以公論，雖貴寵無絲毫假借。秦、崇二府請封爵不如格，再奉命勘報，終不行。故相高公拱殁已久，未有恤典，子務觀疏請，下部議。兄以高謀國籌邊，不爲無功，核與贈謚如例〔二五〕。高掌銓日，以嫌罷叔祖光禄公官，及格伯父大參公選取，兄不爲隙也。中使以抽税乞關防，兄禁勿與，上以御前牙關防與之，後又有乞者復然。册立皇太子，爲之請朝賀、請宣箋傳令、請講學禮儀，疏凡數上。或謂大煩，兄曰：『禮以外一毫不敢增，禮以内一毫不敢减也。』山西税使孫朝彈魏中丞允貞，兄抗疏申辯，願以百口保之。中使所在釀釁，陷及士類，湖廣、嶺南、滇中，舉人、生員逮詔獄者以十數，高淮、陳奉等弄兵出入。皆極言其不法，恐爲亂階。高寀薦布政陳性學爲都御史，張忠論知縣夏薫調簡僻。力駁其非體，上或聽或不聽，兄必盡言無隱。凡事機有可投，情有可通，苟可感悟君心、維持世道，無不委曲開引，反覆陳列；至言不能入，計無所之，則終日太息，長夜徬徨，積憂致瘁，死而後已。蓋棺之前一日，曰：『吾自王德完以直言受杖，三月不寐，遂成此疾。』則兄之心可知也。嗚乎痛哉！

兄生於嘉靖戊午十一月二十三日未時，卒於萬曆癸卯三月初三日丑時，春秋四十有六。嫂氏姜，累封夫人，太醫院醫士嵐女。男三：長嗣子士杰，聘南京刑部侍郎王公基男庠生世鶴女；次士楷，聘禮部主事高公桂女；次士榘，聘吏科都給事中鍾公羽正女，俱側出。女一，字右府經歷石公恂男之瞥，嫂氏姜出。

瑗椎魯不文，又當此急遽哀毀之際，謹攄次遺事如左，乞明公哀而□之，使先兄借以不泯，而馮氏亦與之俱不泯，惟明公少垂念焉。瑗等不勝懇切仰望之至！

功服弟瑗謹述。

【校注】

〔一〕季韞：即馮珣（一五六三—一六四〇），字季韞，馮氏四世中排行第三。

〔二〕孟韞：即馮璋（一五五五—一六一八），字孟韞，馮氏四世中排行第一，馮子益之子、馮惟健之孫，襲武職爲茂陵衛經歷。

〔三〕俞旨：原作『愈旨』，訛。

〔四〕海浮府君：即馮惟敏，乃馮瑗之祖。萬曆四年馮琦赴鄉試，馮惟敏曾爲散曲《送琦孫鄉試》勉勵之。

〔五〕裕：原處爲空格，爲避祖諱也。

〔六〕惟重：原處爲空格，避諱也。

〔七〕子履：原處爲空格，避諱也。

〔八〕余公：原作『佘公』，形近而訛。

〔九〕王元美：即王世貞（一五二六—一五九〇），字元美，號鳳洲，又號弇州山人，南直隸太倉人。嘉靖二十六年（一五四七）進士，歷官至南京刑部尚書。『後七子』領袖。著述宏富，有《弇州山人四部稿》《弇州山人續稿》等。王世貞與『臨朐四馮』及其孫輩的馮琦皆有交往。

〔一〇〕此文即馮琦《趨朝告墓文》，載於臨朐七賢藏本《世録》，文曰：『兒跧伏邱壟，祇奉蒸嘗，聖主不弃遺簪，召還載筆，復蒙特簡，俾佐銓衡。聞命以來，悲喜交集，主恩如天，無階上答。若因遘會，粗效樸忠，國士之知少酬萬一，父在冥漠寧無怏然？此兒所爲喜也。我父平日頗稱此官，兒既濫竽，父已捐館，免喪以來忽復數月，即使長侍邱壟，已隔九原，今當趨赴闕廷，又遠千里，此兒所爲悲也。上下暌隔，時事艱難，何有當張翰思歸之時，而爲謝安應召之舉？惟是大恩未酬，孤忠未效，心未盡而言相時，力未陳而言潔己，揆之臣義，實有未安。謹以九月二日行矣。文部之貳贊佐太宰，修明六典，甄叙群僚。兒之愚昧，豈堪是任？惟以至公血誠，陳力就列，法外不受一錢，理外不行一事，格外不私一用捨，意外不報一恩怨。機可默運，不必顯言，事當明爭，不敢緘默。若心力既竭，計畫已窮，然後奉身以退耳。成敗利鈍，豈能逆睹？惟父冥冥之中，引之翼之。前奉遺令，獨以珂弟爲言。兒之盡心與否，父所備悉，獨恨積誠未至，以致修業不前。比者天啓其衷，欲偕北上，或可以官舍爲莊岳，以兄弟爲師友。自謂適京之日，有便焉四：身積德行，腹積詩書，囊積房租，廩積地課。若踐斯語，何憂不成。因家口太繁，未能偕往，兒僅單車就道，俟控辭不獲，館舍既定，然後老母携少弟少妹以行耳。序屬深秋，霜露載下，憶往年之扺舍，悵今日之登途。恩在君臣父子之間，心抱生死存亡之感。興言及此，流涕何從。李令伯之陳情，已成异世；王右軍之誓墓，庶卜將來。庸瀝衷言，仰塵嚴聽。躬具薄奠，惟父居歆。』

〔一一〕『佐』字後，原本『優』字，爲衍字，删除。

〔一二〕萬曆二十八年十月，王德完疏請册立，因言及宫闈，上震怒，馮琦疏救，即《宗伯集》卷五二《爲科臣言出風聞致觸聖怒，懇乞寬宥以弘聖德疏》，其中云：『皇上聖德如天，聖度如海，切直讜論概見優容，數年以來，未嘗因匡諫重處言官，天下方傳以爲美談，今忽有此處分，恐以雷霆之震驚，稍損覆載之雅量，矧悠悠之口，轉駭轉疑，亦非所以垂休美、息紛呶也。孝宗時，主事李夢陽言及宫闈，孝宗始而執之，既而釋之，天下不以稱夢陽之直，而以稱孝廟之量。臣願皇上以孝廟爲法，稍霽威嚴，量從寬宥，庶幾聖心既白、聖德益光，而天下疑議從此盡消矣。』

〔一三〕元輔：當時首輔爲沈一貫。

〔一四〕此疏即《宗伯集》卷五五《爲懇乞聖明信諭旨以安聖躬以安天下疏》，中云：『聖躬由病而就安，臣等所同喜也；聖德已光而復晦，臣等所同惜也。四海水火之民，一旦釋之，復一旦增之；千秋堯舜之名，一旦得之，復一旦失之。陛下試思累朝以來，有此政體否？此自聖心所明，不待臣辭之畢也。夫皇上所敬者天也，凡有灾福皆天也。皇上寬民之諭一下，海内歡忭感頌者且億兆人，豈有億兆人歡忭感頌、仰天而呼，而天不聽聞者乎？取民之旨一下，海内諮嗟愁苦者亦且億兆人，豈有億兆人諮嗟愁苦、仰天而呼，而天不聽聞者乎？財與民孰重，財與天之喜怒災福孰重？則皇上保身保民之策，頃刻而可決矣。』

〔一五〕此疏即《宗伯集》卷五五《爲吉典告成天眷孔厚，恭請聖駕親郊祀以答玄貺疏》，中云：『蓋天之降福，惟有子孫衆多爲最大最久，人主受天之福，無可酬答，惟有一將一享必躬必親，乃所爲報耳。伏見皇上以大典之行歸德聖母，徽稱顯號，躬薦慈闈，遠近聞之，咸稱純孝。臣願皇上以事聖母之心事上天，因以行徽號之禮行郊祀。精誠所格，居歆不遠。』

〔一六〕此即《宗伯集》卷五六《爲黄河淺涸災變异常懇乞聖明亟圖消弭以維治安疏》，中云：『昔夏商之季，伊洛告竭，尚爲异兆，乃黄河爲亘古巨浸，豈容竭澤？……間者滇以張安民故，火廠房矣；粤以李鳳釀禍，欲剚刃其腹矣；陝以委官迫死縣令，民洶洶不安矣；兩淮以激變地方，打搶官舍錢糧矣；遼左以余東翥故，碎尸抄家矣。土崩瓦解，所在見告。試觀此等民情，譬之壅水，有久而不潰者乎？……自古大禍亂難撲滅者，即小激變而失於收拾者也……伏望皇上憬然深思，曠然更始，勿爲損膳避殿之文，當求修政修德之實，亟罷礦税，撤回中使。』

〔一七〕此疏即《宗伯集》卷五六《爲敬陳救急易行之策以收天下人心疏》，中云：『自礦税事興，天下民力可謂極窮，民情可謂極怨……去歲楚民洶洶，皇上一易中使，楚帖然無他，以用捨得宜故也。今天下最爲民害、萬人所指者，遼東之高淮、淮上之陳增、廣東之李鳳、陝西之梁永、雲南之楊榮，五人之惡，皆不減陳奉。天下小民不堪擾害，因此歸怨朝廷。臣願皇上照陳奉例將五人撤回，其原管事務歸并，就近内臣廉忠謹慎者管理。此旨一下，小民始知害百姓者乃是中官，而除百姓之害者賴我聖天子也。……夫國治當去其太甚，救患當先其最急者。而先處此五人，令此輩知朝廷法度，皆有所忌憚，令百姓知朝廷仁愛，皆有所係屬。可救蒼生倒懸一半，可收天下人心一半。』

〔一八〕 桎：原作『梧』，據《宗伯集》卷五七《爲重經術祛异説以正人心以勵人材疏》改。

〔一九〕 此疏即《爲重經術祛异説以正人心以勵人材疏》。亦見《神宗實録》卷三七〇『萬曆三十年三月』：『（乙丑）納禮部尚書馮琦之言，詔：「祖宗維世立教，尊尚孔子，明經取士，表章宋儒。近來學者不但非毁宋儒，漸至詆譏孔子，掃滅是非，蕩弃行簡，復安得忠孝節義之士爲朝廷用？祇緣主司誤以憐才爲心，曲牧好奇新進，以致如此。新進未成之才，祇宜裁正待舉，豈得輒加取録，以誤天下？覽卿等奏，深於世教有裨，還開列條款，務期必行。仙佛原是异術，宜在山林獨修，有好尚者任解官自便去，勿與儒術并進以混人心。」』

〔二〇〕 此疏不見於《宗伯集》，俟考。

〔二一〕 『吾』字前，原本有『願』字，爲衍字，删除。

〔二二〕 御史康君：即康丕揚，生平見前。庶吉士公君：即公鼐，時爲翰林院庶吉士。

〔二三〕 李元禮：即東漢李膺（一一〇—一六九），字元禮，潁川人。《後漢書·李膺傳》：『李膺振拔污險之中，藴義生風，以鼓動流俗，激素行以耻威權，立廉尚以振貴執，使天下之士奮迅感慨，波蕩而從之，幽深牢破室族而不顧，至於子伏其死而母歡其義。壯矣哉！』韓稚圭：即北宋韓琦（一〇〇八—一〇七五），字稚圭，自號贛叟，相州安陽人。北宋政治家。陸敬輿：即唐代陸贄（七五四—八〇五），字敬輿，蘇州嘉興人。中唐著名政治家。蘇子瞻：即蘇軾（一〇三七—一一〇一），字子瞻，號東坡居士。李文靖：即李沆（九四七—一〇〇四），字太初，洺州人。卒謚『文靖』。北宋名相、政治家。司馬君實：即司馬光（一〇一九—一〇八六），字君實，號迂叟，陝州夏縣人，世稱涑水先生。北宋政治家、史學家。

〔二四〕叔祖母：指馮惟直之妻陳氏，馮琦有《旌表節婦叔祖妣陳氏墓志銘》記其生平。外舅母：馮琦之妻姜氏之母陳氏。

〔二五〕楊文裕：字順叔，固安人，隆慶四年舉人，曾官九江榷使。

〔二六〕佘：原本作『余』，形近而訛。佘立生平見前。

〔二七〕高拱（一五一二—一五七八）：字肅卿，號中玄，新鄭人。嘉靖二十年（一五四一）進士。嘉靖四十五年，拜文淵閣大學士。隆慶五年升任内閣首輔，神宗即位後，爲張居正所逐。高拱卒後，未有恤典，馮琦爲上《爲遵詔懇恩、憐念舊臣微忠，俯賜贈謚并乞開壙、恤典以光泉壤疏》。

# 誥封太夫人馮母姜氏行狀

余可威束髮從游宗伯先生，爲門下士，稔知太夫人賢，蓋自閨中時，鄰里稱之；于歸，舅姑嘉之，妯娌孚之，妾媵懷之，臧獲大小愛戴之；族黨姻戚，下及輿厮揄揚之。即有與其家仇郤相詆毁者，亦知崇嚴，無敢誹訾，及之生爲之祝，病爲之禱，有願以身代者。卒之日，遠近聞之，無不嗚咽而涕出焉。何其無間然哉！余於是而知烝民之秉彝也，懿德有同好焉。人貌榮名，其有既乎？非實聖善，曷克及諸？屬以窀穸之事，太夫人子兩計部公謁余〔一〕，言曰：『不肖無以當長者，然念以子之故，知太夫人，其狀先容焉。而長者賜之銘。』余不敢辭。

太夫人姜姓，封夫人，以子士榘囧丞，覃恩加封今稱。父嵐，太醫院醫士，母陳氏。太夫人生而端凝敏慧，俯仰有儀，竟日不聞笑語聲。數歲，授之女紅，精巧絶人。十四歲，歸宗伯先生，逮事祖姑蔣太夫人，舅姑大參封宗伯公、宋太夫人〔二〕。封宗伯公鼎盛，宋太夫人以德以才，與人固少可者，且以太夫人少也易之。太夫人顧事愈謹，每問寢，辨色輒興，上承下御，事事當宋太夫人意。宋太夫人晋之蔣太夫人。蔣太夫人末年病目，太夫人左右供具，湯粥藥餌，纖悉周到，又事事當蔣太夫人意。舅姑咸大悦，曰：『有婦之代我婦也。』曰：『有婦之更代我子也。』

宗伯先生十九歲舉於鄉，逾年遂成進士，讀中秘書。太夫人生子不育，恐兩尊人爲嗣續憂，一日，謁宋太夫人，求爲宗伯先生置妾，且以簪珥佐之。宋太夫人笑曰『焉有二十歲爲夫置妾者』，拒之，蓋爲太夫人室家慮耳。宗祊之慮，實觖望焉。异日，太夫人復爲力請，援天日自矢，情詞懇切，若不能須臾俟者。宋太夫人曰：『女意真矣。』乃爲遴選，得夏氏女，以禮聘之。太夫人挾與如京，是爲士棨母，後以士棨封安人者。安人嘿嘿，逡巡鏟晦，理家政甚察，稽出納，量盈詘，口約腹裁，銖積寸累，一切倚辦，不以煩太夫人。太夫人亦傾心以家政屬之，歡如姊娣。間察賓祭秩秩如也，饋養雍雍如也。宗伯先生得以從容持論議金華，濯劘日月，摶捖宇宙。據其大者，典試佐銓等類，太夫人每私屬曰：『人材實難，勿輕弃之。』以故宗伯先生兩省解頭，皆以廢卷得之〔三〕。至於黜陟平章，宫徵收於爨下，青黄及於溝中，往往人得盡材之用，而國家亦得盡人之用，海内咸稱知人善用人，太夫人實陰翊之也。

壬午，蔣太夫人歿，丙申而封宗伯公歿，前後兩喪，哀毁盡禮〔四〕。太夫人自幼羸弱善病，無日不爲宗伯先生置妾計，櫛髪飭容，若恐不得當者，固日望其舉子也。而久不得慰望，乃請之宋太夫人，以從弟茂才璲之子士杰立爲己子〔五〕。太夫人撫之不啻己出。嗣是而夏安人生子士楷、士棨，太夫人而後喜可知也，三子愛之如一。

癸卯，宗伯先生在京病，捐館，太夫人痛不欲生者數矣。宋太夫人止之曰：『吾兒逝矣，汝能捨我逝耶？又能捨諸孤逝耶？』言訖，泪淫淫下。太夫人仰而嘆曰：『吾捐吾生以下從逝者，則誰與衛存者？』乃强起扶櫬宋太夫人以歸。神宗皇帝遣使護喪，營葬事。事襄，夏安人曰：『我今得死所矣。』病不起，夜夢宗伯先生來詔之，遂逝。宋太夫人老而安太夫人養，太夫人移榻就寢其側，朝夕手甘毳進，形影依倚者八年。暨宋太夫人歿〔六〕，遂令士烋如京請恤，且爲宗伯先生請謚。時猶虞其難兼得者，竟如太夫人請。

先是，宋太夫人在，約束諸孤，太夫人從旁唯唯，懼專且越，有傷宋太夫人意。宋太夫人既歿，乃晋諸孤而語之，曰：『吾所不一日而餘吾息者，爲女等也。』更擇名經儒傅之，身爲内傅，乃意殷殷，雅不能爲譙讓。每讀書至倦，輒加慰勞，少以佚游聞，則曰：『兒生華胄，固宜，吾何以見若父地下也？』諸孤斤斤象指，不隕家問。士烋先以宗伯先生恤典蒙蔭，士楷以銓績早亡，士槼補之。至是各以次第入監、謁選，歷升今官，各有幹辦聲。

無何，士烋權税北新關，要人囑以税不遂，得斥。士槼比部執法忤逆璫，璫陰中之。太夫人日夜倚門間號哭，用構危疾，後雖得士槼罷官歸，終驚鬱不釋。越二年卒，是爲崇禎戊辰五月二日，距生嘉靖己未，享年七十。子二：長士烋，南京户部湖廣清吏司員外郎，娶王氏，封户部河南清吏司郎中王公世鶴女〔七〕，封宜人。次士槼，贈安人夏氏出，刑部四川清吏司主事。逆璫歿，起户部江西清吏司主事，以艱未任。娶曹氏，户部山西清吏司郎中曹公璉女，封安人。孫男二：長渼，聘錦衣衛督同知邢公元吉女〔八〕；次湛，未聘。俱烋出。孫女三，二烋出，一槼出。

太夫人孝友天篤，仁愛性成，言動往往傳古義，能以柔道將之。宗伯先生相與三十年，娱對如賓客，僕婢未嘗有被笞朴者。居常以烈女自負，嘗與宗伯言及截髮斷指等事，曰：『此非絶德，何不概見於今耶？』宗伯先生二三交游，某也忠，某也直，每每潛聽其言而悉辨之，禔身必謹於細，而講於夫子間也嘗識其大。自奉取其薄，雖身極貴，終始甘糲粗，未嘗斥置，脩糈柔脆、輕靡溫厲之服食，而周人之乏、振人於厄，不難傾筐筍與之。不啻厚矣。嗟夫！姜姓自周氏開基而後，敬姜、莊姜未易悉數，太夫人豈其苗裔耶？乃其行之畢肖也！

昔宗伯先生夢韓安陽而生，良弼前身，厥名不諱。誓媛後系，若姓猶存，斯其事誠奇矣。詎惟是哉！竊嘗擬之太夫人，莊若德耀，恬若桓少君，達禮若缺大夫妻，溫惠能教若陶母、歐陽母〔九〕。至於下己以上人，約己以豐人，委曲於己而不使憾於人，則又人之所不可及者與！

茲因其請，謹序列其事，俾後觀風者知所采云。

賜同進士出身、光禄大夫、太子太傅、工部尚書、侍經筵、前兩奉敕巡撫宣大地方贊理軍務、都察院右僉都御史、門人董可威撰。

【校注】

〔一〕兩計部公：指馮士杰、士棨，士杰官至南京户部湖廣清吏司員外郎，士棨官至户部江西清吏司主事。

〔二〕蔣太夫人：即馮惟重妻蔣氏（一五〇三—一五八二）。宋太夫人：即馮子履妻宋氏（一五四〇—一六一〇）。

〔三〕萬曆十六年馮琦主湖廣鄉試，得解元吳化；萬曆十九年，主順天鄉試，得解元魏從周。《琢菴馮公墓志銘》：『辛卯，主考順天。兩主試事，翻校無所避，兩解首得之廢卷中，皆海内名士。』

〔四〕萬曆十年壬午（一五八二）十月初五，馮惟重妻蔣氏卒；二十四年丙申（一五九六）八月十八日，馮子履卒。

〔五〕茂才璲：即馮璲（一五七五—一六〇八），字用佩，庠生。馮子豊子、馮惟敏孫。

〔六〕暨：原本作『既曰』，乃一字誤作兩字。

〔七〕王世鶴：山東益都人，南京户部尚書王基之子，庠生，以子貴封户部郎中。

〔八〕邢元吉：山東益都人，歷任錦衣衛管衛事都督僉事、都督同知等。

〔九〕德耀：即孟光，東漢隱士梁鴻之妻。袁宏《後漢紀》卷一一：『鴻字伯鸞，高抗不群。初，扶風世家多慕其名，欲以女妻之，被服華麗，鴻甚惡之。後鄉里孟氏有女，容貌醜而有節操……父母問其所欲，曰：「得賢如梁伯鸞者可矣。」……遂許焉，爲服畢，女求作布麻履及織作之具，乃衣新婦衣入門，積七日，鴻不答。婦跪床下曰：「竊聞夫子高義，曾逐數婦，而妾亦偃蹇數夫，故來歸夫子，而不見采擇。」鴻曰：「吾欲得裘褐之人可與俱隱深山爾，今若乃衣綺縞傅白黑，豈梁鴻所願者哉。」於是婦對曰：「妾恐夫子不願爾，妾有隱居之具。」乃起椎髻，衣布，操作具而前，鴻大悦曰：「此真梁鴻之妻也，能成我矣。」字之德耀，名孟光。』桓少君：東漢鮑宣之妻。《後漢書·列女傳》：『勃海鮑宣妻者，桓氏之女也，字少君。宣嘗就少君父學，父奇其清苦，故以女妻之，裝送資賄甚盛。宣不悦……妻乃悉歸侍御服飾，更著短布裳，與宣共挽鹿車歸鄉里。拜姑禮畢，提瓮出汲。修行婦道，鄉邦稱之。』缺大夫妻：指春秋時晋國郤缺之妻，與郤缺相敬如賓。《左傳·僖公三十三年》：『臼季使，過冀，見冀缺耨，其妻饁之，敬，相待如賓。』陶母：指東晋陶侃之母湛氏。《晋書·列女傳》：『陶侃母湛氏，豫章新淦人也。初，侃父丹娉爲妾，生侃，而陶氏貧賤，湛氏每紡績資給之，使交結勝己。侃少爲尋陽縣吏，嘗監魚梁，以一坩鮓遺母。湛氏封鮓及書，責侃曰：「爾爲吏，以官物遺我，非唯不能益吾，乃以增吾憂矣。」鄱陽孝廉范逵寓宿於侃，時大雪，湛氏乃撤所卧新薦，自銼給其馬，又密截髮賣與鄰人，供肴饌。逵聞之，嘆息曰：「非此母不生此子！」侃竟以功名顯。』歐陽母：指歐陽修之母鄭氏。《宋史·歐陽修傳》：『歐陽修字永叔，廬陵人。四歲而孤，母鄭，守節自誓，親誨之學，家貧，至以荻畫地學書。』

## 誥封夫人先嫂行實

先嫂，禮部尚書兼翰林院學士、贈太子少保、資德大夫、謚文敏琢菴兄之元配也。少兄一歲，於崇禎戊辰五月初二日以疾終於正寢。越明年己巳，侄士杰、士棨卜以嘉平十有一日合葬先壟之次，乃於七月杪皇皇踵予門叩求，曰：『兩孤之母歸窆有期矣，母有懿行，不志諸窾石，無以托不朽。兹將請當世名公巨卿銘之，且請一爲狀，而不條其事實，其何憑藉焉？兩孤生也晚，於母之事舅事姑事先大夫、睦族惠下，不能知其萬一。即愛養兩孤，兩孤豈不身被之？身被而口亦不能言也，惟我叔父與我先大夫居家、居京邸，日夕晤語，知先大夫深，則知母非淺。母之行事始末，言未有不在叔父之耳、事未有不在叔父之目者。願叔父著於篇，俟名公采焉。况祖母之歿也，父之歿也，行實皆出叔父之手，豈獨靳於母氏？諒不爾也。』

予聞其言，泣數行下，挽兩侄起曰：『噫，傷哉嫂之逝也！噫，傷哉嫂之賢而逝也！嫂之賢舉世無兩，上自舅姑，中及妯娌，下逮子姓、媵妾、僕婢；近而宗族，遠而鄉黨，禮無不謙謹恭順，意無不周至篤厚。無疾言，無厲色，惟恐出一語傷人，生平不知有鞭撻人事。嫂之賢舉世無兩，非敢以私誣逝者，且罔人也，苟没其幽德，不爲彰顯，非但兩侄之辜，亦予之辜也。當筆而闡之以播。第予老且憊，年來多病，入秋爲甚，俟少愈，當搦管爲之。』兩侄唯唯而退。棨又跪而前曰：『孤生母夏幸貳於先大夫，生前守家訓，不敢少廢禮，歿亦二十七年，無所表見。今藉天寵，贈安人，願叔父一言及之。』予病兩旬不愈，又旬日不愈，强起曰：『此去嘉平不遠，失此不爲得，無誤嫂窀穸之事耶？』偃息在床，伏枕草具，秉如椽之筆者，幸無厭其蕪陋不文也！

嫂姜姓，封夫人，以棨官太僕寺寺丞，覃恩封如今稱。父嵐，太醫院醫士。母陳氏。太夫人生而端凝恬静，寡言笑，慎舉止，不類凡家女。醫士公常愛而撫曰：『兒貴徵種種，他日其婦誰家？』無何，醫士公逝，母陳守之，未數歲即解女紅。女紅絶人，家人終日不聞笑語聲，而里中無不知姜女賢者。年十四，歸兄宗伯公，時伯祖母蔣太夫人在堂，嬸母宋太夫人德備一身〔一〕，才超一世，易太夫人少，或不諳婦職。太夫人顧甚諳其事，愈益謹。宋太夫人及叔大參封宗伯公罔不悦。

宗伯公相與協和甚篤。蔣太夫人暮年喪明，太夫人左右侍，時時供湯藥，問飲食，無不周到者。人咸嘖嘖太夫人孝。

宗伯公十九舉於鄉，二十成進士，讀中秘書，尚未舉子。太夫人屢産不育，一日，勸宋太夫人爲宗伯公納妾，且脱簪珥助之。宋太夫人笑曰：『汝夫婦年甫二十，目下無子，少需無不立，何以妾爲？即納妾，何至汝脱簪珥爲也？』宋太夫人度太夫人年甚少，倘如其言，琴瑟不調，事反兩難，不納，心未始不望宗伯公之有子也。逾兩月，太夫人復言，宋太夫人笑曰：『汝心誠有此耶？』太夫人指天爲誓。宋太夫人曰：『何必乃爾。當爲汝訪納之。』遂納夏氏，即育士槼者。太夫人遂携入都，而居室間相得歡甚。

太夫人雖處閨閣，未讀書史，顧識道理、酌事機，居常以古賢媛淑女、孝子節婦質問宗伯公，叩求事實，互相辨説，意達心暢，若欲仿而行者。曰：『古烈女至截髮割鼻以見其志，豈知有往訓效之，亦其天性然也。何不概見於今乎？』每聞中秘諸公至，必訊里氏，聽談對，已，向宗伯公曰：『此俱海内名流，長於文事而存心治行，果盡忠否？』宗伯公曰：『善者師之，不善者吾不從也。』宗伯公在詞林二十七年，位躋八座，得太夫人内助者居多。宗伯公同考會試者一，主湖廣試者一，主北闈試者一，主武闈試者一，主會試者一〔二〕。每入闈，太夫人必囑曰：『人才難得，收録之際，無以小瑕掩大瑜。此陰德事也，不可不慎。』宗伯公聆之而去。其識事理類如此。

壬午，遭蔣太夫人喪，丙申，遭封宗伯公喪，一一與宗伯公如禮守之。太夫人故善病，病輒數日勺漿不入口，貌羸尪不勝衣。以未舉子爲憂。太夫人與宋太夫人議立嗣，得從弟廩生璲之子士烋，立以爲子。太夫人撫之若己出。癸卯，遭宗伯公喪於京邸，時太夫人年四十有五，哀慟幾絶，絶而復蘇者數四，求從地下不得。月餘，扶病强起，撫棺大泣曰：『未亡人病，久無意人間世，君奈何捨我去耶？捨我去，我死易易耳，今且無所死矣，又奈何捨吾孀姑去耶？又奈何捨君兩弱孤去耶？君去君目不瞑，我死我與君目俱不瞑。』尪羸日甚，幾不能扶櫬歸。邀神宗皇帝恩，遣使護喪營葬，始得將兩孤侍宋太夫人還里。士烋遂蒙予蔭。

越八年，宋太夫人卒〔三〕，太夫人遣士烋入京請卹，中言宗伯公未蒙賜謚。長安諸貴人言爲宋太夫人請卹而及宗伯謚，恐人之御之，不即得俞旨。疏上，照例給祭，啓封宗伯公墓合葬，而宗伯公卒得謚，皆太夫人力也。時士烋甫十三歲，士榘甫十歲，一切化誨，皆宋太夫人督之，太夫人不敢言〔四〕，恐分其責，令兩兒無所適從也。宋太夫人歿，太夫人始專意誨教，屏去嬉游，具騶就外傅。及識書義，能文章，太夫人數數面試。間以塾中諸義質余輩，訊其能紹弓裘否。余謂弓裘無可紹，無不可紹，非真有過人之才者，不敢必也。太夫人解其意。丁巳〔五〕，遣士榘補宗伯公銓部蔭，其蔭次子楷曾受，楷亡而榘補之。烋與榘次第入成均，謁選，人各歷升今官。

太夫人性好施予，周人之急甚於自急，人有求者，無難傾筐筥卹之。至於宗黨，愈加篤焉。而待以舉火者，指不可盡屈也。尤善爲人過，即罪大惡極，罔不包容，諸服役人經歲無叱詈聲。丙寅春〔六〕，士烋榷北新關，奸黨某以稅相屬，不滿其意，被劾歸里。榘爲比部主政，忤逆璫，以受其贓陰中之。太夫人晝夜泣曰：『大兒糾還矣，小兒又爲閹人所中。萬一不能遽歸，吾何以見先人於地下乎？』終日不食，遂構危疾。渠罷官歸，相嚮痛哭曰：『兒幸生入里門，吾願足矣。一官其寄耳，何足言有無哉？』病漸起，而懷不能終暢也。越兩年卒，距生嘉靖己未十二月初一日，享年七十歲。

贈安人夏氏之接宗伯公也，蓋太夫人再懇於宋太夫人而致筐篚者也。安人入宗伯之室，恂恂宗伯公前，多避少進，不敢嬉慢，不敢抗侮，不敢忘其爲二。又事太夫人以禮，處群婢以和，上下相安。數舉子女，皆不育。代夫司管鑰，能家政，斂賄財而出之惟謹，中饋之物無不畢具。享祀之事，無不豐潔。藥餌之需，無不函列。歲時寒暑之絲枲絺帛，無不早備。太夫人無注念營者，聲不聞於外，笑不形於室，蓋婦德備矣。辛丑〔七〕，育士渠而藉邀一命之榮，孰謂非天之報施善人耶？宗伯公卒，安人即卧病不起，數夢宗伯公招之，此其事似誕，然相去不五六月即逝〔八〕。

太夫人男二：長士杰，南京户部湖廣清吏司員外郎，娶王氏，封户部河南清吏司郎中王公世鶴女，封宜人。次士渠，贈安人夏氏出，刑部四川清吏司主事。逆瑠殁，起户部江西清吏司主事，以艱未任。娶曹氏，户部山西清吏司郎中曹公璉女，封安人。孫男三：長渼，聘錦衣衛都督同知邢公元吉女，次湛，次洙，俱杰出。孫女三，二杰出，一渠出。

嗟乎！令名壽考，自古在昔以爲不可兼得。太夫人以髫年適宗伯公，語無違言，面無逆色，三十餘年尤同一日，事祖姑以孝稱，封宗伯公、宋太夫人無不曰『賢婦』云。病革時，人無大小遠近，相率求神，爲太夫人祈壽，且有願以身代者。及卒，更人人哽咽涕出，此惟有德足以招來之。令非實有，豈徒藉宗伯公以幸此非常之福也哉。然則太夫人所少者，自育之子耳。士杰、士榘，生事死葬，克盡其孝，太夫人又無子而有子矣。年躋古稀，太夫人令名壽考，其兩兼之。時崇禎二年歲在屠維大荒落玄月之望。

緦服弟珣頓首述。

【校注】

〔一〕伯祖母蔣太夫人：即馮惟重妻蔣氏。馮珣爲馮惟訥之孫，故稱蔣氏爲『伯祖母』。嬸母宋太夫人：即馮子履妻宋氏。馮珣父馮子臨（一五三七—一六〇一）年長於馮子履（一五三九—一五九六），故稱『嬸母』。

〔二〕萬曆十四年，馮琦任會試同考；十六年，主湖廣鄉試；十九年，主順天鄉試；萬曆二十年，主武舉會試；萬曆二十九年，主會試。

〔三〕馮子履妻宋氏卒於萬曆三十八年庚戌五月十七日（一六一〇年七月七日），距萬曆三十一年（一六〇三）三月初三日馮琦之卒爲第八年。

〔四〕不敢言：原本作『不敢言母』，『母』當爲衍文。

〔五〕丁巳：即萬曆四十五年（一六一七）。

〔六〕丙寅：即天啓六年（一六二六）。

〔七〕辛丑：即萬曆二十九年（一六〇一），馮士榘生於萬曆二十九年九月二十一日（一六〇一年十月十六日），其母夏氏爲馮琦之妾。

〔八〕馮琦卒於萬曆三十一年三月初三日（一六〇三年四月十三日），則知夏氏卒於本年八九月間。

## 明隱君馮公範吾行狀

余所厚善馮公，余之良姻友也。年誼世講，於公稱最，自齠齔相與甚適，晚歲彌篤。結香山社，持習池觴，無許不會，無會不歡。一旦彌留，雖憑棺幾痛，而餘韵流風，縈人魂夢，若未嘗亡者。猛一回想，五内摧裂，嗟嗟！是尚忍想像公素履耶？雖然，蓋棺論定，不有揚扢之者，將使公奇節隱行埋没人間。與其含痛不忍言，孰如忍痛而言，猶得壽公姓字於千秋也耶！及襄事，兩公子匍匐長跪，授簡俾余狀公。即不有請，猶將狀之，余何敢以筆佞辭？謹述其概，以俟秉汗青者采而録焉。

公諱珂，字用鳴，範吾其號也。世爲駢邑之盤羊人〔一〕。其先有立功德於遼左者，代有哲人。至閭山公裕成進士，始昌大其門閭。自後甲第蟬聯，胤祚繁昌。裕有子五人，俱爲顯宦。行人公惟重，閭山公次子，即公之祖也。惟重生憲副公子履，子履舉丈夫子二：長文敏公〔二〕，公其次也。公生而岐嶷，實側室梁夫人出〔三〕，宋太夫人字之爲己子，衣餌鞠復，與文敏公無少异。以是終太夫人之世，公不自知其非太夫人出。雖慈仁涵育，出自太夫人，而怡膝承顔，公實有以感動其心者。後太夫人殁，始漸漸知爲梁夫人出，其奉梁夫人一如其事太夫人，終身如一日也。

公稍長，微露鋒穎，逞其弛跅不羈之才，文敏公獨是用憂，作《脊令吟》以諷之[四]，公即改易弦轍，一就繩墨。其果毅明決，自童時已定矣。自是始事鉛槧，學業舉子，敏捷如宿構。弱冠屢以文藝魁多士。既而食餼廩，游成均，俱非公志。爲言曰：『丈夫自當龍虎風雲，補浴天日，奚視拘拘循行數墨呫嗶爲也？』丙申歲，丁外艱，戊戌歲服除，偕文敏公入燕都。時神廟静攝，兩宮嫌間，皇儲未定，文敏公焦心勞思。日夜左右周旋其間，毫無倦色。疏十餘上，期回天者備至，公無不與聞與謀者。及得請，東宫就位有日，一切朝儀及鹵簿細務，無一不經文敏公手目裁定，亦無一不與公商確而後行者，是文敏推其與予治之腹以待公，公之才亦能決大疑、辨大事以襄厥任[五]。蓋其忠君愛國、兄友弟恭之誼，求之古人中，不少概見。事竣，公歸。

公歸後，文敏公病矣。馳騎來告，朝聞夕發。及抵京，文敏公病愈急，招公而前曰：『爾兄盡瘁王室，死固其分。弟曩亦與有力，其以朝廷恩任一一酬弟。』推讓至再，公辭愈力焉。時文敏公兩公郎俱在襁褓[六]，宋太夫人又復垂髫，外内止公一人，延醫侍藥，目不交睫者累日，竟無起色。屬纊之際，公於喪儀最嫺，含殮如法，無不親視。太夫人哀痛過深，無敢諫止，公從旁解慰調護，跪而言曰：『母不念兒耶？』太夫人素愛公，爲之輟泣。

文敏公以帷幄大臣，有功社稷，恤典宜渥，公皆援例如請。扶櫬東歸，營建祭葬一一如禮。凡妥公之靈、榮君之賜者，俱井然可觀焉。嗣後閉門色養，極清温之節，昕夕問視，罔間風雨。代文敏公庀其家政，門庭清肅，誨猶子，後皆有聲迹於曹署間。庚戌歲，丁太夫人艱，擗踴號泣，哀毁骨立，勺水不入口。蓋以夙昔愛己之真，形爲真心之愛。凡請恤營葬，視文敏公有加焉。公可謂於子母兄弟生死之間，克盡孝友之道者矣。

公平素輕財重義，樂爲人謀。秦藩國主薨逝〔七〕，嗣王應以次入繼，兼謀以一字世世王秦焉。時文敏公以祠部攝冢宰，王因以數萬金求公慫恿，公因語之曰：『余素覽《大明會典》，國法於絶世許繼不許王。即許一世王，不許世世王。王毋惑人言，徒費多金也。』王弗信，銜公爲謀不力。文敏公謝事，王遂以數萬金賂當事者，竟以實賄而得虚銜，後稍稍知止於終王之世，餘皆以管理府事傳焉。王始悟，感公廉潔誠信，悔己不用其言也。每歲遣伻問訊，往來不絶。

公於天下形勢，邊徼要害，胸中無不洞瞭，抵掌而談，歷歷如在目前。與新城王大司馬爲方外交，司馬公學既該博，性好爲游藝之談。公於三略、六韜、六甲、奇門、陰陽、音律、星曆、醫卜，無所不窺，兼詣其妙。談兵説劍，悉中奥秘，大司馬見而奇之。時大司馬以樞臣而開府，需邊材甚急，屢欲以參游薦公，公夷然弗屑也。議遂寢。

公好揣摩當世之務，一一筆之於楮，言之十數年之前，驗於十數年之後，無不奇中，不爽毫髮。足迹不入城市，而於城守機宜，郡屬政事，如府庫、糧餉、丁夫、垛數、火炮、炮石之類，心中别有成算。是以凡來守青及屬縣長令，無不願交公者，公避之惟恐不深，令人可望而不可親也。亦無拒絶已甚之行，率皆以禮遣之，而婉其詞。人人心醉神怡，其才致足以顛倒豪杰有如此。當事又欲以别駕薦公，公曰：『此腰肯折，久爲春明門所容矣，奚俟今日以腐鼠相嚇耶？』竟不就。

公資性明敏，讀書輒數行下，讀一過不再讀。及至感時觸事，或形之筆楮，或矢諸談論，都能舉似，無不恰合字句之間、齒頰之末。至於假借、轉注、象形之异，纖悉自辨。至年代姓名最難志記者，無不辨識，都無遺忘焉。

□歲，梁夫人以寢疾告終，時值搶攘，公險夷不改其度，戚易一如其禮。喪雖越在朐南，必使遂首邱而終正寢。純孝自其天性耳。

讀禮之暇，杜門著述，舉筆動數千言，手不停閣。態有餘妍，褻詞艷曲，一字不道，率皆經濟時務，誠訓彝倫。間或模寫器具樣式，口不能言、工不能畫者，公皆能於文章肖像之，令觀者一覽，心目豁然。案頭散帙，動輒盈尺，然功有程限，盈尺則束而閣之。數年來，不知其幾束閣也。是以胸與案相摩，盡爲皴黝，指與筆相抗，間成突兀。所著之書，俱分門類，各有名目，幾欲灾梨而不果。近經兵火，散逸無存，燼帙難收。使公一生心力，不獲見於人間，是其足惜者耳。

凡公賞識朗鑒，俱在神情之外。其於古今人物、字畫、琴劍、商周彝鼎，一經品題，立分真贋。物一觸手，即暗中摩索，能辨其款識，某代物某人製，細細研核，無絲毫爽。蓋不知所讀者何書，指授者何人？殆天授，非人力也。

公惟嗜土木，創築雅潔，結構精嚴，其矩模制度悉出人意表，尋常匠作，一經提命，便屬工師。

公以棟梁之材不獲世用，似假是以抒其藴抱者。若曰使爲天下，得大木能勝其任，亦若是焉則已矣。豈真區區以輪奂侈觀美哉！是以居恒常有埏埴庶品、陶鑄群材之意。凡車騎、弓矢、刀室、劍佩，以至燈篝、床幄、茶注、壺觴之細，纔經調度，另有新裁，製式一出，轉相仿效。其聰穎過人，真能泄造物之奇、奪化工之巧者矣。

公髪鬚早皤，質任自然，不事染鑷。晚年以來，頗涵濡道腴，咀咽术苓。座隅每置藥籠一器，滿貯其中，減則益之。服餌之餘，貧病不能藥者傾囊醫療，呻吟蒙袂，一一手觸弗厭也。公最不屑尋常瑣尾之事，獨此樂施不倦，是其胞與民物之量，溢爲慈祥愷悌之懷，自有不容已者。

公好客嗜酒，喜頌古人『座上客常滿，杯中酒不空』之句，故麯蘖釀具，躬爲監造。另有新製，至有人不能識者，釀成品嘗而封識之，與客共斟酌而次第焉。觴酌之器，不下百餘種，各有標題，座間有艷而慕之者，任人携去，絶無吝色。後徐徐補之。好蓄异味，客至，絶少分甘，似乎獨享不快也。即卒然備，必先以數器爲偵探，以數器爲前鋒，更以數器爲偏裨，酒數行後，燦然滿案焉。故匕箸皆有紀律，餖飣亦設行伍，微酣談屑，霏霏驚滿座，映四筵。樂易宜人，淵然情瀾，萬頃逸致，翩翩撲人眉宇。以故善飲者思與飲，不善飲者亦思與飲也。

居常無事，蒔花種竹，躬率僮僕補葺藥欄，掃除修灌。間置名石，花不論行列，石不求對偶，各有天然佳趣。公方借是以頤養天年，閑適情性，不意鬼神忌公之速也。古人有言：『功名富貴，天不甚惜；清閑之福，不輕與人。』信哉！公入春微有不豫，至是日劇，於死生間最能瞭瞭，病中不廢調笑。易簀之夕，起而言曰：『吾志定矣，決計歸矣。』目遂瞑。虫臂耶？鼠肝耶？造物者詎能爲是拘拘者相苦耶？嗚乎痛哉！

夫公以光明俊偉之衷，發爲倜儻不群之致，故其生平耻與狙儈錢估通，而樂與賢士夫游，亦絶無墨床眠挺、嬇婀詭隨之態。剛諒之性，天植之矣。極公之材，即上而博一第，無難也，竟不第；極公之才，即出而治一郡，亦無難也，竟不出。不第者，是其數；不出者，是其識。識與數合，始得遂其蜚鴻冥冥之志。夫造化止於欠公一第耳。而縱之厚於自奉而不吝，奢取其名而不忌，故其交游半海内，而譽望日隆，下及黄童白叟，盡識公之姓名，而尊稱之者，殆誰爲爲之也？鶴頸長，斷之則悲；鳬頸短，續之則凄。薄於彼者厚於此，理勢然也。余於公又何必代爲之扼腕哉！

公生於萬曆七年六月二十八日申時，卒於崇禎十七年七月十八日亥時，得壽六十有六。配李氏，衛輝知府用和子嶧縣教諭延緒李公女〔八〕。側室吴氏、齊氏。舉男子三：嫡士鼎，太學生，娶辰州府同知待聘劉公女〔九〕，吴出也。次士爵，庠生，娶縣庠生元標魏公女，齊出也。次士弁，娶縣庠生近朱黄公女，早逝。女四：長適余長男凱，李氏出。次適郎中其遠劉公男英〔一〇〕，齊出，早卒；次適太常寺卿瀠王公次男尊寅〔一一〕，李氏出，早卒。一未許聘，齊出。孫男一，治，士爵出。

兩公子將以是年□月□日葬公於堯山之原，謹據聞見，次其行誼如左，以俟鴻筆托諸貞珉，庶曠度玄風，昭垂無窮矣。

房可壯撰〔一二〕。

【校注】

〔一〕盤羊：當爲『盤陽』之訛。駢邑：即臨朐，古稱駢邑。盤陽位於臨朐縣城東南三十里處。按：臨朐馮氏世居冶源，冶源與盤陽并非一地。

〔二〕文敏公：即馮琦，天啓初，謚『文敏』。

〔三〕梁夫人：馮子履之妾梁氏，於萬曆七年六月二十八日（一五七九年七月二十一日）生馮珂。

〔四〕《脊令吟》：不見於馮琦諸集如《宗伯集》《馮用韞先生北海集》等。按，其實當爲《中林》詩之异名。《宗伯集》卷一《中林》詩十五章，章八句，内容全爲勉弟，如其六：『天降鞠凶，我父亡禄。念我兄弟，尚盱其自。我踴而哭，汝跪且祝。敢不自力，以憂冥漠。』其十五：『脊令在原，兄弟急難。急難而泣，亦何云及？如臨於淵，如集於木，君子有穀，及爾能淑。』

〔五〕辦：疑當爲『辦』之訛。

〔六〕兩公郎：即馮士杰、士桀。萬曆三十一年（一六〇三）三月馮琦卒時，士杰僅六歲（生於一五九八年），士桀僅三歲（生於一六〇一年）。

〔七〕藩：原作『籓』。秦王：當即秦肅王朱誼漶，靖王朱敬鎔嫡第二子。萬曆十五年由紫陽王進封。

〔八〕用和：即李用和，字元樂，山東益都人。嘉靖十七年進士，歷官至衛輝知府。其子李延緒，以選貢官嶧縣教諭。

〔九〕劉待聘：山東益都人，萬曆三十一年舉人，歷官至辰州府同知。

〔一〇〕劉其遠：字推道，山東益都人。萬曆二十八年舉人。選聊城教諭，時諸生白宗殷被誣下獄，力救之得免。升任同州知州，雪冤獄數十。轉西安府錢法同知，累官至刑部郎中，卒於任。

〔一一〕王瀠：字帶如，山東益都人，萬曆三十八年進士，歷大理寺評事、户部郎，出知太原府，升山西副使、參政，以憂歸。起督學福建，以太僕寺少卿致仕。有《愚谷集》。《光緒益都縣圖志》稱其『少穎慧能詩，天才逸發，如風生泉涌。善草書，人争購之』。與弟衮并有文名。

〔一二〕房可壯（一五七八—一六五三）：字陽初，一字海客，益都人。萬曆三十二年（一六〇四）進士，累官右副都御史。入清仕至左都御史。有《偕園詩草》。

## 明奉直大夫、南京户部湖廣清吏司員外郎于高馮公行狀

於戲馮公，北海之偉望也！盤頓世路，周匝平時。甫謝水衡，俄驚石火。玉樓既成，蘿門難待。彦誼忝世交〔一〕，同仕留都。恒親寤語，竊見公骯髒自立，不以物喜，不以己悲。釋蹻登屐，擇地而蹈。謂公之留光遺炤，閃爍闤闠，亦何有於鑱石鏤金以志不朽哉！長孤以狀來請〔二〕，彦即不敏，奚敢謭陋以無言？彦與公交言以質，生不敢從諛，没豈敢諛公也乎？毋亦摘質陳詞，取鏡來哲，不欲令大德零落，以是不禁泫泫嘖嘖也。

公諱士杰，字于高，吾師宗伯謚文敏琢菴先生之冢子。世爲青之臨朐人，國初祖思忠者以義勇徙遼左，閱數傳公高王父誾山公，以正德戊辰進士，官憲副，復歸於朐。代歷四世，科第接武。公生五歲失怙，依祖妣宋太夫人、妣姜太夫人，扶櫬歸自京。先是，宗伯公將薨，慮公幼弱，恐廢箕裘，遺命托孤，注目數四。時公方辨梨棗，然一似知其言之悲者。後每能憶，浹睫沾沾，以向人言，若愛痛之猶在耳目者。逮宗伯賜葬給蔭，公即以是年補蔭。宗伯歸窆後，煢煢兢兢，世業恐墜，濯磨勤苦，日習博士家言，而宋太夫人瞷而私喜。無奈元丹未就，而太夫人風燭偃忽，倏然告逝〔三〕。公髫齡哀毁，痛可知也。此時公纔十三耳。間關長途，伏闕請恤，蒙上矜允歸。時又以姜太夫人思姑成疾，日侍湯藥，孝水寒林，媲孅千古，而又日欲以文業起家，不近狙儈，不親握算，不私尺帛，寸鐶韮茂，騰達博歡。堂上太夫人治家以寬，待衆以慈，視族閭如一人。臧獲過辜，不任斥笞。公性亦默相偕合，故太夫人稱爲孝子。

迨遼左有事，公憤然曰：『親老矣，且欃槍明耀，天步方艱，誰能坐視詘信？倘以先人未竟之業尚在，召虎能臣，賡歌祖緒，仲弓積德，袍笏滿朝，以闡君恩於蟬聯〔四〕，而修前美於黻藻，固一致事也。』遂禀命顧選北選。絶裾後，太夫人告子婦曰：『兒之出也，犬馬微勞，固無往不可。但先人歷試輦都，未嘗外用，今孺子得奉衰老於三山二水之間，以仕爲隱，亦云足矣。是在君恩所不可必者。』既而聞命，得補南前府參軍，舉室歡笑，謂他人有心，神其聽之乎？遂奉太夫人以往，出建旐，入舞彩。人皆謂公之仕也，本慷慨時事，以請纓弃繻之意，而坐擁櫜政於雅嘯投壺之班，天蓋一半成公之忠、一半成公之孝。夫豈比驅馭回車，盛名兩有難全者，公固自視爲异數也。

寄迹者八月，例有入賀之役。同列多躊躇不前，公獨逡巡請行曰：『我不敢效我友自逸。』節届冱寒，長途諏嘆，急望闕冷，倚閶賦『楊柳』，咏『雨雪』[五]。一時行色，委蛇有光。

是年升本府正參軍。南都戎政廢久，士馬教養全虧，糗芻罅漏，軍實澌衰，蒙虎皮於梟質，飽豚肩以鳩形。公獨刓弊扶殘，進旗鼓而振勵之，撫饑寒而噢咻之，不敢以無事處廢事，不敢以散曹爲贅曹。於是弱弁振起，人有拔旗穿札之風烈，何非公培恤深誼、不任解推之力也乎？

揚厲一載，再離白門，捧表進賀。遇覃恩，授奉直大夫，復任湖廣司副郎，正缺，實公握篆。雖五日京兆，而知無不爲，言無不盡矣。公高王父曾任是職，督查版圖，文章政事，輝映至今。公又以是職督查版圖，合符先後，英英繩武，人又視爲公之异數也。時邊氛正熾，羽檄紛飛，司農仰屋，議者或命武弁守提。公力抑之，曰：『武弁一行，民不堪命矣。』事寢後，當事者復敗乃事，然後知高明之胸有腑石也。

及公復督榷杭關，關商旅輻輳之地，加以公私雜遝，往來衝要，桀樵喧喝聲亂，司晨顛倒衣裳，坐忘刻漏，歲以爲常。關既繁難駢集，人復狡遁蜮巧，非清不足以生威，非才不足以致理。公竟慧燭，方良振絶，剡利而朱提歸國矣。及任之日，又值新例餉加二萬，公又力爲擔荷，不虧課，不病商。米蔬零星，謝絶覼縷，美政涌騰，聲施爛然。洵有冰心一片、十吏拱牘者，吾不難公之清而難公之才也。至衙宇傳舍，勝概久蕪，良以俗吏闒闠，故竹樓不繼。公至庭宇，奂然葺綴，玄盛一時。

波媚峰秀，慶得主人。公餘即偕二三同志杯酒西湖，揚舲鼓枻，依緑拂青，其相與潦倒淋漓者，咸謂蘇子之後一人而已。維時逆璫煽虐，往來漏匿，人莫敢指。公既絶逢迎，復行查問，而彈文立至矣。然亦適合公急流勇退之意。刻期就道，雖轅轍爲之不前，而公已凛乎其不可留也。《詩》曰：『既明且哲，令聞不已。』其公之謂與！

公就道後，解俸千金助皇極殿大工，得旨褒美。抵舍，言及進退事，真不啻晋介推之母子相慰者〔六〕。奈承歡方二載，而姜太夫人歿〔七〕，當疾不解帶，喪不勝衣，奠獻哭泣如不欲生。伏闕請恤，又蒙矜賜。讀禮之餘，益肆力於史學。居恒嘗謂友儕曰：『書香有托，豈必列縫掖、没枯螢老蠹中哉？吾雅志以千百年眼自淑。』故與之揚扢上下，欣欣然晝夜不倦。古可窮禹穴酉山，今亦披紅管金匱。性與《通鑒》尤合，舉治亂忠邪，始終委曲，皆能一一背誦。而又手不釋卷，呫嗶如童子狀。雖非風雨虀鹽之度，而棐几絺帷，頗有處士之風矣。數年寄情甚遠，望者鷗拳秋鶴唳寥天，莫能喻其意也。又能與物無忤，而德矩湛然，絶不見縱情延節，亦不聞以雌黄堅白鳴，曰：『吾終身不欺人〔八〕，亦不虞人欺。』故其處雁行、接嚶侶，睚眦不事，過爲解馬，砌磢寧詞，不問射牛。人有勸以小草者，公曰：『吾既寡合，每入山，惟恐不深。向也爲親仕，今爲誰仕哉？』從此匿迹桑麻，無與人事。春歸别墅，月滿高臺，一官鷄肋置之久矣。

生平固絶車馬筐篚之交，鄰樵夢穩，蘿帶常幽。有司肩輿及門，未許識面。客有過之者，下榻投轄，乾餱無愆。時出著作，皆山居興至小詞，然非刻劃藻麗，飾美鉛華，亦自合響笙簧，應韵槍鍇。但客篦散落，小奚錦輕，因而緣慳瑶琅，《廣陵》不傳。農餘課子，凡格言警語，時飾鳳毛，故百忍在屏，一字可師，深以漁獵細民，關説長吏，非清白子孫事。及見頽俗膏粱，林人綉馬出入鮮怒，輒障面避去。歸噫噫以奮其業。

嗚乎！公才富而不使見經濟，槖素而不使見窘容〔九〕，迹遺而不使見住止，神憊而不使見病態，其淵謨潛養，人皆不得而見也。方欲學究天人，紹吾師未竟之業，樂林下風以老焉，乃胡以命脆蛛絲、脱同蜩甲，漏未盡而聞鐘，豈不痛哉！

吾總攬公之先後而觀之，其莅官似漢循吏，其守素似漢獨行，其淡宕而夷曠又似元亳諸人〔一〇〕。不遠俗，不矯名，其息深深，冷然萬物之外，浮沉雲泥，不以侵鬥其心，殆古者有道之流亞與！彦不過依樹繪影，臨迹勒痕，而惝恍乎言之不文而已。

公生於萬曆二十六年二月廿五日丑時，卒於崇禎十五年六月六日午時，享年四十五歲。配王氏，封宜人，南京户部尚書對滄王公男封户部郎中生洲公世鶴女〔一一〕。子二：渼，邑庠生，娶錦衣衛督都同知葆初邢公元吉女，繼娶海州知州見山王公孫庠生去瑕公爲瑜女〔一二〕。湛，奉祀生，娶春元潤宸申公玉才女〔一三〕，卒。女五：一適淄川丙子亞元元潔王公成己男庠生直方〔一四〕，先卒。餘未字。孫男一，敬修，渼出。今於崇禎十七年三月初九日葬於堯山東之新阡云。

賜進士第光禄寺卿金陵世弟俞彦頓首拜撰。

## 【校注】

〔一〕彦：即俞彦（一五七二—？），字仲茅，一字容自，金陵人。萬曆二十九年進士，甫登第，上疏乞終養。後起家授兵部主事，歷員外郎，遷光禄少卿。崇禎四年謫夷陵知州，遷南工部主事，罷歸。長於詞，尤工小令，以淡雅見稱。有《爰園詞話》。

〔二〕長孤：即馮士之子馮渼，字孔璉，生平俟考。

〔三〕宋太夫人：即馮子履妻宋氏，卒於萬曆三十八年庚戌五月十七日（一六一〇），時馮士杰年僅十三歲。

〔四〕『以』字前，原本有『於』字，爲衍字，删除。

〔五〕楊柳、雨雪：分别指《詩經·小雅·采薇》中『楊柳依依』『雨雪霏霏』之句。

〔六〕介推：即介之推，又名介子推，春秋時期晋國人。隨晋公子重耳出亡，曾割股食君。文公即位，介子推不言禄，禄亦弗及，偕母歸隱。

〔七〕姜太夫人：即馮琦妻姜氏，士嫡母，卒於崇禎元年（一六二八）五月初三日。

〔八〕『吾』字後，原本有『不』字，爲衍字，删除。

〔九〕見窘容：『見』字原本無，據文例補。

〔一〇〕元毫諸人：俟考。

〔一一〕對滄王公：即王基，字啓亨，號對滄，青州左衛人，嘉靖四十四年進士，除户部主事，升郎中，轉大同知府，累至山西布政司參議，遷湖廣按察使、浙江布政使，升副都御史，巡撫大同，入爲兵部右侍郎，轉左，引疾歸。再起爲南京刑部侍郎，升户部尚書，總督倉場，兼兵、工二部尚書。卒贈太子少保。其子王世鶴，號生洲，庠生，以子貴，贈户部郎中。《光緒益都縣圖志》卷三五《王基》：『上疏乞骸，神宗慰留，且命自擇其子之賢者官之，基曰：「臣子賢，何俟臣舉；不賢，舉之適足爲累。且臣不能以衰骨爲子孫易官也。」』

〔一二〕邢元吉：生平見前。見山王公：即王載揚，字汝賓，號見山，山東淄川人。嘉靖四十年（一五六一）舉人，萬曆間謁選，授淮安府海州知州，在任有惠政。其孫王爲瑜，字去瑕，庠生。

〔一三〕潤宸申公玉才：申玉才，字潤宸，山東臨朐人，萬曆三十七年由寄籍中式山西鄉試舉人，未仕。《光緒臨朐縣志》卷一四《申玉才傳》：『幼嗜學，博極群書。性至孝……玉才好施與，樂振人之急，見義必爲。嘗倡修學廟，歲稍歉即出粟賙濟貧乏，尤敦睦宗黨。』

〔一四〕元潔王公成己：即王成己，字元潔，山東淄川人。崇禎九年山東鄉試亞元。

## 邑庠生馮公諱渼字孔璉小像自贊〔一〕

峨冠博帶兮，其貌巍巍。丈夫事業兮，因在鬚眉。手執何書兮，授豈黄石。紙上空影兮，亦復何爲？明非逸民兮，擲此居諸。吾子若孫兮，宜其念之。

【校注】

〔一〕馮渼：字孔璉，馮士杰之子。

康年抄本〔一〕，爲缺志狀，故入詩柬像贊，以載實行，意誠佳矣。余獨删去詩柬，僅存像贊，非敢省筆墨，蓋以小像一贊足當志狀也。憲謹識〔二〕。

【校注】

〔一〕康年：即馮康年，字善有，馮氏九世。

〔二〕馮憲：生平俟考。此本《馮氏世録》即由馮憲抄存。

# 青州本《馮氏世録》

青州東埧東十里村馮氏藏本

# 目録

卷二

卷四

# 卷一

## 《馮氏世録》引〔一〕

先府君嘗手録《馮氏世系》一帙，實自朐高祖考始，勝國以往莫稽焉。嘉靖初，復歸於臨朐。族之耆輩言：吾祖於前代爲萬户侯，有遺冢焉，今凌夷久矣，爲某者宅其上，當質之官府云。府君愀然不應。宅之者，固巨室也，然其故固不可知矣。間嘗命敏曰：『吾以幼孤，既長而不知前代世系。有叔祖母者，略能言之，而莫詳也。因考釋氏每作佛事，録先世生没歲時，悉且存焉。其不悉者，則蠹之矣。證以祖母之言，然後備録，禮失求諸野，固釋氏之猶傳乎？』又嘗命訥録世系五本，兄健以下，各授一本。既謹受而藏之，今則敏、訥在耳，兄弟凋喪者三人，遠者三十年，近者垂二十年，而况先考妣永感終天哉！敏之是録，承先考之意，以示子孫，子孫既駸駸繁矣，手録不能遍示也，敬付梓人以傳久遠，題之曰《馮氏世録》。

嗚呼！先府君十齡，祖考妣相繼逝，猶能上究於百五十年之前。吾子孫勉承家學，世不乏人，而不能繼有所録，則何以爲孝子慈孫也哉？是録以世系爲本，謹遵舊名，首以誥命先之，重綸音也。繼以墓碑、志銘，載實録也。神主升祔，莫不備録，即未有碑銘者，生没歲時在是也。〔二〕彙而次之，總題之曰《馮氏世録》。

隆慶壬申元旦，玄孫惟敏頓首百拜謹識。

【校注】

〔一〕題目及『先府君嘗手録……敏之是録，承』一段，原本殘缺，據冶源本《世録》補。

〔二〕『謹遵舊名……歲時在是也』：冶源本《世録》無。

## 馮氏先隴表

五世孫裕撰

嗚呼！我先君既葬之三十二年，不肖裕遣兒惟重刻兹石表。惟我馮氏之先，居青州之臨朐。國朝洪武初，詔簡山東之民三户徙一人戍遼，我始祖諱思忠當行〔一〕，遂家於廣寧左衛。曾祖諱福通，祖諱春，世積善不衰。至我先君，平直寬厚，善聲益彰。嘗理衛之書數，每以濟人爲事，而自無所利也。故人多德之，而不知者顧以弗能致賄笑之。先母太宜人勤儉慈孝，相家政，井井有條，姻戚莫不稱焉。

初，曾祖及祖若諸叔祖墓在十三山之東五家屯原上。先君卒，更卜地於分水嶺之南，於是奉祖考妣而遷葬焉。叔祖諱俊，次於右，而我先君葬於其左[二]。太宜人尋卒，祔焉[三]。時裕年纔十四。後十六年，爲正德戊辰（一五〇八），舉進士，歷官南京户部湖廣清吏司署郎中事員外郎，階奉直大夫。庚辰（一五二〇）秋，裕以考績詣京師，始得誥贈先君及太宜人如例。是冬，裕南還，道臨朐，求遠祖之墓而祭之。又明年，今上改元，疏乞還遼展墓，弗獲報。嗚呼！昔葬先君及太宜人，裕既幼且貧，弗克備禮。迨有今日，而禄養弗及，展墓之請又弗遂，哀痛尚忍言哉！

先君諱振，字文舉，生景泰庚午七月十四日（一四五〇年八月二十一日），卒於弘治庚戌十月二十四日[四]，年四十一。太宜人姓李氏，後先君四年卒[五]，年三十九。祖考年四十六，卒於天順壬午。祖妣姓張氏，年六十六，卒成化癸卯。裕懼夫久而忘也，乃泣而書之，以示我後人。

大明嘉靖元年歲次壬午六月朔日立石。

【校注】

〔一〕當：冶源車家溝本《馮氏世録》（下稱冶源本《世録》）作『者』。

〔二〕葬：冶源本《世録》作『次』。

〔三〕祔焉：冶源本《世録》作『祔葬焉』。

〔四〕按：據冶源本《世録》之《奉祀神主》，馮振卒年當爲『弘治三年庚戌三月二十四日（一四九〇年四月十三日）』，此處『十月』當爲『三月』之誤。

〔五〕後先君四年卒：冶源本《世録》作『生後先君四年，卒後二年』。按：據《奉祀神主》，當以冶源本《世録》爲是。

# 馮氏世系及宗系

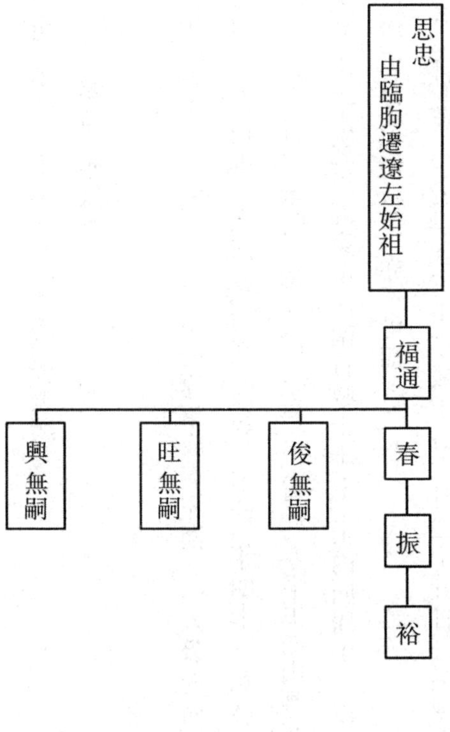

## 馮氏世系

五世孫裕編次

高祖諱思忠。一云三公，意者以行第數之也。

此洪武間來遼東之祖，不仕。生卒年月、葬地，皆無所考。

高祖妣王氏，生卒年月、葬地，亦無所考。

曾祖諱福通，革除年歲壬午（一四〇二）生於遼東廣寧左衛[一]，入贅於廣寧右屯衛鹽場小屯吴家[二]，生四子：長曰春，吾祖也。次曰俊，曰旺，曰興。不仕，年四十八，卒於正統十四年七月二十一日（一四四九年八月九日）未時。因北虜入寇[三]，避於五家屯西山即十三山，墜山而殂。祖春、叔祖旺，收遺骸葬於十三山之東五家屯西南百數十步上，壬丙向居中。以曾祖所生之年之地考之，則諱思忠之祖，或係曾祖、伯叔父，亦不可知。

曾祖妣吴氏一云胡氏，諱妙蓮，生於洪武三十年歲丁丑六月二十五日（一三九七年七月十九日），年六十六，卒天順六年四月十四日（一四六二年五月十三日）酉時，并曾祖葬於十三山之東。

【校注】

〔一〕廣寧左衛：明洪武二十六年（一三九三）置，屬遼東都司，治所即今遼寧北鎮縣。洪武二十八年（一三九五）廢，建文四年（一四〇二）復置，後廢。

〔二〕廣寧右屯衛：明洪武二十六年（一三九三）置，屬遼東都司，始治十三山堡（今遼寧凌海市東北石山鎮），次年徙治閭陽縣臨海鄉（今遼寧凌海市東南右衛滿族鎮）。清初廢。

〔三〕此句原本爲空格，據冶源本《世録》補。

祖諱春，行一，永樂十五年歲丁酉三月十三日（一四一七年三月三十日）子時生於廣寧右屯衛鹽場小屯，不仕，年四十六，卒於天順六年六月二十三日（一四六二年七月十九日）午時，葬於曾祖之左。弘治三年四月改葬於廣寧城東北分水嶺下彭家園北百十步許，居中。

祖妣張氏一云徐氏，因自幼與徐家爲女，故云，諱妙果，生於永樂十六年歲戊戌十二月二十七日（一四一九年一月二十二日）申時一云戌時，年六十六，卒於成化十九年二月二十六日（一四八三年四月三日）巳時，初葬、改葬與祖同。

父諱振，字文舉，生於景泰元年歲庚午七月十四日（一四五〇年八月二十一日）辰時，不仕，年四十一，卒於弘治三年二月二十四日（一四九〇年三月十四日）申時，葬於分水嶺下，居祖之東。

母李氏，諱妙明，生於景泰五年歲甲戌二月二十三日（一四五四年三月二十一日）卯時，年三十九，卒於弘治五年四月初九日（一四九二年五月五日）未時。并父葬於廣寧城東北。

叔祖諱俊，行二，不仕，娶顧氏之母，叔祖卒，復歸於顧氏。無嗣。初葬於曾祖塋次，弘治三年四月改葬於分水嶺下，居祖之西。

叔祖諱旺，行三，不仕，生於永樂二十二年歲甲辰（一四二四）三月□日，年六十九，卒於弘治五年（一四九二）十一月□日，無嗣，仍葬於曾祖之左。初，正統十四年七月，北虜入寇[一]，三叔祖隨曾祖避於十三山，三叔祖上山，將至於嶺而虜矢幾中其足，倉皇速登，僅得免於難焉。

三叔祖妣池氏，生於永樂十九年歲辛丑正月十一日（一四二一年二月十二日）卯時，年八十三，卒於弘治十六年五月十四日（一五〇三年六月七日）丑時，并三叔祖葬。

叔祖諱興，行四，不仕，無嗣。配張氏，同卒於正統十四年七月二十一日（一四四九年八月九日）。因北虜入寇[二]，隨曾祖避於十三山，事勢危急，四叔祖縊而死，張氏自沉於池塘。虜退，祖與三叔祖收遺骸葬於曾祖之右。

【校注】

〔一〕此句原本爲空格，據冶源本《世録》補。

〔二〕此句原本爲空格，據冶源本《世録》補。

## 馮裕後代世系表及神主〔一〕

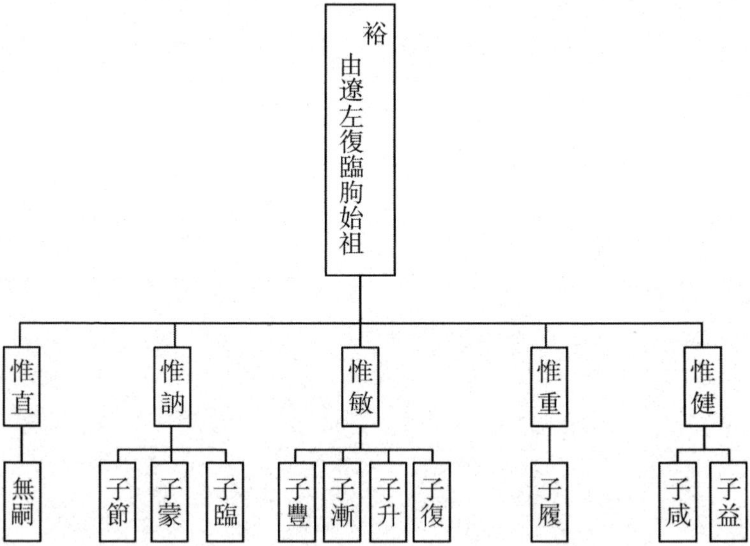

明中憲大夫貴州按察司副使贈中奉大夫、陝西右布政使府君諱裕，字伯順，行一，神主生於成化十五年己亥七月十五日（一四七九年八月二日）酉時，享年六十七歲，卒於嘉靖二十四年乙巳六月二十四日（一五四五年八月一日）亥時。暨元配誥封宜人、贈夫人伏氏，神主生於成化十五年己亥十月十二日（一四七九年十月二十六日）辰時，享年七十四歲，卒於嘉靖三十一年壬子十月十三日（一五五二年十月三十日）午時，合葬於堯山之東。

【校注】

〔一〕原本無題，此題係注者所加。

## 明貴州按察司副使閭山馮公墓志銘〔一〕

賜進士及第通議大夫、吏部左侍郎兼翰林院學士、經筵講官、會典副總裁華亭徐階撰〔二〕

賜進士及第翰林院編修、文林郎、經筵國史、同修《大明會典》浚儀邢一鳳篆〔三〕

前翰林院待詔將仕佐郎兼修國史長洲文徵明書〔四〕

閭山馮公諱裕，字伯順，臨朐人也。少孤，育於叔祖母池氏。及爲諸生，池卒，爲持三年喪〔五〕。有司就辟之至再三〔六〕，不赴。其爲學喜誦習程朱之説，反求之身心，齊魯間諸宿儒咸自謂不及。正德戊辰舉進士，出知華亭。當是時，海内治安，士大夫計無以自見，則争爲嚴急，或妄取故事更張之。公獨恂恂以廉平爲行，其有所行爲，必視民便不便，不苟异同。邑嘗大水[七]，取其逋均之上田。大吏不悦，誣公加賦，民交走言狀，事竟白[八]。

猶改知蕭縣。蕭故豐碭之區，俗獷悍，尚豪俠，又新被兵。公厚撫之。其强者得不去爲盜賊，弱者以不飢死。遷晋州知州，滹沱河自城北徙而南，北地日瘠，而賦乃視南高。公更其額，民大悦。遷南京户部員外郎，督儲中都。留守中貴人素驕，公不爲下，中貴人怒，陰伺公，逾年無所得乃已。稍遷郎中。

久之，遷平凉知府，以赴官後期，改知石阡[九]。凱、播酋相攻擊，爲正疆界，計所殺傷，償之如其俗，即其日不復爲亂。遷貴州按察副使，飭兵威清[一〇]，土酋龍里死，其兄侵之，里妻率其衆據險以禦，兵各數萬人，遠近震恐。公單車往諭，皆散去。嘗視司篆，苗犯程番[一一]，議者奮欲用師，公徐曰『無以爲也』，遣斷事喻□撫之[一二]，遂定。在威清三年，忠信惠愛，孚於其人。然公以財廉，無書問以遺貴近，又不能飾詞貌爲媚説，故當塗之士乃鮮知公者。

嘉靖甲午，被論致其事[一三]。公聞，怡然曰：『吾仕宦三十年，數脱其奇禍，今得老牖下足矣。』居不一問生産厚薄。與鄉人處，和以介，召之飲輒往，往輒爲盡醉。或以私請，則辭。性喜爲詩，晚與諸名士結詩社，其所倡和，傳於人多至數百首[一四]。

乙巳六月二十四日，年六十七，卒。公之先居臨朐，明興，曾大父思忠以選戍廣寧[一五]，至公始復故。以其年十一月一日葬青州洋溪之側。大父春，父振[一六]，贈奉直大夫、南京户部員外郎。母李氏，贈宜人。配宜人伏氏。子男五：惟健，戊子舉人。惟重，進士，官行人，卒。惟敏，丁酉舉人。惟訥，進士，今爲松江同知〔一七〕。惟直，縣學生，亦卒。女三：長適廣寧傅中丞子偉〔一八〕，衛學生；次適濟陽黄中丞子有〔一九〕；次適益都朱給事弟泗〔二〇〕。孫男七：子益，縣學生，次子臨，子履〔二一〕，又次，幼。孫女三：長適益都石舉人子繼芳〔二二〕，縣學生；其二，亦幼。

公既葬，而郡丞君與其伯兄以侍御齊君狀來徵銘〔二三〕。予固華亭人，自爲兒時，邑父老往往爲予言公之政。乃今得侍御狀，益詳。爲之銘曰：

古仕爲人閟閟爾，厥後徇名乃爲己。以民易官公獨耻，抱貞致一百政理。三遷遠徼再左徙，吾道非耶世莫以。桐鄉南陽世所美，公没猶存矧有子。

【校注】

〔一〕此文見於徐階《世經堂集》卷一六，題作『貴州按察司副使間山馮公墓志銘』（下簡稱《世經》本）。

〔二〕徐階（一五〇三—一五八三）：字子升，號少湖，一號存齋，華亭人。嘉靖二年探花，累官至建極殿大學士、太子太師，卒贈太師，謚文貞。隆慶初任首輔，稱賢相。有《少湖先生文集》《世經堂集》。

〔三〕邢一鳳：字羽伯，號雉山，南直隸龍江衛籍，河南祥符人。嘉靖二十年探花，授編修，累官至太常少卿。工詩文詞曲，有《雉山集》。與馮惟健、馮惟敏等交厚。

〔四〕文徵明（一四七〇—一五五九）：原名壁，字徵明，號衡山居士，長洲人。詩文書畫無一不精，畫與沈周、唐寅、仇英號『吴門四家』，詩文與祝允明、唐寅、徐禎卿號『吴中四才子』。按，文徵明在馮裕卒時已七十六歲，其爲馮裕書碑，據曹立會先生《馮惟敏年譜》引《青州明詩鈔·僑寓》：『按文待詔《年譜》，嘉靖中徵明時年八旬，來游益都。高唐端裕王爲之下榻，兩月而返。閭山馮公志銘出其手筆，疑來益都書也。』

〔五〕持：原作『池』，涉上文而訛，據《世經》本改。

〔六〕再：原作『孚』，據《世經》本改。

〔七〕正德四年、五年，松江府連發大水，《正德松江府志》卷三二《遺事·祥异》：『正德己巳（一五〇九）秋七月六日，雨，至於十一日，晝夜不止，水溢冒府庭。……庚午（一五一〇）……夏五月，雨如己巳。六月，大風决田圍，民流離飢疾死者無算。九月，訛言有兵，居民皆出走，城中幾空。』

〔八〕正德五年，馮裕因調整東西鄉賦税，士紳嚴泰告其荒年加賦，巡撫張鳳將馮裕逮捕入獄。經調查，貪污之罪不實，又因西鄉百姓聯名上保，得釋，寓居當地鶴城書院。《崇禎松江府志》卷三二《國朝名宦績二》：『馮裕，號閭山，山東臨朐人，正德戊辰進士。令華亭，性篤實，薄於自奉，廉於取民，好執法，不肯毫髮少假人。劉瑾更張舊法，内差添設私員，民間大有誅求，他令皆通融，而裕獨堅挺不應。邑大水，西田多湌没，東田稍收，顧歲租不能全蠲，尚徵其半。適部使者至，又加以租外新派，民嘩言裕加賦於民，撫臺張公惑之，下裕於獄。既而察裕無他，改知蕭縣待理。時寓居鶴城書院，歲餘空囊不充朝夕，士大夫往往有饋遺相周者。裕日惟賦詩，吟咏自得，無怨尤不平之氣，人尤賢之。』方貢岳論曰：『閭山馮公裕治華亭有惠政，其去也，民爲歌曰：「大水横發高樹低，人死爲魚公凄悲，誰使公去傷哉離！」公去華亭幾四十年，其子少洲公名惟訥，復來治松，請祀公於學宫。徐獻忠《記》略曰：昔在正德己巳，公來治民，任真履平，不事績飾，事有利者即力任之。方是中官操竊名器，郡長吏有出其門者，頗事斂括。公不承其意旨，遂爲所不樂。是歲秋大水，自邑以西漭爲巨壑，民飢餓死者甚衆，而糧額不蠲減，監司者又適去任，乃不待報請，移其税於高鄉。繼而監司者至，郡長吏乃從中構之，幾中於禍。民相率聲其冤，僅得調蕭縣去。』

〔九〕嘉靖三年甲申（一五二四），馮裕北上考績，途中得邸報，遷平涼知府，因戰事，次年乙酉三月始赴平涼，途中得知竇明補平涼知府，遂東還。五月，聞竇明調鳳翔，九月，再赴平涼，時本府同知任守德已升任知府。《陂門山人集》卷六《上王稽勛順渠書》述馮裕官平涼事：『曩時甲申寓留都六年，考績居最。僚友咸趣之行，家君曰：「無所願，不敢侈以吾年資將叨轉郡，必復磨勘而進邪。」……北上，歲杪至徐，得守平涼報。時適有西事，不敢携家以行，欲令還閭陽，又無以供僕馬費，則還青，立券僦屋以居，日用盡假於今，今鄉士所共知者。乙酉三月，始定居。方欲偕平凉隸僕之任，忽得竇某補平凉之報，則盡遣僕馬使歸。及五月，聞竇君調鳳翔，時喪子染疾，百事壈坎。九月，力疾西行，至則楊總制邃菴（按：楊一清）所保升者已視篆三日矣。遠地孤立，且貧窶無肯爲一處者，則又驅馳東來，俟查行覆奏，殆歷三年。夫始也待命江滸，於垣故都，繼者竇君補平凉，莫測所自何得者行。迨竇君五月得調，家君九月赴任，罪固難逭。以事勢揆之，不爲甚遲，豈意任守德從容領鎮耶？左馳萬里，坐受困屈，當道不察，謂爲避難，益致石阡之役。』

〔一〇〕嘉靖十一年（一五三二），馮裕遷貴州按察副使，整飭威清戎政。威清：即今貴州清鎮市。洪武二十一年置威清站，二十三年改爲威清衛，屬貴州都司。

〔一一〕苗：《世經》本作『熟苗』。程番：即程番府，成化十二年分貴州宣慰司置，屬貴州布政司。治所在程番長官司（今貴州惠水縣）。隆慶改爲貴陽府。

〔一二〕喻□：《世經》本作『某』。按，喻□當爲喻冲，湖北麻城人，正德八年舉人，嘉靖間任貴州僉事。

〔一三〕甲午：即嘉靖十三年（一五三四），馮裕因在石阡刻碑時被論，遂解官。馮惟健《啓東渚》：『聞榮即臺司，眷遇日重，休問章布，幸甚幸甚。七月初，具短疏奉候，倘能一至下吏。昨石阡家人至，言家君爲御史所論製碑事，不識所論云何？碑亭自去歲十月訖工，首先諸郡，不知何以論之？疏直之性，動致尤愠，命矣何言？……家君雖未敢與古人比量功化，至乃驅服輿軫，夷難定俗，功在疆埸，紆憂宵旰者，其亦有矣。心竭而譽遠，功立而謗至。簿書期會，一不當意而媒孽隨之。險難危苦，殆有不可居者。製碑所論，虛實不可知，然此其端也。將功之不圖而罪戾是懼，其何以懷遠勸功？邇者御史按石阡，睹碑製，又大稱善，莫測其意如何也？』

〔一四〕嘉靖十四年（一五三五），馮裕與石存禮、藍田、劉澄甫、劉淵甫、黄卿、楊應奎等在青州北郭禪林結『海岱詩社』，成員各條其生平，并訂立社約。詩社倡和作品，萬曆年間馮琦訂爲《海岱會集》十二卷。

〔一五〕思忠：《世經》本作『某』。

〔一六〕大父春、父振：《世經》本作『大父某、父某』。

〔一七〕松江：《世經》本作『松江府』。

〔一八〕廣寧傅中丞：即傅鑰，字希准，號凌川，正德六年（一五一一）進士，歷給事中、浙江按察副使、山西按察使，累至河南巡撫。其子傅偉，字伯奇，娶馮裕長女。

〔一九〕濟陽黄中丞：即黄臣，字伯鄰，號安厓，山東濟陽人。正德六年進士，授翰林院庶吉士，歷官吏、户、刑、工四科給事中，累官至副都御史。《乾隆濟陽縣志》卷八載：『累官大中丞，清介不染，未嘗私橐一錢。挂冠時策蹇東歸，行李蕭然。著述甚富，嘗見稱於康對山。』其仲子黄有，字公大，庠生，曾爲其姐報仇而繫獄。馮惟敏《何辜嘆爲茂才黄有賦》題注曰：『有，中丞安厓公仲子，爲其姊雪仇，被繫歷下，余憫惻焉，乃賦此詩。尋出之。』

〔二〇〕益都朱給事：即朱潤，字伯雨，嘉靖五年進士，歷任巢縣令、南京户科給事中、寧波府同知、松江知府。其弟朱泗，字伯源，生平不詳。

〔二一〕子履：《世經》本「子履」後有「熊孫」二字。

〔二二〕石舉人繼芳：《世經》本作「石繼芳」。石繼芳，字克肖，號岱宇，益都人。娶馮惟重長女，即子履長姊。嘉靖三十四年舉人，歷猗氏教諭、桐城知縣、錦衣衛經歷，升寧夏副使，遇哱拜之亂，遭難。

〔二三〕郡丞君：即馮惟訥，時任松江府同知。侍御齊君：據歐陽德《副使閭山馮公墓碑》「惟訥學於予，既奉齊君宗道狀謁志銘於大宗伯少湖徐公」，即齊宗道，字叔魯，嘉靖十七年進士，累官都御史巡撫大同。

## 明貴州按察司副使閭山馮公配宜人伏氏合葬墓志銘〔一〕

賜進士出身、南京吏部尚書、前禮部左侍郎開州王崇慶撰〔二〕

嘉靖壬子冬十月，年家馮子惟訥厥母伏宜人卒，將合葬乃翁憲副於堯山之麓。踵予以志銘請。

按狀，公姓馮氏，諱裕，字伯順，別號閭山。其先山東臨朐人。曾祖有諱思忠者，國初選戍廣寧城。祖春，父振，贈南京户部署郎中，母李氏，贈宜人。成化己亥七月十五日，公生於廣寧。年十二失父，尋且失母。育於叔祖母池氏。及爲諸生，喜誦談程朱身心之學。齊魯間諸宿儒咸自謂不及也。弘治甲子，薦於鄉。正德戊辰舉進士，出宰華亭。邑嘗大水，於是取其逋，均之上田。大吏不悦，誣公加賦，既廉知其狀，猶調知蕭縣。

蕭，故豐碭之區，俗獷悍，尚豪俠，加之新被兵荒。公厚撫之，民用安集。旋擢晋州知州，滹沱河自城北徙而南，北地日瘠，厥賦無异沃饒。公更其額，民大悦。未幾，擢南京户部員外郎，督儲中都。留守中官素驕〔三〕，公不爲下。中官怒，陰伺公，逾年無所得，乃已。尋擢郎中，久之，擢平凉知府。以赴官後期，改知石阡。播、凱二酋相攻擊，連兵數十年，被檄爲正疆界，責償所殺傷，皆稽首不復爲亂。

壬辰，擢貴州按察副使，整飭威清戎政。土酋龍里死，其兄侵之，里妻率衆據險以禦，遠近騷動。公單車往諭，皆意沮解散。嘗攝總司事，苗叛程蕃，議者奮欲用兵，公弗許，遣斷事撫定之。在威清三年，忠信惠愛，孚於其人。然質直自遂，坐是鮮有延譽者。甲午被論，遂致仕。

居家略不問生産。與鄉人處，和而不流。招之飲輒往，往輒傾盡。或以私請，則辭之。性喜爲詩，晚年與諸名士結詩社倡和，縉紳之士多傳之者。乙巳六月二十四日卒於正寢，享年六十有七。

配宜人伏氏，遼東廣寧人。生於成化己亥十月十二日。閭山公幼在襁褓，伏翁見而奇之，遂許聘。年十八，歸公。時公已游庠校，然孤貧獨立。宜人躬操井臼，力佐卒業。及令華亭〔四〕，宜人則又佐以廉儉。居常疏食，衣無錦綺。每鷄鳴而起，公視事，雖夜分必整衣以俟。設食不敢先嘗。自晉州入爲南京户部員外郎、郎中。會今上臨御，覃恩封宜人。

乙酉春，公將之平凉，始復於青州。及改知石阡，宜人留青州。當是時，公素未有基産，宜人率婦子躬績以業諸子。比升貴州按察副使，宜人一日謂諸子曰：『汝父宦游中州，母子咸從侍，今久處炎荒，獨不赴，無乃非人情耶？』惟健乃奉宜人南省，彌年同歸。公清約如寒士，是後諸子相繼登科第，亦有孫子女漸結姻婭，始有負郭田數畝。宜人躬視蠶桑。處鄉鄰嫗婦，率以善相結。宜人不逮事舅姑，春秋伏臘，相贊祠祀，罔不修飭，曰：『吾無以報先世也。』伏翁亦蚤世，每間山宦處，輒奉母劉以行。在留都時，劉年高，念鄉土，遂歸廣寧。後公移家青州，山海阻越，宜人歲時懷望，涕思不絶。及劉卒，訃至，哀毁執喪如禮。性恭慎，寡言笑，待諸子慈惠如一，然未嘗不教以正。視婦若女，過失不輕叱，接外姻有恩禮，喜淡茹素。此宜人生平之大較也。

先是，子惟訥歷官州郡，宜人必戒之曰：『兒當以清白自立，無忝爾父。吾之朝夕，不足念也。』又曰：『民皆赤子，慎勿濫笞。』惟訥奉宜人訓惟恪。壬子，宜人初度之前夕，諸子女猶奉觴稱慶。越二日，疾革，乃屬後事。至午，正服扶於中堂，危坐而逝。時十月十三日也，享年七十有四。

生子男五：長惟健，戊子舉人；次惟重，戊戌進士，官行人，卒；次惟敏，丁酉舉人；次惟訥，與行人同年進士，今爲南京户部郎中，縝密明達，有大志。次惟直，臨朐縣學生，亦卒。女三：長適廣寧傅中丞之子偉，次適濟陽黄中丞之子有，宜人出；次適益都朱給事之弟泗，别出。孫男八人：長子益，次子臨，俱縣學生；子履，府學生；次子有、子升、子蒙、子咸、子漸，俱幼。孫女三：長適益都舉人石琚子繼芳〔五〕，次適知縣石鳳子茂元〔六〕，次字衡府儀賓夏汝恭子璜〔七〕。

夫以公之夫婦勤儉起家，廉平視政，蓋匪獨無間鄉評，而同年中亦罕有并者，則夫諸子若孫，接武甲科，鋭志繼述，又何八龍三鳳之足多哉！因知其未盡之藴，行且詒後人於無窮矣。乃銘之。銘曰：

于惟閭山〔八〕，秀拔英豪。名孚鄉素，策射雲高。花封撫字，列宿輝煌。曹登錢穀，臬振紀綱。爰獲賢偶，内助良多。相夫課兒，屢捷巍科。慈垂閨範，人擬幽蘭。蟠桃眉壽，何干萬年。

嘉靖甲寅春正月二十日勒石。

不肖男惟訥泣血稽顙書。

【校注】

〔一〕此文亦見臨朐寺頭本《馮氏世録》（下簡稱寺本《世録》）。

〔二〕王崇慶：字德徵，號端溪，北直隸開州人。正德三年與馮裕同榜中進士，授户部主事，以建言獲罪，謫肇慶驛丞，歷泌州推官、登州同知，累遷山西按察使，轉河南按察使，改遼東苑馬卿，累官至南京吏、禮二部尚書。著述頗富，有《周易議卦》《五經心義》《海樵子》《山海經釋義》等。

〔三〕中官：原作『中宦』，據寺本《世録》改。

〔四〕及：原本作『反』，訛。

〔五〕石琚：字仲芳，山東益都人。嘉靖十三年舉人。父存仁，正德八年舉人，官至寶豐知縣。伯存禮，弘治三年進士，官至紹興知府。《光緒益都縣圖志·儒學傳》：『琚性質慤，喜施予，篤學至忘寢食。嘉靖十三年舉人，肄業成均。爲高陵吕楠所賞拔，聲譽日起，都下從游者甚衆。著有《六子要》《左氏叙略》藏於家。』其長子繼節，字子立，嘉靖三十四年舉人，官至汝寧府同知；次子繼芳，字克肖，娶馮惟重長女，亦嘉靖三十四年舉人，官至寧夏副使，死於寧夏哱拜之亂。

〔六〕石鳳：益都人，石存禮子。嘉靖十六年舉人，官至滎陽知縣。其子石茂元，生平不詳。

〔七〕夏汝恭：益都人，生平不詳，曾任衡王府儀賓。其子璜，生平俟考。

〔八〕惟：寺本《世録》作『維』。

## 明中憲大夫貴州按察司副使閭山馮公墓碑〔一〕

賜進士出身、嘉議大夫、吏部左侍郎兼翰林院學士掌詹事府事泰和歐陽德撰〔二〕

公姓馮，諱裕，字伯順，别號閭山，其先青州臨朐人。高祖思忠〔三〕，國初選實遼左，戍廣寧城。祖春。父贈奉直大夫、南京户部員外郎振，母贈宜人李也。成化己亥七月十五日，生公於廣寧。公既仕，遂復臨朐焉。

公天性穎异，年十二失父，尋又失母，依叔祖母池氏。以居家貧，能奮發讀書。年十七，選充衛學生。時諸生務涉獵爲詞章，獨往謁義州賀醫閭先生〔四〕，事身心之學。叔祖母卒，持喪三年。當道敦迫應舉，不赴。他日赴舉，或贐之金，捐其半以贍童時句讀師。其厲志篤義若此。

弘治甲子，山東鄉薦。正德戊辰第進士。己巳令華亭。邑劇，不事嚴察，用廉平爲理。邑人有附逆瑾憑威福者，嗔公不私其家，撼以危言。公置弗聞，竟不能害。歲大水，東鄉尤甚。部使督賦急，民無所出，乃稍均之西鄉，即有譖華亭令加賦者，撫臺惑之。既廉實知狀，猶以其故調蕭縣。縣新被兵，加意拊循，民用安集。擢知晋州。滹沱河故道城北，地淤澱饒沃，賦獨重。已，河徙城南，而賦猶踵舊。公力排衆言，視地肥瘠益損之，流民相繼來復。

丁丑，擢南京户部員外郎，督儲中都。居守中官驕甚，秉禮不爲下。其人怒，陰偵所間，欲中之，逾年竟無所得，乃嘆服。遷郎中，禁輸將者，無濫費於賄，以售濫惡官物浸中用〔五〕，而民益稱便。

嘉靖初，擢知平凉府，尋以赴任後期改石阡。播凱二酋相攻，連兵十數年〔六〕。被檄往，爲正其疆界，責償所殺傷，皆稽首不復爲亂。壬辰，遷貴州按察副使，整飭威清戎政。規令嚴明，戰守有備。土酋龍里死，其兄介與里妻整兵争奪，遠邇騷動。單車往諭之。或請無遽行，不聽，即日深入，皆意沮解散。攝司事，苗叛程番，衆皇懼歸過，郡守憤欲加兵。公不可，且謂此不足憂。徐遣幕官撫定之。於是聲教聿暢，威信浸行。

然質直自遂，莫有爲之游譽者。甲午被論解官，人莫知其罪。或曰：公亟清郵傳繹騷贖金，月令主藏吏入之總司，怨若忌者媒孽之。公怡然言曰：『仕宦三十年，幸數脱奇禍，歸老牖下，吾復何求？』家居不問生産。與諸耆俊結詩社，鄉人召飲輒往，爲盡醉。以私請則辭。乙巳六月二十四日卒〔七〕，以其年十一月一日葬洋溪之側。配宜人伏氏。子男五：惟健，戊子舉人；惟重，戊戌進士，官行人，卒；惟敏，丁酉舉人；惟訥，與行人同年進士，今同知松江府；惟直，縣學生。女三：長適廣寧傅中丞冢子偉，仲適濟陽黄中丞仲子有，次適益都朱給事弟泗。孫男五：子益，縣學生；次子臨，子履，熊孫，又次幼。孫女三：長適益都石舉人子繼芳，縣學生；其二未字。

惟訥學於予〔八〕，既奉齊君宗道狀謁志銘於大宗伯少湖徐公〔九〕，又樹碑墓上，請予文刻之。公嘗謂：『希寵者負君，媚人者負己，謀身者負人。』又稱其先人潛晦草莽，不藉一命，而鄉邦敬慕諮訪，緩急相賴，身都高顯者或愧焉。既自勖，又以勖其子，故諸子皆自重而好修。銘曰：

大道既隱淳風漓，機變横流樸直疑，忠信參倚慎所持。蠻貊可行不在兹，乘流遇坎孰推移，謀身負己耻弗爲。嗚呼閭山知者誰，淑嗣英英纘厥垂，浸昌浸明肇自期。

【校注】

〔一〕此文亦見歐陽德《歐陽南野文集》（下簡稱《文集》本）卷二六，題作『副使閭山馮公墓碑』。

〔二〕歐陽德（一四九六—一五五四）：字崇一，號南野，江西泰和人，受業於王守仁。嘉靖二年（一五二三）進士，歷六安知州、刑部員外郎、翰林院編修、南京國子司業、南京尚寶司卿、太僕寺少卿、南京鴻臚寺卿、南太常寺卿、吏部左侍郎，至禮部尚書，卒謚文莊。馮惟訥曾師事歐陽德，又曾編纂《南野文選》。

〔三〕高祖：《文集》本作『曾祖』。按，作『高祖』是。

〔四〕賀醫閭先生：即賀欽（一四三七—一五一〇），字克恭，其先浙江定海人，以戍籍隸遼東義州衛。欽中成化二年（一四六六）進士，授户科給事中，謝病歸。弘治初，起陝西參議，檄未至而母殁，乃上疏懇辭。賀欽師事於陳獻章，但以『主敬』爲主，能糾白沙之學之偏。其《醫閭先生集》，嘉靖年間由其鄉後學齊宗道刻印。

〔五〕濫惡：原本作『監惡』，據《文集》本改。

〔六〕兵：原本無，據《文集》本補。

〔七〕乙巳六月二十四日：《文集》本此句前有『歲』字；『六月』，《文集》本作『七月』，誤。

〔八〕予：原作『子』，據《文集》本改。

〔九〕齊宗道：字叔魯，遼東廣寧衛籍，山東日照人，嘉靖十七年進士，授咸寧令，擢巡按山西御史，升參政，遷按察使，累官至大同巡撫。少湖徐公：即徐階，號少湖，其所撰墓志銘見前。

## 馮惟健夫婦神主〔一〕

鄉進士府君諱惟健，字汝强，行一，神主生於弘治十四年辛酉二月二十六日（一五〇一年三月十五日）未時，享年五十三歲，卒於嘉靖三十二年癸丑十二月初六日（一五五四年一月九日）午時。曁元配孺人高氏，生於弘治十五年壬戌十月初三日（一五〇二年十一月二日），享年三十六歲，卒於嘉靖十六年八月二十一日（一五三七年九月二十四日）亥時；繼配孺人李氏〔二〕，生於正德十六年辛巳十一月初八日（一五二一年十二月六日）亥時，享年四十八歲，卒於隆慶二年戊辰七月二十四日（一五六八年八月十六日）巳時，合葬於堯山之東。

【校注】

〔一〕原本無題，此係注者所加。

〔二〕孺人：原作『儒人』，據冶源本《世録》之《奉祀神主》改。

## 明孝廉陂門馮公傳〔一〕

初，冶泉馮子卒於青，訃至南都，既與諸舊游爲位以哭。久之，予上京師，時其季氏駕部君汝言適免喪，待次公車。會其叔氏汝行上南宫，自其家携所遺稿授予，俾任後死之責。既定著爲如干卷，爲詩若文總如干首。駕部將刻梓以傳，屬予爲傳〔二〕。

傳曰：冶泉馮子者，臨朐人也，一號陂門山人，名惟健，字汝强，中丞可泉胡公爲易曰『汝至』云〔三〕。先世戍遼左，冶泉生於遼左，隨宦南北，游學金陵。先，閭山翁時爲南户部郎也，方弱冠，文名嶄嶄起，聲聞士林，乃都人士無不知有馮汝强者。予少業鉛槧，忝竊鄉曲之譽。汝强偕其仲氏大行君汝威，因馬子原明以交予，汝言兄弟尚幼也〔四〕。予方與所善諸文學締爲文社，修業清溪之上。若今楊參知全卿、盧冏伯國賢〔五〕，則又與予同栖郊壇之野。汝强最先識二君。亡友金方山子有、令弟子坤〔六〕，適歸自大名，又因識兩金子。乃後爲馬竹山承道、陳淄川孟錫、許奉常仲貽諸君〔七〕，亦無不願交馮氏者。馮子與諸君友也，談道陳藝，金玉交應，綺繢璀錯，照映一時。乃汝强則又才情駿發，縱横捭闔，弗徇時好，超然絶塵。諸君又靡不傾心馮氏焉。

歲甲申，閭山翁出守平凉，從而北省墓臨朐，遂定居。明年，予及楊子、許子、金子舉於鄉。戊子，馮子亦舉於山東。爾後國賢、孟錫諸君暨汝威兄弟皆次第舉。予與楊、盧、許子及汝威、汝言先後第進士，汝强竟不第，賫志以殁。嗚呼！惜哉！惜哉！

馮子初自江南歸青也，青之人士睹其文筆，异焉，以爲野王再生、敬通復出〔八〕，争相引重，摹其點畫，擬其體裁。樸梀之俗，份份藻雅。閭翁有子五人，家庭自相師友，咸以文賦流聲藝苑。胡公因以『一椿五桂』顔其堂，擬諸燕山竇氏〔九〕。乃汝强則不繼以文顯，經綸内藴，知略輻輳。閭翁雖久宦，廉靖自好，比卜居青，家徒四壁，及以憲副罷歸，行槖蕭然。汝强能拮据生業，以供菽水，二親安之，弟妹婚嫁，亦克時舉，衆孫其才。孝友天植。誾翁留青久，及之平凉，平凉業已置佗守矣。艱關塗路，往來齊魯燕趙之墟，叩閽白其事，因獲移守石阡。石阡西南裔土，誾翁之石阡，先太君留青。已乃奉母氏跋涉萬里，省父貴陽，語在所著《南征賦》中。汝威扈從南狩，將命播告圻輔，旅卒廬江。方歲晏，匍匐走廬江，觸冒冰雪歸其喪。其妻孥居京邸，又謀返之於青。聞者義之。

家雖貧，克己爲養。每天日清晏，帥諸弟奉藍輿游於郊墅，歡宴賦詩。以故誾翁雖食貧，兩喪壯子，有以自慰。甲辰，再上南宫，復下第。予守比部，數過予，夜談語及時事，輒抵掌自奮，有四方志，若憤世不己用者。謀謁選，予沮止之。會奉常在銓部，亦沮上之，逾期乃歸。予送以詩，卒章云：『莫以時人弃，渾忘獻玉心。』諷咏再三，語予曰：『君教我矣。』比予攬轡豫章，君亦居誾翁憂。予遭讒量移，次且家園，駕部君來官南曹，問君起居，云遘末疾方瘥。及駕部奔先太君喪歸，亡何，有自青來者，傳君死矣。嗚呼！惜哉惜哉！方山既亡，冶泉復爾。二君皆有黼黻之華、經世之略，乃今咸困躓以死也。胡天予以才不予以年邪？

冶泉既齟齬於時，奇思健氣，溢爲詞章。然多酬贈游衍之撰。本其志，殆不徒以文人自命，思欲爲國家輸誠效節，著功業於春秋，退而抒意綴詞，成一家言，卒未之能待也。今觀所遺稿，多手所著録。《南征》《聖泉》二賦〔一〇〕，楊、班儔也。餘得之漢魏騷選爲多。《擬四愁詩》雖效法張平子，然根極倫彝，意義過平子遠甚。五七言近體，一似開寶以上名家。書啓誄詞，超軼峻整，使出晋宋人口，皆成奇語。至於記叙諸篇，命意深厚，敷言爾雅，不類文士之詞。嗟嗟馮子，此亦足以不朽矣！區區名壽，何多較焉？讀其稿，世自有知子雲者。

子二人：曰子益，子咸，能修其業，庶毋忝於前聞人。予聞諸駕部君云。

嘉靖丙辰春王正月南都友人陳鳳元舉撰〔一二〕。

【校注】

〔一〕此文亦見抄本《陂門山人集》（下簡稱《陂門》本），題作陂門集叙。

〔二〕傳：《陂門》本作『叙』，下『傳曰』亦作『叙曰』。

〔三〕云：《陂門》本無。

〔四〕馬：原本作『馮』，《陂門》本作『馬』。據顧璘《跋馬原明所藏石亭詩卷》，可知作『馬』是。馬原明：生平俟考，曾參與正德嘉靖之際南京的清溪詩社。汝言兄弟：指馮惟訥與馮惟敏，二人時尚幼，未參與清溪詩社。

〔五〕楊參知全卿：即楊成，字全卿，號水田，南直隷上元（今南京）人。嘉靖十一年進士，歷官至四川參政。盧冏伯國賢：即盧璧，字國賢，金吾衛籍。嘉靖十七年進士，歷官至苑馬寺少卿。爲官清廉剛介，常禄外秋毫無取。致仕後閉户讀書，人罕睹其面。有《東籬品匯録》《閑中集》等。

〔六〕金方山子有：即金大車，字子有，號方山。其先爲西域默伽國人，明初歸義，賜姓金，遂爲南京上元人。嘉靖四年舉人，未仕而卒，有《方山遺稿》二卷。王兆雲《皇明詞林人物考》稱其「少與許仲貽、謝應午、陳羽伯讀書清溪之上，才氣豪宕，綽有時名」。其弟金大輿，字子坤，號平湖，應天府諸生。有《子坤集》。

〔七〕馬竹山承道：馬承道，號竹山，上元人，官至國子學博士。與高近思、金大車、金大輿號稱「青溪四子」。周暉《續金陵瑣事·評四子詩》：「羽伯陳公評清溪社中四子詩云：「高汝州近思雄壯奇拔，馬國學承道博雅典則，金文學子坤清新秀朗，金孝廉子有則兼有諸長，詞義雙美。夫金氏昆玉尚有詩集，若高、馬二公，人且不知其姓名也，況於詩乎？」」陳淄川孟錫：即陳時萬，字孟錫，嘉靖十三年舉人，太醫院籍，仕至淄川縣令。許奉常仲貽：即許穀（一五〇四—一五八六），字仲貽，號石城，上元人。嘉靖十四年會元。歷官户部主事、吏部郎中、南太常少卿、江西提學僉事，至南京尚寶司卿。有《省中稿》《二臺稿》《歸田稿》。與「臨朐四馮」交厚，曾爲馮惟敏《山堂緝稿》作序，稱：「余弱冠與鄉中諸子會於青溪之上，適冶泉、芹泉二君自臨朐來，從其先大夫宦游春曹。少洲君初授邑令，邂逅京口，議論頗合，則又識少洲君。今余挂冠山中，海浮君由淶水令改教京口，言念通家，停車見訪，則又識海浮君。」

〔八〕野王：指漢代的馮野王，字君卿，上黨潞縣人，馮奉世之子。敬通：即漢代的馮衍，字敬通，京兆杜陵人。幼有奇才，二十歲而博通群書。王莽時，不肯出仕。義軍起，投更始帝部下，因後降劉秀，故不被重用，出爲曲陽縣令。建武末年曾上疏自陳，猶不被任用，故作《顯志賦》。

〔九〕胡公：即胡纘宗（一四八〇—一五六〇），字世甫，一字孝思，號可泉，又號鳥鼠山人，甘肅秦安人。正德三年進士，歷官至副都御史，巡撫山東、河南，頗有政績。燕山竇氏：五代後周時期竇禹鈞有五子，均先後中進士，時人譽爲『竇氏五龍』。

〔一〇〕聖泉：《陂門》本作『聖舉』，訛。聖泉爲貴陽一泉。

〔一一〕陳鳳：字羽伯，一字元舉，號玉泉，上元人。嘉靖十四年進士，累官陝西參議。有《清華堂擇存》。

## 馮惟重夫婦神主〔一〕

行人司行人贈承德郎兵部車駕司主事府君諱惟重，子汝威，行二，神主生於弘治十七年甲子正月初七日（一五〇四年一月二十三日），享年三十六歲，卒於嘉靖十八年己亥十月二十八日（一五三九年十二月八日）。暨元配誥封太安人蔣氏，生於弘治十五年壬戌十二月二十八日（一五〇三年一月二十五日）寅時，享年八十一歲，卒於萬曆十年壬午十月初二日（一五八二年十月二十七日）午時，合葬於府城堯山之東。

【校注】

〔一〕原本無題，此係注者所加。

# 明行人司行人贈承德郎兵部車駕司主事芹泉馮公暨配封太安人蔣氏墓志銘[一]

賜進士出身、資善大夫、禮部尚書兼東閣大學士、知制誥、經筵起居注、

玉牒總裁、雲中王家屏撰[二]

芹泉馮公諱惟重，字汝威，貴州副使閭山公仲子也。馮氏之先青州臨朐人。洪武初，有思忠者，徙實遼左之廣寧。閭山公既顯，念家本齊也，因携其五丈夫子復歸臨朐，即郡城家焉。

公生而穎敏[三]，十歲能文，有雋譽。方游廣寧，已冠廣寧諸生，既徙家郡，復冠郡諸生。郡諸生嚮公名，競走問業，公人人爲剖析疑義，無不滿意去者。閭山公宦留都，公從而南，講業青溪，一時名公，如許石城、邢雉山輩與公游者[四]，皆遜以爲不及。名益日起。

嘉靖甲午舉於鄉。歸從家宴，時廣寧苦虜，閭山公顧念先人丘壠，臨食而嗟，謂諸子誰可往視者，公請行。間關烽火，逾月始達。竟芟荆蔓，築垣立石而還。戊戌舉進士，授行人。會肅皇南狩，簡命公往告湖湘，暑濕，盛夏癉熱，公日夜馳驅不少休。至盧而病，疽發於背。同年友張公、董公來視疾，泣謂公宜急歸就醫藥，勿令卒有不可諱，以憂父母。公毅然曰：『使臣不任，及於踣頓，廢天子成命，死不償責，敢委而歸，以重大戾？』竟卒於廬。

狀稱公豐頤修幹，善譚論，常傾坐客。與客飲，度酣輒起，飭襟帶滌器，更益整峻，人以此占其醉否。喜爲詩，詩宗大曆以前。書復遒美。公即高才睥睨一世，而意常有以自下者。坦夷洞達，

絶無城府，人以此益親公。既死，而蔣太安人以節顯。

蔣太安人者，故清河令蔣公女也。初，蔣公讀公文奇之，既見公，矩步便旋，益大喜，謂此真快婿，遂以太安人歸公。歸逾月，而閭山公將南遷，獨難太安人，曰：『吾方謀歸故里，獨奈何令新婦長去其鄉？』太安人顧無難色，急裝爲行，於是歸計遂決。公之行役也，太安人留守宦邸，生今參知君子履，遣使馳報公，未至而公卒矣。太安人聞訃，一慟而絶。絶而復蘇，顧視參知君，羸然襁褓也。復大慟曰：『嗟乎！死易耳，如生者何？又何以慰死者，吾其爲死者撫生者，以明吾志耳！』乃勉就食飲。携參知君以歸。

閭山公廉吏，家無餘貲，而公之使也，又謝一切饋遺不受。比喪還，發橐中裝，蕭然無有也。太安人乃斥簪珥，葳葬事，至自操作以給饘粥。日撫參知君而泣。稍長，遣就外傅，歸則躬秉機杼伴夜讀，一燈熒熒，母子形影相吊也。參知君成進士，太安人喜且泣，諭之曰：『若大父、若父以清節顯，吾與若幾不能自存，而卒再世宦者，若大父、若父所遺也。若毋以宦時忘吾與若幾不自存時，則勿忘若大父、若父所爲矣。』參知君泣受教，故自令方城，入爲職方，出備兵雲中，兢兢以廉平爲理，則太安人之教云。

太安人性簡重，自少無所紛華。既稱未亡人，服食益自貶損，與家人語未始不稱先君，而繼以泣也。參知君既上書闕下，言母守節狀，詔旌其門。衆方賀有令名，太安人獨泣曰：『夫子不幸，吾忍而就此。吾獨何心忍以夫子之不幸爲吾名乎？』參知君爲職方郎，贈父如其官，太安人如今封，製法服以進，太安人服之，望闕謝，輒却不再御〔五〕。及孫琦官太史，以使事過里中，從參知君拜堂下，起率孫曾前爲壽，太安人喜，爲一舉觴。已而慘然不懌，曰：『惜哉！不使若父見也。』言與泣俱。蓋黄鵠之悲，四十年如一日焉。

公生於弘治十七年正月七日，卒於嘉靖十八年十月二十八日，享年三十有六。太安人生於弘治十六年十二月二十八日，卒於萬曆十年十月五日，享年八十有一。父即閭山公裕，祖振，并以公弟惟訥貴，贈布政使，妣皆爲夫人。子即子履，今河南布政司右參政，娶宋氏，封恭人。女二：一適石憲副繼芳〔六〕，一適石茂才茂元。孫二：長琦，左春坊左庶子兼翰林院侍讀，娶姜氏，封孺人；次珂，聘李氏。孫女三：許聘張元豸、遲一梧、蔣弘胤〔七〕。曾孫一，浚明〔八〕。曾孫女一，俱幼。

參知君以太安人卒之明年正月二十二日，啓公兆合葬，而以太守宋公狀來乞銘〔九〕。予謂方公盛時，兄弟四人，俱以文章科第擅名海内，公獨未究其用以死。死數十年而公子參知君具文武才，爲衆所推轂，行將秉鉞建旄，議功名於世。而公孫宮庶君方且執經旃厦，負鼎鉉之望，此公諸兄弟所未有也。或言太安人有餘於年，故能辛苦立門户，長子孫，蓋天之報太安人如此。嗚呼！太安人之餘於年，正天之報公所不足於年者也！是爲銘。銘曰：

謂天有知，公乃死；謂天無知，太安人乃不死。所可無死，以公有子；子復有子，茂綿慶禮，百千萬祀。徽德考年，不忘在此〔一〇〕。

## 【校注】

〔一〕此文亦見寺頭本《馮氏世録》（下簡稱寺本《世録》）。

〔二〕王家屏（一五三六—一六〇三）：字忠伯，號對南，大同山陰人。隆慶二年進士，以吏部左侍郎兼東閣大學士入預機務，歷官至禮部尚書、文淵閣大學士。贈少保，謚文端。按：此文作者實爲余繼登（字世用，號雲衢，交河人。萬曆五年，與馮琦同榜進士，歷官至禮部尚書），見《淡然軒集》卷六。兩種《世録》俱題作王家屏，當是以訛傳訛也。

〔三〕敏：寺本《世録》作『昇』。

〔四〕青溪：寺本《世録》作『清溪』。許石城：即許穀，生平見上。邢雉山：即邢一鳳（一五〇九—？），字羽伯，號雉山，南直隸江寧人。嘉靖二十年探花，授編修，累官侍講，遷太常少卿。有《雉山集》。

〔五〕望闕謝，輒却不再御：寺本《世録》作『望闕輒謝，却不再御』。

〔六〕石憲副繼芳：石繼芳，字克肖，號岱宇，益都人。嘉靖三十四年舉人，以寧夏副使死於哱拜之亂。

〔七〕張元豸：生平不詳，于慎行《穀城山館文集》卷二一《仰芹馮公墓志銘》作『張秉彝』。遲一梧：臨朐人，庠生，兵部侍郎遲鳳翔之孫。蔣弘胤：據《仰芹馮公墓志銘》作『一字蔣璽卿春芳子奎胤』，則或亦名爲『奎胤』，益都人，庠生。爲尚寶司卿蔣春芳之子。

〔八〕此句原本脱，據寺本《世録》補。浚明，生平不詳。按，此文作於萬曆十一年正月，時馮琦尚未有子，馮珂年方五歲，更不可能有子，則浚明或乃馮琦之子夭亡者。

〔九〕宋公：即宋伯華，字汝含，號鑒弦，益都人。其父宋延年，與『四馮』爲友摯。伯華中隆慶二年進士，授宿遷知縣，歷遷兵部郎中，出守淮安府，坐以乘傳入覲奪職。事白，起爲開封府知府，卒於官。

〔一〇〕此：寺本《世録》作『兹』。

## 贈承德郎兵部主事芹泉馮公暨配太安人蔣氏行狀〔一〕

公諱惟重，字汝威，芹泉其别號也。世爲青州臨朐人。洪武初，徙民實遼左，祖思忠按籍當行，遂戍廣寧。數傳至祖春，春生振，贈陝西布政使；振生裕，是爲閭山公，官貴州副使，贈陝西布政使。娶伏氏，贈夫人。舉丈夫子五，長冶泉公，次即公，次海浮公，次少洲公，次莧泉公。

公生七年就外傅，十歲能屬文。觀書數行俱下，意所當，輒手自録之。天性孝友，事父母得其歡〔二〕。與冶泉公年相若也，師事之唯謹。弱冠補衛庠生。故清河令蔣公者，讀其文异之，請見之，揖讓周旋，嫻然也。曰：『子也必將顯者。』遂以女適公。逾月，閭山公將南遷，伏夫人以爲無如新婦歸寧何也，計猶豫未有所决，太安人聞之，曰：『奉父母言，使事夫子，則固朐人也。惟舅姑之命，敬共以往。』於是盡室行，卜居郡城。公改郡庠生。一試輒冠多士，再試再冠，齊魯之間皆陰藉其名，執經而問者屨滿户外〔三〕。教諸季弟甚備，卒與俱顯。郡人士待公教而成者若而人。公豐頤修幹，譚説輒傾座客。然不敢以能驕人，常有以自下者。與人處，洞夷無城府，歡焉若飲醇酒，皆滿意去。然終不箕倨邊坐，醉則起，飭容滌器，更爲整峻，人以占其醉否。閭山公官留曹郎中〔四〕，公從之留都。與許石城、邢雉山諸公講業青溪之上〔五〕。兩公者，名重一時，每與公語，輒嘆服，自謂不及。刻意爲詩，詩雅麗，不爲大曆以後語。又書翰遒逸，得其片楮者，輒什襲之以爲重云。

甲午舉於鄉。歸從家宴，酒數行，閭山公顧諸子曰：『自余返臨朐，每飯意未嘗不在醫閭下也，先人之丘墓寄焉。以道路之不易，誰往視之？』公請行。於時虜數入寇，行旅阻絶。公逾關而東，馬上左右視望，隱隱烽火起，輒趨蔽，匿荒城中。月餘始達廣寧。既展墓，則芟荆蔓，築周垣，刻石而樹之。乃還報命。閭山公大喜稱善。

戊戌，舉進士，授行人司行人。其明年，肅皇帝南狩，奉命告於湖湘。道中一切餽遺無所受，日夜馳驅烈暑中，及廬而病，疽發於背。同年潛溪張公、霞峰董公視之而泣〔六〕，曰：『子病深矣。卒有不可諱，以爲子父母憂，奈何？子何不歸？』公謝曰：『惟重受天子命，介於南國，不幸而病，將不能終事，重也是懼，敢懷丘首虧人臣死職之義，以爲家大人羞？在禮：朝會而終，以尸將事。受事於朝即命於事，乃其所也。吾安庸歸？』兩公退而太息曰：『馮公誠知死所，吾淺之乎爲見也。』數日竟不起。時憲使君生百晬矣，僕持書報公，未至而没〔七〕。

訃至京師，太安人拊心而哭也，期與俱死，勺飲不入口，瘨而殫絶，絶而蘇，蘇而復絶者屢焉。忽私自念曰：『夫子以王事没，幸而有子。意者天所以慰夫子。而不弃其蒸嘗也。未亡人從死者，則孰育生者？育生者，其於死者猶慰也。』乃揾泪，稍内食飲。

明年春，携憲使君歸自京師。既歸舍，茅屋數楹，蕭然不蔽風雨。而母家遠在遼左，乃無一人度關視太安人者。太安人躬適田野，課一二蒼頭操作，猶不足給饘粥，復斥簪珥佐之。及憲使君稍長，爲延名師友，而自執杼軸，以供負笈費，往往至宵分。母子相對，燈火熒熒也。語及芹泉公，輒潸然泣，憲使君亦泣，莫能仰視。

以此感憤，勉循經術，竟成進士。伏闕下上書言狀。書上，下大宗伯，大宗伯核實以復，乃下詔表其閭〔八〕。憲使君授方城令，歸而拜母堂下，同里者皆造於庭，曰爲太安人壽〔九〕，且賀有子與有令名也。太安人愀然，謂憲使君曰：『未亡人以若故，不能從夫子地下，以至於今。夫子之不幸，而以爲余名，余何心以堪之？荷主上恩德至厚。汝爲民牧，慎所爲報。汝政成而賀我未暮也。』竟謝客而罷酒。憲使君爲方城令，有惠政，吏民歌咏其政者皆祝太安人。太安人聞有所論報，輒問曰：『得無不中情乎？』及聞有所平反，輒喜。

久之，憲使君遷兵部車駕司主事。以主上登極，覃恩，詔謂『主事子履能其官』。贈其父行人惟重爲兵部車駕司主事，封母蔣氏爲太安人。蓋太安人始有榮稱也。

明年，憲使君備兵雲中，奉太安人如雲中。母在雲中，病幾不起，屬有天幸，病良已。憲使君乃解官奉太安人以歸。是年，孫琦登第，官翰林。又二年，孫珂生。又三年，曾孫浚明生。而太史君以命介過故里，於是憲使君與其子若孫環而爲壽，太安人喜，爲舉觴，曰：『幸卒成吾志。』無幾何也而病，病七十日而没。

太安人性嚴重，坐彌日，不輕笑語。待姊姒子侄宗戚無違言〔一〇〕。其總持内政，井井有體。雖春秋高矣，猶日庀其家事，而後即安。晚稍豐，猶悛悛守常度，無所紛華。即命服僅一再御，所衣多浣濯者，曰：『吾素安之，不忍易也。』見貧者，慘然憐之，分飲食食之，曰：『吾曩也困，不忍其急也。』女弟適牛氏，其夫死，召自薊門，而與同卧起，爲其子娶婦，曰：『吾不忍其無歸也。』嘗謂憲使君：『若大父以清節顯，若父奉之不敢失隊。故昔也余與若幾不能自存，再世宦則若大父與若父所遺者遠也〔一一〕。若忘幾不能自存時，則忘大父與父也。』憲使君頓首受教。憲使與太史君斤斤以名節砥礪，不貭其家聲，本太安人之教云。

大行公以嘉靖十八年十月二十八日午時卒，距其生弘治十七年正月初十日酉時，享年三十六歲。太安人以萬曆十年十月初五日午時卒，距其生弘治十六年十二月二十八日寅時，享年八十一歲。以明年正月二十二日合葬先隴之次。

子子履，山西按察司副使，娶余妹。女二：一適石憲副繼芳，一適石茂才茂元。孫二：長琦，左春坊左庶子兼翰林院侍讀，娶姜君嵐女；次珂，聘李茂才延緒女。孫女三：一許聘張茂才岳子元豸，一許聘遲官生尚節子一梧，一許聘蔣茂才世芳子弘胤。曾孫一，浚明；曾孫女一，俱幼。

宋伯華曰：死非難也，而處死難。大行公行及彭城，已病。當初病時，固有勸公歸者，公以其時歸，未必死，然竟死。彼受天子命而未致，死命固職耳。太安人遭家未造，煢煢與百晬之孤爲伍，痛先公之隕，瀕死者數矣。假令太安人忍於一決，立意則較然，如憲使君何？何以慰大行公地下也？嗚呼！大行公之死，太安人之不死，彼誠知所處，然得憲使君，乃益著云。

賜進士第、中順大夫、知淮安府事眷晚生宋伯華撰。

【校注】

〔一〕此文亦見寺頭本《馮氏世録》（下簡稱寺本《世録》）。

〔二〕得：寺本《世録》作『能得』。

〔三〕此句後，寺本《世録》作『皆滿意去』四字。

〔四〕官：寺本《世録》作『宧』。

〔五〕『與許』二字，原本作『其詩』，據寺本《世録》改。

〔六〕潛溪張公：俟考。霞峰董公：即董子策，號霞峰，合肥人。嘉靖十七年進士，以户部郎視榷滸墅關，商船輻凑，乃就關傍别開支河以便民。嘉靖末，進廣東按察司僉事。辭歸，文章著述爲時所重。

〔七〕没：寺本《世録》作『殁』。

〔八〕乃：寺本《世録》無。

〔九〕曰：寺本《世録》無。

〔一〇〕姊姒子侄：原本作『姊姒子姓』，寺本《世録》作『子侄姊姒』，『姓』當爲『侄』之訛，據改。

〔一一〕『再世宦』之後，原本衍『而使我與若幾不能自存』，據寺本《世録》删。

## 明行人司行人累贈禮部尚書兼翰林院學士芹泉馮公暨配旌表貞節封太安人累贈夫人蔣氏神道碑銘〔一〕

語云：『樹德務滋。』此言何謂也，善樹者，不倚一溉之力〔二〕，其榮幾何？重陰密膏，沃條浸枝，葉葉相承，積朝累時，而後其興也勃然。故培其根不達其枝，無沾濡之勤，而冀德之能厚，我未之見也。除惡者伐本，樹德者滋末矣〔三〕。以余觀於馮而徵其滋德之厚哉！大宗伯之生，非偶然也，天將寄之以國家之重也。

端淳閎奥，抱忠持公。自頃入朝而典銓典試，天下之士交慶有所依屬〔四〕。儲位尚虚也，而時時惠臨予〔五〕，教之以所不及。珠璣之字與珠璣之泪交萬行下，此心此手，宇内詎多得？顧獨余知〔六〕，而人不知也？若乃考典酌宜，徽諸禮之中〔七〕，才贍知足，又其餘矣。今臨朐馮，比於珠淵丹谷〔八〕，爲天下才士藪，而盡發祥於閭山公。自予公車時〔九〕，覿海浮公於京口，後少洲公典我兩浙文衡，而余又與仰芹公同舉南宫。乃今與大宗伯同林，生得納交於諸馮，咸傾蓋如故，而白首猶一日也〔一〇〕。可不謂幸焉？

閭山公諱裕，正德戊辰進士〔一一〕，官至貴州副使。芹泉公諱惟重，嘉靖戊戌進士，終行人。海浮公諱惟敏，丁酉鄉進士〔一二〕，終保定府通判。少洲公諱惟訥，亦戊戌進士，江西布政使〔一三〕。仰芹公諱子履，隆慶戊辰進士〔一四〕，河南參政。而大宗伯琦，爲仰芹公子。户部郎瑗，則海浮公孫也。

歲壬寅，皇太子正位東朝，上徽號慈寧宫，於是芹泉公、仰芹公皆贈大宗伯。而大宗伯將奉寵貤，賁丘隴，謁余爲芹泉公暨夫人神道碑。余以是感天道之不爽，而欲勸天下之積善者，得無言。

公字汝威〔一五〕，先本青州人。洪武初，徙實遼左，至閭山公貴，而乃去廣寧，歸臨朐。閭山公有丈夫子五，長治泉公，次公，次海浮，次少洲，次莧泉。而公少英穎，十歲能文章。讀古人書，所當意，輒手自疏記。弱冠補廣寧生，傾其曹耦〔一六〕。歸齊，又傾齊中生。齊魯文學天性，而翻從自遼來者稟學，履交錯於户也。既侍閭山公之白下，則又傾白下生。若許石城、邢雉山諸公，無敢以雁行進者。博士業之外，有餘力爲詩，不作中唐以後語〔一七〕。書法遒逸。

嘉靖甲午薦於鄉，既成進士，授行人。明年，肅皇帝幸承天，奉命告湖湘。馳傳蒸溽中，至盧州而病疽，不起。當病時，守土者咸惎且歸家治之，可活也。而公固謝不可，敢委王命於草莽，寧死〔一八〕。人謂公知死所矣，距生弘治甲子，春秋僅三十有六。〔一九〕

而是時，蔣夫人方舉仰芹公於邸中，馳步報公〔二〇〕，未至而公已卒。夫人慟欲死〔二一〕，以呱呱故，不敢死。公家雖積貴，哉尚食貧。夫人歸，於手拮据〔二二〕，爲朝夕計，脱簪珥以資子。而所執修脯，皆自機杼出。夜則篝一燈課織，因課兒讀。語未嘗不稱先公，勉使自竪，而卒成子進士。試方城令，稱良吏。入爲車駕郎，稱望郎。藩臯秦晋，所至有聲。可以徵夫人之教矣。

仰芹公進士時，上母節於朝。詔旌其間。爲郎時，贈芹泉公而封太安人。又十年而大宗伯以太史持節過家，子若孫蟬聯軒冕，奉觴爲壽。夫人始色喜，而念公之不及也，則欷歔罷酒。夫人後公一年生，其卒也，後四十有七年。或不足於數，或有餘於數，修短有間，而總之從甘荼集蓼，歷生人所大不堪事，而後乃高門大閎也。

夫天之報人，不報其人，而報其人之天。德積而不知者，天人也。行一善，輒操而責報於天，責天亦太詳矣，而安能達天？善之大者，游於善之中而忘其善，若魚之游於水而忘其水也。故魚以縱水爲樂，而小沚無巨鱗。善亦猶是，故不知其形，視其影；不知其衣，視其裔。

公没於使，夫人立孤，而有參知爲之子，又有大宗伯爲之孫〔二三〕。大宗伯方將益滋德以繁蒼生〔二四〕，此其先必任心所觸、任口所言，无之不善，而後有此吉祥善事〔二五〕。何獨家慶，實乃國禎，可喜也！

狀又稱公幼與冶泉公年相若也，而臨事惟謹。長而豐頤修幹，譚傾座客，而不以能驕人。洞夷無城府，見者歡然若飲醇，終不箕踞邊坐。醉則起飭容滌器，更爲峻整。可以想見其爲人矣。弱冠時，故清河令蔣公器之，曰非凡子，以女女焉。甫逾月，而間山公謀南遷。間山公配伏夫人念新婦之歸寧不可期也，以爲難。而夫人曰：『已奉父母教事夫子，惟舅姑命。』於是盡室行。逮公得舉〔二六〕，從家宴，聞山公泫然思醫閭之阡，而時虜數入，行旅阻絶。公度關而東，馬上左右視烽火，隱覆而行，月餘始達。展拜，除荆棘，築垣刻石，省外家而還。此公與夫人去來遼齊之迹，亦足見其一断大義，而勇從令以爲孝矣〔二七〕。係之銘曰：

泱泱海岱，大風之遺。孕發祥靈，文昌陸離。幼安去遼，季和開里〔二八〕。惟公白眉，於焉鳳起。動禮静法，郁堪人師。造對大廷，羽儀天池。載馳載驅，不辭鞅掌。無辱輶軒，何慚玄壤。有嘉淑儷，柏舟之貞。之死如飴，而孤在綳。立孤實難，既弓既冶。旌書封綸，紛從天下。於戲樹德，自根流枝。豈惟流之，累世其滋。偉兹哲孫，乃昌以碩。北門振操，南宫曳革。帝惟汝賢，翼子邦貞。三錫龍章，以賁爾枋。方兹倚毗，方兹顯揚。日光月火，靡幽不闡。慶惟餘積，天實有知。謂易不信，視諸豐碑。

光禄大夫、柱國、少保兼太子太傅、吏部尚書、建極殿大學士、知制誥經筵、總裁國史玉牒四明沈一貫撰。

【校注】

〔一〕此文見沈一貫《喙鳴文集》（下簡稱《喙鳴》本）卷一七，題目無『旌表貞節』四字，亦見寺本《世録》。

〔二〕之力：《喙鳴》本無。
〔三〕除惡者伐本，樹德者滋末矣：《喙鳴》本無。
〔四〕屬：《喙鳴》本無。
〔五〕予：《喙鳴》本作『余』。
〔六〕『此心此手，宇内詎多得？顧』十字：《喙鳴》本無。
〔七〕徼諸禮之中：《喙鳴》本無。
〔八〕比於珠淵丹谷：《喙鳴》本無。
〔九〕予：《喙鳴》本作『余』。
〔一〇〕咸、猶：《喙鳴》本皆無。
〔一一〕正德戊辰：《喙鳴》本作『某科』。
〔一二〕丁酉：《喙鳴》本作『某科』。
〔一三〕江西：《喙鳴》本作『陜西』，誤。
〔一四〕隆慶戊辰進士：《喙鳴》本作『余同科進士』。
〔一五〕汝威：《喙鳴》本作『子威』，誤。
〔一六〕耦：《喙鳴》本無。
〔一七〕不作中唐以後語：《喙鳴》本無。

〔一八〕『不可敢』三字：《喙鳴》本作『不敢』。

〔一九〕此句《喙鳴》本作『公知死所矣，春秋僅三十有六』。

〔二〇〕馳：《喙鳴》本作『駛』。

〔二一〕慟：原作『動』，據《喙鳴》本及寺本《世録》改。

〔二二〕於：《喙鳴》本作『則』。

〔二三〕又有：原文作『又』，據《喙鳴》本及寺本《世録》補。

〔二四〕德：《喙鳴》本無。

〔二五〕無之不善：原文脱，據《喙鳴》本及寺本《世録》補。吉祥善事：《喙鳴》本無。

〔二六〕得：原作『行』，據《喙鳴》本及寺本《世録》改。

〔二七〕斷：原作『端』，據《喙鳴》本及寺本《世録》改。

〔二八〕幼安：即管寧（一五八—二四一），字幼安，北海郡朱虚（今臨朐）人。漢末天下大亂時，到遼東避亂。季和：即荀淑（八三—一四九），字季和，東漢潁川（今河南許昌）人。《後漢書·荀淑傳》：『有子八人：儉、緄、靖、燾、汪、爽、肅、專，并有名稱，時人謂「八龍」。初，荀氏舊里名西豪，潁陰令勃海苑康以爲昔高陽氏有才子八人，今荀氏亦有八子，故改其里曰高陽里。』里：原作『季』，寺本《世録》作『李』，據《喙鳴》本改。

## 馮惟敏夫婦神主[一]

保定府通判府君諱惟敏，字汝行，行四，神主生於正德六年辛未九月初一日（一五一一年九月二十二日）子時，享年六十六歲，卒於萬曆六年戊寅二月二十日（一五七八年三月二十七日）子時。暨元配孺人石氏，生於正德九年甲戌八月初七日（一五一四年八月二十六日）酉時，享年四十歲，卒於嘉靖三十二年癸丑七月十九日（一五五三年八月二十七日）戌時；繼配孺人何氏，生於嘉靖十二年癸巳六月初六日（一五三三年六月二十七日）未時，享年七十八歲，卒於萬曆三十八年庚戌十二月十三日（一六一一年一月二十六日）申時。合葬於府城堯山之東。

【校注】

〔一〕原本無題，此係注者所加。

### 明故保定府通判海浮馮公行狀

公諱惟敏，字汝行，别號海浮，世爲青之臨朐人。國初時，有諱思忠者，選戍遼左，遂家於廣寧。子福通，福通子春；春子振，贈南京户部郎中，加贈陝西布政司右布政使。振子裕，號閭山，登正德戊辰進士，始返居青州，歷官貴州按察司副使，贈陝西布政司右布政使。母伏氏，封宜人，加贈夫人〔一〕。

閭山公筮仕吴松，公生於吴松。幼而穎慧，天植棱棱，异凡兒。少長，即勵志讀書，留心於古文辭。閭山公官石阡，蓋西南窮徼地也，不能携家。公時方總角，即毅然曰：『萬里外，奈何令大人獨往哉？』從之行。至宦邸，則朝夕温凊，得其歡心，閭山公忘其身在萬里外云。餘暇則博考群籍，六經、諸子百家靡不精研。攄爲文辭，汪洋閎肆，萬言立就。人以爲蘇長公復生〔二〕，殆不過也。既而遣婚北來，青之人士見者驚异，悉願納交。時劉山泉公以侍御家居〔三〕，授以舉子業。其爲文，有《史》《漢》風格，不類舉子口語。山泉公極稱許之，尤爲朐令褚鳳臺所器重〔四〕。

丁酉，遵巖王公校士東土，卷未拆，謂人曰得二佳士。及唱名，公其一也〔五〕。遵巖公雅負時望，自謂於天下書無不讀，然猶遜其才，曰：『是非吾所及也。』是秋，中東省鄉試高等。戊戌北上，人咸謂一第芥取耳，已而下第，皆擬之劉蕡云〔六〕。時公仲兄芹泉公、弟少洲公并第，公爲經畫其事，至秋乃歸。己亥歲，肅皇帝巡狩江漢，芹泉公以大行奉命播告南國，卒於官，妻子居京邸。公冒歷冰雪，迎歸其喪，人皆義之。

既而屢上南宫不第，遂結茅冶水之上居焉。日惟浩歌自適，放舟上下。方其萬柳垂陰，漁人唱晚，清風徐至，明月當天，人望之不啻如神仙中人。以詩文自娱，翹然無仕進意。或時假近調，以便歌咏。蓋有所托，意不在是也。壬戌北上，所知力勸之仕，曰：『以公之才，如應龍垂璧，所至自成雲霖、呈虹氣，奚區區賴一第爲？』遂稍稍肯之。

謁選天曹，授知淶水縣事。淶水爲保定支邑，庚辛之間三歲大祲，民茹菜粻皮以救旦夕〔七〕。山童地赭，民物凋耗。其稍殷富者，以力去爲將軍、爲校尉、爲力士，而大姓巨宗則爲執金吾、爲中貴人。計所兼并地，以千百計，視升合之税爲虐，少拂其心，皆能騰口都城之間。又值國賦積逋，敕使叠出，閭里騷然。公於事幾叢挫中〔八〕，加意調停，不罪里甲，不詰小民，獨摘大姓多負者懲之，積逋完者强半。百姓喁喁感悦，而豪右不便己私者騰謗四起矣。時留秋防，使者旁午，民不能支。公處之有法，諸所供億，多自措備。日經其境者無慮十數，而民若不知者。往時，縣官蔬菜皆出自市課，接遞吏役悉使屠儈，大不便，公皆罷之。一切煩里甲者悉爲剗除，出門則以簞食壺漿自隨，延客則或菜或魚自辦，毫末不干於民也。半期，民稍安輯，乃顧瞻學宫，慨然嘆曰：『令之事，孰有大於興學者乎？乃兹頹焉廢矣。顧役役於簿書，不暇及此，非倒行哉？』亟鳩工聚材，逾月而告成事。太史羅念菴公爲記之〔九〕。城門之外，官路達於四境，斸塹叠障。塹以内樹以楊柳，障之顛樹以條枚。蓋是時撫臺李公檄州縣種樹〔一〇〕，諸郡邑奉行未至，公所植已鬱鬱成陰矣。旁郡邑見者，以其异己也，深銜之。舊時拒馬河每歲繕橋梁以通貢薪運道，届夏防漲，則撤而供官吏私爨。公不可。乃程材陶甓，完城堞，修行署，葺衙舍，工役力作，悉胥徒之在官者，民弗與知也〔一一〕。賓至如歸，宦者妥居。此雖不以盡公政事，亦可以得其梗概矣。然公多質直自任，不爲婘阿態。遇義所不可，雖上官莫奪也。竟被論。

乙丑，改鎮江府學教授〔一二〕。鎮江素以文獻稱，公立教必先器識，論學必本程朱，諸士子皆心悦誠服之〔一三〕。有以盗劫被誣者，爲力白其事，雖與當事异指，不計也。隆慶丁卯〔一四〕，聘典雲南文衡，所取皆滇中名士。試録諸文多出其手，傳藝林中，以爲式。戊辰，奉檄詣白下，纂修世宗皇帝實録，旁搜靡遺。凡忠臣義士之大節，尤加標异。督學耿楚侗公深褒賞之〔一五〕，以爲得大體云。己巳，升判保定府。瀕行，諸生多泣送江滸。過里，戀戀不欲行。郡守移文趣之，始勉强北焉。是歲，淫雨爲灾，流潦汗漫，莫睹垠際。公首詢民瘼，徵科不擾，民賴以少安。頃復有郡志之役〔一六〕，延聽殫慮，卒成不刊之典。楊忠愍公先朝死忠之臣〔一七〕，公裒集其遺文，刻行於世，且勤恤其家。其崇尚忠節類如此。嘗條陳十六事，曰革書手、通折納、并花户〔一八〕、給簿田、革大户、順里甲、驗封貯、革庫役、立比格、先豪强、平秤兑、革代備、革解户、遵類解、减耗費、繳批關。反復萬餘言，切中時弊。憲使何公嘉美之〔一九〕。惜視篆不久，未竟所設施焉。名卿如李石麓、殷棠川諸公〔二〇〕，當道如陳幼溪、傅仁泉諸公〔二一〕，悉愛其才，欲破格薦置翰苑。未幾，乃有王官之命，遂浩然東歸。

壬申二月，抵治源山中，曰：『吾仕宦十餘年，未嘗一日忘此也。今若所願矣。』緝廢疏流，構亭其上，命之曰『即江南』，其北爲堂三楹，植蓮於池。少司馬遲公以『君子堂』扁之〔二二〕。日與朋輩招飲，寄情詩詞之間，至微酡，輒自歌咏，暢然有餘樂也。暇一入郡城，與高賢爲詩酒會。時課子侄耕讀，起必鷄鳴，躬督僕輩莅事。朔望，率長少詣祠堂瞻拜〔二三〕，雖風雨事故，未嘗廢。塋中諸務，躬自營爲之，不憚其勞。弟婦陳氏孀居〔二四〕，迎於家，爲之衣食，不令失所。凡所謀慮，精神倍昔，皆以爲享壽莫涯，而公遽以疾不起矣。屬纊之夕，侍者以紅服進，公摇首曰：『不當服此。』蓋時有侄之喪也〔二五〕。人謂死生之際，可以觀人。公當彌留，而謹禮若此，較之易簀正襟者，可多讓耶？

公生平孝友，與人不立崖岸，待貴賤如一。交游遍天下，皆當世聞人。爲文自立機軸，少事奇古，晚就平淡，必本之物理人情，不爲斬岩刻削之語。蓋藴蓄鎔鑄者深，而以時出之者也。詩出入漢魏盛唐諸家。至於談説時事，若指掌上，區畫張弛，皆可施行。石城許公序其集，曰『取才於古人而標格甚正，證體於作者而蹊徑全消』〔二六〕，其知公者耶！故所著作，見者愛，聞者慕，莫不嘆其才而惜其位之不酬也。有《山堂緝稿》《南游稿》《燕山稿》《保定府志》行於世，而《青州府志》《臨朐縣志》〔二七〕，其删潤之筆居多。

公兄弟五人，長惟健，嘉靖戊子舉人；次惟重，嘉靖戊戌進士，官行人，贈兵部車駕司主事；弟惟訥，與仲兄同科進士，官至江西布政司左布政使，進光禄寺卿；惟直，臨朐縣學生。公行四，生於正德六年九月初一日子時，卒於萬曆六年二月二十日子時，享年六十八歲。配石氏，余姑也，紹興府知府贈兵部尚書公女〔二八〕；繼何氏，兵馬指揮何公亮女〔二九〕。子男四：子復，廣寧左衛千户，娶冷氏，太僕寺寺丞冷起元女〔三〇〕，繼張氏，繼何氏；子升，縣庠生，娶李氏，當塗縣主簿贈太原府同知李校女〔三一〕；子漸，娶徐氏，霸州知州徐化女〔三二〕；子豐，娶賈氏，山陽縣知縣賈天祐女〔三三〕。女一，聘都御史楊錦子邦珩〔三四〕。孫男二：瑗，聘太原府同知郁存正孫女〔三五〕，升出；璲，豐出。孫女四：長許聘舉人韓介子養肅〔三六〕，升出；餘未行。

茂華曰：吾青稱著族者，必曰馮氏馮氏云[三七]。蓋其德業甲科，後先蟬聯輝映，蔚蔚焉盛矣。海浮公其一也。世多歧文章、政事爲二，謂操觚之士不善於爲政，豈其然哉？海浮公之文，申抒性靈，揚摛《史》《漢》，詩則渢渢乎直埒漢魏盛唐，煒曄照灼，握珠抱玉，海内稱作者矣。達之政事，則又秩秩靡不臧也。蓋所謂全才者非耶？余次序其事，爲實録，以俟太史氏采焉。

賜進士第、資政大夫、兵部尚書、前都察院右都御史兼兵部左侍郎、總督陝西三邊軍務石茂華撰[三八]。

【校注】

〔一〕封：原作『贈』，據寺本《世録》改。按，正德十五年，伏氏封宜人，見《南京户部湖廣清吏司署郎中事員外郎馮裕并妻伏氏誥命》；隆慶二年，伏氏加贈夫人，見《陝西布政使司右布政使馮惟訥父母誥命》。

〔二〕蘇長公：即蘇軾（一〇三七—一一〇一），字子瞻，號東坡居士，眉州眉山人。

〔三〕劉山泉公：即劉澄甫（一四八二—？），字子静，號山泉，壽光人。正德三年（一五〇八）進士，累官至山西布政司參議。有《山泉集》。

〔四〕褚鳳臺：即褚寶，字光楚，一字風臺，河南偃師人。嘉靖八年進士，授臨朐縣令，官至兵部職方司郎中。《光緒臨朐縣志·宦績》稱：『通達治體，政以教化爲先。整廟廡，繕學宇，起日新、時習兩齋於明倫堂側。政暇進諸生講學談藝，指授親切……去官後，士民立祠，肖像祀之。寶少出增城湛若水之門，故學有原本，凡所規建，篤意文雅，有文翁之風。』馮惟敏《賀舊令尹褚鳳臺壽八秩序》：『曩余弱冠，不屑舉子業，願受一廛而爲翁氓。翁弗許，使游鄉校。督學使君閲卷，置上等應試，翁固爲請廩，弗許。翁出，以膝示余曰：「爲爾固請，此膝屈於人者久之。然爾必博科名，無庸此爲也。」……秋官亞卿遲公、中丞張公、余弟觀察使皆翁門下士。是後科名不乏，藉翁教育遺澤云。』

〔五〕遵巖王公：即王慎中（一五〇九—一五五九），字道思，號遵巖，又號南江，福建晋江人。十八歲中嘉靖五年進士，與唐順之、李開先等并稱『嘉靖八才子』。嘉靖十五年任山東提學副使，十八年離任。馮惟敏《南京禮部司務一川宋君行狀》：『丁酉，晋江王遵巖公以文望視學山東，奇君之才而廉得其行誼，大器重之。嘗語諸生云「自吾東巡，得隽二人」，謂君與余也。』

〔六〕劉蕡（？—八四二）：字去華，幽州昌平人，唐代寶曆二年進士，善作文，耿介嫉惡。嘗上《對賢良方正直言極諫策》，以忤時下第。《舊唐書·劉蕡傳》載：『言論激切，士林感動。時登科者二十二人，而中官當途，考官不敢留蕡在籍中，物論喧然不平之。守道正人，傳讀其文，至有相對垂泣者。諫官御史，扼腕憤發，而執政之臣，從而弭之，以避黄門之怨。唯登科人李郃謂人曰：「劉蕡不第，我輩登科，實厚顔矣。」』

〔七〕菜：寺本《世録》作『葉』。

〔八〕叢挫：寺本《世録》作『叢脞』。

〔九〕羅念菴公：即羅洪先（一五〇四—一五六四），字達夫，號念菴，吉水人。嘉靖八年狀元。授修撰，請告歸。召拜春坊左贊善，以觸帝怒除名歸。宗陽明之學，卒贈光禄少卿，謚文莊。按，羅洪先爲淶水學宫所作文章不見於《念菴羅先生集》。

〔一〇〕撫臺李公：即李遷，字子安，號蟠峰，江西新建人，嘉靖二十年進士。以行人出使滇蜀，歷兵部車駕主事、濟南知府，累官南京刑部尚書。嘉靖四十一年，以河南左布政使遷右副都御史巡撫保定，四十二年遷工部右侍郎去任。

〔一一〕弗：寺本《世録》作『不』。

〔一二〕乙丑：即嘉靖四十四年（一五六五）。本年春，馮惟敏得知改任鎮江教授，入京謝恩，其散曲《改官謝恩》序：『初解邑綬，臺章諭以量才改邑；章下，天曹覆奏，謹按臣敏「疏簡不堪臨民，文雅猶足訓士」，制曰可，遂攝鎮江教事。昧爽陛謝，喜而製此。』

〔一三〕士子：寺本《世録》作『士』。

〔一四〕隆慶：寺本《世録》無。丁卯爲隆慶元年（一五六七）。

〔一五〕耿楚侗公：即耿定向（一五二四—一五九六），字在倫，號楚侗，晚年講學天臺山，人稱天臺先生，湖廣黄安人。嘉靖三十五年進士。授行人。擢御史，出按甘肅。隆慶初，爲大理寺丞，忤高拱，謫官。萬曆中，歷刑部侍郎，至南京右都御史。有《耿子庸言》《先進遺風》《耿天臺文集》等。

〔一六〕郡志之役：寺本《世録》作『邑之志役』。

〔一七〕楊忠愍公：即楊繼盛（一五一六—一五五五），字仲芳，號椒山，河北容城人。嘉靖二十六年進士，歷南京吏部主事、兵部員外郎，因疏論仇鸞謫狄道典史，後升至刑部員外郎，因疏論嚴嵩十大罪被害。贈太常少卿，追謚忠愍。按：馮惟敏所輯楊繼盛集今未見。

〔一八〕并：寺本《世録》作『骫』。

〔一九〕憲使何公：俟考。

〔二〇〕李石麓：即李春芳（一五一〇—一五八四），字子實，號石麓，揚州興化人。嘉靖二十六年狀元，以禮部尚書兼武英殿大學士入閣，在徐階、高拱争權之時引退。馮惟敏有散曲《送李閣老南歸》。殷棠川：即殷士儋（一五二二—一五八一），字正甫，號棠川，山東歷城人。嘉靖二十六年進士，官至禮部尚書、太子太保，拜大學士，謚文莊。有《金輿山房稿》。

〔二一〕陳幼溪：即陳省（一五二九—一六一二），字孔震，初號約齋，更號幼溪，福建長樂人。嘉靖三十八年進士，授金華推官，升山西御史，歷官右副都御史，巡撫陝西、湖廣，至兵部右侍郎兼右僉都御史。傅仁泉：即傅孟春，號仁泉，福建華安人，嘉靖四十四年（一五六五）進士，授常州府推官，累官刑部侍郎。

〔二二〕少司馬遲公：即遲鳳翔，字德徵，號朐岡，臨朐人。與張邦彦、馮惟訥、傅應兆并稱『臨朐四杰』。嘉靖二十三年進士，歷户部主事，先後遷兵部職方司、武選司郎中，升陝西按察司副使、布政司右參政，遷都察院右僉都御史巡撫宣府，改鄖陽，遷大理寺卿、户部右侍郎兼右副都御史巡撫河南，累至兵部左侍郎。因事被降三級，遂致仕歸。有《朐岡集》等。

〔二三〕長少：寺本《世録》作『少長』。

〔二四〕弟婦陳氏：即馮惟直之妻陳氏（一五一九—一五八六），兵部尚書陳經之女。《嘉靖青州府志》卷一六《列女》：『馮惟直妻陳氏，益都人，兵部尚書陳經女也。生三月，不能啼。既長，沉默寡言，專女紅，父母鍾愛之。年十九，適直。躬紡績，勸直力學。每校藝冠多士，陳輒喜，稍不揚，即嘆曰：「子今廢學矣，奈之何無以庇終身也！獨不念諸伯仲爲當世名儒耶？」年二十三，直卒，陳撫尸慟哭……乃朝夕爲必死計，家人每踪迹之，得不死。已乃孤身歸父母家，剪髮茹素，誦經拜斗，獨居一室，家人罕睹其面。偶節序回，拜家廟，哭聲痛切，聞者下泪。』生平詳見馮琦《旌表節婦叔祖妣陳氏墓志銘》。

〔二五〕侄之喪：據冶源本《世録》之《奉祀神主》，馮子蒙『卒於萬曆六年戊寅正月初七日（一五七八年二月十三日）未時，享年三十一歲』，惟敏卒於本年二月二十日（一五七八年三月二十七日），伯侄相距一月有餘。

〔二六〕石城許公：即許穀，字仲貽，號石城，官至南京尚寶司卿。許穀《山堂緝稿序》：『先生少稟奇姿，早窮群籍，所得既邃，加之切劘於伯仲之深，諳練於諮詢之久，於以充拓而增益之。厥覯益遠，以故宣之聲律，情致婉曲，節奏疏暢，庶幾風雅之音。布之文章，條理分明，幅尺宏闊，出入董、遷之矩，取才於古人而標格甚正，證體於作者而蹊徑全消。』

〔二七〕《山堂緝稿》：即《海浮山堂詩稿》和《海浮山堂文稿》的合稱，包括《詩稿》五卷、《文稿》五卷。《南游稿》《燕山稿》：皆不見於他書著録，俞憲在爲《馮海浮集》所作小序中稱『南游詩數十篇』，當即《南游稿》，應是惟敏典試雲南所作；《燕山稿》當即任保定通判時作品，二集皆在《山堂緝稿》付梓之後。《保定府志》：據馮惟敏《修志自叙》稱：『作志始於己巳之秋，告成於今，近三年矣。』時間『隆慶辛未冬十有二月』，保定府通判臨朐馮惟敏叙』，則此志始纂於隆慶三年（一五六九）秋，成於隆慶五年冬。此志凡四十卷，圖、表、志俱全，每一志前皆有小序，另加按語，對歷史沿革、時事利弊、社會風俗多有見解和考辨。《青州府志》：嘉靖四十四年刻本，凡十八卷十二册，今存天一閣。此志由按察副使劉應時、青州知府杜思等主持，依據馮惟訥草稿修成，馮惟敏參與修訂。《臨朐縣志》：嘉靖三十一年刻本，共四卷，今存天一閣。由縣令王家士主持，臨朐訓導嚴怡和馮惟敏先後負責主纂，爲現今最早之臨朐縣志。

〔二八〕紹興府知府贈兵部尚書公：即石存禮（一四七一—？），字敬夫，號來山，益都人。弘治三年（一四九〇）進士，授行人。升南京户部員外郎、郎中，出知紹興府，以忤當道罷歸。以孫茂華貴，贈兵部尚書。《嘉靖青州府志》稱：『存禮質淳厚沉静，而剛方不詭，故所至以嚴見憚，人多忌之。家居三十餘年，惟課子耕讀爲務，非公事未嘗一接顯貴。性不樂置生産，每念以清白遺子孫，斤斤然有古人之風，人呼爲萬石君家云。』

〔二九〕指揮：寺本《世録》作『指揮司』。何亮：曾任兵馬指揮，生平俟考。

〔三〇〕冷起元：字繼貞，益都人。嘉靖二十年進士，授内黄縣令，至太僕寺丞，以病免歸。家居，杜門謝客，口不談世務，衣冠服用，無异寒家，鄉閭重之。

〔三一〕李校：官至當塗縣主簿，生平俟考。

〔三二〕徐化：號我亭，益都人，嘉靖十六年舉人。謁選，至霸州知州，遭論罷官。馮惟敏、惟訥兄弟『六友』之一，馮惟敏《徐我亭歸田》序：『我亭徐子守霸，郡甫再期，乃輒歸田間。先是道路宣言，徐守召還京曹，吾弗聽也。輿望當遷，其如時事何！居無何，又言徐守以論免，吾又弗聽也。即多口如公論何！已而守果東歸。匝一月，余始知之。』

〔三三〕賈天祐：山東臨淄人，嘉靖二十二年舉人，官至山陽知縣。

〔三四〕楊錦（一五三四—一六〇二）：字尚絅，號月川，山東益都人。嘉靖三十五年進士，授汝州知州，升户部員外郎，遷山西河東道僉事、靖邊道副使，升山西參政兼僉事，備兵薊州。隆慶四年，升山西按察使，遷右僉都御史巡撫甘肅，丁憂歸，遂不出。有《汝州志》《撫甘奏議》《家珍集》《惜金日録》《克復編》等。其子邦珩，庠生，生平俟考；邦憲，字孝徵，萬曆三十五年進士，官至右僉都御史巡撫江西。

〔三五〕郇存正：字方平，山東益都人。嘉靖四十年舉人，授荆州府推官，擢太原府同知，乞歸。《光緒益都縣圖志》卷三五本傳：『家居二十年，不投有司一刺。知縣楊植不阿鄉貴者也，以遷官將行，詣存正再拜曰：「植承乏於兹數年矣，邑紳中未嘗以一字相托者，康川冀公與公耳。」嘆息而去。』

〔三六〕韓介：臨淄人。萬曆元年舉人，八年成進士。選寶應知縣，行取御史，巡兩淮鹽政，被論告歸。石茂華此行狀作於萬曆六年，時韓介尚未中進士。

〔三七〕馮氏馮氏：寺本《世録》作『馮氏』。

〔三八〕石茂華（一五二二—一五八三）：字君采，號毅菴。石存禮之孫。中嘉靖二十三年進士，授浚縣令，歷户部主事、員外郎、郎中，出爲揚州知府，遷山西副使，丁憂歸。補河南按察副使，升陝西參政，遷陝西按察使，以僉都御史巡撫甘肅，丁父憂歸。起山西巡撫，入爲兵部侍郎。萬曆元年，以右都御史總督陝西三邊軍務，晋兵部尚書。卒贈太子少保，謚恭襄。子恂，以蔭至石阡知府；子愔，以蔭至平樂知府。于慎行《明故總督陝西三邊兵部尚書兼都察院右副都御史贈太子少保謚恭襄毅菴石公墓志銘》稱：『爲人修飭儼恪，容貌甚莊，不輕語笑，有所裁斷，片言微中，大事立决。其區處政務，老成周慎，度不百全不肯妄發，發輒至當。平生清慎自持，不越檢狎。在位四十餘年，始終一節，家貲不稱其官，里人信焉，没而欷歔悲之。』

## 馮惟訥夫婦神主[一]

通奉大夫光禄寺卿府君諱惟訥，字汝言，行五，神主生於正德八年癸酉六月十九日（一五一三年七月二十一日）未時，享年六十歲，卒於隆慶六年壬申三月二十一日（一五七二年五月二日）巳時。暨元配贈夫人熊氏，生於正德十三年戊寅五月十九日（一五一八年六月二十六日）辰時，享年二十六歲，卒於嘉靖二十二年癸卯十一月二十二日（一五四三年十二月十七日）巳時；繼配贈夫人魏氏，生於嘉靖三年甲申正月初一日（一五二四年二月四日）子時，享年六十五歲，卒於萬曆十六年戊子六月十九日（一五八八年七月十二日）戌時。合葬於府城堯山之東。

【校注】

〔一〕原本無題，此係注者所加。

### 明通奉大夫光禄寺卿少洲馮公行狀

嗚呼！余弟既卧病，余自燕南倍道歸視之。自度不可起，則以行狀屬余。余泣而應焉，猶冀無所用之，乃竟至不起，狀不可以已。嗚呼痛哉！

余弟諱惟訥，字汝言。嘗夢中自號少洲子，覺而語諸友人，輒稱善，遂以爲號，今海内皆知稱馮少洲云。曾祖諱春。祖諱振，贈南京户部湖廣司署郎中，加贈通奉大夫、陝西布政使司右布政使。祖母李氏，贈宜人，加贈夫人。先大夫諱裕，前進士，貴州按察司副使，贈如祖秩。母伏氏，封宜人，加贈夫人。正德癸酉，先大夫自華亭令調蕭縣，弟生於蕭。有奇質，甫六齡就外傅。同余受句讀，余吶吶不能讀，弟朗誦占嗶如成人。質問敢言，先大夫命名之義，實教之也。嘉靖乙酉，先大夫移家青州，同余學《毛詩》，自是敦厚沉毅，篤信好學，名起齊魯間。甫總角，一試受廩，游朐庠。甲午，領鄉薦，戊戌登第。吾朐自馬澹菴及第後〔一〕，百一十年乃繼，自此彬彬，科第不乏人矣。

庚子，授宜興知縣。時方弱冠，能除强暴，捕數十年糧犯，悉收其逋。任未久，租賦大集，躬督解者輸郡帑。守閲解牒數數萬，疑弗信，曰：『果有之乎？遽若是多乎？』言未竟，銀櫝滿庭下。守驚曰：『盡輕賫耶！』蓋前此未見也，乃大愛重之。自是巨猾無敢侵漁者。嘗率諸生歲試，趨江陰。巡江使者乘間行邑，陽怒不候，已而陰有所希，久之不如意，乃論調魏縣。時北虜初犯塞，畿南震恐。乃增築邑城，城雙井鎮，民心始安。調度無擾，邑人申吏部，旋撰記勒石。在任未幾〔二〕，升蒲州守。邑民走留，更定牧馬法。遂至郡，理繁治劇，有條不紊。宗藩縉紳下逮吏民罔不悦服。暇則與文學諸生論道考古，寒暑不輟。癸卯，領鄉薦者十有三人〔三〕，前後得士，於斯爲盛。

乙巳，遷揚州同知。蒲人陳經正撰《去思碑》〔四〕。時揚州闕守〔五〕，攝府事，力當衝要，得爲政體。乙巳，以先大夫見背，奉先夫人奔喪〔六〕，哀毁之餘，慰安高堂，情無弗至。服除，補松江同知，財賦供億以百萬計。嘗總運入京師，舟中惟圖書詩卷，無饋遺物。權貴亦知其爲人，不爲意。升南京户部廣東司員外郎、廣西司郎中。留曹務簡，得游心學問。讀《易》每至夜分，無异書生。時從有道者究聖賢性命之學，真實體驗，求諸身心。嘗以獵名干進爲深耻。

壬子，居先夫人憂。三年，改兵部車駕司。未幾，遷陝西按察僉事，分巡隴右，兼兵備道。隴右番胡雜處，民且貧敝。至則繕城堞，謹烽火，申法紀，平政令，生養休息，四民安業焉[七]。乙卯，帶管提學事。隴以西鄉薦若而人，皆其與進。品題十不失一，士林重之。在鎮五年，政聲大著，事具《去思碑》中。升河南布政司右參議，分守河北道，督餉都下，請托不行。

壬戌，升浙江提學副使。便道省墓，哀痛伏地者久之。謂子侄曰：『余戀薄禄七年於外，而松楸蕪不治，罪莫大焉。』乃經營，刻墓表、築垣如制。始之任，時國家文運極盛，士習浮靡，轉相承效，始自浙中。至則與諸生約，必以正文體、敦德行爲先，迄今學者浸浸向實矣[八]。大學士袁公以同年雅[九]，遣官致書至，謝而不發，公愈益稱許之。大中丞潘公嘗語人曰：『少洲「學」「政」兩字兼得之。』謂公與明也[一〇]。

癸亥[一一]，升山西税糧道右參政。躬歷岩邑，出入千山中，邊餉以給，虜不敢犯。臺臣屢薦之，即其地遷按察使。直諒明恕，多所平反[一二]，而群吏不法者無少貸，三晋稱神君焉。丙寅，升陝西右布政使。慨屯田久淹、豪强兼并，任事者莫敢誰何，乃極力推勘，略無避忌。得田萬餘頃。事聞，肅皇嘉悦，有白金彩幣之賜。

隆慶改元，今上正位儲宫，覃恩封三代，祖考妣、考妣得加增二品秩，如其階。戊辰，遷江西左布政使。日納錢穀巨萬〔一三〕，立法任官，抽名驗收，不得少有羨餘。面諭解户自兑，適平而止，雖墨吏老胥不染，夙弊盡祛。民大感德，縉紳先生相與嘆曰：『二百年中絶弊蘇民，僅見此公〔一四〕。』内府歲用瓷器，經費不貲，率爲奸民侵匿自營，或以爲餌，以滅罪迹。自是悉核籍捕追，付之法，積蠹爲之一清。時民役繁多，貧富皆無聊〔一五〕，始議以地爲率，畝出一錢爲雇役費，遠近稱便。百姓肖像私室，飲食必獻焉。

辛未，入覲闕下，課治行，以最聞。天官郎出謂人曰：『諸方伯考核言事，多存兩可。黜則黜，留則留，鑿然有執，無依違語者〔一六〕，馮方伯也。』是歲，諸方伯去位者過半矣，事既竣，乃草疏請老，當道名公聞而慰止之，然歸志已决，章遂上。奉先帝温旨，遷光禄寺卿，得致仕〔一七〕。欣然出都城，與余別於雄州〔一八〕，遂浮濟河，登泰山。三月，歸山中。

自先大夫由遼左歸青州，遂家於青。蓋余高祖以開國例，每三户一戍邊，本朐人也。然先人無遺業，余弟稍營郭外田數十畝。嘗赴南都，經海浮山下，慨然有留滯之想，則又營山田數十畝。將與余老於山水之間，課耕桑、學禾稼，遠囂習静，以怡天年。豈意遽但已耶！嗚呼痛哉！

弟天資仁厚，性尤孝友。先大夫教余五人，前後登科第者四，然弟最早任。服膺庭訓，一以清白自持。每歸省，行李蕭然，書畫數卷而已。自魏縣歷官南都，皆奉先夫人以行，曲盡子道。雖政務將迎不暇，或夜分方歸，徐候户外，慰問安寢，而後退。兩奔大喪，徒跣千里之外，擗踴骨立，幾不欲生。蘇則狀遺行，乞巨公爲傳，名筆勒銘，極一時之選，可以傳世。生能致養，終克襄事，吾輩雖幸列科名，然非弟誰能任此邪？兩兄皆十年以長，嘗受學焉，事之如父。撫其孤如子，教之成立，無使墜我家聲，余則肩隨之者。尤極友愛，食息動止必俱。余不事舉子業，則勸之業，余不樂仕，則勸之仕。余之叨一薦，沾升斗之禄者，皆友愛所至也。一門之内，處骨肉以恩，教子侄以禮。務崇澹泊，服食如寒素，過則戒斥，改而止。下至僕婢，罔不體之以心，不使失所。與鄉人接，情理交至，無遽色，無惰容。貧病孤寡者周給之。平生與物無迕，無小大遠近，皆得其歡心。然非義之干〔一九〕，則默而不應。處友重道義，秉誠信。交游滿天下，上自王公，下至布衣，無非當世聞人。相與講道德，談詩文，論天下事，各取所長，亹亹傾心，惟日不足。暇則焚香鼓琴，涵養性真，外物不能嬰也。讀書務窮理析義，其精思獨見，非淺學所到。旁及二氏書，亦嘗究心而得其指歸。爲文有本原，知要領，不事支蔓，無愧古文辭。作詩尚格力，蓋有得於漢魏諸作者法，故至近體，往往易入佳境。所著有《風雅廣逸》《楚辭旁注》《選詩約注》《漢魏六朝詩紀》《文獻通考纂要》《少洲初稿》若干卷。

弟生於正德癸酉六月十九日，卒於隆慶壬申三月廿一日，得年六十歲。嘉靖辛酉，以五品考最，誥封奉政大夫、陝西按察司僉事；隆慶初，加封通奉大夫、陝西布政使司右布政使。配熊氏，四川右布政使祐之孫〔二〇〕，贈宜人，加贈夫人，先卒。繼魏氏，肥鄉縣知縣升之孫〔二一〕，封宜人，加封夫人。子三：長子臨，臨朐縣學生，娶光禄寺卿李公用敬女〔二二〕，熊出也；次子蒙，縣附學生，娶凌川縣主簿張君鑒女〔二三〕，卒，繼娶衡府引禮劉君仲進女〔二四〕；次子觀，聘兵部左侍郎谷公中虚女〔二五〕。女二：長適漢中府同知李公尹耕之子茂雨〔二六〕，次許聘衛輝府知府李公用和之子延綎〔二七〕。俱側出。孫男一，珦，聘松江府知府朱公潤孫女〔二八〕。孫女一，許聘兵部職方司主事宋君伯華子典。俱子臨出。

將以是年十一月二十日葬於堯山之東先大夫墓之西。追念亡弟之言，從孤侄之請，垂泣濡毫，勉爲之狀，以獻大方家采焉。

隆慶壬申十一月庚寅期服兄馮惟敏述。

【校注】

〔一〕馬澹菴：即馬愉（一三九五—一四四七），字性和，號澹軒，亦號澹菴，臨朐人。宣德二年（一四二七）狀元，授翰林修撰，充經筵講官，遷侍讀學士，升侍講學士，官至禮部右侍郎。卒贈禮部尚書兼翰林院學士，謚襄敏。《光緒臨朐縣志》卷一四本傳：『愉歷官清要，廉恪自守，門無私謁。王振用事，朝貴多出其門，惟愉不與焉。』

〔二〕幾：原本作『畿』，據寺本《世録》所收本文改。

〔三〕十有三人：寺本《世録》多『矣』字。

〔四〕陳經正：蒲州人，嘉靖十三年舉人，官至蘭州知州。陳氏所撰《去思碑》俟考。

〔五〕闕：寺本《世録》作『缺』。

〔六〕先夫人：原本作『先大夫』，蓋涉上而誤，據寺本《世録》改。

〔七〕焉：原作『爲』，據寺本《世録》改。

〔八〕向：寺本《世録》作『尚』。

〔九〕大學士袁公：即袁煒（一五〇七—一五六五），字懋中，號元峰，浙江慈溪人。嘉靖十七年探花，授編修，歷侍講學士、禮部右侍郎，進尚書，改户部，加少傅兼太子太傅、建極殿大學士。卒贈少師，謚文榮，有《元峰集》。

〔一〇〕大中丞潘公：俟考。或爲潘季馴，潘季馴於萬曆四年以副都御史巡撫江西，故稱『大中丞』。

〔一一〕癸亥：原作『癸酉』，據寺本《世録》改。按，『癸亥』爲嘉靖四十二年（一五六三），嘉靖中無癸酉年。

〔一二〕反：原本無，據寺本《世録》補。

〔一三〕日：原作『白』，據寺本《世録》改。

〔一四〕二百：寺本《世録》作『百』。

〔一五〕無聊：寺本《世録》作『無所聊』。

〔一六〕無依違語者：寺本《世録》作『無依無違者』。

〔一七〕先帝：指穆宗。隆慶五年二月，馮惟訥乞休，《明穆宗實録》卷五四：『（五年二月）甲辰，詔進江西布政使司左布政使馮惟訥光禄寺卿致仕。惟納（訥）居官清慎，至是以疾乞休，故特優之。』

〔一八〕馮惟敏《海浮山堂詞稿》卷一《量移東歸述喜序》：『是年春，余弟得旨東歸，余是以有雄州之會，相將同隱南山中。弟不可，曰：「不告而去，非禮也。」余曰：「告則不得去。余既屢告之矣，迄不得請，奈何？」弟曰：「姑徐之，或有擢也。」至是，擢魯士師，遂行。』

〔一九〕義：原本作『我』，據寺本《世録》改。

〔二〇〕熊祐：山東博興人，成化五年（一四六九）進士，累官至四川左布政使。

〔二一〕魏升：生平俟考，官至肥鄉知縣。

〔二二〕李用敬：字仲學，山東益都人。嘉靖二十年進士，歷壺關知縣，召入爲給事中。時嚴嵩秉政，用敬獨侃侃論劾，無所畏避；大將仇鸞驕縱，用敬疏劾之，直聲震朝野。尚書張經督征倭，趙文華劾經，用敬疏救之，遭廷杖落職。隆慶初，歷右通政，以光禄寺卿致仕。

〔二三〕張鑒：生平俟考，官至凌川縣主簿。

〔二四〕劉仲進：生平不詳，曾任衡府引禮。

〔二五〕子觀：據余繼登《少洲馮公墓志銘》及李用敬《誥封夫人馮母魏氏行狀》，馮惟訥三子爲子臨、子蒙、子節。則子觀當爲子節原名，原聘谷氏，實娶劉氏。谷中虚（一五二五—一五八五）：字子聲，號岱宗，山東海豐（今無棣）人。嘉靖二十三年進士，授高陽縣令，升兵部主事，遷兵部車駕司員外郎、郎中，升山西按察副使，備兵潞安道，遷浙江按察使，升僉都御史巡撫浙江，轉湖廣，升右副都御史巡撫陝西，累至兵部右侍郎，署尚書事。

〔二六〕李尹耕：山東益都人，嘉靖二十二年舉人，歷官至漢中府同知。

〔二七〕李用和：字元樂，用敬之兄。嘉靖十七年進士，與馮惟重、惟訥同榜。《光緒益都縣圖志》卷三五本傳：『授大理寺評事，遷右寺副，選衛輝知府，抑强暴，剔奸蠹，簿書叢委，剖析立盡，政刑明肅，治聲大起。會有巨璫網運過郡，盜掠其千金去，時用和已奔父喪去官矣，猶坐削職歸。』

〔二八〕朱潤：字伯雨，益都人。嘉靖五年進士，歷巢縣知縣、南京户科給事中、松江知府，謫寧波府同知。

## 明通奉大夫光禄寺卿少洲馮公墓志銘

賜進士第翰林院《國史》檢討、纂修《會典》經筵官瀛海余繼登撰〔一〕

莊皇帝之壬申歲三月二十又一日〔二〕，光禄寺卿致仕少洲馮公卒。子子臨輩以其年十一月二十日葬公於堯山之原。越十五年〔三〕，公仲孫琦官太史，始以公仲兄海浮先生狀來請銘。登謝不敏，而重違太史之命，乃按狀志而銘之。

狀稱：馮氏之先世爲青臨朐人，高祖思忠，徙家遼左。自遼左復歸於青，則公父憲副公始也。憲副公有丈夫子五人，四登科第，并以文章政事擅名於時。東海馮氏遂有聲稱於天下。

公諱惟訥，字汝言，别號少洲。正德癸酉憲副公爲蕭令，生公於蕭。公生有奇質，風神秀徹。既長，開敏沉毅，辨悟絶倫，名起齊魯間。一試輒受廩，領嘉靖甲午鄉薦，登戊戌進士。

庚子，除宜興令。宜興多大猾，持吏短長，善逋賦，有逋至數十年者。公至，刺諸猾，搏擊之，按籍而攝逋者，逋賦大集。以數萬計，輸之郡，郡守大奇之，謂令纔弱冠耳，乃老吏不如。邑中咸惴惴，無敢以少年易公者矣。公嘗督諸生就試江陰，巡江使者某以其間行縣至邑，陽怒不候。已而陰有所覬，公若爲弗聞也者，弗應也。使者愈怒，摭他事中公，調魏令。

會邊警沓至，烽火徹郊，關畿南震恐。公計久遠，調經費爲城雙井鎮以備之。未幾，遷蒲守，魏人擁車下，不得發，乃爲更定牧馬法而去。蒲劇州，多宗室，紛遝難治。公治之甚容與，暇嘗晋博士弟子，俾執經問難，爲剖疑義，士争奮勵，舉於鄉者視昔三倍之。

乙巳，晋丞維揚，攝守事。揚當孔道，繄公是賴，而公尋以外艱歸。服闋，補松江。遷南京户部員外郎、郎中。壬子，丁内艱。復補北駕部，出爲陝西僉事，分巡隴右，兼督學政。在鎮五年，武備文教，種種毖飭，邊圉無事。升河南右參議，分守河北。

壬戌，擢浙江提學副使。公念兩浙士風爲海内嚆矢，廣布條教，以示左質右文之意。士習翕然，咸歸於正。癸亥，升山西右參政，即自其省爲按察使。公既秉憲，一以强明裁之。吏民見者語次尋繹，皆得其陰伏，凛然無所受私，三晋號曰神君。

丙寅，升陝西右布政使。秦中多豪强，馳騖閭閻，錮屯田之利，令籍不得稽。公乃以法按其豪，大搜諸伏田，得萬餘頃。事聞，受白金文綺之賜。戊辰，轉江西左布政使。藩司總錢穀，日入以巨萬計，吏弊猬集，公爲立抽名驗收之法，額外無毛髮餘羡，宿弊頓袪。江右歲輸諸瓷器及他經費甚夥，皆當出於民，又吏緣爲奸，公私困耗，公乃議令民畝出一錢以給諸務。而諸絶簿書盗財物者，率以輕重受刑，遠近稱便焉。

辛未，入覲闕下，精核下吏能否，無所依違。天官郎亟稱之曰：『諸方伯考核言事，鑿然有執，不存兩可者，獨馮伯也。』是歲諸方伯去位者過半，公名益起，縉紳大夫咸以公輔期之。而公請老之志，堅不可挽矣。疏上，天子惜之，特進光禄寺卿，予致仕云。既歸，始構室墾田，習静遠囂，爲終老計。而天不慭遺，不逾年逝矣。

公天性孝友，歷官所至，皆奉太夫人以行。即倥偬夜歸，必徐候户外，問寢食然後退。其奔喪也，徒跣數千里外，柴毁逾禮。兄弟之間，自相師友，友愛備至。教育諸孤，無异所生。以至宗戚閭黨緩急，皆以時周之，咸得其歡心。交游遍天下，悉當世聞人，相與考德問業，各取所長。然性嚴重，不可干以私。仕宦三十餘年，圖書詩卷外無長物，亡疆外之交、束脩之饋。督浙學時，大學士袁公遣官致書，謝而不發。其介如此。幼服庭訓，用廉平爲理，所至吏民畏而愛之。在魏有《德政碑》，在蒲、在隴右咸有《去思碑》。在江右則士大夫嘆服，謂『二百年所未見』。若小民，又人人肖像於室，飲食必祝矣。

公雖精於吏治，而雅志如儒生。生平嗜書，無所不讀。每政暇，即手一卷不置，博涉而深思，閎積而約取。發爲文章，温醇爾雅。古歌詩取則建安〔四〕，近體在天寶、大曆之間。所著有《風雅廣逸》《楚辭旁注》《選詩約注》《漢魏六朝詩紀》《文獻通考纂要》《唐音翼》《杜律删注》《馮光禄詩集》若干卷行於世〔五〕。

公祖諱振，父即憲副公諱裕，并以公貴，累贈通奉大夫、陝西布政使司右布政使。祖母李氏、母伏氏，并累贈夫人。配熊氏，四川右布政使祐之孫，累贈夫人，先公卒。繼魏氏，肥鄉縣令升之孫，累封夫人。子三：長子臨，縣庠生，娶李氏，光禄寺卿用敬女；次子蒙，縣庠生，早卒，娶張氏，凌川縣簿鑒女，繼娶劉氏，衡府引禮仲進女；次子節，府庠生，娶劉氏，庠生生儒女，繼娶趙氏天祐女。女二：長適漢中府同知李尹耕之子一本，次適衛輝府知府李用和之子延綏。子臨，熊出，餘俱側出。孫男二：長珣，臨出，縣庠生，娶張氏庠生燦女；次瑋，蒙出，聘庠生周杜女。孫女四：長臨出，適開封府知府宋伯華之子庠生繩武，餘尚幼，俱蒙出。曾孫一，銓。曾孫女一，俱珣出。

史登曰：立功立言，古今勝事。志士杰人，畢力而思趨者也。然徇俗之士，往往不顧才質之有限，官無崇卑，必蘄卓詭，業無工拙，必蘄表炫。至强役其心以争兼能之勝，愲愲然用力日勞，所至日詘。公少通仕籍，循資累級數十年，始長藩司，而一旦弃去如脱屣。結髮攻文詞，凌厲作者，而冲雅和平，無一切瑰奇競勝之氣。舉世所共艷羡者，一不入其心，故操之無所强，而出之常有餘。不求聲而名我隨，不務勝而人我歸，可謂有道者矣。是宜銘。

銘曰：祠於閭碑於衢，是至德之孚，而實公之粗；風雅既愈，爰示之模，是不朽之圖，而實公之餘；生與道俱，殁與化徂，堯山之墟，有阡而訏，過之者趨，曰明光禄大夫。

【校注】

〔一〕余繼登（一五四四—一六〇〇）：字世用，號雲衢，交河人。萬曆五年進士，選庶吉士，歷官至禮部尚書。卒，贈太子少保，謚文恪。本文亦見《淡然軒集》卷六（下簡稱《淡然》本）。

〔二〕莊皇帝之壬申歲：即穆宗隆慶六年（一五七二）。冶源本《世録》之《奉祀神主》：『顯考通奉大夫、江西布政使司右布政使、晋階通奉大夫光禄司卿府君馮公諱惟訥，字汝言……卒於隆慶六年壬申三月二十一日（一五七二年五月二日）巳時，享年六十歲。葬於堯山之東。』

〔三〕越十五年：當爲萬曆十五年（一五八七），本年，馮琦與余繼登同任經筵侍講，遂以馮惟敏所撰《行狀》請爲撰志銘。

〔四〕古歌詩：《淡然軒集》作『古詩』。

〔五〕《風雅廣逸》：十卷，《附録》一卷，今上海圖書館有藏。此書是馮惟訥搜輯的古佚詩，後編入《古詩紀》，《四庫全書總目·〈古詩紀〉提要》：『惟訥别有《風雅廣逸》十卷，核其所載，即此編之前集。蓋初輯古逸諸篇，先刊别行，後乃續成漢魏以下，并爲一篇，實非有二。』《楚辭旁注》：亦見四庫本《山東通志》及《光緒臨朐縣志》，今佚。《選詩約注》：亦見四庫本《山東通志》及《光緒臨朐縣志》，今佚。《漢魏六朝詩紀》：四庫本《山東通志·經籍志》著録，作一百卷，實即《古詩紀》的主體，即漢魏六朝部分。據喬世寧《武昌刻漢魏詩紀序》：『少洲馮子類輯古詩，自上古迄秦别爲前編，漢爲一編，六朝又爲一編，唐以下弗録者。』《文獻通考纂要》：四庫本《山東通志·經籍志》著録『《文獻通考纂要》六十四卷』，《光緒臨朐縣志·藝文》未記卷數，今佚。《唐音翼》：四庫本《山東通志·經籍志》著録爲一卷，《千頃堂書目》亦著録，未載卷數。《杜律删注》：四庫本《山東通志·經籍志》著録爲一卷，《千頃堂書目》不著卷數，《光緒臨朐縣志·藝文》作《杜詩删注》。《馮光禄詩集》：原七卷，萬曆十四年馮琦、馮珣刻，于慎行爲作《馮光禄詩集叙》曰：『先生文賦稍多，尚未及梓，先刻詩若干卷。』惟訥後人將其文編爲三卷，與刻印的《詩集》并爲十卷，定名《馮光禄集》，現存於國家圖書館。

## 誥封夫人馮母魏氏行狀

夫人魏氏，江西左方伯欽加光禄寺卿少洲馮公配也。處士菊亭公次女〔一〕，青州衛人，世業儒術。夫人少端恪穎慧，以《女訓》自持。菊亭公最鍾愛之，曰：『吾女有貴相，必爲大家婦，不名門佳士弗字也。』來議婚者，多摇首弗應。至年二十一，乃適光禄公。公元配熊氏，卒時子甫七歲〔二〕。後魏夫人夢一珠冠霞帔、金步摇者來前言曰：『吾將寄子於汝，汝可善視吾子，吾欲東爲蓬海游也。以縑二端謝汝，好憶吾言。』逮于歸後，啓篋，則二素在，儼然夢中物，果成左驗。故公以詩紀其事，有『一從夢斷新人素，浪説他生向海東』之句，乃知其預定於冥冥者如此。

嘉靖甲辰歲也，時公爲蒲州守，夫人初事之。宵衣盥櫛，每先婢侍，有古鷄鳴之遺風。御僕媵以莊，不俟抶撲〔三〕，人無弗憚者。閫以内肅如也。熊所生子幼尪羸，體弱口吃，夫人慈愛維護，鞠拊彌篤。公察其然，内嘉悦之，愈相信任，專意奉公，無内顧之憂矣。至乙巳，擢亟維揚，相携之任。副使贈布政公卒於家，以守制歸。服闋，復補松江，又相携以行。奉姑太夫人伏氏於宦邸〔四〕。未期歲，公以督轉輸抵京，夫人侍伏姑東還。伏當暮景〔五〕，抱疴癯甚，足痿不能踐地。夫人常承顔色，供几杖，滌瀡具，無不畢備。在道出入卧興，先屏人，親爲扶抱。太夫人往來長途，動計二句，得免顛蹞，歸，語人曰：『非婦之左右我，我其斃於途矣。』

暨公遷留都計部副郎，夫人與姑相持，灑泪以别，曰：『安得偕行，如往日得在膝下，昕夕弗離也。』蓋時有治泉、海浮二公留養，不虞其有所失，故敢釋去。無何，公轉正郎，而伏太夫人訃音至自青矣。夫人拊膺大慟曰：『於相别時，固知母之不能久留，意猶欲亟歸，冀圖一見，乃今竟不得面訣，痛矣痛矣！曩也舅之殮，悔未能親，迄今弗忘。今復不能親姑之殮，爲人婦若此，安用婦爲？』哭不輟聲，不飲啖者越三日。或慰以奔喪千餘里外，當自節其勞，恐不勝喪事，則心益加酸，涕洟不止。慰之者駭愕縮退矣。及抵舍，奉遺像於堂，供蘋藻，薦時鮮，朝夕上食，袒韝蔽，猶事生。三年如一日，不知倦怠。後公起家，復補北駕部。越數月，升僉憲，分治隴右。隴右近羌虜，常防其内侵，徵兵給餉，無少暇日。意欲獨往，不携家累。夫人自進曰：『夫子宦内地，吾無弗隨；今以遠塞，吾即避難，令夫子獨行〔六〕，是惟計利害爲進止，可乎哉？況是夫子得叨榮命，誠厚幸矣，何勞之敢憚？願同在昔，敬共以往。』遂偕行入秦〔七〕。公在隴地五年之久，政績大著於時，邊人感悦，則夫人翊贊之力居多，不可泯也。歷俸奏最，熊夫人與夫人獲贈封綸誥，咸爲宜人。公尋亦轉河南參議。

壬戌，擢浙江督學憲副，奉璽書校群彦，蓋出掄選，采名實以授，非常秩也。癸亥，升參山西政事，復就本省拜總憲外臺。丙寅，升陝西右布政使，乃病目翳，昏瞶不能親事〔八〕，藥罔功。夫人每夜跽禱於天，願減年齡祈愈公目〔九〕。涉旬月皆然，用意誠懇。日稍久，目果愈，如往昔，冥默中若有鑒而應之者。

丁卯歲際，莊皇登極〔一〇〕，覃恩中外。熊夫人與夫人皆荷錫命，獲今徽稱。戊辰，轉江藩左布政使。辛未，當大計入覲，事竣，堅欲乞休，疏兩上。當寧嘉其退志，特加晋光禄寺卿，予致仕以歸。人謂琴瑟諧和，不相違忤，可冀偕老，躋期頤也。

越明年壬申，光禄公溘然仙逝矣。夫人拊心號呼，曰：『未亡人事夫子垂三十年，一無胤毓。夫子今又見弃，恥靦顔獨存於世也。』遂勺飲不入口，遠近咸聞啼號之聲。二孤亟浼二伯母爲解慰，曰：『若無過哀，豈自謂無親出嗣子耶？三子者，孰非子也。況季子始離襁褓，未底成立。若欲自弃，是并弃此子也。若能撫而存之，使其有成，足慰九泉，何用徒哀？』始收泪，綜理葬事。既就窆，猶時往拜墓所，曰：『吾不忍以既葬忘夫子也。』三年服除，不奉木主於廟，曰：『吾不忍遠其主，亟忘夫子於〔一一〕三年之外也。』有日，召二子謂曰：『而兩人幸已長，爲博士弟子，足以樹立，免吾致慮。節方稚齒，未有知識，吾不爲經紀其家，使業稍不振，吾何以見而父於地下？若其相勖，肆力於學，則責在而兩人。』遂同節以居，躬率僕婢，殫心耕織之務，篝火而作，篝火而息，風寒暑雨無間，不知有夫人之貴也。爲節延師家塾，親理厨饌，供之學。或稍怠，則厲聲曰：『若不見若諸父與兄俱以才藝爲當世聞人乎？』閔閔焉日督課之〔一二〕，若嬰兒之望長、芸苗之望獲也。

萬曆乙酉，節得爲郡庠諸生。孫珣先節爲縣庠諸生，乃喜曰：『吾責已塞，吾心亦安，雖有怨於我者，將不得以議其後矣。』是年六月，節病疫，且先喪内，乏承侍者，勢頗殆。夫人躬調藥物，目不交睫者連十餘夕，體爲之敝。豈意節病方愈，夫人遂病，顧不獲愈，乃奄然長終耶！

嘗聞其孝出天性，四歲亡其母，事繼母如母。于歸後，事舅姑又如母。與夫君雅相愛敬，至垂老無所猜貳。歷官所至，署有隙地，即督僮豎灌蔬自給，省需於外也。厨舍蕭然，若廣文之館。公游宦地，著冰蘖聲，雖奉先副使公之遺誨，與所自表樹，蓋多係夫人贊襄之功。爲人所知者，撫三子如己出，姨姒妯娌，見即以禮相遇，無戲謔相侮慢，故得諧睦，間隙不生。待諸婦，嚴而有恩，儉出性成，一錢寸帛不輕施濫用，命服非婚媾大禮弗御。衣多浣濯，數年始一易新者。貴不忘勤，富不忘儉。古稱女士何加也！

先是，光禄公莅官，遇事有兩可、遲回未決者，退食反覆思惟。夫人詢其故，具道事狀。夫人剖其輕重，贊之，曰：『從此於理爲長，勝從彼也。』公悦曰：『不意汝有鑒裁，能解事，吾見亦若此，意尚未決。聞汝語與吾見合，今決矣。』是後疑事率咨之。明識有斷，裨於公者不少。宦轍所向，樂與之偕，非徒能理其内而已。有不在側，寥落如失左右手也。抵家，魏族兄姊貧者不無覬於俸餘，夫人曰：『吾爲馮氏守貲，非吾有也。掠以市恩，何益异取修齋供者乎？』靳之莫與，雖致怨憤罔顧。光禄公夙相信，易簣時，悉以箱篋管鑰付之。夫人卒後，檢篋中，僅羸千金，封識宛然。子侄昆弟俱悉光禄公廉，無厚藏，夫人約無輕耗各處不競之地，免致争端云。

聞之《禮》曰：『婦人内夫家，外父母家。』其内外之分，即公私親疏之判也。乃世之爲婦者，率私厚其宗，而虐其非己出之子，違於禮分内外之意。夫人獨不然。秉禮守義，毅然抱烈丈夫之高操，不襲兒女子之故態，所以能佐光禄公翊贊其果斷，而取其信任，無少猜於中也。且其存，二子事之如母；其殁，二子事之如生。哭踴哀慕，感動途人，則撫之有恩使然，其不可稱賢媛乎哉！

生於嘉靖三年正月初一日，卒於萬曆十六年六月十九日，得壽六十有五。以本年十二月初六日，合葬先隴之次。子三：長子臨，庠生，娶余女，熊夫人出；次子蒙，庠生，早卒，娶張氏，凌川縣簿鑒女，繼娶劉氏，衡府引禮仲進女；次子節，庠生，娶劉氏，監生生儒女，繼娶趙氏，邦祐女，繼聘兩淮運判楊金女[一三]。女二：長適漢中府同知李尹耕子一本，早卒；次適余侄延綬，俱側出。孫男二：長珣，庠生，娶張氏，庠生燦女，臨出；次瑋，聘庠生周杜女，蒙出。孫女四：長適開封府知府宋伯華子庠生繩武，臨出；次適庠生王恒安子養正，次許聘汝寧府同知石繼節子岳〔一四〕，次許聘禮部儒士戴化子國恩〔一五〕，俱蒙出。曾孫男一，士衡，聘庠生白采女，珣出。

夫人之行見稱於姻戚里閈，有不可湮没者。故因其請，狀而次第之，俟立言者弗遺，庶托以弗泯焉。

賜進士第、大中大夫、光禄寺卿、侍經筵李用敬撰。

【校注】

〔一〕菊亭公：生平不詳，肥鄉知縣魏升之子。

〔二〕馮惟訥原配熊氏卒於嘉靖二十二年癸卯十一月二十二日（一五四三年十二月十七日），其子子臨年方七歲。馮惟訥《哀逝詩五首》其三：『阿陽七歲兒，昔爲母所憐。生長懷抱中，不識嗔怒顔。』阿陽即子臨乳字。

〔三〕扶撲：寺本《世録》作『秩樸』。

〔四〕宦：寺本《世録》作『官』。

〔五〕景：寺本《世録》作『境』。

〔六〕行：寺本《世録》作『往』。

〔七〕偕：原本作『皆』，據寺本《世録》改。

〔八〕親：寺本《世録》作『視』。

〔九〕減：原本作『咸』，據寺本《世録》改。

〔一〇〕莊皇：寺本《世録》作『莊皇帝』。

〔一一〕於：原本作『十』，據寺本《世録》改。

〔一二〕閔閔：寺本《世録》作『憫憫』。

〔一三〕劉生儒、趙邦祐：生平俱不詳。楊金：官兩淮鹽運判官，生平俟考。

〔一四〕石繼節：字子立，山東益都人。父琚，嘉靖十三年舉人，贈户部員外郎。繼節中嘉靖三十四年舉人，授夏縣教諭，歷壽陽知縣、易州知州、汝寧府同知，以病歸。弟繼芳，官至寧夏副使。

〔一五〕戴化：禮部儒士，生卒不詳。

## 馮惟直夫婦神主〔一〕

縣庠生府君諱惟直，字汝敬，行七，神主生於正德十二年丁丑四月十九日（一五一七年五月九日），享年二十四歲，卒於嘉靖十九年庚子二月二十五日（一五四〇年四月二日）。暨元配孺人旌表節婦陳氏，生於正德十三年戊寅十二月二十三日（一五一九年一月二十三日）亥時，享年六十八歲，卒於萬曆十三年乙酉十二月十二日（一五八六年一月三十一日）酉時。合葬於府城堯山之東。

## 【校注】

〔一〕原本無題，係注者所加。

## 旌表節婦叔祖母陳氏墓志銘〔一〕

節婦，故大司馬陳公女也〔二〕，歸我叔祖莧泉公〔三〕。莧泉公以茂才异等，聲名籍甚。我祖芹泉公之卒於廬州也，莧泉公伏哭極哀，嘔血數升，竟不起，時年二十歲矣〔四〕。母有遺腹，忍死而祝曰：『若幸而男，庶以鳩馮氏之宗乎？』免身，果男也，兩歲而死，母哭曰：『夫子之亡也，有遺孤在，猶不亡也。而今乃亡矣。』朝夕依我曾祖母。我曾祖母殁〔五〕，乃大歸於陳，依其兄憲副公三十年〔六〕。而憲副公没，往來就養於諸子侄家又十年。家君自雲中罷歸，乃爲母築室以居，與我祖母蔣安人共案食，夜共榻卧也。又十年而卒。

母以大司馬女爲宦家婦，當兩家盛時，執箕帚以事夫子者僅二年，其他含辛茹荼，煢煢無定居者，且五十年。夫節義，世所時有也，母乃無子無女，至無以爲家。嗟乎悲哉！

初，母之將嫁也，大司馬爲治妝具，紈綺珠玉甚盛。母謝不取，曰：『以父母命，往事舅姑，舅姑乃常布素，三十年一紵衣，婦敢服此見舅姑乎？若其非用，敝之笥篋，何爲獨取帛衣數事？』大司馬以爲賢，弗强也。故母終身節儉而長貧，室中供大士像，蔬食素羹，必以供大士前而後食。終日焚香端坐而已。笑不及齒，言不及閫。自馮氏陳氏之嫁若娶，未嘗與也；非馮氏陳氏而問若吊，未嘗與也。曰：『未亡人之生猶寄也，不敢與人間事矣。』其往來諸子侄家，在從子子咸所什七，在他子侄所什三。相對始終，未嘗失詞色，人語亦語，語止，亦止。其在甲問乙治家云何，輒亂以他語，終不告。其在乙亦如此。故人人敬而親之。大約數日而更，去之日如始至之日焉。

自莧泉公没，不蓄外僕，惟一婢自隨。一敝笥扃鑰甚固，及母卒，啓視之，則其嫁時故帛衣也，采色渝落，隨風縷縷散，如敝楮云。

母以正德十三年戊寅十二月二十三日亥時生，於萬曆十三年乙酉十二月十二日酉時卒，得壽六十有八〔七〕。諸子侄相與開莧泉公壙而合葬焉。明年，御史毛公具上母節誼狀，詔下大宗伯〔八〕。宗伯覆如御史章，得旨表其閭。諸子侄若孫聚族而謀曰：『天子獎孤貞，表其居以風，母乃無居何？所置榜楔焉，請表諸墓。』於是表其墓，而從孫琦爲文志之〔九〕，并係以銘。銘曰：

鬱彼高丘，兄及季矣。伊誰云從，姒及娣矣。惟姒與娣，相煦相濡。霜風蕭蕭，形與影俱。古稱殉死，感慨一時。從容回翔，執德不移。古稱立孤，猶有後福。不愸一子，慰此煢獨。豈無綺紈，匪我所思。攻苦食淡，其甘如飴。悲哉黄鵠，迄於白首。身且如寄，貧於何有？居則异室，坎則同封。名垂國史，道合中庸。帝命昭昭，賁於幽隧。九原可起，不愧其世。

侄孫琦撰。

## 【校注】

〔一〕此文亦見《宗伯集》卷二二，題作《旌表節婦叔祖妣陳氏墓志銘》（下簡稱《宗伯集》本）。

〔二〕大司馬陳公：即陳經（一四八三—一五五〇），字伯常，號東渚，山東益都人。正德九年進士，歷官至户、禮、兵三部尚書。性剛直清廉，《嘉靖青州府志》稱其『讜直敢言，武皇末年，劾奏寧彬餘黨，辭涉當路』『立朝垂三十年，門鮮干謁。卒之日，囊無私遺，有古人之風』。曾與馮裕等結海岱詩社。

〔三〕萈泉公：即馮惟直（一五一七—一五四〇），字汝敬，號萈泉，庠生。馮裕幼子。未仕而卒。

〔四〕二十歲：馮惟直卒時二十四歲，『二十』當爲『二十四』之訛。

〔五〕歿：《宗伯集》本作『没』。

〔六〕憲副公：即陳夢鶴，字子羽，陳經子。《光緒益都縣圖志》本傳載：『幼聰敏，讀書過目成誦。年十三，隨父宦京師，撰《大内燈詩》，有「願得光添新蠟燭，不教明月照流亡」之句。嘉靖庚寅，圜邱新成，有事於南郊，父携往觀，歸撰《大祀圜邱禮成》賦，傳誦一時。遇恩例當得廕，讓其异母弟夢草。二十六年成進士，父遂請老歸，臨行，戒勿親當路貴人。大學士夏言知其才，欲羅致之，終弗往。授工部主事，管理濟寧水利，撰《閘河類考》二卷。旋改兵部選司，撰《武銓邦政》二卷。升河南僉事，領民兵入衛，捷奏，升俸一級。軍中著《治兵餘興》一卷。時嚴嵩當國，司道遷轉咸具謝，夢鶴獨不爲禮。尋罷歸。結翼雅詩社，以吟咏自娱。晚年咯血，著《憫病賦》，臨終作《薄葬書》遺子孫，又有《雅音萃稿》三十卷、《芝巘山人歲稿》三十卷、《平莊集》一百卷及《西平游覽志》《陳氏家乘》諸書。』

〔七〕本句，《宗伯集》本作：『母以某年某月某日生，某年某月某日卒，得壽七十有二。』按，陳氏享年六十八歲，《宗伯集》本誤。

〔八〕御史毛公：即毛在，字文源，一字君明，南直隸太倉人。萬曆二年進士，授建昌府推官，明允而斷，一時稱爲神君。擢雲南道御史，出按貴州、山東、河南，升大理寺右丞。大宗伯：即禮部尚書。時任禮部尚書爲沈鯉（一五三一—一六一五），字仲化，號龍江，河南歸德人。嘉靖四十四年進士，改庶吉士，進編修，升侍講學士、吏部右侍郎、左侍郎。萬曆十二年拜禮部尚書，十六年乞休。三十年，以禮部尚書兼東閣大學士入閣。

〔九〕文：原本作『父』，據《宗伯集》本改。

## 馮子益後代世系及其夫婦神主[一]

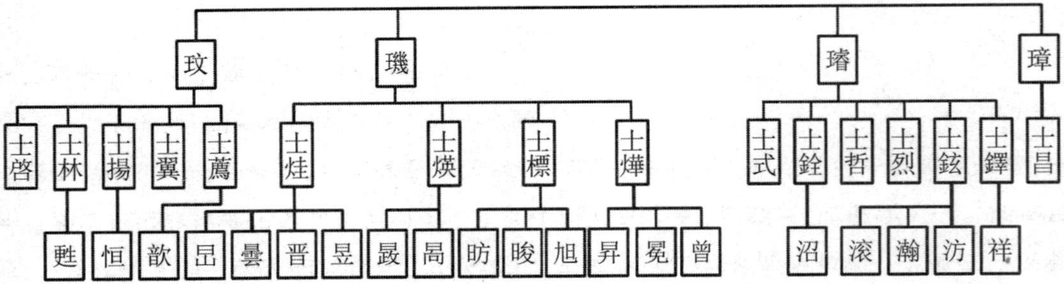

縣庠廩生贈茂陵衛經歷府君諱子益，字謙甫，行一，神主生於嘉靖六年丁亥九月三十日（一五二七年十月二十四日）申時，享年七十二歲，卒於萬曆二十六年戊戌十二月二十四日（一五九九年一月二十日）酉時。暨元配敕贈孺人李氏，生於嘉靖九年（一五三〇）庚寅□月□日□時，享年三十六歲，卒於嘉靖四十四年乙丑三月十三日（一五六五年四月十三日）亥時；繼配敕封孺人陳氏，生於嘉靖三十四年乙卯十二月初八日（一五五六年一月十九日）申時，卒於崇禎六年癸酉十一月二十六日（一六三三年十二月二十六日）未時，享年七十九歲。合葬於府城堯山之東。

【校注】

〔一〕原本無題，此係注者所加。

## 伯考仰山公墓志銘〔一〕

馮氏遷於北海七十有二載，始遷之歲而公生。馮氏年登七帙者自公始。公即没，宜無所憾。歲丙申，公夢與先公偕游堯山之原而樂之，頗有瑕丘之感。當是時，先公尚亡恙。先公亡禄即世，不肖甫免喪而公卒，從先兆葬於堯山。天不慭遺，妖夢是踐，慟哉！

公諱子益，字謙甫，别號仰山〔二〕。伯祖孝廉公舉二子，長即公，次孝廉公，世稱爲貞静先生〔三〕。公少治《禮》，爲縣諸生，試高等，受廪於學宫。試於鄉輒不利。歲丁卯，偕先公往〔四〕；癸酉，偕孝廉公往；丙子，携余以往。公乃稱曰：『余於詞場，其猶致女也，與之偕出，不與偕返，復何沾沾受書爲？』退而躬耕聖水之野，晨起治耒耜，與耕夫偶，亭午息大樹下，隨樹蔭東西，倦即假寐，終不返舍。歲比不登，僅給半菽，公曰：『吾治書不遇合，力田不逢年，是殆有命焉。』倚杖而歌，夷然不屑也。

公始受室以居。治厠得金，修業而息之，家稍饒給。及晚歲，食指日衆，業日減，故老而食貧。其自奉與應賓客，比余家諸伯叔兄弟爲嗇，視曾祖考副憲公猶稱豐也〔五〕。蓋公少猶及見我曾大父副憲公官三十年，歸而不能自食。居常衣韋布，補綴如衲衣，時舉以詔我後人，歷歷如目睹。後人即不能盡繇，然聞其説，無不洒然變色、嘿然内愧者。語有之：『雖無老成人，尚有典刑。』今且典刑與老成俱盡，悲夫！

公内行修潔，被服無所芬華。與人處，不爲嶄絶崖异。懷抱傾竭，飲人以和。善形家言，抵掌而談，甚辨。素强亡病，病下利，百日卒，戊戌冬十二月廿四日也。元配李，李卒，繼室以陳，皆有令德，宜其家。子璋，李之自出也，爲郡庠生；次璿、璣、玟，皆陳出。孫士鶴，璣出。

以次年二月廿二日葬，而從侄琦志其墓，爲之銘。銘曰：

學即罔庸，年乃崇矣；家即罔充，子孫乃豐矣。吾聞天道如張弓矣，豐不足喜，嗇奚恫矣。瞻彼九原，從先公矣。佑啓我後人，惟德共矣。

侄琦撰。

【校注】

〔一〕本文亦見《宗伯集》卷二三，下稱《宗伯集》本。

〔二〕子益：《宗伯集》本作『某』。

〔三〕貞静先生：即馮子咸，子益异母弟。

〔四〕先公：《宗伯集》本作『先生』，訛。

〔五〕副憲公：即馮裕。

## 馮璋夫婦及馮瓆神主〔一〕

茂陵衛經歷府君諱璋，字成菴，行一，神主生於嘉靖三十四年三月初五日（一五五五年三月二十七日）寅時，享年六十四歲，卒於萬曆四十六年六月初一日（一六一八年七月二十二日）未時。暨元配封孺人張氏，生於嘉靖三十二年七月十九日（一五五三年八月二十七日）未時，享年七十七歲，卒於崇禎二年二月二十六日（一六二九年三月二十日）寅時。合葬於府城堯山之東。

處士府君諱瓆，字□□，行五，神主生於萬曆元年癸酉七月十八日（一五七三年八月十五日）

未時，卒於順治九年壬辰八月十八日（一六五二年九月二十日）戌時，享年八十歲。暨元配孺人曲氏，生於……〔二〕

**【校注】**

〔一〕原本無題，此係注者所加。

〔二〕此處原本闕如。

# 馮璣後代世系表及其神主〔一〕

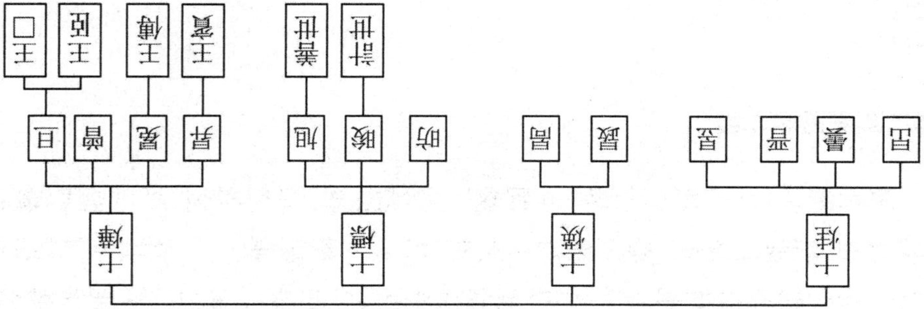

縣庠生府君諱璣，字佩衡，行六，神主生於萬曆三年乙亥九月初一日（一五七五年十月十一日）寅時，享年六十七歲，卒於崇禎十四年辛巳三月二十三日（一六四一年五月二日）子時。暨元配孺人王氏，生於……〔二〕

【校注】

〔一〕原本無題，此係注者所加。
〔二〕此處原本闕如。

## 明待封質菴馮公行狀

百尋之木，根蔕盤如，移而植之，枝葉有間矣。乃其既也，培之漑之，則藴隆豐鬱而莫之或遏。仰岱宗者，爲其高也，然陟彼巔矣，必復俯行五六里，乃始一望嵯峨〔一〕。登其上，爲振衣岡，爲小天下處，何也？以靈秀之鬱勃有自也〔二〕。余以此狀質菴馮公，而要以余之文不能狀馮公萬一。惟是余叨附馮公桂行譜後，時躋公之堂，與年契尊尼諸君晤教公側，見公一堂上〔三〕，怡怡肅肅。訓諸子，坐立語默間，咸詳而有法。而其視世講，亦復殷殷如家人父子誼。竊知公之度大而識淵，才雄而思摯，浩氣遒上，而遜志逌如，舉向後聳壑昂霄，事業盡醖釀於當下，以待徐發也。

余景公敬公知公，乃巳之春，余方爲槀，而公以疾終於正寢，余爲遥哭公者。迄巳之冬，余自藁言旋，而公躋瀛諸孤環泣余前〔四〕，而以狀公請余，且爲近吊公者，其又安能以不文辭哉？

公諱璣，字佩衡，别號質菴，世爲青之臨朐人。開國初，公祖思忠者，以義勇徙實遼左。歷數傳，公曾王父閭山公，以正德戊辰進士起家，官憲副，携家南遷，止郡城居焉。青朐之有馮氏，自此始。閭山公生子五，長孝廉冶泉公，冶泉生子二，長仰山公，仰山公蓋馮氏之宗子也。仰山公生子四，公其季也。

公天性至孝，志行一軌前賢。成童時〔五〕，在群兒嬉戲中，輒知揖讓自异。仰山公稍不豫，輒知有憂色，甚則啼哭。稍長，即刻志經史，嘗曰：『人以巧，我以拙，人方休而我不敢休。』又嘗手書於壁曰：『大丈夫當乘時建功立業〔六〕，安能悠悠忽忽坐虚歲月爲？』今手書仍在壁間。出應小試，名次皆第三。仰山公偶得小疴，公朝夕侍寢，問醫卜，無寧晷，竟忘應試。越數日，疾彌篤，復自輿籲天求代。時有方上道人來云：『用風刀之法可以延紀。』公遂自縛令道人試之，肌膚盡傷。天感公誠，越日遂瘳。又兩月，仰山公始捐館。擗踴號慟，昏絶數次。三年不入燕室，亦終歲無嘻笑語。兹正公弱冠時也。

先是，仰山公好施惠，不治家計。卜葬後，家室空虚，所遺僅有龍門山内草廬數間〔七〕，溪田十餘畝。公依崖臨壑，簞瓢其間，而公前孺人王氏又於此時仙逝。公既勉襄喪具，衣食弗獲自給，遂負劍入都，依仲兄琢菴公〔八〕。仲兄亦深相友愛。居月餘，仲兄以白鏹數兩贈公歸，公以其半市書數部，策蹇就道。比抵廬，塵埃滿釜，蘼蕪塞門。仰室足辨星紀，素業又成石田，不足耕。公處之飴如也。

已入郡城，省太孺人。城居甚狹，止一廬，太孺人居之。公乃止宿學舍，師事玄孺陳先生〔九〕。公先與先生共游光孺先生之門，友而爲師〔一〇〕，其自下好學如此。越二載，得補益庠弟子員，復歸龍門山。又半載，移居龍門山東下五里許，地名桑村。惟是家計蕭然，公方沽樹貿穀，煮粥奉太孺人，而自啜其粕。朝夕省問，如孺慕時。風雨寒暑無或輟。里人感其孝，或耕耨有不給，悉來助之。已，力稍自裕，遂結社誦讀，築書舍於閭門之南稍東，額曰『友善草廬』，館弘素張先生於中〔一一〕。里中弟子悉來就學。蓋開國來郡北數十里俱販夫樵子，無一人知詩書者，自是弦誦之聲達於四野，三兩年内相繼游黌序者近八九人，邑人皆歌咏之。又且與物無忤，美臧叱否，如鏡之照物，妍媸任之而已。嘗曰：『好而知惡，惡而知美，真齊家格論云。』自是里中父老愈相推重，凡有不決，不質邑大夫而求平於公。公因曲直之，無論鶩弱，咸相率服。至今去村三十里内，竟無奸猾。又勸里人愛重字迹，凡有隻字墜入塵埃者，悉親手洗焚之。構茅屋兩間，潔几席，奉先世神主，每朔望日必率尊尼諸君焚奠如儀。於時戴氏有不肖子，求以其塋内樹數株售於公。公至其處，見其樹去墓所僅尺許，憮然嘆曰：『何物寧馨，乃令其祖若宗不得妥靈地下。吾爲構廬而驚及人之九原，於心安乎？』遂還其券，價值亦并給無顧。暇日，於友善廬中博采古禮，集爲《家乘》。原本忠孝，析别嫌微，而致詳於坐作言動之間，凡二册十三卷，至今尚未付剞劂氏。是歲，琢菴公蒙恩予假歸里，當時繆先生諱昌期至青社謁琢菴公〔一二〕，留北海三載餘，當時爲海内名儒。公曰：『不見泰山北斗，猶涎拳石耳。』遂從先生游，先生行而後抵里。

萬曆壬子，公以長嗣士統殤，納妾武氏。及嬪，公見武氏揮泪如雨，再四詰之，乃曰：『吾已許聘，吾父以逋賦故鬻妾。鬻妾不足惜，鬻妾而逋賦未克償，以故悲。』公大爲之慟，曰：『有是哉！以吾故而令人離其父子，背其良人哉！彼夫還妾，古之人已建前矛，吾其成若之貞。』還之，其聘財亦令勿償，俾完逋賦。

越三歲乙卯，歲大荒，十村九空，餓殍載道，飢人相食。公哀之，估所餘粟尚二百餘石〔一三〕，遂計口給散。後因不繼，又募善人緣以廣之，其素所稱貸者悉焚其券，賴以全活者近三百餘家。惟時有王氏子欲發其塋爲田以求售，公偵知之，計田給價，責令勿發。至今日其先塋猶然佳域云。

戊辰歲，公爲長兒鴻臚誠菴公養子士昌所訟〔一四〕。時青齊豪右唆者百端，公曰：『噫，寧有是哉！昔吾兒卒，若子尚在繈抱，我若利而貲，寧在十一年之後耶？』嗣後竟置若罔聞〔一五〕，囂者亦息。自是遂輕視富貴如敝屣。嘗喜吟『日月籠中鳥，乾坤水上萍』之句，乃飾一廬，圖書賁其中，終日披閱，明先聖之道以修厥身。尤好易學，嘗語尊尼君曰：『吾一日不晤對聖賢，便覺精神不旺，行事便覺有過差處。』蹻瀛君以高年當養神怡體爲對，公叱之。

天啓癸亥七月朔七日，有慶雲集於日中上，黃綠相間，碧彩映日，經日不散。作《祥雲記》，揣摩聖德，擬頌焉。時祖母壽八帙，公孝事愈益勤篤，每寢必問涼燠，食必先嘗而後進，病則齋禱求損己齡以延母紀。會吾皇御極之三年〔一六〕，甘露凝於庭前槐樹上，其色黃，其味香甜，凝之則疑蠟，曝之則疑雪。公復有《甘露解》，亦大都頌美聖功而已。癸酉，尊尼君登賢書。捷聞，公略不爲异，第曰：『每見膏粱子弟不知稼穡艱難，是以父兄僅能立門户，後益驕縱，遂至顛覆。』乃修補《因順志》彙集成書，以爲守成者之龜鑒〔一七〕。冬，太孺人陳氏卒。時公年已六旬，居喪悲哀，與仰山公時無少异。蓋食粥斷葷，三年如一日，而近且時有泪痕點几席間云〔一八〕。

丙子，甘露又凝如前。庚辰，我皇上以保民四事下詔郡縣，吾胸方圖有修之役〔一九〕。議者難之。公曰：『大哉聖功，數萬生靈其有幸乎？』遂集流移及郡中之乏食者三百餘人，給與糗糧，使發西山石壙，築八十餘丈，高廣堅固，爲胸中子弟先〔二〇〕。是歲，尊尼君捷南宫，公手誡曰：『昔日爲人子，今日爲人臣。子未克孝，其何能忠？吾家世受國恩，當克盡忠〔二一〕，勿以耄老爲念，勿忘勿忽。』隨欲作《臣箴》，未竟所願，乃於辛巳仲春忽爾賓天。嗚乎！昊天何其奪哲人之速也哉！

公生於萬曆三年九月初八日寅時，卒於崇禎十四年三月二十三日午時，得壽六十有七。元配陝西鞏昌府同知惠泉王公女〔二二〕，先卒；繼配湖廣襄陽府通判少橋竇公女〔二三〕。子四：長士燁，廪生，娶縣庠忠所劉公女，側室喬氏出；次士標，進士，娶陝西秦州衛經歷净渚劉公女〔二四〕；次士煐，庠生，娶通政使司左參議見素曹公男庠生允亮女〔二五〕，卒；繼娶縣庠生文湛劉公女，俱嫡母竇氏出；次士炷，兵部加銜守備，娶直隸真定府通判瑜聞張公女〔二六〕，側室高氏出。女十一：一適湖廣辰州府同知席之劉公男庠生心友〔二七〕，前母王氏出；一適庠生泰麓石公崟男之翚；一適户部尚書太子少保對滄王公男府庠增廣生千仞男夢瑞〔二八〕；一適誥贈資政大夫工部尚書三川董公男庠生葆和男庠生儼〔二九〕，俱母出；一適明經補之王公男庠生尊美，側室高氏出；一適誥贈禮部儀制司主事少川高公男太學生德慧男庠生樞〔三〇〕，母出；一許聘衛輝府知府陽坡李公男嶧陽教諭嗣陽男庠生采于男秉衡〔三一〕，高氏出；餘俱未許聘。孫男六：旦，聘贊皇縣知縣葵亭夏公男府庠生進之女〔三二〕，士燁出；次昶，聘光禄大夫柱國少保兼太子太保參贊機務南京兵部尚書誥贈太保崑田邢公男中憲大夫四川馬湖府知府素菴男官生亢宗女〔三三〕；次晟，聘廩生景濂鍾公男孝廉一士女〔三四〕；次旭，未聘，俱士標出。次晋，未聘，士烓出。次晸，未聘，士燁出。孫女七：一適太學生忠藎黨公男泓源，燁出；一許聘太子少保工部尚書葆素曹公男官生宏之男大濟〔三五〕；一許聘同科進士新授河南蘭陽縣尹筆峨來公男徹生〔三六〕，俱士標出。餘俱未許聘。

嗚乎！公生平爲善不倦，乃歷閲坎坷，僅以隱君終其功名。且公閥閲舊族也，及公之身而富於德，厄於遇，不獲一服休采、步前人武〔三七〕，若爲公不幸云者。而不知不藴不發，不鬱不暢，百尋之木以移培而得新，岱宗之靈以俯折而得峻，物理有固然者，而况於人？公其於今日馮氏，爲承前啓後者哉？今尊尼君已峥頭角矣〔三八〕。余嘗以尊尼君器識卜尊尼君成就，將來韓、范、富、歐事業〔三九〕，定不屬异人任，况乎庭前之振振者，胥國器也。嗚乎！有公不愧不怍之心，與夫光明正大之行，積厚光流矣，又何必身膺一命而後愉快耶〔四〇〕？昔人評王晋公者，有曰：『天可必乎，仁者不必壽；天不可必乎，賢者必有後。』又曰：『好德而文，以世其家。』又曰：『天將有以大王氏之後也歟？』」吾於狀馮公亦云。

賜進士第、南京户部浙江清吏司主事、年眷侄張印立頓首拜撰[四一]。

## 【校注】

〔一〕本文亦載七賢本《馮氏世録》。嵯峨：七賢本《世録》作『崖峨』。

〔二〕有自：七賢本《世録》作『有司』，訛。

〔三〕尊尼：即馮士標，字端明，號尊尼，馮璣次子，崇禎十三年（一六四〇）進士。明末未仕。入清仕至福建按察司副使。一堂：七賢本《世録》作『以堂』。

〔四〕躋瀛：當即馮士燁，璣長子。另據七賢本《世録》之《恩貢生登瀛馮公行實》，馮璣長子士煇，字啓明，號登瀛。則士燁當即士煇，躋瀛、登瀛均其號。

〔五〕成：七賢本《世録》作『或』，訛。

〔六〕建功立業：七賢本《世録》作『建立功業』。

〔七〕内：原作『門』，蓋涉上而訛，據七賢本《世録》改。

〔八〕琢菴公：即馮琦，馮琦在馮氏四世中排行第二，故稱『仲兄』。

〔九〕玄孺陳先生：俟考。

〔一〇〕光孺先生：即陳烈，字光孺，號玉舍，益都人。貢生，官至平鄉知縣。《光緒益都縣圖志·儒學》：『美鬚眉，善談論，能詩。書法得晉唐人三昧，片紙隻字，人皆藏弆以爲榮。索書者户屨常滿，烈從容應之，至忘寢食不倦也。天啓初，以貢選武學教授。以身爲範，諸武冑服其清正。升國子監典籍。時魏黨擅政，烈從祭酒蔡毅中上疏劾之，外補平鄉縣知縣。誠愛以治，訟者以情理諭勸之。租税爲期會，民樂輸，無後至者。歲大水，平鄉獨無泛溢。然烈竟以奔走堤堰勞瘁卒官。』友：七賢本《世録》作『游』。

〔一一〕弘素張先生：當即張書壁，益都人，貢生。《光緒益都縣圖志·儒學》：『張書壁，字桂亭，萬曆間歲貢。遵古義，不讀非聖賢書。交游多知名士。而一介無所干，亦一言無所忤。未仕而卒。』

〔一二〕繆昌期（一五六二—一六二六）：字當時，號西溪，南直隸江陰人。萬曆四十一年進士，選翰林院庶吉士，授檢討。天啓元年任左贊善，升諭德。爲東林黨人，因傳代楊漣疏劾魏忠賢，爲魏黨所忌，落職。後以坐汪文言獄，下詔獄，斃於獄。

〔一三〕估：七賢本《世録》作『占』。『粟』後有兩個『尚』字，删除一個『尚』字。

〔一四〕鴻臚誠菴公：即馮璋（一五五五—一六一八），字孟韞，號誠菴，襲武職，至茂陵衛經歷。士昌爲其養子。

〔一五〕置：原作『直』，據七賢本《世録》改。

〔一六〕吾皇御極之三年：即崇禎三年（一六三〇）。

〔一七〕龜鑒：七賢本《世録》作『規鑒』。

〔一八〕近且時有：七賢本《世録》作『近時且有』。

〔一九〕有修之役：句或有誤，原本旁批：『句似有誤。』

〔二〇〕此句不可解，原本旁批：『句有誤。』

〔二一〕忠：原作『有忠』，據七賢本《世録》改。

〔二二〕惠泉王公：即王君榮，字國慶，號惠泉，山東益都人，官至河間府判官。《光緒益都縣圖志》本傳：『君榮嘉靖三十七年舉人，萬曆元年再舉於鄉。性警悟，多藝能，旁通醫卜、五行及形家言。選光州知州，從經略宋某征倭，爲大軍給芻糧費，累巨萬。及還鈎勘，毫秒不爽。升鞏昌府同知，監市還，賜金綺。升四品俸，以同事忌嫉，改判河間府歸。年七十卒。』

〔二三〕少橋竇公：即竇中孚，號少橋，山東益都人。嘉靖三十一年舉人，歷官至襄陽府通判。

〔二四〕净渚劉公：生平俟考，官至秦州衛經歷。

〔二五〕見素曹公：即曹璜，字于渭，亦字見素，山東益都人。萬曆四十四年進士，歷户部主事、員外郎、郎中，遷西安府知府，擢湖廣提學副使，丁憂歸，起陝西副使，再起福建，俱辭。起光禄少卿，改通政司參議，遂乞休。著有《大雲集》《治術綱目》《四書遵注纂要》等。《光緒益都縣圖志》本傳稱：『生平伉爽，義之所在，雖百折無以易之。與人交，無匿情，無飾語。兩入覲，不持一物遺貴人。宦游南北，篋中除書籍外無餘物。當時清節名臣，推璜爲第一云。』

〔二六〕加銜：七賢本《世録》作『駕御』，訛。瑜聞張公：即張有譽，字瑜聞，名儒張書壁之子，天啓間選貢，官至真定府通判。

〔二七〕席之劉公：歷官至辰州府同知，生平俟考。查《乾隆辰州府志》之《郡守表》，『同知』一欄中有『劉應卜，歸德衛，舉人，（萬曆）四十年任』『劉熙，雲南人，舉人』，皆無山東益都人。

〔二八〕對滄王公：即王基，字啓亨，號對滄，山東青州左衛人。嘉靖四十四年進士，累官至南京户部尚書兼兵、工二部尚書。

〔二九〕三川董公：即董李，字仲直，一字君植，號三川，山東益都人，庠生。父汝翰，嘉靖十三年舉人，歷官至户部郎中。董李以子可威貴，贈資政大夫、工部尚書。據《贈敕封承德郎南京吏部文選司署郎中事主事三川董公暨配贈安人劉氏合葬墓志銘》，董李有四子：長子可威，累官至工部尚書；次子有威，庠生；三子養威，庠生，字葆和；四子取威，早卒。養威（葆和）有子伉、侃，則儼或是其三子。另據此《墓志銘》，可威子董儞聘馮珂之女，其長女適馮瑗子士份。

〔三〇〕少川高公：生平俟考。

〔三一〕陽坡李公：即李用和，字元樂，號陽坡，山東益都人。嘉靖十七年進士，官至衛輝知府。嗣陽：即其子李延緒，號嗣陽，萬曆間貢生，官至嶧陽教諭。延緒子采于，采于子秉衡，生平俱不詳。

〔三二〕葵亭夏公：即夏咏，號葵亭，天啓間貢生，官至贊皇縣知縣。

〔三三〕崑田邢公：即邢玠（一五四〇—一六一二），字搢伯，號崑田，益都人。隆慶五年（一五七一）進士，累官兵部尚書，卒贈太子太保。素菴：即邢從言，字素菴，邢玠次子，官生，仕至馬湖府知府。

〔三四〕景濂鍾公：即鍾羽教，字景濂，山東益都人。祖鍾秀，與「臨朐四馮」爲友；父洲，習家學，尤熟《史記》《漢書》。兄羽正，累官至工部尚書。《益都縣圖志·儒學》：「鍾羽教，字景濂，羽正弟。幼聰穎，習舉業，根據理要，不爲章句膚淺之學。督學吴同春奇之，取冠多士。性忠直狷介，人有過，每面折之，然出以至公，故受者不怨。尚勤儉，好施予，嘗以積穀貸親族，會歲歉，穀價踴貴。羽教曰：『吾不能博施以濟貧者，乃乘人之急而罔其利，無乃爲販乎？』遂盡焚其券。閭里有殘廢者，輒收養之，久而不厭。天啓初，羽正起太僕，欲與偕行，時值恩拔，應入試。辭曰：『吾若獲雋，人謂吾幸售，且溷兄清德。』遂不赴。」其子鍾諤，字一士，崇禎十六年（一六四三）進士，入清官至觀察。善畫山水。

〔三五〕葆素曹公：即曹珖，字用韋，又字葆素。兄璜，累官至通政司參議。珖爲萬曆二十九年進士，授户部主事，補兵部武選司主事，歷職方郎中，遷河東參政，引疾歸。起南京太常少卿，天啓初，加光禄卿，進太常、大理卿。魏忠賢亂政，珖請告歸，爲御史盧承欽所攻爲東林黨，遂削奪。崇禎元年，起户部右侍郎，晋工部尚書。乞歸。

〔三六〕筆峨來公：即來儀，字爻先，號筆峨，山東臨朐人。崇禎三年鄉試第一，十三年成進士。授蘭陽知縣，爲李自成所敗，囚之土牢。後脱歸。李自成將姚應鳳復襲執於莒州，青州民殺應鳳，乃免。順治初，爲土寇所害。子徐生、徹生。《光緒臨朐縣志》本傳：『儀怒詈寇，遂遇害。儀妻黄氏率子徐生訴當事，百計求賊，自丙戌至己亥十四年，卒悉誅賊儀者……徐生能文，以儒世其家。既復仇，隱居不仕，爲文以甲子編年云。』

〔三七〕不獲：七賢本《世録》作『不得』。

〔三八〕峥：七賢本《世録》作『浄』。

〔三九〕韓、范、富、歐：指北宋名臣韓琦、范仲淹、富弼、歐陽修。

〔四〇〕愉快：原本作『俞快』，據七賢本《世録》改。

〔四一〕張印立（一六〇九—一六九九）：字參我，臨朐人。崇禎十年進士，授直隸藁城縣知縣，升南京户部浙江司主事，再轉陝西司郎中，至杭州知府。入清不仕。著述宏富，曾總裁《康熙臨朐縣志》，另有《寶瓶文集》等。

## 明隱君質菴馮公行實

嗚呼！先府君之育不孝兄弟也，孩教數。稍長，教讓教儀，就外傅教書，依依膝下積三十餘祀。顧復鞠養，昊天罔極。乃忽於崇禎辛巳仲春病，病而弃不孝等。瞬息千里百里，堂堂六尺，環不孝等愚懵，不能悉藉家史，且神亂氣索，執筆閣廢，輒起輒悲，累日不成一字。嗚呼！先君往矣，使先君之行隱而弗彰，實不孝之咎。謹抆泪嚮哀號，無一人從地下者。府君修身立行，楷模古人，不孝等愚懵，不能悉藉家史，且神亂氣索，執筆閣廢，輒起輒悲，累日不成一字。嗚呼！先君往矣，使先君之行隱而弗彰，實不孝之咎。謹抆泪次之。

府君諱璣，字佩衡，别號質菴，世爲臨朐人。國初，徙實遼左，數傳至高祖閶山公諱裕，繇正德戊辰進士，官貴州按察司副使，始返青居焉。生子五，長孝廉冶泉公，諱惟健，即不孝曾祖。生子二，長仰山公諱子益，即不孝祖；生子四，吾父其叔也。

父童時與群兒伍，不事搏距，以揖讓晋接爲戲。稍長，即刻志經史，嘗挑燈披讀，晝夜不輟。先大父豁闊不事生産，務行施予，所遺僅龍門山草廬數間，茅田十餘畝。府君依崖臨壑，飲蘗茹荼，日計愈以蕭索。時丁前母王氏之變，殮葬後茅田之售於人者且過半也，衣食弗給。遂入都，依仲伯琢菴公。仲伯亦深相友愛。居月餘，吾父愀然曰：『歲月如駒隙，居此奈老大何？』以所志告伯。囊篋如洗，未能治裝，仲伯以白鏹贈，且曰：『吾非忍令弟歸，以欲遂弟志，故遺歸也。』吾父以其半市書，策蹇就道。

抵廬舍，塵埃滿釜，蘼蕪塞門，仰屋足辨星紀，素業又成石田。入郡城，省太母，以所居狹，不能依依膝下，乃止宿學舍。時不給，賴外祖貽以薪米。越二載，補益庠弟子員，復歸龍門山。又半載，卜居山東五里許，曰桑村。結社誦讀，築書舍於閭門之南，額曰『友善』，館弘素先生於中〔一〕，里中子弟悉令就學。彬彬之化，此實基之。蓋邑北數十里俱販夫樵子，無一人知詩書者。自是弦誦之聲達於四野，相繼游黌序者近八九人。邑人至今歌咏之。勸里人愛重字迹，以王沂公尊人爲訓〔二〕。構茅屋兩楹，以奉先世神主。每朔望日，必焚奠如儀而後執事，寒暑雨暘亦罔敢廢。時戴氏有不肖子以塋樹求售，遂備香楮奠其魄而斬之。至其處，父惻然曰：『何物子孫，不得妥靈地下，且其樹去墓所僅尺許，嗟乎，吾爲構廬而驚人九原，可乎？』還其券，值亦無顧。

萬曆壬子，先兄士統殤〔三〕。吾母娶良家女武氏，爲廣嗣計。及嬪，見其女揮泣，詰之，始曰：『妾已許聘，以逋賦故鬻妾。鬻妾不足惜，但逋賦未克償，以故悲。』吾父泫然曰：『以吾故而令人離父子、背良人，天乎其誰與咎？』還之，聘財令勿償。有王氏子欲發其墓爲田以求售，吾父偵知之，計田計償，責令勿發，至今猶然，稱佳城云。

長伯鴻臚公無子〔四〕，撫養他人子士昌爲子。伯母卒，青之豪右欲謀貲産，而虞吾父爲難，乃昌言，欲遂昌咬昌以發難端。父曰：『噫，寧有是哉！昔吾兄卒，若子猶在襁抱，我若利而貲，寧在十一年之後耶？』遂具呈於司理張公〔五〕，以暴讓迹。後囂者亦息。

癸酉，不孝始登賢書。捷聞，先君子略不爲异，第曰：『每見膏粱子弟不知稼穡艱，是以父兄僅能立門户。後益驕縱，遂至顛覆。』乃修補《因順志》彙輯成書，以爲守成者之規鑒云。

府君生於萬曆三年九月初八日寅時，卒於崇禎十四年三月二十三日午時，得壽六十有七。元配陝西鞏昌府同知惠泉王公女，卒；繼配湖廣襄陽府通判少橋竇公女。子四：士熚，廪生，娶縣庠生劉公世勛女，側室喬氏出；士標，庚辰科進士，娶陝西秦州衛經歷劉公必潔女；士熀，庠生，娶庠生曹公貞孺女，卒；繼娶庠生劉公澄洙女。俱嫡出。士烓，奉祀生，娶真定府通判張公有譽女，側室高氏出。女十一：一適湖廣辰州府同知劉公待聘男庠生心友，前母王氏出；一適庠生石公崟男之嶨；一適庠生王公世鸞男夢瑞；一適庠生董公養威男庠生儼；一適太學生高公有知男庠生樞，俱母出。一適明經王公衮男庠生尊美；一許聘庠生李公葑男秉衡，俱高氏出。餘未許聘。孫男六：旦，聘府庠生夏公象晋女；晸，未聘，俱士熚出。旭，聘官生邢公獻吉女；晙，聘孝廉鍾公謂女；昉，未聘，俱士標出。晋，烓出。孫女七：一適太學生黨公廷諫男弘源，煒出；一許聘官生曹公兆孺男大濟；一許聘同科進士河南蘭陽縣尹來公儀男徹生，俱士標出。餘未許聘。

嗟乎！吾父不幸際坎砢，僅以隱君終，其功名若不逮古人，而其無愧無怍之心，可以對人，可以質神。乃竟一旦背弃不孝，如矇如瞽，抵於惰行，不孝等實天地罪人哉！兹筮冢有日，敬泣血次其行事，惟仁人君子哀而銘之，先府君死且不朽，不孝等亦且不朽云。

孤子士標泣血謹述。

## 【校注】

〔一〕弘素先生：即張書璧，生平見上篇校注〔一一〕。

〔二〕王沂公：即王曾（九七八—一〇三八），字孝先，青州益都（今山東青州）人，北宋名相。少孤苦，善爲文辭。咸平中，連中三元，以將作監丞通判濟州。累官吏部侍郎，兩拜參知政事。宋仁宗即位，拜中書侍郎、同中書門下平章事，朝廷倚以爲重。後罷知青州。景祐元年，召入爲樞密使，再拜相，封沂國公。事迹見《宋史》。

〔三〕萬曆壬子：即萬曆四十年（一六一二），本年馮璣長子士統殤。

〔四〕鴻臚公：即馮璋，馮璣長兄。

〔五〕司理張公：俟考。

## 馮玟夫婦神主〔一〕

儒士府君諱玟，字懃菴，行九，神主生於萬曆六年戊寅十月初七日（一五七八年十一月五日）□時，卒於崇禎十三年庚辰六月十三日（一六四〇年七月三十一日）□時，享年六十三歲，葬於朐南青崖之東。暨元配孺人劉氏，生於……〔二〕葬於府城堯山之東；繼配孺人杜氏，生於……〔三〕卒於……〔四〕一月二十日□時，享年□□□歲，葬於府城堯山之東。

【校注】

〔一〕原本無題，此係注者所加。

〔二〕此處原本闕如。

〔三〕此處原本闕如。

〔四〕此處原本闕如。

## 馮士標夫婦神主〔一〕

朝議大夫、福建按察使司巡海道副使、府君諱士標，字端明，行二，神主生於萬曆三十八年庚戌九月初七日（一六一〇年十月二十三日）卯時，享年四十七歲，卒於順治十二年乙未九月初六日（一六五五年十月五日）巳時。暨元配誥封恭人劉氏，行一，神主生於萬曆三十七年十月二十七日（一六〇九年十一月二十三日）申時，享年八十四歲，卒於康熙三十一年九月初一日（一六九二年十月十日）巳時。合葬於八岐山之陽。

【校注】

〔一〕原本無題，此係注者所加。

## 朝議大夫福建按察使司閩海道副使宗尼馮公行述

先君諱士標，字端明，號宗尼。始祖貴州憲副閭山公自遼左歸青，居於郡城。生子四，長孝廉冶泉公，即旭高祖。子二，長即曾祖仰山公，蓋馮氏之宗子也。子四，長誠菴，次信菴，次質菴諱璣，即旭祖也。子四，長登瀛伯士煇，先君其仲也。志行磊落，動軌前賢。天性孝友，好古嗜書。

成童時，與群兒伍，每以揖讓晋接爲戲，有搏距喊叫者輒擯去之。大父或不豫，憂形於色，甚至悲啼。稍長，即刻志經史，挑燈披讀，晝夜不輟〔一〕。癸酉，舉於鄉。庚辰大比，得捷南宫。奉假歸省先君，曰：『此後君恩日深，定省日疏，且喜且懼。』幸假期未滿，奉養宜時，凡先志承事者無不至。

辛巳春，大父偶得小疴，朝夕侍寢膳，籲天求代〔二〕。問醫問卜，日無寧晷。至季春，大父捐館，擗踴痛哭，昏絶數次。三年不入燕室，平居無嘻笑之容。先大父不治家務，而性好布施，以故家計日益空虚，所遺止龍門山草廬數間，薄田數畝而已。先君依崖臨壑，飲藥茹荼，日計愈苦，因弃山塢歸於桑村。〔三〕惟時絜以爲日用計者，其米蔬可粒粒數也。先君且耕且誦，克勤克儉，上奉祖母，下撫子侄〔四〕，使非堅定持重，自厚其操，曷克堪此哉！後稍自裕，築書舍於閭門之南，曰『友善草廬』，館卓吾趙先生於中〔五〕。凡里中子弟悉令就學，彬彬之化，此實基之。三五年内，相繼游黌序者近十餘人〔六〕，邑人皆歌咏焉。又勸里人愛重字迹，以王沂公尊人爲訓，凡有片詞隻字墜入塵污者，悉手洗焚之。惟時屢獲豐年，乃構茅屋，潔净几席，以奉先世神主。每朔望日，焚奠如儀，率旭兄弟及家人輩，禮畢而後就執事，寒暑雨暘罔敢廢焉。

庚辰歲，大饑，人相食，十村九空，餓殍載道。先君哀之，將所餘粟計口給散。恐復不繼，又募善人緣以廣之，其素所稱貸者悉焚其券，賴以全活者三百餘家。是歲，詔下郡縣修築城隍，牧民者難之。先君曰：『嗷嗷飢民，其有生活計乎？』遂集其流移及里中乏食者三百餘人，給與糗糧，修築增高，且厚其墉，發西山石以甃之。勤勞布置，爲朐民率。大家巨族與是役者皆來取法，飢民得借以不死者三萬餘人，而城亦嚴然金湯矣。

歲乙酉，策蹇謁選，擢授兵部武選司主事。月餘，升陝西按察司僉事，分巡關内道。是時地方初定，流寇餘黨仍肆猖獗。有巨賊貨珍者〔七〕，兵百萬，自乙酉冬抄圍長安城，百計攻擊。先君擐甲登陴，率衆禦之，至九日九夜。矢石火炮環城不絶，攻之愈力，守之愈堅。正月五日，賊乃退，城池倉庫賴以保全。未幾，所屬商州有賊首劉二虎等，領兵數萬破城劫掠，總督孟檄先君救之〔八〕。先君披甲臨陣，攻拔城池，恢復地方，賊寇逃遁。期月之内，妖氛盡平，悉歸王化。又所屬乾州飛報巨賊復披甲進兵，不數日而捷聞。

丁亥歲，王師西下四川，流賊燒毁棧閣以自固守，數百里内道路阻絶。先君披堅執鋭，督率監修，旬月之間，完好堅固，棧道復通。王師得以無阻。先君志氣雄杰，盱衡世務，臨大事而不驚者，率如此也。

戊子，擢任允吾。地與番爲鄰，幾經狪兵殘破〔九〕，人民逃避，靡有孑遺。先君設法招撫，輕徭薄税，捐俸賑恤，近悦遠來，無不誠服。而民始得稍蘇。歷任三載〔一〇〕，允吾地方番漢雜處，其番人則土官統之而屬於監司。有土官魯安者，嫡派不明，自相競長，漢官又與之争禮，彼此構釁，勢甚凶惡。先君拘集官屬，爲之明正嫡派，裁定禮節，申請於上，永爲定制。而後上下無競，番漢相安。兵餉以時給發。猝遇變故，選快馬利刃以赴之，生擒斬馘，連破大敵。無敢有窺伺邊釁者，職此故也。事稍定，乃捐俸修築學宫，木植磚甓，親料經費。閲歲，聿新宫墻殿廡，偉焕閎麗，鬱鬱隆隆。日與諸生翻經析義，究古問奇，一時修建題名碑碣，皆手自爲之〔一一〕。遠近賢豪莫不以董、賈、李、杜期焉。奏三年最，恩誥馳封先祖，得贈朝議大夫、陝西布政使司右參議，兼按察司僉事。先祖母封太恭人。

壬辰，升四川建昌道副使。乙未，改福建按察司副使，巡視海道。惟時先君病初起，且資斧缺然，先君慨然就道，曰：『吾家世受國恩，盤錯之際，乃顯臣節〔一二〕。當克盡厥忠，爲臣子勸。敢以衰病爲念，有負任使？』行至浙江，復感時症，忽爾見背。不孝旭拮据迎柩，歸葬八岐山之麓〔一三〕。經營倉卒，志狀缺焉未備。旭椎魯無文，於先君懿行官迹百不能述一〔一四〕。所著詩集文集，亦未能刊刻〔一五〕。伏懇仁慈賜之片言，使後之觀者，庶有考焉。感戢之私，存殁不朽矣。

不孝男旭頓首謹述。

【校注】

〔一〕成童時……晝夜不輟：此段事實見於馮士標爲父璣所作《行實》中，此處當爲闌入。另，此文多處記述與《明隱君質菴馮公行實》及《明待封質菴馮公行狀》相似，父子兩人，行迹哪得相同？此文多處記述當抄自《質菴馮公行實》，自『成童時，與群兒伍』至『飢民得借以不死者三萬餘人，而城亦巖然金湯矣』，多有混淆，皆不足爲據。此文亦載七賢本《世録》。

〔二〕辛巳：即崇禎十四年（一六四一），本年三月二十三日，馮璣卒。冶源本《世録》之《奉祀神主》：『顯考……府君馮公諱璣……卒於崇禎十四年辛巳三月二十三日午時，享年六十七歲……孝子士煇奉祀。』

〔三〕『三年』句見《明待封質菴馮公行狀》，『先大父』至『歸於桑村』見《明隱君質菴馮公行實》，皆爲闌入，不足據。

〔四〕侄：原作『姪』，據七賢本《世録》改。

〔五〕此段亦見馮璣行實及行狀，惟『卓吾趙先生』，前者作『弘素張先生』。按，卓吾趙先生，俟考。

〔六〕十餘人：七賢本《世録》作『近八九人』。按，『近十餘人』不通。

〔七〕貨珍：據《光緒臨朐縣志》卷一四馮士標本傳作『賀珍』。按，賀珍，原爲明朝官員，後降李自成，爲其部將，後又降清，任漢中總兵，最後又反清，受南明封，賜岐侯。

〔八〕劉二虎：名體純，乳名二虎，陝西磚坪（今安康）人。崇禎十二年，與兄劉洪在藺河街聚衆起義，後成爲李自成農民軍一部，屢立戰功。清順治元年清軍入關，劉二虎聯明抗清。康熙二年，爲清軍將領圖海等所敗，自縊。總督孟：七賢本《世録》作『總督孟某』。救：七賢本《世録》作『拯』。孟即孟喬芳（一五九五—一六五四），字心亭，直隸永平（今河北盧龍）人，原爲明朝副將，後罷職歸鄉。降清，仍爲副將。累封至漢軍梅勒額真，隸屬漢軍鑲紅旗。清軍入關後，改封刑部左侍郎。順治二年，出任陝西三邊總督。以功進兵部尚書，加太子太保。賜謚忠毅。

〔九〕爲：七賢本《世録》無。㓉兵：七賢本《世録》作「回兵」。

〔一〇〕歷任三載：七賢本《世録》置此句於「兵餉以時給發」之前。

〔一一〕題名：七賢本《世録》作「顯名」。

〔一二〕按：「吾家世受國恩」句，實大有問題。臨朐馮氏自馮裕起，歷代皆爲明之臣子，此可謂「世受國恩」者。明清之際，馮氏後人或如馮士份兄弟隱居不仕，或如馮三仕流落朝鮮矢志抗清，可謂朱明王朝之忠臣。若馮士標，於明末中進士，清順治二年即出仕新朝，豈腆顔言「吾家世受國恩」？此國爲明乎，清乎？

〔一三〕八岐山：位於今臨朐五井鎮西，又名八士山。《光緒臨朐縣志》卷三《山水》：「八士山，在縣治西南二十五里，《魏書·地理志》「西安……有……八士山」即此。又名八岐山，亦曰八旗山。八峰駢秀，遠望如森戟排空。」

〔一四〕百不能述一：原作「百不能述」，據七賢本《世録》補。

〔一五〕詩集文集：七賢本《世録》其後有「十二卷」。

## 馮旭夫婦神主〔一〕

承務郎候選州同知府君諱旭，字曦伯，行一，神主生於崇禎元年戊辰正月十二日（一六二八年二月十六日）戌時，享年六十七歲，卒於康熙三十三年甲戌十二月二十四日（一六九五年二月七日）戌時。暨元配安人邢氏，行二，神主生於崇禎元年戊辰七月十五日（一六二八年八月十四日）辰時，享年五十三歲，卒於康熙十九年庚申八月三十日（一六八〇年九月二十二日）酉時，合葬於郡城之南。

【校注】

〔一〕原本無題，此係注者所加。

# 馮子咸後代世系及其夫婦神主〔一〕

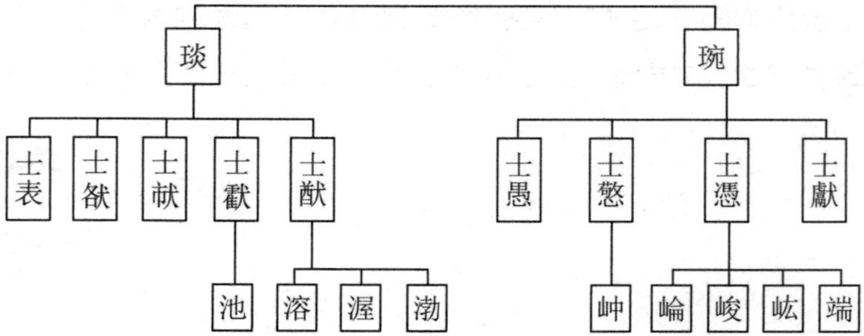

鄉進士府君諱子咸，字貞甫，行八，神主生於嘉靖二十七年戊申五月初三日（一五四八年六月八日）亥時，享年四十九歲，卒於萬曆二十四年丙申五月二十六日（一五九六年六月二十一日）申時。暨元配孺人冀氏，生於嘉靖二十七年戊申正月十五日（一五四八年二月二十四日）酉時，享年六十三歲，卒於萬曆三十八年庚戌七月二十日（一六一〇年九月七日）丑時。合葬於府城堯山之東。

【校注】

〔一〕原本無題，此係注者所加。

## 貞静先生行狀

余叔貞静先生本軒公卒於冶水，余設位而哭，爲文祭之。更數日，乃得其遺書，托余以三尺之孤，以家事任珣，珣所不能辦者任余。余心碎矣，忍復聞此言乎？再逾月而葬。謹紀其言動狀，以俟大君子哀而銘之。

叔諱子咸，字貞甫，别號望山，已復更曰本軒，蓋其志也。父冶泉翁，母李夫人。少而失怙，李夫人慈母也而嚴父。既長，娶冀端恪公女〔二〕。丙寅，爲郡諸生。癸酉，舉於鄉。一再與計偕，退而隱於冶水之上，以紹明道統爲己任，讀書力耕，以没其年。初，從端恪公聞濂洛正學，斷以聖賢必可爲，以莊敬自持。一切積習，力祛之。世俗所共趨，力矯之。曰：『勿目廣大爲開闊，勿目放恣爲灑落，尺尺寸寸而已。世以爲拘，吾無恤焉。』

丁亥，讀書於宋莊〔二〕。時時静坐，喜而自得，曰：『道在是乎？吾向不識虛靈之體而從事於莊敬，若徽墨束縛然者，故去道遠。夫學須静，信矣。』其大旨務在識心體而涵養之，以推及於提身應務，皆設誠而致行焉。少不及事治泉翁，事母甚孝。母病，食不知味，寢不解帶。逾年卒，哀毁骨立，泣盡，繼以血，餘息僅屬。舅氏貧不能自存，公薄田數十畝，常減口食以奉之，事之如諸父禮。居常嘆俗失世敗始於禮亡，欲酌古今纂爲禮書，推行宜自宗族始。修家廟，定祭享儀，立族約，設好會曰敦睦。曰：『凡我兄弟，無相遠也。以傳之子孫世世，春秋伏臘，無使有廢，祀毋敢不躬，詣毋敢怠不如禮。』事兄長甚恭，撫子侄款款篤至，未嘗不教之以正。晚舉二子，曰琬，曰琰，甫釋懷抱，即口授句讀，拱揖端立，皆如成人。治家宗《顔氏家訓》，常以義勝。躬秉耒耜，佐以陶冶。自食其力，人饋之無所受，曰：『恐吾無以報之。』恤困窮，視義所安，無敢過，曰：『恐吾無以繼之。』

公居治水，貧民環而依之者百餘家。癸巳歲大祲〔三〕，公身爲倡，宗族兄弟與其鄉大姓皆出粟貸貧民。公親劑量其多寡，貧者遂予之，貧而有地可耕穫者予之而取償於豐年。明年稍豐，鄉人争還粟，哀而聚之，設義倉以備荒，死喪者亦得取給焉。與父老約，各以禮義督訓其子弟，無敢干有司法。鄉人率其教，多爲善良。與人處，初落落不可合，久乃益親。客至，不張具，班荆而語，刈蔬而食之。與士言士，與農言農，無餘言。有一善，亟稱詡之；有過，婉詞正之。告之以過，未嘗不受也，曰：『責我者，是以全人望我也。不然，則視我爲庸人也。我亦不敢待人以庸人。』凡公所稱詡與所責讓者，退而皆自喜也。

其生平最歡，無如司寇朱公，其次唐茂才[四]。莊家庭，愛琦猶子也，訓誨之如嚴師。於鄉人好馬君。馬君卒，哭之慟，徒行風雪數十里送葬。公自是始病矣。病劇，朱公及余皆薄游京師，獨茂才旦夕視公病百餘日，至廢業，鄉人義之。公既卒，耕者陶者負擔者皆掩涕，即四方之士不識面者聞之，亦爲咨嗟太息云。

所著書如《日進劄記》《自警私録》《耕餘筆談》《讀禮抄記》，往往有深識精詣，然不欲以著述名。或謂公何以不就省試，曰：『禮异翹弓，情非捧檄，何僕僕公車自炫鬻爲？』『然則謁選乎？』曰：『古道之亡也久矣，不量鑿而正枘[五]，衹取辱焉。』或問爲學，曰：『須剛須恒，不剛不决，不恒不久。』問敬，曰：『惺惺之謂敬，檢束非敬也。』問廉，曰：『静則廉。』問應事，曰：『凡事歸之當然，欲高人則害本體。』問處人，曰：『和氣誠心，不可出理之外。』問立身，曰：『有志士不忘在溝壑之意，則能立矣。事無與人相干涉，則灑然矣。』『鄉人皆好之，如何？』曰：『徇俗者無忘[六]。』問處小人，曰：『不惡而嚴，能自守也，自守可以化小人。不然，即爲所化矣。』平居議論類如此。大略行誼似曹月川，涵養似陳白沙。

平居論學以程朱爲歸，見近時喜談佛老，雖舉一世從之，意不謂是；而其所宗以爲真是者，雖萬夫必往，百折不易也。吾友鍾淑濂稱之曰：『貞不絶俗，隱不肆志，孔門四科，虞廷九德，其人乎？』〔七〕識者以爲知言。學者稱爲貞静先生。享年四十有九。子琬，聘孝廉王君女；琰，聘明經周君女。女許聘司寇朱公子。皆幼。

侄琦頓首謹撰。

【校注】

〔一〕冀端恪公：即冀鍊（一五一三—一五八七）：字純夫，號康川，山東益都人。嘉靖二十三年進士，授興化知縣，補長安縣，升户部主事，遷郎中，累遷光禄寺少卿、順天府丞。嘉靖四十四年，以右僉都御史巡撫河南，隆慶元年轉兵部右侍郎，乞歸。後起南京兵部侍郎，北京户部侍郎，皆不赴。卒贈工部尚書，謚端恪。爲山左理學名家，《光緒益都縣圖志》本傳載：『向學純篤，自六經及諸大儒遺書，無不成誦。其學以誠敬爲主。動止語默，皆有法度。』『每語人曰：「人心有一息之怠，便與天地之化不相似。」又曰：「人心淡然虚止，不容一物而無所不容。」又曰：「立志須剛，剛乃能伸萬物之上。」』

〔二〕丁亥：即萬曆十五年（一五八七）。宋莊：位於今臨朐冶源，現分爲東宋莊和西宋莊兩村。

〔三〕癸巳：即萬曆二十一年（一五九三）。據《光緒臨朐縣志》卷一〇《大事表》：『（萬曆）二十一年，大饑，人食木皮，群盗劫掠。二十二年，大饑，振。』

〔四〕司寇朱公：即朱鴻謨，字文甫，山東益都人。隆慶五年進士，授吉安府推官，識鄒元標於諸生，厚禮之。擢南京御史，萬曆五年，以疏救鄒元標、吴中行得罪張居正，乞歸。居正卒，起爲巡按江西御史，擢光禄少卿，轉大理少卿，擢右僉都御史，巡撫應天、蘇州十府。升刑部右侍郎，卒於官，貧不能殮。贈刑部尚書，謚恭介。唐茂才：據本書録《萬曆青州府志·理學》之馮子咸本傳『老儒張其綱、唐虞治始終相處，爲忘年交，無間言』。唐茂才即唐虞治，生平俟考。

〔五〕正：原作『止』，據《宗伯集》卷一九改。

〔六〕忘：《宗伯集》作『志』。

〔七〕鍾淑濂：即鍾羽正（一五五四—一六三七），字淑濂，號龍淵，益都人。萬曆八年（一五八〇）進士，授滑縣知縣，擢禮科給事中，改工科，遷吏科都給事中，以言事斥爲民。光宗即位，起太僕少卿，進本寺卿，歷右僉都御史、左副都御史，遷户部侍郎，拜工部尚書。有《崇雅堂集》。鍾羽正評語見《馮貞静先生誄》。

## 馮貞静先生誄〔一〕

歲丙申五月念六日，北海隱君馮望山先生卒於冶原，時四十九歲。道不偶時，年不稱德，清風悠邈，微言圮絶。嗚呼哀哉！

君諱子咸，字貞甫，郡之臨朐人也。祖曰誾山，父曰冶泉。誾山諸子皆以文行顯名當世，冶泉尤著，然竟未仕卒。先生其次子也。秉質清淳，性與道合，不言躬行，與物無競。少孤，奉母備極色養。居家庭，叱呵不及犬馬。執喪，泣血者三年。敬事兄長，久而彌篤，宗族稱孝，鄉黨稱弟焉。博學强識，然一禀於六經。時二氏説方盛，士大夫多溺之者，君獨力闢之，所誦法自孔孟後采濂洛諸賢、河汾薛氏，以爲此淳乎儒者已。爲文朗俊，根理黜浮。

癸酉，舉鄉試高等，一再與計偕，輒翻然曰：『情非捧檄，禮非翹弓，何爲奔走公車自炫鬻乎？』於是弃制舉業，隱居治水之湄，潛心理學，躬耕訓子。鄉閭化德，煢獨稱恩。歲常大饑〔二〕，躬輟饔飧以食餓者。好義若渴，見善若驚。樂道愛材，孜孜奬拔，人有過，正容以語之。與之居，不知鄙吝之往、名利之脱也〔三〕。於是郡邑之吏、纓緌之倫，莫不仰止高風，望廬瞻德。先生韜光埋照〔四〕，深自挹損，人愈益重之，比於吴、陳諸君〔五〕。旦夕冀其徵聘。乃忽感疾病，醫藥罔效。嗚呼哀哉！

先生持身以禮，刑家以義，馭物以誠，愛人以德。睹其容，誾誾如也，旼旼如也〔六〕。若夫子輿養志，薛包讓長，信道忘仕則漆雕生，循經蹈古則高子羔〔七〕。貞不抗俗，隱不肆志。使居孔門則四科之英，在虞廷必九德之列。而玄纁未徵，儀刑遽泯，豈命之弗亨，抑道之將廢與？

余與先生三世師友，情意兼至，惟古者高行隱德，必有謚以易名，故黔展定議於室人，陳陶共推於同好。竊不自量，遂采學士大夫之論，擬謚曰『貞静先生』〔八〕。在謚法：清白守節，恭己鮮言。先生當之，可謂名實允協者矣。既以質之有道，乃爲誄曰：

於皇馮氏，代有哲人。矯矯冶翁，抱璞含珍。先生孠之，克孝克仁。因心則友，體信惇倫。學本聖真，既博既約。澡泗濡洙，包伊匯洛。二氏横流，狂瀾滂薄；思障其衝，是排是淪。論鄉之俊，觀國之光。仕非爲貧，干禄皇皇。賤也士乎，懷器而藏。雅歌商周，高夢羲黄。遜志詩書，潛光丘壑。坐嘯行吟，春耘秋獲。取適蓬茅，怡情葵藿。節則顔原，望衡許郭〔九〕。洋洋冶水，籊籊竹竿。以遨以游，碩人之寬。士也有志，坎坎伐檀。清斯濯纓，樂以忘餐。舉世熙熙，匪名伊立。或趋而仆，或留而膩〔一〇〕。我乃脱焉，若浼若忌。激懦興頑，惟君之志。在昔余祖，冶翁是師。翁也有子，余祖教之。父有執友，唯君是期〔一一〕。小子顓蒙，我掖我持。頃余解組，君方秉耜。耦君子耕，君不我鄙。晤言永夕，陳飨見子。玄水之交，永矢没齒。胡天不吊，降此鞠凶。閔斯人疾，殲我儒宗。模楷逝矣，予安適從？誄行易名，以寫我悰。嗚呼哀哉！

吏科都給事中鍾羽正撰。

【校注】

〔一〕此文亦見七賢本《世録》，《四庫全書存目叢書》所收順治十五年丁耀亢刻本《崇雅堂集》有目無文。

〔二〕常：當爲『嘗』之訛。

〔三〕往：七賢本《世録》作『釋』。

〔四〕埋：原本作『理』，據七賢本《世録》改。按，『埋』與『韜』同義對舉。

〔五〕挹損：七賢本《世録》作『抑損』。吴、陳諸君：指吴與弼、陳獻章諸君子。吴與弼（一三九一—一四六九），初名夢祥、長弼，字子傅，號康齋，江西崇仁人。陳獻章（一四二八—一五〇〇），字公甫，號石齋，廣東新會人，世稱白沙先生。二人皆爲明代著名理學家，生平見《明儒學案》。

〔六〕誾誾：七賢本《世録》作『閔閔』。按，作『誾誾』是，《論語·鄉黨》：『朝，與下大夫言，侃侃如也；與上大夫言，誾誾如也。』

〔七〕漆雕生：即漆雕開，字子開，又字子若。春秋時魯國人，孔子弟子。在孔門中以德行著稱，漆雕氏之儒的創始人。高子羔：即高柴（前五二一—？），字子羔，又稱子皋，孔子弟子，小孔子三十歲。衛國人，一説齊國人。

〔八〕貞静：原作『貞靖』，據七賢本《世録》改。

〔九〕顔原：指孔子弟子顔回和原憲。顔回是孔子最得意的弟子，原憲是孔子弟子七十二賢之一，一生安貧樂道，不與世俗同流合污。《史記·仲尼弟子列傳》：『顔回者，魯人也，字子淵。少孔子三十歲。……孔子曰：「賢哉回也！一簞食，一瓢飲，在陋巷。人不堪其憂，回也不改其樂。」』『原憲字子思……孔子卒，原憲亡在草澤中。子貢相衛，而結駟連騎，排藜藿入窮閻，過謝原憲。憲攝敝衣冠見子貢。子貢耻之，曰：「夫子豈病乎？」原憲曰：「吾聞之，無財者謂之貧，學道而不能行者謂之病。若憲，貧也，非病也。」』許郭：指東漢的許劭和郭泰，二人皆好人倫識鑒，所賞拔多爲名士，天下言拔士者爲許郭。

〔一〇〕仆：七賢本《世録》作『朴』，訛。

〔一一〕余祖：指鍾羽正之祖鍾秀，與馮惟敏、惟訥交厚，嘗師事『冶翁』即馮惟健。而馮子咸及其兄子益曾師事鍾秀，馮子咸又與羽正父鍾洲爲執友。此即前文『余與先生三世師友』之謂也。

## 馮琬夫婦神主〔一〕

庠生府君諱琬，字淑堅，行十五，神主生於萬曆十六年戊子正月初三日（一五八八一月三十日）戌時〔二〕，卒於順治六年己丑十一月二十二日（一六四九年十二月二十五日）辰時，享年六十三歲。暨元配王氏，生於萬曆十七年己丑（一五八九）□月□日□時，卒於萬曆四十八年庚申四月二十六日（一六二〇年五月二十七日）寅時，享年三十二歲；繼配陳氏，生於萬曆三十年壬寅四月十八日（一六〇二年六月七日）寅時，卒於順治六年己丑九月二十日（一六四九年十月二十五日）卯時，享年四十八歲。合葬於府城堯山之東。

【校注】

〔一〕原本無題，此係注者所加。

〔二〕淑堅：冶源本《世録》之《奉祀神主》作『叔堅』；萬曆十六年戊子：冶源本《世録》之《奉祀神主》作『萬曆十五年丁亥』。

## 馮琰夫婦神主〔一〕

四川重慶府璧山縣知縣府君諱琰，字叔白，行十六，神主生於萬曆十六年戊子六月二十五日（一五八八年七月十八日）子時，卒於崇禎八年乙亥三月初四日（一六三五年四月二十日）申時，享年四十八歲。暨元配周氏，生於萬曆十九年辛卯六月初二日（一五九一年七月二十一日）巳時，卒於崇禎十二年己卯四月初八日（一六三九年五月十日）未時，享年四十九歲。合葬於駢邑浮山之側。

【校注】

〔一〕原本無題，此係注者所加。

# 卷一

## 《馮氏世録》引[一]

先府君嘗手授《馮氏世系》一帙，實自朐高祖考始，勝國以往莫稽焉。嘉靖初，復歸於朐。族之耆輩言：吾祖於前代爲萬户侯，有遺冢焉，今淩夷久矣，爲某者宅其上，當質之官府云。先府君愀然不應。宅之者，固巨室也，然其故固不可知矣。間嘗命敏曰：『吾以幼孤，既長而不知前代世系。有叔祖母者，略能言之，而莫詳也。因考釋氏每作佛事，録先世生没歲時，悉且存焉。其不悉者，則蠹之矣。證以祖母之言，然後備録，禮失求諸野，固幸釋氏之猶傳乎？』又嘗命訥録《世系》五本，兄健以下，各授一本。既謹受而藏之，今則敏、訥在耳，兄弟凋喪者三人，遠者三十年，近者垂二十年，而況先考妣永感終天哉！敏之是録，承考之意，以示子孫，子孫既駸駸繁矣，手録不能遍示也，敬付梓人以傳久遠，題之曰《馮氏世録》。

## 【校注】

〔一〕《世録》卷首亦有此文之殘文，見前。

## 冶源竹林紀略

吾家上世出自周文王十五子畢公高〔一〕，其後畢萬食采馮城，因氏焉。自柱下史長以羽化著〔二〕，周平王之世迄萬石君揚而下，散處潁川、上黨、江夏，歷代圭組，著於信史。至元初始入於臨朐，户部郎中諱暹者〔三〕，吾遠祖也，生才興祖，天性穎异，膂力過人，每以熸滅凶黨爲己任。斯時冶源玉泉寺孽僧海亮恃富作亂，才興祖舉兵討平之，以功封萬户侯〔四〕。遂以冶源竹林數十畝賜之，永爲采地。至元末，子孫衰微，零落殆盡。冶源之竹，半爲豪族沈氏所侵占。及明洪武初，詔簡山東之民三户徙一人戍遼，我始祖諱思忠者當行，遂家於廣寧之左衛。歷五世，至我先君憲副公，以仕，始復臨朐居焉〔五〕。竹林之歸於沈氏者，沈氏復歸余。自今以往，世世守之，後有鬻此竹林者，非吾子孫也。有以冶源一樹一石與人者，非佳子弟也。數百年後，若爲權勢所奪，則以先人所命泣而告之，此吾志也。詩曰『維桑與梓，必恭敬止』，言其父所植也。昔周人之思召伯，愛其所憩之樹，近代薛令君於禁省中見先祖所據之石，必潸然流涕，汝曹可不慕之？唯岸爲谷，谷爲陵，然後已焉可也。隆慶壬申元旦玄孫惟敏記。

【校注】

〔一〕畢公高：周文王十五子，名高，封於畢。

〔二〕柱下史：周代主管文書檔案的官員。因老子李耳曾任此職，又指李耳。

〔三〕馮遲：據馮惟敏主纂《嘉靖臨朐縣志》卷三《鄉賢·馮珍》『户部郎中遲之子』。卷三《舉人》永樂戊子科：『馮遲，字仲昇，初授行在兵部主事，轉户部主事，升户部郎中，轉在户部郎中，卒於官。』又據《光緒臨朐縣志》卷一四馮珍本傳：『高祖才興，仕元爲萬户侯；父遲，字仲昇，永樂六年舉人，官至户部郎中。』則知馮遲爲馮才興之曾孫，爲明初永樂年間人。而此《紀略》言馮遲爲才興之父，則時代及世系均顛倒竄亂。證之以馬愉《澹軒文集》卷六《送姚助教出宰沁水序》：『於時户部郎中同邑馮公仲昇首以宗器姚先生爲薦，出宰山西之沁水。』則馮遲與馬愉（一三九五—一四四七）同時，爲明前期人。且馮惟敏《嘉靖臨朐縣志》馮珍傳又與此《紀略》相抵牾，足證此文當係馮氏族人僞作。否則，馮惟敏何自相矛盾如是？

〔四〕才興：《嘉靖臨朐縣志》卷三《武勛》載，『馮才興，户部郎中遲之祖也，仕元爲萬户侯。出其曾孫珍墓表』。傅國《昌國艅艎·武功》：『馮才興，户部郎中遲之祖也，仕元爲萬户侯。』按，馮才興事迹不見於其他記載，若身爲『萬户侯』而於史無徵，似亦非正常，馮才興實爲元末『萬户』，即萬夫長，萬户是金元時官職。馮惟敏《臨朐縣志》誤爲『萬户侯』，明末傅國撰

《昌國艅艎》踵之。

〔五〕憲副公：即馮裕。嘉靖四年，馮裕始率家人居於青州，謀復籍臨朐事。六年，始落籍臨朐。馮琦《伯考仰山公墓志銘》：『馮氏遷於北海七十有二載，始遷之歲而公生。』馮子益生於嘉靖六年，正是馮氏復籍臨朐之年。

## 《世録》識語（一）〔一〕

吾祖嘗有言，曰：『祭祀一事，所以報祖先、聯宗族也。』大凡世系既遠，門户又多，本一脉相傳，骨肉輒視爲塗人者，非以嫌隙突生，情意中離，則以住居相遠，會晤實艱。惟有春祠秋嘗，歲以時舉，群其伯叔兄弟，子侄羅拜墓前，拱手仰視，曰：『某墓者，吾幾世遠祖也。某墓者，吾高曾祖也。』復環顧左右曰：『某爲吾服盡之族人也，某猶五服内之親也。』祭畢，享胙酬酢揖讓間，宛然同胞一體之義。祭祀所關，不亦重且大哉！吾家祭禮自本軒八老爺修定以來〔二〕，業經數世。自吾祖守興安時，忽聞有不肯主祭之説，不憚數千里移書勸戒，且命吾父代主〔三〕。後雖間有未主，亦曾代之，然未若今日廢弛也。或有居住遼遠，財力綿薄，實不能管者，亦有財産豐餘，人力贍足，而竟不肯管。或以祖父不在塋中爲辭者，亦有祖父在塋中而竟不肯管。勿論祭田、祭租祖先所置，即托體先人，以有此日，而春露秋霜，曾不念及，獨能恝然不動於中乎？尚賴吾家賢者修明而振刷之。

灝識〔四〕。

【校注】

〔一〕原本無題，此係注者所加。

〔二〕本軒八老爺：即馮子咸，號本軒，馮氏三世中排行第八，故稱。馮子咸修訂祭禮内容，見其《祭禮事宜》。

〔三〕吾祖：指馮灝之祖父馮珣。馮珣任興安知州時，聞族内有不肯主祭之説，遂作《興安移書》，并命其子士衡代主。

〔四〕灝即馮灝（一六一一—一六七四）：字孔素，馮溥之弟，貢生，考授知縣，未赴卒。

## 《世録》識語（二）〔一〕

吾家世録中原有族譜，吾祖父嘗爲一圖，亦未暇輯入，或以當日伯叔兄弟不遠具邇，固無事此瑣瑣爲也。今則族姓繁衍，支派衆多，或見而未識其面，或聞而不知其名。况貧富既别，强弱遂异，或兄弟殘賊者有之，或叔侄構難者有之，殆未見先世之敦睦，遂致今日之乖離。蘇子有云：『其初一人之身，後漸至於無服，服盡則親盡，親盡則情盡。』〔二〕惟恐親之至於盡而忘其爲一人之身也，斯譜之不可不作也。至於登進仕途者，備列於後，一則仰溯先德，世澤未艾，一則垂示後嗣，使知雖非縉紳之列，猶是衣冠之族。勉自振拔，勿同市井之徒，以玷我前人焉爾。

灝識。

【校注】

〔一〕原本無題，此係注者所加。

〔二〕蘇子：即蘇洵。蘇洵《蘇氏族譜》：『情見乎親，親見於服，服始於衰，而至於緦麻，而至於無服。無服則親盡，親盡則情盡，情盡則喜不慶、憂不吊，喜不慶、憂不吊則塗人也。』（《嘉祐集》卷一四）

## 祠堂行香傳帖

木必有本，水必有源。尊祖敬宗，生人大典。且古人聯屬同氣，亦必於宗廟之中。蓋以祖宗在上，而一體之情自生也。吾家舊有朔望祠堂行香之禮，近因農事，半在鄉居，久屬缺墜。間有一二行之者，亦各自行禮，前後參差，甚非事體。肅敬之心何存，敦睦之道亦廢，何以上答祖宗培植之恩，何以下爲子孫儀刑之地〔一〕？除遠鄉不論外，凡在城者輪流整理，執事者將祠堂掃除潔净。當預備油燭一對、好香一束、茶五盞、酒五盞、紙二包、錁一包，黎明赴祠宇瞻拜，不可懶慢遲誤。當少者先至，如長者已至，而少者方至，即屬來晚。又通以日未出爲期，日出即長者亦罰。小學生止於罰跪安心，不至者不必行罰〔二〕。有事或疾病，先於當事處告假。如此既遂尊祖敬宗之心，又得睦家聯戚之意，而幼者亦漸習禮義，不至疏野矣。各月執事帖，一年一派，挂之祠堂東壁。失誤，執事者有罰。

【校注】

〔一〕本文亦載七賢本《世録》，未署作者，當與下文同出馮子咸手筆。儀刑：七賢本《世録》作『儀刑』。

〔二〕不至者不必行罰：七賢本《世録》作『不必行罰』。

## 敦睦會約單

予嘗讀《詩》至《行葦》，而知周之所以興，至《角弓》而知周之所以廢。蓋九族敦睦，其興也勃焉；九族離心，其亡也忽焉。近見巨家大族，其興廢莫不由是，何者？敦睦則衆人爲一心，安得不興？離心則骨肉爲秦越，安得不廢？此理甚明，無難曉者。然所以聯情永好，莫良於會，此會之所以不容已也。

吾家自閭山老爺以來，以禮義傳家，迄今四世，衣冠蟬聯，遂爲青之望族。但今子孫漸繁，分門各户，會既不常，情亦有暌。議於每月之朔日，舉一敦睦之會，不惟以杯酒洽情，抑且以德業相勸。上紹先世之休風，下爲子孫之法則，使一家之中，情意常先流通〔一〕，骨肉不至乖隔。雍雍穆穆，不亦美乎？予蓄此意久矣，恐涉虚文，不能常行，故遲回多時。已而考之往典，皆有睦族之會。今歲輪該主祭，亦有聯屬之任焉。乃爲此數條，請正於諸兄諸弟侄，惟裁正之。

咸頓首啓。

【校注】

〔一〕先：七賢本《世録》作『相』。

## 敦睦會條件

一、每月朔祠堂行香後爲會，設席二案，每案十二器，酒數行，俱不可多〔二〕，惟在洽情，不可鬥侈。老爺原以儉素傳家，吾子孫所當恪守。習爲華侈以悦目前，似非可久可繼之道，違者罰錢二拾文。

一、每會各出錢貳拾文，爲祠堂公用之費，直月收掌，不許取用。會日有事者，預先給假，失給假者罰錢十文。不願入會者聽……〔二〕

一、遠鄉每年止會四次：正月初三日、清明日、六月廿四日、十月初一日，各添卓二張〔三〕。

一、會中事宜，俱照《吕氏鄉約》行。一曰德業相勸，二曰過失相規，三曰禮俗相交，四曰患難相恤。此其大略，其間有可增減者，不妨一裁酌之。

一、會稱敦睦，原因疏闊而設，若復給假，似非立會本意。事涉不得已者，自當諒之，不可苟求；若無故不入會者，罰錢壹百文。

一、會惟在披叙情愫，談説書史。音樂之類，俱不可用。至於用妓，尤爲不可。夫一時之用，似爲無傷，但吾輩俱有父兄之責，恐難以訓戒子弟[四]。大會亦非止一日，俱不可用。用音樂者罰錢壹百文，用妓者罰錢叁百文。

一、兄弟怡怡，雖貴和悦，知和而和，不以禮節之，陵慢生隙，恐會不可久也。既稱敦睦，須當先戒戲言，違者罰錢壹百文。

一、每會除款叙外，須考問德業，或看何書，或作何文，或治何事，或接何賓友，不可優游度日，不可濫友匪人。凡如此類，難以枚舉，務要實心相告，或婉詞曲譬，或直言規正，須至誠懇惻，冀其能改。有不悛者，衆共斥之。

一、會中吉凶或不常之事，俱衆爲協力相與贊助。或扶其孤弱，或濟其貧乏，在鄰里鄉黨，猶當如此，况骨肉之親哉！如有不協心共力者，衆共斥薄，若愎諫遂非者，任之而已，不在此例。

一、會設勸善、紀過二簿，以示勸懲。必衆以爲然者，然後書之；如悻悻自是者，不必紀過。

夫《豐》戒日中，《泰》憂復隍，豈惟國哉？家亦宜然。吾家今日，或亦豐泰之際乎？所賴諸兄弟侄远慕公藝之芳聲，近戒巨族之傾覆，以孝弟立身[五]，以勤儉持家，以雍穆敦族，以禮義教子孫，常無失間山老爺垂範之意。互相維持，以固根本。庶瑕隙不生，家可久遠。《詩》云『懷德維寧，宗子維城』〔六〕，其念之哉！所開條件亦大略云爾。

【校注】

〔一〕可：七賢本《世録》作『宜』。

〔二〕此處原本闕如。

〔三〕卓：七賢本《世録》作『桌』。

〔四〕訓戒：七賢本《世録》作『誡訓』。

〔五〕立：原作『之』，據七賢本《世録》改。

〔六〕懷德維寧，宗子維城：原本倒乙，據七賢本《世録》及《毛詩正義》改。

## 敦睦論

予近見巨家大族，不數年間，離分析裂。推原其故，皆由一家之人自相殘賊，以强凌弱，以富吞貧，豈惟不知同氣之親所當聯屬，亦不知唇齒之勢相爲依倚，故一敗而不可收拾也。此特其甚者。又有一等，雖無凌奪之形，實有忮刻之心，聞一家有好事，輒不喜；聞一家有不好事，輒爲慶幸。背後對衆，相爲譏訕；及見其人，反不告也。譏訕則失忠厚之道，不告則人無改悔之圖。此待鄉鄰，猶爲不可，而况一家之親乎？

又有一等，雖無譏訕之心，亦無聯屬之意，視兄弟如路人，等骨肉於秦越。體面往來，雖不相失，而彼此情意渺不相關，此亦僅逾於凌奪譏訕者耳。豈一家骨肉相與之情哉！不知一家猶一身也，人之一身氣不相貫，則痿痹殘癃不相爲用。人之一家情不相通，則乖戾岔隔，各自爲心。欲合一家之心，亦通其情而已。能通其情，則合一家之聰明以爲聰明，合一家之智慮以爲智慮，合一家之才力以爲才力。家門安得不昌，福澤安得不盛？不然，即有王侯之勢之貴之富，孤立而莫爲之輔，其氣亦索然矣。况其他哉！

琦頓首書〔一〕。

【校注】

〔一〕書：七賢本《世録》作『白』。

## 修建祠堂約單

惟子孫之視祖考，如水木之有本原〔一〕。吾家累世衣冠，百年弓冶，德澤甚遠，地望特高〔二〕，而祖廟不修，宗約不立，遂使祭享之地，鞠爲溷雜之場。祖宗不歆，子孫何忍？往年八叔千里移書，屢陳斯義〔三〕。物力既多不繼，人心兼亦難齊。荏苒至今，廢墜已極。今就三弟之書舍〔四〕，新祖宗之神祠。凡我伯叔兄弟，居官居鄉，在田在邑，孰非祖蔭貽此孫謀。豈其四五世之澤，遺在子孫，更無一二分之情，盡於祖考？隨心豐儉，稱家有無。第不宜止列虚名，靳惜實費。冀於除歲，快睹新祠。凡可勝衣，亦皆出粟。蓋將幼而教以孝，且可人得盡其情。借此披陳，伏惟慨允。祠宇所費，約二百金上下，銀俱付琦處總收彙齊，送三弟處。一切鳩工庀費，俱三弟任之。

琦頓首白。

【校注】

〔一〕惟：七賢本《世録》作『維』。本原：七賢本《世録》作『本源』。

〔二〕特：七賢本《世録》作『甚』。

〔三〕八叔：即馮子咸。馮琦在京爲官，馮子咸家居，故稱『千里移書』。

〔四〕三弟：即馮珣，在馮氏四世中行三。

## 祭禮事宜

萬曆乙酉歲，咸以次當主祀事。其間行過事宜，聊著於册，以答九弟之請〔一〕。

一、祭期：

祠堂祭：元旦、元宵、端陽、七月十五日、仲秋、重九、十月十三日、冬除日、年除日〔二〕。

七老爺忌日二月二十五日，七奶奶忌日十二月十二日〔三〕。

墓祭：一百五日、六月二十四日、十月初一日。

一、祭器。輪流收管，照數清查，如有缺壞，即着落當年主祭之家陪補。并不許私自取用，或轉借與人。違者罰錢壹百文公用〔四〕。

書櫃茶鍾拾個，酒鍾三十個，湯飯碗陸十個，大碟壹百個，續置者再添簿内。

一、祭品。詳列於後。

一、祭田。北墳上地九十八畝五分七厘七毫〔五〕，中地十畝二分二厘二毫閆家社送、中地三畝四厘八毫康家社送，下地一分一厘四毫，下下地一畝二分六厘。共派銀六兩七錢七分六厘五毫〔六〕。

一、祭租。每年收麥貳石、穀肆石、豆肆石，新加麥捌斗、穀壹石六斗、豆壹石陸斗〔七〕。

一、塋木。招人看守，子孫如敢私動者，聽族長處分究治。

一、塋墻。分四大支管，如有缺壞，本支修整。一支管東墻，二支管南墻，四支管西墻，五支管北墻〔八〕。

一、祭主。亦分四大支管。一年第一支管，二年第二支管，三年第四支管，四年第五支管。周而復始，其間大支中再分各支小支，大支每人八年一輪，二支四年一輪，四支每人十六年一輪，五支每人十二年一輪。

一、響堂。

祠堂祭。先期灑掃滌器，開主祭畢，藏主。時果五碟、三牲〔九〕，點心五碗，湯五碗，飯五碗，酒五鍾，茶五鍾，香，桑皮紙二塊，錁二十把，經盤一百張〔一〇〕。

先四拜，酹酒致詞一拜，後四拜，共九拜。焚紙外，留四包爲盤羊爺爺奶奶，又四包爲伏老爺、伏老娘，即以此時酹酒焚之。（十月十三日不焚可也，七爺爺奶奶忌日紙錁同上。）

年祭。除日將神龕順於東墻下，懸神供獻〔一一〕。除日用三牲一副、果五碟，扁食照神位每位一碗，酒亦照神位。紙錁經盤俱如他祭。

元旦。油果二路，爐果二路，山果一路，南果一路，糖一路〔一二〕，黍羔糯羔稷羔大羔共二路，點心一路，大米飯一路，稷米飯一路，粉湯一路，酒一路，茶一路，錁五把，紙用大冥衣錢垛大經盤。

送神在初三日，又次早即收神像，安神龕，入主。麵五碗、紙十包、錁三把。

元宵。辰供麵繭米湯，夜供元宵張燈。紙十包、錁二把。

端陽。供角黍時物〔一三〕。

中秋。供月餅時物。

重陽。供花羔時物。餘祭品俱從簡素，紙錁同元宵。

祠堂香火不得常川奉侍，今宜用大盤香懸之神案前，點盡即續。

墓祭。

一百五日。祭用油果，先期一日用人十名、車四兩上土[一四]。二日，猪羊各一、三牲七副、肉魚鷄果、紙三塊、錁二十把、經盤乙百張、香二把、酒三瓶，取燈。

六月二十四日。祭用時果佳者，餘同上。

十月初一日。祭用山果佳者，餘同上。

計開：

后土。果三盤，肉鷄魚各一碟，爲小三牲。餘仿此。點心三碟，湯飯酒各一器，紙三包。

虚祖。牲果點心俱同上，湯飯酒各二器，紙六包。

閶山老爺[一五]。果五碟，大三牲一分，點心五碟，肉菜五碗，湯飯酒各二器，猪羊各一口，紙十包。

孝廉大老爺。果三碟，大三牲一分，肉菜三碟，點心三碟，湯飯酒各三器，紙九包。

大行二老爺。俱同上，湯飯酒各二器，紙六包。

别駕四老爺。俱同上。湯飯酒各四器，紙十二包。

光禄五老爺。俱同上。湯飯酒各四器，紙十二包。

孟媽媽。用小三牲，湯飯酒各一器，紙二包。

茂才七老爺。用大三牲，湯飯酒各二器，紙六包。

封君大老爺。果菜點心各三碟，湯飯酒各二器，紙六包。
封君二老爺。俱同上。湯飯酒各三器，紙九包。
大參三老爺。俱同上。湯飯酒各二器，紙六包。
茂才七老爺。俱同上。湯飯酒各三器，紙九包。
孝廉八老爺。俱同上。湯飯酒各四器，紙十二包。
茂才九老爺。俱同上。湯飯酒各三器，紙九包。
太學生一老爺。俱同上。湯飯酒各四器，紙十二包。
經歷大爺。俱同上。湯飯酒各二器，紙六包。
宗伯二爺。俱同上。湯飯酒各二器，紙六包。
□□爺。（今議於祭日各家私役大祭祀一副。）俱同上。湯飯酒各二器，紙六包〔一六〕。
餘墳俱同〔一六〕。

原每酒一鍾、紙二包，惟老爺墳獨多，墻外每墳一包，今姑照此，似無尊卑之辨，再當斟酌。每祭必先日致具，至日黎明即往，飯後而回。夏祭即在墓中治辦。曰：『無乃太早乎？』咸曰：『凡祭貴誠，清晨祭則誠意不散。《禮》云：「質明行事。」蓋取此意，所以夏祭尤當早也。少一延遲便至日中，揮汗不暇，何以行禮？』

曰：祭之豐儉，以何爲準？當以平素待賓客爲準。亦稱家有無之意。吾家祭租既有十石，誠加豐潔，或亦不甚費力。若曰取諸祭租而已，假無租，將無祭乎〔一七〕？

祭畢享餕，禮也。後乃稍稍增肴品矣，又稍稍加多矣。祭品不過零星數器，其自爲飲食之物，乃至滿案，甚非菲飲食而致孝乎鬼神之義。且於享餕之義大相謬戾。以後惟取祭物享之，不可分外另置飲食，爲達禮者所笑。從者亦不可不一犒賞。

吾家舊凡祭祀，必以品物分給各家。雖物不能多，頗得古人分胙之意，不知後來何時廢之。咸上歲亦不曾散，終屬闕典。今後似當分給爲是，豈在物哉，禮之所在，如之何其廢也？分胙雖爲古禮，今門户太多，恐不能遍，可且已之〔一八〕。

墓祭拜禮，原每墳九拜，此禮行於初立墳之時，誠意不難。今墳既加多，而此禮不一斟酌，筋力既竭，跛倚而祭，亦何取焉〔一九〕。乃至今日，惟以叩首行事，其苟簡蓋亦甚矣。嘗觀古禮惟以五拜爲全，先二拜，酹酒一拜，後二拜。行九拜者絶少。今亦能仿而行之，庶足以成儀度而交神明乎！

事死如事生，禮也，亦情也。故祭品必當親爲點視，親爲供獻。行禮之時，又必肅然如在其上，如在其左右，庶足以少罄報本追遠之意。如通委諸童僕，不一省視，或方拜而言，或佇立而笑，則不若不祭之爲愈矣。

夫祀者，思也。君子每遇節候，怵然有感，念其鞠育罔極之恩，則思父母；念其水木本源之地，則思祖考。思之斯祀之矣。祀之而不致其誠敬，如延客而反侮慢之也。咸不肖，才識素短，家又貧乏，當此祀事，日夜兢兢，惟恐上褻祖考，自取罪譴。遵照舊典，竭力盡心，以完此一歲之事〔二〇〕。聊將行過事宜并所未盡者，書之於册，以付九弟。尚賴吾家者共成其未備之禮焉。幸甚。

咸具〔二一〕。

【校注】

〔一〕九弟：即馮子漸（一五五二—一五九五），字進甫，惟敏子，馮氏三世中行九。

〔二〕上述祭期，七賢本《世録》次序爲：『端陽、仲秋、重九、七月十五日、十月十三日、冬除、年除、元旦、元宵。』

〔三〕七老爺、七奶奶：指馮惟直夫婦。按：七賢本《世録》將此句置於『墓祭』之下，是。

〔四〕輪流收管，照數清查：七賢本《世録》作『照數清查，輪流收管』。罰錢壹百文公用：七賢本《世録》作『罰錢一百文，祠堂公用』。

〔五〕九十八畝：七賢本《世録》作『九十六畝』。各『毫』字，七賢本《世録》均作『毛』。

〔六〕七賢本《世録》另有『臨朐盤羊，上地□□□□中地□□□□下地□□□□』。

〔七〕每年：七賢本《世録》前有『北墳』。

〔八〕分四大支……修整：七賢本《世録》無。一支：七賢本《世録》作『長支』。

〔九〕『時果』句：七賢本《世録》此句前有『每祭用』。

〔一〇〕一百：原本作『乙百』，據七賢本《世録》改。

〔一一〕神：七賢本《世録》作『神像』。

〔一二〕糖：七賢本《世録》作『糖果』。

〔一三〕按：『端陽』後七賢本《世録》列『中元，供三牲時果』。

〔一四〕此句七賢本《世録》作『先期一日用人十名、車十輛上土』，『祭用油果』在『二日』之下。

〔一五〕閭山老爺：原作『閭山大老爺』，據七賢本《世録》改。

〔一六〕『封君大老爺』至『餘墳俱同』，不見於七賢本《世録》，此部分顯非馮子咸原文，乃後人添入。七賢本《世録》此篇後有馮憲記曰：『憲敬讀此篇，知其中恒多添設，可從者悉仍之。惟暮祭一款，有萬不可從者。蓋祭禮事宜，係堂太高祖本軒公修定，自始祖憲副公至公乃第三世，而墓祭竟開及本身，更開及第四世，的係後來續開無疑。夫以先世所著，就其條例而竟挨次續開至後世，是萬不可從者也。今姑自三世改續於是篇之後，非敢妄自改删，亦曰禮所當然耳。』馮憲因將此部分作爲《續開墓祭條例》單列。

〔一七〕将：七賢本《世録》作『可』。

〔一八〕分胙……且已之：此句七賢本《世録》無，且與上文相忤，當爲後人所加。

〔一九〕竭：原本無，據七賢本《世録》加。跛倚：七賢本《世録》作『跛踦』。
〔二〇〕竭力盡心：七賢本《世録》作『竭其心力』。
〔二一〕咸具：原本無，據七賢本《世録》補。

## 興安移書〔一〕

祭祀一事，所以報祖先、聯宗族也。大凡世系既遠，門户又多，本一脉相傳，骨肉輒視爲塗人者，非以嫌隙突生，情意中離，則以居住相遠，會晤實艱。惟有春祠秋嘗，歲以時舉，群其伯叔兄弟，子侄羅拜墓前，拱手仰視，曰：『某墓者，吾幾世遠祖也，某墓者，吾高曾祖也。』復環顧左右曰：『某爲服盡之族人也，某猶五服内之親也〔二〕。祭畢享胙，酬酢揖讓間，宛然同胞一體之義，此其祭祀所關，不亦重且大哉。吾家閆山老爺以暨吾兄弟行，僅止四世，大祖、二祖、四祖、五祖親兄弟不俟言矣，吾伯叔父，名爲從兄弟，情同親兄弟，此吾兄弟所目睹者。至吾兄弟輩，吾雖不能盡友於之道，而實不敢以薄自處。兩兄已故，極其相愛，若二兄提携成全，迄今二十年，無一息敢忘〔三〕。諸弟待我皆有禮，無肯以褻慢相加。四弟更髫年相守，於兩兄諸弟中，在我情文益爲篤至〔四〕。吾非木石，豈不體念？第自吾來守興安，諸弟有不主祖塋祭之説，吾始聞之，不勝駭愕，嘆息曰：『祖塋，吾曾祖、祖父墓也。即有不葬其父者，而曾祖與祖可不祭耶〔五〕？』既而思曰：『此無他，必以住止離府城太遠，往來不便，管理甚難。吾可以其身代之。』今與諸弟相約，情果出此，或力乏委不能辦，即於應該主祭年分，傳語兒衡等代主。雖然，吾竊自愧自歉，吾今年已五十有九。諺云：『人生七十古來稀。』吾家年逾七十者止有大伯一人〔六〕，即吾能到七十，去今止有十一年。四支輪管，吾不過主祭三四次。況吾尚在仕途，未及歸老。縱有兒曹代管，不曰『吾不與祭，如不祭』乎？今雖與諸弟相約，猶恐諸弟肯忘情祖先，令吾代主，使吾止照輪管次數主祭三四次。夫祭之主否，惟諸弟裁度，即不主祭，更望諸弟以待我之禮處兄弟間，無爲些小事情致生嫌疑。不但我遠方游人免其懸念，我曾祖、祖父在天之靈亦必欣慰，此又勝於三牲五鼎之供者也。諸弟無以余言爲迂而忽之！至懇至祝！

兄珣再拜啓。

【校注】

〔一〕原本無題，據七賢本《世録》加。

〔二〕五服：原本作『五報』，據七賢本《世録》改。

〔三〕兩兄：指馮璋、馮琦。馮璋卒於萬曆四十六年（一六一八），馮琦卒於萬曆三十一年（一六〇三）。據『吾今年已五十有九』，則此書作於天啓元年（一六二一），馮珣時任興安知州。二兄指馮琦。

〔四〕四弟：即馮瑗（一五七二—一六二四），字德韞，子升子。

〔五〕可不：原本作『可以』，據七賢本《世録》改。

〔六〕大伯：即馮子益（一五二七—一五九八），爲馮氏之宗子。

## 父字示兒士衡等〔一〕

父字示兒士衡、士鵰、士奎，孫涵、溥、灝、澄、潛、濟、泳知悉：子孫之奉祀祖先，豈徒在儀物哉？惟注一念誠敬，藉物以致此孝思云爾。苟誠敬不存，孝思罔蓄，則儀物可塵飯土羹爲之，是烏在其爲子孫？恐非所以廣孝思也。余今七十五歲〔二〕，余二十歲後，家中大小諸事，老爺盡付於我。莊農且然，况其他乎？余今兩腿俱病，二年於兹，非人扶掖，一步不能自移，此汝輩之所親見者，而可主祭祀耶？即主祭祀，行禮惟借汝輩，不如將祠堂、墳墓諸一切付汝輩管理。先日開單領錢辦理〔三〕，務要豐潔，不可苟且簡慢。我生前何如〔四〕，死後可知。詳思細審，勿得忽略。

【校注】

〔一〕原本無題，此係注者所加。

〔二〕七十五歲：崇禎十年（一六三七），馮珣七十五歲，可知此諭帖作於本年。

〔三〕辦理：七賢本《世録》作『治辦』。

〔四〕何如：七賢本《世録》作『如何』。

## 祭墓文[一]

維天啓五年歲次乙丑，十月朔日丙子，不孝曾孫珣謹以剛鬣柔毛庶品香楮之儀，致告於曾祖考閭山府君、曾祖妣夫人伏氏之墓曰：

自我曾祖起家遼左，迄今蓋百一十餘年矣。於時不爲不久，科第不爲不多。客歲十二月中，四弟瑗云歿，科第遂絶[二]。第既絶，家風自是不振[三]。曾孫珣極爲不肖，不能督率一家子弟賢者而教之讀，又不能約束一家子弟不才者而教之睦。嫌隙漸生，攘奪漸起。珣雖無人無事不盡力化誨，其如人之不悔過何[四]？近於春三月初間，立爲二會，一曰修祠墓用錢，城中子孫主之；一曰備荒年用穀，治源子孫主之。各就其家産厚薄，出錢出穀有差。遵行者固多，間亦有一二有後言者，聽其言便可見其心。今會雖未廢，而錢穀之出不出惟任其意。此一小事，關係最大。所用錢穀又復不多，諄諄言之，不肯聽從，經今半載，尚有文錢粒穀未出者。況事大於此，費多於此？教之肯從，言之肯聽否？曾孫珣亦惟盡其心而已[五]，亦惟不聽仍言、不從仍教而已。曾孫珣於一家弟侄，雖有親有從，有再從，有五服將盡者，而一念懇誠篤愛之意，未嘗分而爲兩。每語諸弟侄曰：『凡我馮氏子孫，皆係閭山老爺骨血，余皆以閭山老爺子孫視之[六]。』此其言人人在耳，非飾説也。惟我曾祖考鑒察之[七]。

【校注】

〔一〕原文無題，此係注者所加，亦見七賢本《世録》。

〔二〕馮瑗卒於天啓四年十二月十四日，則此祭文作於天啓五年。

〔三〕既絶：七賢本《世録》作『第既絶』。

〔四〕過：原本作『禍』，據七賢本《世録》改。

〔五〕曾孫�：原本作『曾孫』，據七賢本《世録》補。

〔六〕閭山老爺：即馮裕，馮裕號閭山，故稱。

〔七〕鑒：原本作『監』，據七賢本《世録》改。

## 祭禮議

吾家祭祀，舊分四支。先人立有《祭禮條約》，所以崇本敦倫，期世世子孫遵守勿失也。但今傳歷既久，墳墓漸多，子孫日衆。且自改革以來，各家門户衰微，富厚者鮮。輪至一家，多有不能舉其事者。古人窮則必變，若不及時更定，恐致廢墜。貧者既不能管，多至祭日不赴，忘崇本之心，失睦族之意，吾甚懼焉。今擇其簡便可行者，與闔族公議〔一〕，務期貧富適均，人人可以申其孝敬，而又不戾於禮法，庶可永守無失。亦以今日時勢不得不然，非敢輕變先人之成規也。若衆以爲不然，則姑闕之可耳。

一、祠堂照舊祭。（内七老爺七老奶奶忌日不行。）

一、墓祭。四支輪管，主祭者止設后土祭一分，虚祖祭一分，憲副老爺祭一分，孝廉大老爺祭一分，行人二老爺祭一分，别駕四老爺祭一分，光禄五老爺祭一分。子孫無人者，祭共一分，紙用一百包〔二〕。清明日、十月一日用猪羊，六月二十四日不用猪羊。祭畢，各家分祭其各家墳墓，厚薄從之〔三〕。

一、祭畢會食，古人謂之餕餘，所以享神惠也。今主祭者設至五六桌尚不足用〔四〕，甚非享神惠之意。今議主祭者設飯四桌，即用祭餘，不許祭餘外别增一物。每桌不過八碗，米麵二飯庶可足用。即有不足，各家亦自有祭餘也。其散家人饅首一切停之，庶主祭者簡而易久。

溥白。

【校注】

〔一〕闔族：七賢本《世録》作『合族』。

〔二〕子孫無人者：七賢本《世録》脱『者』字。一百：原本作『乙百』，據七賢本《世録》改。

〔三〕前一『各家』，原本作『各』，據七賢本《世録》補。

〔四〕桌：原本作『卓』，據七賢本《世録》改。下文『四桌』『每桌』亦同。

## 誥敕

### 南京户部湖廣清吏司署郎中事員外郎馮裕父母誥命[一]

奉天承運皇帝，制曰：人子報親之志，莫切於顯揚；朝廷待士之恩，莫重於褒錫。此國家之定制，豈存殁之殊科。爾馮振，乃南京户部湖廣清吏司署郎中事員外郎裕之父[二]，淳樸不華，謙和無競。居家敦謹厚之風，濟物播仁慈之德。顧遺經之訓，素切於義方；致令子之才，遂登於郎署。慶源益衍，禄養永違。爰推錫類之仁，用舉追崇之典。兹特贈爾爲奉直大夫、南京户部湖廣清吏司署郎中事員外郎。尚期神爽之昭，益迓寵靈之賁。

制曰：母氏劬勞，義實兼乎教育；朝廷寵數，禮特重於褒封。肆緣報本之心，誕示追崇之命。亦惟有德，始稱厥名。爾李氏，乃南京户部湖廣清吏司署郎中事員外郎馮裕之母[三]，禀性貞淑，賦質端柔。禮義出於善門，言動循乎《内則》。相夫有道，名著族姻。教子登庸，功成郎署。顧杯棬之澤未泯，而蓼莪之痛彌深。爰體孝思，用申追恤。兹特贈爾爲宜人，庶懿靈之有知，服休光於無斁。

正德十五年十一月十五日。

制誥之寶。

## 【校注】

〔一〕此誥亦載於七賢本《世録》，有殘缺。

〔二〕馮振（一四五〇—一四九〇）：字文舉，廣寧人。馮裕《馮氏先隴表》：『我先君，平直寬厚，善聲益彰，嘗理衛之書數，每以濟人爲事，而自無所利也，故人多德之，而不知者顧以弗能致賄笑之。』

〔三〕馮裕母李氏（一四五四—一四九二），馮裕《馮氏先隴表》：『先母太宜人勤儉慈孝，相家政，井井有條，姻戚莫不稱焉。』

### 南京户部湖廣清吏司署郎中事員外郎馮裕并妻誥命

奉天承運皇帝，制曰：卿分六職，惟户部爲特繁〔一〕；屬列諸司，在長僚爲甚重。必才行之兼茂，斯名績爲有成。其在留都，實均兹任。爾南京户部湖廣清吏司署郎中事員外郎馮裕，甲第英才，中朝偉器。播能聲於薦剡，自邑而州；擢美秩於留曹，由副以長。精勤佐計，久彰綜理之才；清慎居官，不替操修之節。賢勞既積，最考方書。宜有渥恩，以示嘉勸。兹特晋爾階奉直大夫，錫之誥命。於戲！官在明揚，簡拔尚需於來效；思當圖報，懋修勿替於初心。勉副訓詞，嗣膺顯擢。欽哉！

初任直隸松江府華亭縣知縣。

二任徐州蕭縣知縣。

三任真定府晋州知州。

四任南京户部福建清吏司員外郎。

五任今職。

制曰：人臣有勞於國，朝廷必寵其家。肆惟伉儷之良，亦被褒封之命。典章具在，風化所關。爾南京户部湖廣清吏司署郎中事員外郎馮裕妻伏氏，出自高門，嬪於名士。儉勤成性，克供饋祀之儀；禮義禔身，恪守圖箴之訓。爰因夫貴，用示國恩，茲特封爾爲宜人。尚虔儆戒之心，益迓嘉祥之至。

正德十五年十一月十五日。

制誥之寶。

【校注】

〔一〕特：七賢本《世録》作『最』。

## 陝西按察司僉事馮惟訥并妻誥命

奉天承運皇帝，制曰：外臺職任廉察而分憲重鎮，戎務是司，其責尤專且重。所賴端慎練達之士有以勝此也。爾陝西按察司僉事馮惟訥，乃貴州按察司副使裕之子，性資沉毅，問學淵閎，克紹家聞，賢科濟美。曩以宰牧蜚聲，洊歷州郡，茂騰令譽；乃陟地曹，復官夏省，材猷閎暢。故俾之分憲隴右，重以飭兵董屯之務。而爾法紀修明，操持廉静，優才茂政，屢列薦章。兹既登進爾官，而所司復疏考績當陟之階，特授奉政大夫，錫之誥命。

夫藩臬异司，其統治郡邑，敷政肅法，宣風章化一也。惟爾以文學飾政事，易簡臨民，功在隴右矣。即其閱練，何施而不宜哉？尚益毖厥職，無替前猷，以階榮授，則予汝嘉。

初任直隸常州府宜興縣知縣。

二任直隸大名府魏縣知縣。

三任山西平陽府蒲州知州。

四任直隸揚州府同知。

五任直隸松江府同知。

六任南京户部廣東清吏司員外郎。

七任本部廣西清吏司郎中。

八任兵部車駕清吏司郎中。

九任今職。

制曰：《易》稱中饋，《詩》美羔羊，以婦德有裨於君子也。或德懋相成，願違偕老者，可無褒恤之典哉？爾陝西按察司僉事馮惟訥妻熊氏，秀鍾名閥，德配哲人，賦性淑柔，惇行孝敬〔一〕。相夫績學，弗共顯榮，良可悼焉！兹特贈爾爲宜人，泉扃增耀，世胤流祥。

制曰：古者卿大夫之妻，蘋藻盛湘，奠之宗室，所以敬先祀也。故必有善繼者承之，而後内職克修，恩命所宜及焉。爾陝西按察司僉事馮惟訥繼室魏氏〔二〕，温恭克儉，壼範茂閑，允嗣前徽，克敦交儆。即爾夫之祗叙於位，歷著聲猷，内助之賢徵已。兹特封爾爲宜人，茂膺寵光，宜其象服。

嘉靖四十年十一月二十五日。

制誥之寶。

【校注】

〔一〕熊氏（一五一八—一五四三）：馮惟訥原配。惇：七賢本《世録》作『敦』。

〔二〕魏氏（一五二四—一五八八）：生平詳李用敬《誥封夫人馮母魏氏行狀》。

## 陝西布政使司右布政使馮惟訥祖父母誥命

奉天承運皇帝，制曰：士有秉德蹈善，弗獲顯於其身，則必駿發於其子孫，此造化裒益之微權也。國家推恩臣下，而追崇其祖考，豈非重本而示報哉！爾贈奉直大夫、南京户部湖廣清吏司署郎中事員外郎馮振，乃陝西布政使司右布政使惟訥之祖父，敦倫尚誼，表正鄉閭。積行累仁，克培胤祚。蚤成令子，寵被彝章。載啓聞孫，崇膺名位，可謂長發其詳已〔一〕。茲特加贈爾爲通奉大夫、陝西布政使司右布政使。被殊恩於兩世，培芳蔭於九原。

制曰：《詩》稱似續妣祖，言子孫承藉統緒，以隆其堂構，妣祖之德均也。朝廷推恩錫命，豈有殊哉？爾贈宜人李氏，乃陝西布政使司右布政使馮惟訥之祖母，孝敬儉勤，穆宣壺政。儲祥蓄祉，篤啓後昆。代有聞人，厚食其報。茲特加贈爾爲夫人，歆此溶恩，永綏來裔。

隆慶二年七月十八日。

制誥之寶〔二〕。

【校注】

〔一〕已：七賢本《世録》作『矣』。

〔二〕『隆慶二年七月十八日』及『制誥之寶』，原本無，據七賢本《世録》補。

# 陝西布政使司右布政使馮惟訥父母誥命

奉天承運皇帝，制曰：朕聞位不滿德者有後，故士大夫以直道詘於時，而有子克世其學，勛勩茂揚，秩序增崇者。豈非天所以厚其報哉？爾故貴州按察司副使馮裕，乃陝西布政使司右布政使惟訥之父，勤慎服官，貞介抗俗〔一〕。兩宰劇邑，咸嘉司牧之恩；一刺專城，茂宣平賦之績。典國計之出納，能聲夙振於留曹；平羌酋之陸梁，風采肆揚於郡守。乃更臬岳，俾盡厥施。遽爾退休，未究其藴。兹爾子歷官方伯，文學政事，才望優隆，實惟爾教之餘也。兹特贈爾爲通奉大夫、陝西布政使司右布政使。尚歆有羡之榮，用慰未成之志。

制曰：婦爵則從其夫，母貴則視其子，古今通誼也。乃若相夫迪子，并有顯名，而渥典追崇，益隆未艾，非内德純備，何以臻兹？爾封宜人伏氏，乃故貴州按察司副使馮裕之妻、今陝西布政使司右布政使惟訥之母，明章婦順，淑慎母儀。相夫克謹乎官常，猶聞臬伯之政；迪子茂著乎勛烈，洊歷方岳之階。已因夫貴得褒封矣，兹以錫恩爾子，特加贈爾爲夫人。冀爾未泯之靈，歆此再申之命。

隆慶二年七月十八日。

制誥之寶。

【校注】

〔一〕貞介：七賢本《世録》作『介貞』。

## 陝西布政使司右布政使馮惟訥并妻誥命

奉天承運皇帝，制曰：朕俯從群議，肇建元儲。念惟内外諸臣，咸效績於國家，故廣推恩命，以暨及之。固以重國本，亦以勸賢勞也。矧岐畢自古名地，而方岳尤爲重臣，可無褒崇以示眷倚？爾陝西布政使司右布政使馮惟訥，性資純介，學識茂明。擢秀制科，揚芬邑宰。刺名城而佐劇郡，所至有聲；司民部而歷兵曹，隨事輒效。肆遷藩臬，益振才猷。師範克端，功收兩浙之髦雋；政經不擾，頌起三晋之瘡痍。遂登方伯之班，總轄秦關之重。爾乃視民如子，處國如家。任怨任勞，居功而不以爲德；矢公矢慎，謹始而迄於有成。具在薦書，列陳治狀。宜示褒美，况值恩施。兹特授爾階通奉大夫，錫之誥命。於戲！承流宣化，念職守之當遵；遺大投艱，且委任之是屬。尚懋乃績，以副朕知。欽哉！

初任直隸常州府宜興縣知縣。
二任直隸大名府魏縣知縣。
三任山西平陽府蒲州知州。

四任直隸揚州府同知。
五任直隸松江府同知。
六任南京户部廣東司員外郎。
七任本部廣西司署郎中事員外郎。
八任兵部車駕司署郎中事員外郎。
九任陝西按察司僉事。
十任河南布政使司右參議。
十一任浙江按察司副使。
十二任山西布政使司右參政。
十三任山西按察司按察使。
十四任今職。

制曰：妻以媲德，義在從夫。故雖捐逝已邈，而疏榮之典，猶必視夫階而并進焉，重大倫、彰敬助也。爾陝西布政使司右布政使馮惟訥妻贈宜人熊氏，夙有令儀，恪修閫範，克相夫子，洊陟崇階。顧德已懋於相成，而願竟違於偕老。追念内襄之勩，特申從爵之恩。是用加贈爾爲夫人。涣顯號於明廷，慰懿靈於幽宅。

制曰：《羔羊》正直，詩人美大夫之德也。而《采蘩》敬慎，并述其閨閫之事。蓋内外之官必備，而陰陽之教以宣。國之與家，其理固無間者。爾陝西布政使司右布政使馮惟訥繼室封宜人魏氏，内則夙閑，前徽無忝。懋敦儆戒，以相令人。眷兹體國之勞，咸爾宜家之助。載頒綸涣，用并夫階。兹特加封爾爲夫人，祗膺珈副之華，益懋蘋蘩之職。

隆慶二年七月十八日。

制誥之寶。

## 陝西按察司僉事馮惟訥敕

敕陝西按察司僉事馮惟訥，秦州地方係陝西要害處所，先因控制失宜，致有盗賊聚衆劫掠。今特命爾前去，專在秦州駐劄〔一〕。整飭鞏昌等處兵備，兼管分巡隴右道地方，時常操練軍快，修理城池，緝捕賊盗，撫安軍民，問理刑名，禁革奸弊。仍聽總督、鎮巡等官節制。所屬關山、胡店、寺溝與各州縣地方，但有賊盗生發，爾即調度各該衛有司官軍兵快人等，設法剿捕。各該官員人等敢有違慢誤事者，聽爾量情懲治，應奏請者指實參奏，拿問究治；未盡事宜，照該部原擬施行。爾爲憲臣，受兹簡用，必須持廉秉公，正己率下，務俾地方寧静，斯稱任使。如或因循苟且，以致奸弊弗革，軍民弗安，必罪不宥。爾其勉之慎之！故敕。

嘉靖三十年□月□日[二]。

廣運之寶。

【校注】

〔一〕前去：冶源本《世録》作『前往』。秦州：明洪武十五年（一三八二）置秦州衛，屬陝西都司，治所在秦州城。

〔二〕按，據《少洲馮公行狀》：『壬子，居先夫人憂。三年，改兵部車駕司。未幾，遷陝西按察司僉事，分巡隴右，兼兵備道。』壬子爲嘉靖三十一年，三十四年改兵部車駕司，次年遷陝西僉事。另據劉應熊《陝西按察司僉事少洲馮公遺愛記》：『嘉靖丙辰，少洲馮公分臬隴右，駐節秦州。』嘉靖丙辰爲嘉靖三十五年，故此敕命落款日期有誤。

## 浙江按察司副使馮惟訥敕

皇帝敕諭浙江按察司副使馮惟訥：朕惟自古帝王治天下者，率以興學育材爲首務，而學校之興廢、人材之盛衰，治道之隆替繫焉。此蓋已然之明驗也。今特命爾往浙江巡視，提督各府州縣儒學，爾其欽哉！夫總理一方學政，是即一方之表率也。然率人以正，必先正己。爾其務端軌範，嚴條約，公勸懲，俾爲師爲弟子者，一崇正學、迪正道，革浮靡之習，振篤實之風。庶幾儲養有素而待用不乏，斯足以稱簡任之意。如或因循歲月，績效弗彰，朕將爾責焉。爾其勖哉。所有合行事宜，申明條示於後，其慎行之毋忽。故諭。

嘉靖四十一年四月□日。

廣運之寶。

## 山西布政使司右參政馮惟訥敕〔一〕

敕山西布政使司右參政馮惟訥，所屬地方遞年拖欠糧草數多，王府、軍衛所禄米俸糧撥給不足，預備倉糧，全無儲積，饑民無以賑濟，而管糧官員多有受賄，縱容糧里書算人等多端作弊。兼以所在軍衛刁潑官舍旗軍，包攬挾制，不肯上納，以致糧草往往欠缺，而所收者尤多虧折。究其所以，蓋由官無專管之故。今特命爾專一往來，提督所屬府州縣税糧、馬草等項，并預備倉糧，帶催料價。其府州縣管糧官并提督調正官，敢有不行催徵，違誤限期，及似前縱容各倉攢通同官豪勢要軍民人等，兜攬侵欺糧價抵換等項情弊，事發，軍職并文職五品以上，指實參奏拿問；六品以下官員人等悉聽爾，輕則量情處治，重則拿送本司。理問所及，所在官司，依律問擬，照例發落。每年終將催徵過已完未完、該納糧草及措置過預備倉糧數目，造册繳部，以憑稽考。爾受兹專委，須夙夜盡心，廉謹自持。務要催督以時，出納惟公。俾前項糧儲足用，民不告勞，斯稱委任。如或因循怠忽，以致違誤，責有所歸。爾其勉之慎之。故敕。

嘉靖四十二年十二月二十二日。

廣運之寶。

【校注】

〔一〕此敕亦載冶源本《世録》。

## 兵部車駕清吏司主事馮子履父母敕命

奉天承運皇帝，敕曰：朕君臨萬寓，凡往勩之未宣、奇節之未顯者，方與庶寮共寵揚而尊禮之。矧有子繩武，服勞王家，而鴻典弗加，烏私何恤？爾原任行人司行人馮惟重，乃兵部車駕清吏司主事子履之父，世篤忠貞，天與敏達。蜚英甲第，棣萼聯輝〔一〕。效職使垣，皇華播咏。當顯祖巡狩乎南國〔二〕，命卿士播告於朱方。爾乃奉役惟虔，賫志以歿。雖厥施之未究，喜纘緒之有人。兹特贈爾爲承德郎、兵部車駕清吏司主事。祇歆薦至之恩，彌篤寢昌之祚。

敕曰：朕觀斯世，曰有淑媛〔三〕。守三從以不變，美四德其具兼。艱而且貞，永矢《柏舟》之節；愛而能教，遂成機杼之嚴。旌典既彰，綸褒是續。爾蔣氏乃兵部車駕清吏司主事馮子履之母，柔嘉成性，慈儉褆身。孝敬克承乎舅姑，順正不違於夫子。爾夫没於王事〔四〕，茂宣奉使之勞；爾子蔚爲時髦，躬見遺孤之立。母儀婦道，世有範模。兹以覃恩，特封爾爲太安人。祇服青綸之寵，永昭彤管之光。

隆慶六年十月初八日。

【校注】

〔一〕指馮惟重與弟惟訥同舉嘉靖十七年（一五三八）進士。

〔二〕顯祖：即明世宗朱厚熜。嘉靖十八年春，世宗幸承天，馮惟重以行人出使，於十月二十八日卒於盧州。

〔三〕淑媛：原本作『淑煖』，訛。

〔四〕没：七賢本《世録》作『殁』。

## 兵部車駕清吏司主事馮子履并妻敕命

奉天承運皇帝，敕曰：朕握符御寓，將使威靈振乎殊裔，則惟是一二司馬之屬，展寀宣猷，爲朕奮揚武節。而介兹大慶，可後褒嘉。爾兵部車駕清吏司主事馮子履，理懷方毅，學藴優深。發穎廷掄，分符畿邑。能以治效，應乎科條。而擢置夏曹，共武之服，則不負運籌之任。弘抒賜筆之才，信克祇厥叙已。兹以覃恩，特授爾階爲承德郎，錫之敕命。夫中臺要務，主以郎曹；參領樞鈐，覽稽戎索。不獨輿馬輦乘之奉、郵驛圉牧之司也。其益展初忱，弘攄遠略〔一〕，惟無廢爾之勤，可以副朕之志。朕則汝嘉，亦顯陟汝。懋哉！

初任直隸順天府固安縣知縣。

二任今職。

敕曰：子大夫學不緜志，仕不違箴〔二〕。豈獨其自樹之隆要，亦有内襄之益肆。國家開榮灑澤，必并及之。爾兵部車駕清吏司主事馮子履妻宋氏，柔和有禀，閑雅自持。既毓秀於令門，爰奉嬪於高族。能絜蘋蘩之事，夙敦荆布之風。爾夫服官於朝，蔚有嘉譽，爾與有助焉。是用封爾爲安人。用揚綸綍之光，庶表珩璜之節。

隆慶六年十月初八日〔三〕。

【校注】

〔一〕攄：七賢本《世録》作『抒』。

〔二〕仕：七賢本《世録》作『士』。

〔三〕隆慶六年：七賢本《世録》作『隆慶二年』，誤，蓋因隆慶二年馮子履方舉進士也。

## 陝西按察司僉事馮子履敕〔一〕

敕陝西按察司僉事馮子履：今特命爾整飭鞏昌等處兵備，兼管分巡隴西道地方。清查驛遞，巡禁茶馬，專在秦州駐劄。時常操練軍快，修理城池，緝捕賊盜，撫安軍民，問理刑名，禁革奸弊。所屬關山、胡店、寺溝與各州縣地方，但有盜賊生發，爾即調度各該衛所有司官軍、兵快人等，設法剿捕。爾聽總督鎮巡官節制。各該官員人等，敢有違慢誤事者，聽爾分别懲治，應奏請者指實參奏，拿問究治。其秦、鞏二衛，并禮店千户所屯田事務，分屬爾專管，屯田道不得干預。爾宜查照該部題准事理，嚴督各掌印、管屯等官，着實整理，毋得推諉誤事。爾受兹兼任，尤須持廉秉公，正己率下。務使田野開闢，屯糧充足，兵備修舉，地方安静，斯稱委任。如或因循怠忽，責有所歸，爾其勉之慎之。故敕。

萬曆十四年九月二十六日。

廣運之寶。

【校注】

〔一〕此敕亦載冶源本《世録》。

## 山西按察司副使馮子履敕

敕山西按察司副使馮子履：今特命爾分巡冀北道，專管整飭大同鎮城、聚落城、北東路鎮邊等堡，渾源、蔚州、大同、靈邱、廣昌、廣靈六州縣兵備，撫恤軍士，點閲兵馬，繕修城堡，防禦寇盜，收斂人畜，保障地方，稽查錢糧，問理刑名，禁革奸弊。不許省城往來耽延，有廢職務。所屬有司衛所官吏軍民人等有犯，輕則量情懲治，重則參奏拿問，仍聽總督鎮巡官節制。近又該屯田都御史題稱：宣、大二鎮屯田，宜付兵備，守巡兼理。清查隱占均平糧額、開墾拋荒，一應屯政，聽爾悉心經理，年終具呈撫按，照防秋事例會題舉刺。爾爲憲臣，受兹委任，須持廉秉公，盡心竭力，使兵强食足，地方有賴，斯稱任使。如或怠緩誤事〔一〕，責有所歸。爾其欽承之〔二〕。故敕。

廣運之寶。

萬曆四年九月□日〔三〕。

【校注】

〔一〕怠緩：冶源本《世録》作『怠忽』。

〔二〕欽承：冶源本《世録》作『欽勉』。

〔三〕四年：冶源本《世録》作『十五年』，誤。

## 山西按察司副使馮子履敕

敕山西按察司副使馮子履：今特命爾整飭紫荆關等處兵備，在易州住劄〔一〕。其紫荆一關并所轄隘口，東起沿河口總，西至白石口總止。及保定一府二十州縣。保定五衛、茂山衛，并山西廣昌、靈丘等縣各該軍衛，有司俱聽管轄，仍兼理馬政。爾於前項鄰近州縣衛所内揀選精壯軍餘民快，處給官馬器械，責令巡捕軍民職官，管領就在本處，如法操練。遇有盜賊生發，選委巡捕官及謀勇、指揮等官統領剿捕。其閲視邊關，查點人馬，問理刑名，禁革奸弊，俱照原擬，仍聽督撫官節制。事有干涉，巡撫山西都御史一體呈請施行〔二〕。軍衛有司官員如有貪殘不職、玩寇殃民，應提問者徑自提問，應參奏者具奏處治。每歲六月中旬，偵探虜警緩急，悉心調度。仍會各該將官相機戰守。若邊關非時警報，馳赴料理，仍查兵部近題事理，帶管驛傳稽核錢糧，嚴查應付勘合，并驛遞官吏人等作弊害人者，俱要盡法禁治。每年將行過事宜，開送巡撫衙門，轉咨該部查考，不許取具文移了事。爾爲憲臣，受兹委任，須持廉秉公，正己率下，務使軍民安妥，盜賊屏息，地方寧靖，斯稱任使。毋得因循怠惰，自取罪戾，爾其勉之慎之。故敕。

萬曆十七年九月□日〔三〕。

廣運之寶。

【校注】

〔一〕住：冶源本《世録》作『駐』。

〔二〕巡撫山西都御史：時任山西巡撫都御史者爲李采菲，字君采，號臨江，直隸河間人。嘉靖四十四年進士，累至山西布政使。萬曆十七年，晋右副都御史，巡撫山西。

〔三〕十七年：冶源本《世録》作『十九年』，誤。

## 山西布政使司分守冀寧道右參議馮子履敕

敕山西布政使司分守冀寧道右參議馮子履：近該巡撫山西官題稱〔一〕，本省地方節年拖欠糧草數多。雖設有本司管糧官，緣各道地方遥遠，兼以升遷去任，接管不常。乞要各道分守官專一催督，庶幾事有責成。已下該部議覆相應。今特命爾不妨原務，查照該部題准事理，會同糧儲道，嚴督所屬太原府并陽曲等二十八縣掌印、管儲等官。將節年拖欠及見年一應錢糧設法追徵，務要如期上納。每年完至九分以上，聽撫按官指實薦舉。如有惰誤廢事，亦聽查照節題事例定擬，未完分數論劾，以憑定奪施行。爾受兹委任，宜盡心催督，勿憚煩勞，使糧餉充足，防秋有賴，斯稱任使。爾其欽承毋忽。故敕。

萬曆十六年□月□日。

廣運之寶。

【校注】

〔一〕巡撫山西官：或爲鄧林喬，或爲王基。萬曆十六年鄧林喬丁憂去職，七月，任浙江左布政使王基爲右副都御史巡撫大同。王基，字啓亨，山東青州左衛人，嘉靖四十四年進士，累官至南京户部尚書兼兵、工二部尚書。

## 諭祭馮子履文[一]

維萬曆二十四年□月□日，皇帝遣山東按察司副使兼布政使司右參議于仕廉[二]，諭祭原任河南布政使司右參政、封通議大夫、禮部右侍郎兼翰林院侍讀學士馮子履文。曰：

惟爾行方古人，學有家法，服茹荼之義訓，發拔茅之賢科。宰畿邑，播譽於循良；贊夏曹，精心於搜校。洊更藩臬，强半邊陲。早挂神武之冠，獨賁丘園之帛。嘉爾哲嗣爲予近臣，日宣勸講之勞，大發趨庭之藴。頃俞至懇，往慰寧思。爰貤宗伯學士之封，以爲日月岡陵之壽。胡然訃至，遽爾告終。宜備榮哀，特隆葬祭。英靈如在，尚克歆承！

【校注】

〔一〕原本無題，此係注者所加。

〔二〕□月□日：冶源本《世録》作『十二月初十日』。于仕廉（一五五九—一六四五）：字元貞，號振方，金壇人。萬曆十四年（一五八六）進士，累官至户部右侍郎。著有《職掌録》《救荒書》等。萬曆二十四年，于仕廉任山東按察司副使兼布政使司右參議。

## 諭祭馮子履及妻宋氏文（一）[一]

維萬曆三十九年□月□日，皇帝遣山東等處承宣布政使司右布政使[二]諭祭原任河南布政使司右参政、贈禮部尚書兼翰林院學士馮子履并妻封太夫人宋氏文[三]。

惟爾質性剛明，才猷爽達，配兹賢媛，誕我良臣。載筆雅擅其兼長，典禮立成乎正議。久徵燕翼，并識熊丸。惟哲嗣之云亡，實愍懷之猶切。爰兹弃珥，載葺若堂。祭葬并頒，幽靈式耀！

祭品

猪一口重一百斤，羊一腔重五十斤，鳳鷄一隻[五]，馃骨一塊，馃魚一尾，鷄湯一分，魚湯一分，果子五色每色五斤[四]，饅頭五分，粉湯五分，降真香一炷重五斤，油燭一對重二斤，黄封酒二瓶，焚祝紙百張。

【校注】

〔一〕原本無題，此係注者所加。

〔二〕右布政使：『右』字原抄本脱，據七賢本《世録》補。萬曆三十九年山東布政使司左布政爲李同芳，右布政爲孫承榮。孫承榮：直隸長洲人，萬曆十四年進士，累官至山東左布政使。

〔三〕太夫人宋氏：即馮子履妻宋氏（一五四〇—一六一〇）。宋氏卒於萬曆三十八年，其孫赴京請恤，遂有此諭祭。參俞彦《明奉直大夫南京户部湖廣清吏司員外郎于高馮公行狀》。

〔四〕此句冶源本《世録》作『果十五色各五斤』。

**諭祭馮子履及妻宋氏文（二）**〔一〕

維萬曆三十九年□月□日，皇帝遣山東等處承宣布政使司右布政使諭祭原任河南布政使司右參政、贈禮部尚書兼翰林院學士馮子履并妻封太夫人宋氏文。

惟爾方岳舊臣，青齊世德，迪成令子，著望秩宗。嗟淑配之後亡，啓佳城而晋錫。載頒諭祭，用示眷懷。靈爽有知，并承不昧！祭品同前。

【校注】

〔一〕原本無題，此係注者所加。

**爲恭謝天恩比例陳款等事**〔一〕

太子少保、吏部尚書臣孫丕揚等謹題：爲恭謝天恩比例陳款懇乞聖慈俯賜矜允以伸子情事〔二〕。驗封清吏司案呈奉本部，送吏科抄出，日講官、禮部右侍郎兼翰林院侍讀學士馮琦奏謝乞恩，奉聖旨：『知道了。馮琦日講效勞，准照例給與父母誥命。吏部知道，欽此。』〔三〕欽遵抄出到部送司，續奉本部送准，本官咨送本身履歷緣由，并應該封父母妻名氏到部送司，查得本官父馮子履原任河南布政使司右參政致仕，職卑於子，合照子官封。通查案呈到部，看得日講官、禮部右侍郎兼翰林院侍讀學士馮琦奏乞比照日講恩例，請給恩典。既經奉有前項，特旨合行，翰林院撰文、中書舍人關軸書寫。臣等未敢擅便，開坐謹題請旨。

計開：

撰述官一員。

誥命二軸〔四〕。

正三品。

禮部右侍郎兼翰林院侍讀學士馮琦該授通議大夫，山東青州府臨朐縣人。由進士改庶吉士，初任翰林院編修，二任本院侍讀，三任右春坊右諭德兼翰林院侍讀、照舊日講，四任左春坊左庶子兼翰林院侍讀、掌管本坊印信、經筵日講照舊，五任詹事府少詹事兼翰林院侍讀學士、掌管本院印信、經筵日講、充副總裁，六任今職。妻姜氏，已封安人，今該封淑人。

以上共一軸。

父馮子履原任河南布政使司右參政，該封通議大夫、禮部右侍郎兼翰林院侍讀學士；母宋氏，已封安人，今該封淑人。

以上共一軸。

萬曆二十四年閏八月初三日，奉聖旨：是。

【校注】

〔一〕原本無題，此係注者所加。

〔二〕孫丕揚（一五三二—一六一四）：字叔孝，號立山，陝西富平人。嘉靖三十五年（一五五六）進士，歷官至太子太保、吏部尚書。卒贈太保，謚恭介。伸：原本作『仲』，據冶源本《世録》改。

〔三〕萬曆二十四年八月十二日，馮琦以父病乞歸，并乞誥命，上賜其父母誥命。《宗伯集》卷二四《爲恭謝天恩比例陳款懇乞聖慈俯賜矜允以伸子情事》：『臣以憂親成病，再疏乞歸，奉聖旨：「馮琦情詞懇切，准暫給假回籍，着馳驛去。伊係日講官，還賞路費銀二十兩、紵絲一表裏。吏部知道。欽此。」臣不勝激衷，不勝感泣……臣較量才品，何敢比擬前人？皇上優禮儒臣，實則紹隆聖祖，况臣父疾病日迫，臣愚憂懼日深，既不敢自必尚有報主之身，又不敢必親尚有承恩之日，是以冒昧陳款，仰瀆宸嚴憐臣至情，查顧鼎臣、謝丕事例，預給與臣父母誥命。臣父當危而拜命，或可因喜以獲安，倘臣父延一日之生，即微臣安惜百身之報，臣不勝感激仰望之至。萬曆二十四年八月十二日。奉聖旨：「知道了。馮琦日講效勞，准照例給與父母誥命。吏部知道。」』

〔四〕誥命二軸：即下文之《禮部右侍郎兼翰林院侍讀學士馮琦父母誥命》《禮部右侍郎兼翰林院侍讀學士馮琦并妻誥命》，落款皆爲『萬曆二十四年閏八月初三日。制誥之寶』。

## 翰林院編修馮琦并妻敕命

奉天承運皇帝，敕曰：昔稱潤色之業宜屬雋髦，執簡之司必歸良直。肆國家建置館局，擇人尤慎且重也。慶澤普施，褒叙詎可後哉？爾翰林院編修馮琦，英秀之姿、端醇之器，夙承家學，蚤掇賢科。中秘簡掄，精修遠詣。史垣列秩，允藉編摩。兹用覃恩，授爾階文林郎，錫之敕命。夫儒臣職在摛詞，實儲大用。諸侍從顧問啓沃論思之任備焉，不專以鉛槧爲能也。爾其深陶厚植，華實并崇，毋負朕所以責成之意。朕則汝嘉。欽哉！

敕曰：士以才望擢在清華，固其綴學有素，亦必資賢淑爲之贊襄，乃能不牽於内顧也。爾翰林院編修馮琦妻姜氏〔一〕，毓貞冠族，作儷士英，不昵綺紈，克修蘋藻，相爾夫子，效職詞林。是用封爾爲孺人。誕膺象服之榮，益厲燕私之儆。

【校注】

〔一〕姜氏：七賢本《世録》作『姜』。

## 禮部右侍郎兼翰林院侍讀學士馮琦父母誥命

奉天承運皇帝，制曰：朕惟國體體臣，子爵爵父。每紆公典，用賁私情〔一〕。矧余屏翰之舊人，有爾寅清之肖子。績用業光於奕世，封章何待乎三年？爾原任河南布政使司右參政馮子履，乃禮部右侍郎兼翰林院侍讀學士琦之父，丰神爽豁，格量清明。夙騰畿邑之良聲，旋樹戎曹之俊望。屢更藩臬，多在疆埸。而爾明斷交望，廉威并著，峻於將吏，而洽於軍民。姓名遠怵乎群酋，威惠遍流於數省。折而不撓，若磨玉以益光；用在善藏，遂縣車於未老。乃鍾祥於哲嗣，式繼緒於貽經〔二〕。凡累席之論思，皆過庭之義訓。眷東觀進忠之日，即南陔養志之年。心動求還，屬游子望雲之切；卿封幸逮，爲老臣駐景之榮。朕曲體斯情，悉俞所請〔三〕。兹特封爾爲通議大夫、禮部右侍郎兼翰林院侍讀學士。

嗚呼！北梓南橋〔四〕，俯仰彌新於雨露；椿庭槐蔭，報施久定於天人。尚綿忠孝之芳聲，永作朝家之盛事。休哉！

制曰：世臣華國，切二人明發之懷；邦媛宜家，啓再世陰含之美。慶澤業流於苞栩，榮施宜及於樹萱。爾封安人宋氏，乃禮部右侍郎兼翰林院侍讀學士馮琦之母，儀閑望族，訓諟先姑。順不忘規，克就羔羊之節；勞能成愛，式開雛鳳之祥。逮夫君勇退於价藩，俄冢嗣晋參於常伯。陟岵陟屺，亟聞靡盬之思；倚門倚閭，方待同牢之養。欲介北堂之壽，豈可忘南澗之勤勞。兹特晋封爾爲淑人。從夫并貴，式光女士之厘；將母既遑，益篤子孫之芘。

萬曆二十四年閏八月初三日。

制誥之寶。

【校注】

〔一〕紆：七賢本《世録》作『紓』。

〔二〕貽經：七賢本《世録》作『詒經』。

〔三〕萬曆二十四年八月，馮琦以父子履病乞歸，并請封父母，因其任禮部侍郎未滿三年考，按例不得封父如其官，神宗特爲破例。《神宗實録》卷三〇〇：『（萬曆二十四年八月十七日）日講官禮部右侍郎兼翰林院侍讀學士馮琦再疏以親病乞歸，上以其情詞懇切，准暫假回籍，着馳驛，給賞路費銀二十兩、紵絲一表裏。』『給馮琦父母誥命，以其日講效勞，不在考滿例。』沈德符《萬曆野獲編》卷一三《非例得封》：『萬曆二十四年，禮部侍郎馮琦以父山西參政子履病，給假省覲，亦乞恩求封。上命如所請。然馮三品未及一年，乃翁年止六旬，尤爲异典云。』

〔四〕南橋：七賢本《世録》作『南喬』。

## 禮部右侍郎兼翰林院侍讀學士馮琦并妻誥命

奉天承運皇帝，制曰：南宫佐禮，參陽伯以宣和；東觀横經，引哲王而納誨。厥皆重寄，惟爾巨人。倚毗久切於虚懷，褒予宜從乎异數。爾禮部右侍郎兼翰林院侍讀學士、經筵日講官馮琦，天資岳立，家學淵涵。早抽金匱之藏，鬱起玉堂之望。綸草聿追兩漢，史編雅擅三長。挽文體以還醇，較武闈而獻俊。自陪經幄，積效訏謨。以謀王斷國之才，行陳善閉邪之敬。洊司詞苑，歷掌宫詹。寅清業貳乎春曹，啓沃彌殷於晝接。方藉論思之益，俄陳亟告之情。重拂爾心，乃從所請。庸昭慈於三命，往佐養於二人。特晋爾階通議大夫，錫之誥命。

嗚呼！簡在朕心，極父子君臣之遇；勉思爾職，惟左右先後之人。芝檢疏綸，不俟累年而考績；金華虚席，當思計日以來朝。庶肯堂作室之遺謀，副霖雨鹽梅之雅望。欽哉！

初任翰林院編修。

二任本院侍講充經筵日講官。

三任右春坊右諭德兼翰林院侍講、照舊經筵日講。

四任左春坊左庶子兼翰林院侍講掌管本院印信，經筵日講照舊。

五任詹事府少詹事兼翰林院侍讀學士掌管本院印信，經筵日講充正史副總裁。

六任今職。

制曰：《禮》重秩宗，佐餕必資宫事；《詩》稱被化，御邦先自家刑。外成業陟乎名卿，内逮宜旌乎淑媛。爾禮部右侍郎兼翰林院侍讀學士馮琦妻封孺人姜氏，秉德柔明，承尊聰婉〔一〕。晨葩佐潔，白華表懿於人倫；夜績襄勤，青簡蜚英於天禄。鳲鳩均愛，小星弘逮下之聲；烏鳥同情，酌斗共祈年之慶。匪申顯册，曷獎陰儀。兹特晋封爾爲淑人。山河象服，委佗式稱於六珈；衡紞明功，儆戒永肩於三事。

萬曆二十四年閏八月初三日[二]。

制誥之寶。

【校注】

〔一〕柔明：原作『明』，據七賢本《世録》補。

〔二〕初三：七賢本《世録》作『初八』。按，前封誥命爲『八月初三日』，此封當亦同時，七賢本《世録》訛。

## 日講官吏部右侍郎兼翰林院侍讀學士馮琦祖父母誥命[一]

奉天承運皇帝，制曰：天人一理以相通，善慶百年而始定。故忠遑恤後，天若爲之詒謀[二]；孝欲光前，國則爲之崇報。渥溥銓卿之貺，上揚烈祖之輝。爾原任行人司行人、贈承德郎兵部車駕清吏司主事馮惟重，乃日講官、吏部右侍郎兼翰林院侍讀學士琦之祖父，夙負异資，雅多大節。業承弓冶，蔚有鳳毛。嚮叶塤箎，爛然燕桂[三]。維昔皇華南使，灾沴中逢。人皆有旋軫之思，爾獨執委身之義。憂但殷於靡盬，盡瘁鞠躬；没無羨於首丘，奉尸將事[四]。輶軒不返，殊方閔忠義之魂；彼蒼有知，一綫肇隆昌之祚。帝祉允施於孫子，爾階并躋於公卿。是用贈爾爲通議大夫、吏部右侍郎兼翰林院侍讀學士。稱大誼而畢命，名勒《春秋》；從崇秩以疏榮，典光泉壤。

制曰：源深則流澤遠，人必本乎祖先；死易而立孤難，事豈期於笄黛。嘉乃冰霜之節，奕世馨香；分兹日月之輝，重闈照耀。爾封太安人蔣氏，乃日講官、吏部右侍郎兼翰林院侍讀學士馮琦之祖母，名門淑概，列傳芳規。蚤歲不天，貞心如日。痛遐陬之枯骨，力任綱常；撫藩伯於嬰兒，備嘗艱苦[五]。勁節永垂於汗竹，清陰遠茂乎庭槐。烝升貤恩，銓綜錫羨。是用贈爾爲淑人。表儒課吏，昭三代之餘庥；茹苦含飴，極一時之隆報。

萬曆二十九年八月初六日。

制誥之寶。

【校注】

〔一〕此題，七賢本《世録》作『吏部右侍郎兼翰林院侍讀學士馮琦祖父母誥命』。

〔二〕詒：七賢本《世録》作『貽』。

〔三〕此句喻馮惟重與諸兄弟聯芳比藻，『臨朐四馮』皆有聲於一時。

〔四〕惟重以行人死於王事，見前宋伯華《贈承德郎兵部主事芹泉馮公暨配太安人蔣氏行狀》及余繼登所撰墓志銘。

〔五〕藩伯：指馮子履，因其以河南布政使司右參政致仕，故稱。

## 日講官吏部右侍郎兼翰林院侍讀學士馮琦父母誥命

奉天承運皇帝，制曰：藩屏舊臣，遺澤光於郡國；論思碩彦，丕績著於均衡。盛因美以益傳，作與述而并命。爾原任河南布政使司右參政、封通議大夫禮部右侍郎兼翰林院侍讀學士馮子履，乃日講官、吏部右侍郎兼翰林院侍讀學士琦之父，承家大孝，有用真才。盤錯見奇，安閑應卒〔一〕。筮官盗藪，衢路爲之清夷；校射胡雛，掌股惟其操縱。召商發賑，厝饑餒於生全；定噪鎮訛，靖干戈於談笑。宦途何蹇，然多可紀之功；柄用方殷，莫挽言旋之志。豈爾未爲事業，將遺哲嗣以善成；維時邁格褒封，亦慰親臣而特賜。咨此銓管群僚之績，當爾陟恪上帝之時。爰霈宸章，用酬庭訓。是仍贈爾爲通議大夫、吏部右侍郎兼翰林院侍讀學士。題漢卿於墓道，堂構生榮；曝舜日於泉臺，鼎鉉需貺。

制曰：女德惟於夫於子，可徵門内之賢；國章有至再至三，貴逮躬承之日。綸命洊頒於楓陛，恩波重潤乎萱闈。爾累封淑人宋氏，乃日講官、吏部右侍郎兼翰林院侍讀學士馮琦之母，淑軼箴圖，德光管籥。河山肅度，弼維屏維翰之猷；嵩岳降神，篤啓心沃心之哲。試經儒於銓省，已奏成功；舉孝德於比鄰，可忘慈訓？粤嘉燕喜，覃涣鸞褒。是用封爾爲太淑人。推恩衡鑒，聿攄愛日之情；集祉岡陵，長享介眉之慶。

萬曆二十九年八月初六日。

制誥之寶。

【校注】

〔一〕應卒：七賢本《世録》作「用卒」。

## 日講官吏部右侍郎兼翰林院侍讀學士馮琦并妻誥命

奉天承運皇帝，制曰：朕務崇儒重道，而難知人安民。肆簡西清帷幄之良，俾貳南省銓衡之事〔一〕。最績丕著，寵命隆頒。爾日講官、吏部右侍郎兼翰林院侍讀學士馮琦，量茹萬流，學綜百氏。揚廷甚蚤，事朕有年；粵自玉署操觚，金華進講。代言視草，仿皇墳帝典之遺；廣厦細旃，軌誠意正心之旨。既而佐典三禮，屬爾有懷二人。予假錫封，朕特體情於將父；以忠移孝，爾尋祇命於持銓。乃能呈經術經世之端倪，運至明至公之作用。搜揚俊乂，期於用當其才；申飭科條，不欲人壅於法。羅才藉審官之餘力，啓事悉華國之至文。處殷繁克任焦勞，臨名位獨存退讓。方將侈緋衣於宋曆〔二〕，用彰侍從之勤；豈其後金鏡於唐年，靡表精明之鑒。是仍授爾階通議大夫，錫之誥命。

於戲！統百官，均四海，可徵純備之材；保子孫，利黎民，終藉休容之德。今爾庶常受命，尚猶以人事君；而講幄横經，方望稽古正學。其矢宥密緝熙之意，謹陶成培植之規。道務格心，古訓益光於《説命》；風追造士，思皇上媲乎周楨。時謂爾位之靖共，乃副朕心之簡在。欽哉！

初任翰林院編修。

二任本院侍講充經筵日講官。

三任右春坊右諭德兼翰林院侍講、照舊日講。

四任左春坊左庶子兼翰林院侍講掌管本坊印信，經筵日講照舊。

五任詹事府少詹事兼翰林院侍讀學士掌管本院印信，經筵日講充正史副總裁。

六任禮部右侍郎兼翰林院侍讀學士。

七任今職〔三〕。

制曰：佐王治邦國，資衡鑒於儒臣〔四〕；之子宜室家，裨德行於君子。眷納誨與題才兼舉，知正内與正外交修。視爵朱弦，揚芬彤管。爾日講官、吏部右侍郎兼翰林院侍讀學士馮琦妻累封淑人姜氏，邦媛閨秀，巽順恒貞，作合名卿，克宣令德。仁弘逮下，茂臻麟趾之祥；饋主在中，潛翼鸞坡之業。彼庖人輟講，平允之偉績輒聞；則纚笄旦朝，夙夜之官箴與助。是仍封爾爲淑人。絺綌無斁，式光黼黻之猷；琴瑟在陳，益弼鼎鐘之烈。

萬曆二十九年八月初六日。

制誥之寶。

【校注】

〔一〕南省：七賢本《世録》作『南宫』。
〔二〕宋曆：七賢本《世録》作『宗曆』。
〔三〕七任今職：七賢本《世録》無。
〔四〕佐：原本脱，據七賢本《世録》補。

## 禮部尚書兼翰林院學士馮琦祖父母誥命

奉天承運皇帝，制曰：天與人參，信感應之不爽；後追前盛，羨似續之方昌。眷此聞孫〔一〕，可忘烈祖？爾原任行人司行人、贈通議大夫、吏部右侍郎兼翰林院侍讀學士馮惟重，乃禮部尚書兼翰林院學士琦之祖父，秀挺琳琅，才雄海岱。蜚聲廷擢，展寀使垣。慨美命之不延，屬王事之靡盬。幸留一綫，默啓三槐。于旬于宣，功業已徵於藩伯；惟寅惟直，箕裘益振於宗卿。歷三朝股肱心膂之司，獲一家父子祖孫之用。宜申特貺，以寵高門。兹特晋贈爾爲資政大夫、禮部尚書兼翰林院學士，錫之誥命。班齊北斗，侈地下之恩波；詔出南宫，表人間之盛事。

制曰：貞婦矢靡他之節〔二〕，功在倫常；藎臣懷不二之忠，德資啓佑。閫儀既章於兼善，國典可靳於重褒。爾累贈淑人蔣氏，乃禮部尚書兼翰林院學士馮琦之祖母，名家儀軌，列傳風規。少艾而失所天，吞冰抗節；間關以翼其子，截髮成名。肆再震之彌昌，皆一貞之垂裕。兹特晉贈爾爲夫人。受介福於王母，綏我思成；綿多祐於孝孫，俾爾昌熾。

萬曆二十九年十二月初二日。

制誥之寶。

【校注】

〔一〕眷此聞孫：七賢本《世録》作『眷兹聞賢』，『賢』字誤。

〔二〕靡他：七賢本《世録》作『靡它』。

## 禮部尚書兼翰林院學士馮琦父母誥命

奉天承運皇帝，制曰：朕嘉南省之勛名，益慕東山之明哲。畫車風邈，望傳説之爲星；曳履聲高，羡蘇環之有子〔一〕。可無大賚，以答非常？爾原任河南布政使司右參政、封通議大夫禮部右侍郎兼翰林院侍讀學士、贈通議大夫吏部右侍郎兼翰林院侍讀學士馮子履，乃禮部尚書兼翰林院學士琦之父，家傳鐘鼎，才比珪璋。方孤已若成人，早貴遂閑遠略。名開壯縣，績著戎曹。突飛虜矢於雲中，乃借漢纓於塞上〔二〕。張侯戲射，應弦以讋胡雛；磨盾成文，折棰而定市額〔三〕。膚功既奏，讒説忽來〔四〕。暫改刺於方州，旋陟藩於京甸。歷秦晉梁易，若刃游而地有餘；馭夷夏軍民，似風行而草盡偃。方當建節，遽爾拂衣。留世業以砮玄成，揮賜金而怡疏傅[五]。南陔養志，曲從孝子之思；北闕貤恩，喜及老臣之健。惜百年之不逮，緬千仞以如存。矧兹典禮之猷，悉是聞詩之訓。兹特加贈爾爲資政大夫、禮部尚書兼翰林院學士。雲高麟冢，已昭屏翰之猷；日近鸞臺，尚啓鹽梅之烈。

制曰：蘋蘩令則，誕開世孝之符；槐棘英猷，式藉深慈之訓[六]。眷洪源之浚發，宜异數之頻申。爾累封太淑人宋氏[七]，乃禮部尚書兼翰林院學士馮琦之母，沼沚芳規，珩璜令度。素垂桓布，丕襄懸豹之猷；猶儆孟機，克啓佩魚之烈。人歸聖善，天與期頤。眷此南省之寅清，可忘北堂之勞愛？兹特晋封爾爲太夫人。紹周召二南之化，三錫重膺；同申許兩國之封，七襄增耀[八]。

萬曆二十九年十二月初二日。

制誥之寶。

【校注】

〔一〕傳説：殷高宗武丁之相。傳説其死後爲列星之一。《莊子·大宗師》：『夫道，有情有信，無爲無形；可傳而不可受，可得而不可見……傳説得之，以相武丁，奄有天下，乘東維，騎箕尾，而比於列星。』蘇環：七賢本《世録》作『蘇懷』，誤。蘇環（六三九—七一〇），一名瓌，字昌容，雍州武功人。唐高宗永徽七年（六五六）進士，歷相中宗、睿宗兩朝。其子蘇頲（六七〇—七二七），歷烏程尉、左司御率府胄曹參軍、監察御史、給事中、中書舍人、太常少卿、工部侍郎、中書侍郎，襲爵許國公，後拜相。《松窗雜録》載：『中宗嘗召宰相蘇瓌、李嶠子進見，二丞相子皆童年，上近撫於赭袍前，賜與甚厚。因語二兒曰：「爾日憶所通書，可奏爲吾者言之。」頲應曰：「木從繩則正，后從諫則聖。」嶠子失其名，亦進曰：「斫朝涉之脛，剖賢人之心。」上曰：「蘇瓌有子，李嶠無兒。」』

〔二〕前句指馮子履備兵大同，與把漢那吉比射事以威懷之；後句指任陝西僉事及易州副使時捕盗、練兵等功績。漢纓：七賢本《世録》作『漢英』。

〔三〕張侯戲射：七賢本《世録》作『張鏃戲躬』，誤。于慎行《仰芹馮公墓志銘》：『小酋那吉入市，操弓矢前跪請與公之士角。公曰：「吾與汝射。」虜射利近，密遠其侯，公矢相屬於的，酋盡輸其衣馬。噶指大愧，乃前其侯，使自射而賞之，復盡予其衣馬。』『磨盾』句：于慎行《仰芹馮公墓志銘》載：『易州故設兵屯，及罷防邊，多所散遣。或更其直以佐它費，公至，盡復故額，得彀騎千餘，日訓練之。會有兵事，詔使視師，易爲上選。』

〔四〕此句指萬曆五年大計，馮子履爲陳三謨彈劾，議削職。來：七賢本《世録》作『騰』。

〔五〕磬：原本無，據七賢本《世録》補。玄成：指漢代韋玄成，宣帝時丞相韋賢之子。韋賢（前一四九—前六〇），字長孺，鄒縣人。鄒魯間大儒。父子俱至宰相。《漢書·韋賢傳》稱：『遺子黄金滿籯，不如一經。』疏傅：指西漢疏廣、疏受。疏廣：字仲翁，東海蘭陵人，精《論語》《春秋》，宣帝時，爲太子太傅。其侄受，字公子，宣帝時爲少傅。《漢書·疏廣傳》：『廣謂受曰：「吾聞『知足不辱，知止不殆』，『功遂身退，天之道』也。今仕宦官至二千石，宦成名立，如此不去，懼有後悔，豈如父子相隨出關，歸老故鄉，以壽命終，不亦善乎？」受叩頭曰：「從大人議。」即日父子俱移病。……上以其年篤老，皆許之，加賜黄金二十斤，皇太子贈以五十斤。公卿大夫故人邑子設祖道，供張東都門外，送者車數百兩，辭决而去。及道路觀者皆曰：「賢哉二大夫！」』

〔六〕藉：七賢本《世録》作『借』。

〔七〕太：原本作『大』，據七賢本《世録》改。後文『太夫人』之『太』，亦同。

〔八〕周召二南：指《詩經》之《周南》《召南》。申許：指周朝的申國、許國。兩國：七賢本《世録》作『二國』。

## 禮部尚書兼翰林院學士馮琦并妻誥命

奉天承運皇帝，制曰：尚書出納王命，象應於七星；宗伯時亮天工，典存乎三禮。首正南宫之峻秩，兼領西掖之崇班。位隆則自古已然，才備而於今爲稱〔一〕。爾禮部尚書兼翰林院學士馮琦，名家舊學，碩德竑猷。弱冠揚廷，已周通天下之務；頻年載橐，遂鬱爲儒者之宗。素節清心，淆之不濁。高文大册，識者同珍。洊歷冰銜，經濟之猷彌裕；雍容廣厦，啓沃之助弘多。既視篆於詞林，旋參聯於典禮。終身而慕，忘情軒冕之榮；輿論所歸，晉副銓衡之任。而爾心惟自盡，事不辭難。佐部則裴行儉雅號知人，典舉則歐陽修獨先正體〔二〕。入告於朕，必明白剴切而可從；慮以下人，又廣大直方無不利。以是公議之交與，叶於朕心之獨知；屬青禁之初開，肆朱邸以并建〔三〕。三加六禮，一時并行。命爾正位寅清，專精秩叙。爾乃博綜舊制，斟酌時宜。質古今而無疑，當頃刻而立辨〔四〕。彝倫攸叙，遂成百代芳規；宗社同休，豈獨一時潤色。允光巨典，宜霈洪綸。兹特授爾階資政大夫，錫之誥命。

於戲！興王必有師臣，大業爰資名世。以爾禄位之洊至，正如川水之方增。藉有白茅，庶獲棟隆之吉；鉉承黄耳，宜增鼎重之光。

初任翰林院編修。

二任本院侍講充經筵日講官。

三任右春坊右諭德兼翰林院侍講，照舊經筵日講。

四任左春坊左庶子兼翰林院侍講掌管本坊印信，經筵日講照舊。

五任詹事府少詹事兼翰林院侍讀學士掌管本院印信，經筵日講充正史副總裁。

六任禮部右侍郎兼翰林院侍讀學士。

七任吏部右侍郎兼翰林院侍讀學士，經筵日講。

八任吏部左侍郎兼翰林院侍讀學士，協理詹事府事，教習庶吉士，照舊經筵日講。

九任今職。

制曰：禮讓可以爲國，惇庸允藉於名卿；治平本於齊家，順正首資於淑媛。肆舉懋功之典，覃敷從爵之恩。爾禮部尚書兼翰林院學士馮琦妻累封淑人姜氏，秉德静莊，好逑名碩。視星知儆，頻催鈴索之聲；服組無華，丕贊羔絲之節。九儀咸秩，光爛中闈；四德齊徽，恩疏彤管。是用晋封爾爲夫人。綸綍新恩，已軼翟衣之等；山河令度，茂匡補衮之勛。

萬曆二十九年十二月初二日。

制誥之寶。

【校注】

〔一〕已：原本無，據七賢本《世録》補。稱：七賢本《世録》作『烈』。

〔二〕裴行儉（六一九—六八二），字守約，絳州聞喜人。唐高宗時名臣。《資治通鑒》卷二〇三《唐紀十九》：『行儉有知人之鑒，初爲吏部侍郎，前進士王勮、咸陽尉欒城蘇味道皆未知名。行儉一見，謂之曰：「二君後當相次常銓衡，僕有弱息，願以爲托。」是時勮弟勃與華陰楊炯、范陽盧照鄰、義烏駱賓王皆以文章有盛名，司列少常伯李敬玄尤重之，以爲必顯達。行儉曰：「士之致遠，當先器識而後才藝。勃等雖有文華，而浮躁淺露，豈享爵禄之器邪！楊子稍沈静，應至令長；餘得令終幸矣。」既而勃度海墮水，炯終於盈川令，照鄰惡疾不愈，赴水死，賓王反誅，勮、味道皆典選，如行儉言。行儉爲將帥，所引偏裨如程務挺、張虔勖、王方翼、劉敬同、李多祚、黑齒常之，後多爲名將。』歐陽修（一〇〇七—一〇七二），字永叔，號醉翁，晚號六一居士。吉州永豐人。謚文忠。歐陽修知貢舉，曾力抑『太學體』，《宋史·歐陽修傳》：『知嘉祐二年貢舉。時士子尚爲險怪奇澀之文，號「太學體」，修痛排抑之，凡如是者輒黜。畢事，向之囂薄者伺修出，聚噪於馬首，街邏不能制；然場屋之習，從是遂變。』

〔三〕開：七賢本《世録》作『聞』。

〔四〕辨：七賢本《世録》作『辦』。

## 原任禮部尚書兼翰林院學士馮琦贈太子少保誥命

奉天承運皇帝，制曰：國家熙載亮工，惟是二三儒彦，其有勞深侍從，望重寅清，而乃年不副才，用弗畢志。可無追叙，以示悼懷？爾原任禮部尚書兼翰林院學士馮琦，邃學承家，奎章華國。直方以大，皆經邦輔世之猷；厚重且文，有遺巨投艱之具〔一〕。儲英秘苑，振采宫僚。載筆擅其兼長，衡文傳以爲式。講惟進牘，銓署題才。方逾强仕之年，遂正文昌之座。懋襄大典，直闡丕著乎勤勞；雅抱樸忠，易簀不忘於規諫〔二〕。未竟真儒之效，深紆舊學之悲。時霈慇恩，爰頒贊册。兹贈爾爲太子少保，錫之誥命。

於戲！列秩南宫，聲績已高於八座；疏榮東禁，光華增賁於重泉。冥漠有知，歆承無斁。

萬曆三十一年五月初三日〔三〕。

制誥之寶。

**【校注】**

〔一〕具：原本作『其』，據七賢本《世録》改。

〔二〕懋襄大典：萬曆二十九年十月，馮琦任禮部尚書，先後主册立皇太子、加慈聖皇太后徽號、皇太子冠禮、皇太子婚禮四大典禮。易簀不忘於規諫：萬曆三十一年春，馮琦臨終上《爲病危戀主恭進微言懇乞聖明省覽大修德政以慰輿情以補未報深恩疏》。《琢菴馮公墓表》：『屬纊前一夕，命家人補舊牘上之，慨然曰：「吾以此尸諫。」疏入而暝。』《明史·馮琦傳》：『遺疏請厲明作，發章奏，補缺官，推誠接下，收拾人心。語極懇摯。帝悼惜之。』

〔三〕據《神宗實録》卷三八三『萬曆三十一年四月』：『（己酉）贈原任禮部尚書馮琦太子少保，蔭一子入監讀書。』四月己酉爲四月二十三日，與此《誥命》之『五月初三』稍有差异。

## 户部雲南清吏司郎中馮瑗誥命〔一〕

栗菴叔祖由萬曆乙未進士，選茶陵州知州，調繁澤州〔二〕。升户部員外，轉郎中，升河南右參政，備兵開原。曾叔祖肖浮公，累封户部雲南清吏司郎中〔三〕；曾叔祖母李氏，累封太宜人。

誥命凡三錫，頃因兵燹，悉遭回禄，姑從闕文，以俟搜補〔四〕。

【校注】

〔一〕按：此誥命已亡佚，七賢本《世録》亦載下文，而未有題。

〔二〕栗菴叔祖：即冯瑗，字德韞，號栗菴，萬曆二十三年進士，歷茶陵知州，調澤州，入爲户部員外郎，升山西參政，補湖南道，未赴任而改開原兵備道。以病歸。著《晉楚從政録》《使越録》《開原圖説》《黄龍紀事》《黄龍焚草》等。

〔三〕肖浮公：即馮瑗父馮子升，號肖浮。

〔四〕七賢本《世録》文後有『灝識』，則此段文字出自馮灝。馮灝（一六一一—一六七四），字孔素，號約齋，馮溥之弟。馮灝所言『兵燹』，當指鼎革之際的戰亂。據毛奇齡《易齋馮公年譜》：『三十六歲甲申，即大清順治元年。青州人殺李自成官員，時先生在山中，不與聞。既而户部侍郎王君鰲永奉命招撫山東，駐劄青州城。時李自成前鋒趙應元、參謀楊王休，尚擁精兵五百餘，詣城詐降。王君受之，左右執不可，君不從。應元等至，即馳入察院，縛王君斬之。且據王府，以恢復爲名，招集亡命數千人，張僞諭，遍撫屬縣。越十七日，大兵至，陽與李自成講和，遂入城，屯北門城樓。是夕，斬應元等，并其頭領數十人，遍搜城中賊，盡殲之。城中人多被剽鹵。先生以勞敝，熟睡未覺也，大兵越門過，一若不見。有門者及啓門，則門外之尸滿矣。』又據《光緒益都縣圖志》卷六《大事志》：『（崇禎）十五年冬十二月，大清兵略地至城下，攻之不克，遂東去。指揮黄桓死之。十六年春三月，大清兵自登萊回，次於瀰河。夏四月，乃去。國朝世祖章皇帝順治元年……五月，我大清兵定鼎京師，六月，遣户部右侍郎王鰲永招撫山東。秋七月，王鰲永撫定青州郡縣，賚故明衡王朱由㰘降書以聞。』

## 陝西西安府咸陽縣知縣馮珣父母敕命

奉天承運皇帝，敕曰：士有不必竟之業，而有必不晦之澤。蓋留其所餘者以還造物，而造物亦從而滋之，輒有才賢之子，振采於時。夫其有子也，曷言沕闇哉！爾生員馮子臨，乃陝西西安府咸陽縣知縣珣之父，業紹庭聞，行爲世望。力田孝弟，身瘠而謙讓自安；寄興琴尊，耳熱而歌聲逾王。月旦共推爲祭酒，風徽曷屑於籯金。式兹遺構之功，實本趨庭之訓。從子而貴，有開必先。是用贈爾爲文林郎、陝西西安府咸陽縣知縣。龍章荷身後之榮，燕翼慰生平之志。

敕曰：長民之吏，衆戴其慈〔一〕，必原本慈訓而布之於官，母德亦既顯矣。燕喜方新，鸞章初錫，非褱中盛事哉！爾李氏，乃陝西西安府咸陽縣知縣馮珣之母，鍾貞望族，儷美哲人。削産推財，事嚴姑而意滿；敦慈廣愛，弘樛木而仁周。刀尺課業於青箱，荆布開廉於素緎〔二〕。正雲仍之赫奕，娱榆景以優游。鼎養方隆，嘉名肇錫。是用封爾爲太孺人。膺象服之孔華，迓鴻禧於未艾。

萬曆四十二年九月二十七日〔三〕。

敕命之寶。

【校注】

〔一〕慈：七賢本《世録》作『志』。

〔二〕絨：七賢本《世録》作『絨』。

〔三〕四十二年：七賢本《世録》作『二十四年』，當係手誤。

## 陝西西安府咸陽縣知縣馮珣并妻敕命

奉天承運皇帝，敕曰：夫關中，古帝王遺墟，在漢循吏爲斌斌。今吾令長，有能趾美前聞乎？朕何愛璽旌而不以寵畀之？爾陝西西安府咸陽縣知縣馮珣，英標玉立，亮節淵澄。文成華國之章，政有傳家之譜。載更壯邑，彌展令猷。逸足追千里之風，驊騮遠駕；貞操映一簾之月，蘅芷同芬。庭除伏鼠潛踪，隴澤歸鴻適志。惟爾名家之彦，蔚成榦國之猷。兹以歲閲〔一〕，授爾階文林郎，錫之敕命。夫史稱大小馮君，聲績相踵，物論榮之。矧筆櫜世臣，箕裘遠業，爾門閥不啻過之。甘棠在笏，典刑可追〔二〕。勉思忠孝，以副甄庸。朕且有不次之擢。欽哉！

初任陝西西安府邠州長武縣知縣。

二任今職。

敕曰：夫士學無怠業，官無遺箴，雖克自樹哉！必有肅雍之耦，效儆戒而歌明爛，以勉成其帷業，而助流其豈弟矣。爾陝西西安府咸陽縣知縣馮珣妻張氏，秉規名閥，儷德儒英。甘膬躬調，承歡心於垂白；佩環叶適，勖鋭志於汗青。憶隱約之與同，傷死生之契闊。匪藉如綸之寵，曷紓斷袿之悲。是用贈爾爲孺人。祗承紫泥之華，永賁管彤之譽。

萬曆四十二年九月二十七日。

敕命之寶。

【校注】

〔一〕閲：七賢本《世録》作『月』，訛。

〔二〕典刑：七賢本《世録》作『典型』。

**陝西興安州知州馮珣父母誥命**

奉天承運皇帝，制曰：朕聞人才之生，必有原本。合抱之木，不生於寢丘；千金之子，不出於虚市〔一〕。風流弘長，教義有傳。采厥世家，著之愍册。爾生員贈文林郎陝西西安府咸陽縣知縣馮子臨，乃興安州知州珣之父。祖風綿邈，稱齊魯文學之儒；家世蟬聯，比王謝清華之胄。服《詩》《書》六藝之教〔二〕，爲孝弟力田之人。讓産而不有其名，哀心恒念乎鞠子；爲義而耻居其報，藏名每托乎酒人。義以蘊而生風，光自他而有耀。惟兹競爽，在彼後人。處冲括囊，稱冠冕之絶盛；逍遥遠遁，宜孫子之多賢。美哉式穀之能，豈獨方州之績。是用贈爾爲奉直大夫、陝西興安州知州。嗚呼！考逸民之傳，宜揭德以振華〔三〕；徵積善於家，信詒孫而翼子。

制曰：語不云乎，子産衆人之母也。吏能孺袴吾人，斯所謂民之母矣。吏亦有母，其欲養而不逮，朝廷爲吾人報之。爾封太孺人李氏，乃陝西興安州知州馮珦之母，珩璜比德，箴圖被躬。讓産推財，佐其夫以廣孝；共大惠小，逮其下以教慈。美娠賢之有聞，嗟禄養之已往。令名不替，永言迪德於機絲；清白自將，常念訓廉於魚菽。是用贈爾爲宜人。嗚呼！能勞有繼，誠不愧於母師；可頌而圖，終有聞於女史。

天啓二年三月二十九日。

制誥之寶。

【校注】

〔一〕虚市：七賢本《世録》作『墟市』。

〔二〕『藝』，原本作『蓺』，據上下文義改。

〔三〕振華：七賢本《世録》作『揚華』。

## 陝西興安州知州馮�并妻誥命

奉天承運皇帝，制曰：朕即位以來，留心弊吏，如古所謂『奉詳明政術可以理人之詔』者，未嘗不嘉予之。爾陝西興安州知州馮珣，家風綿邈，學術淹通。爰以明經試於吏治，三吏壯縣，晋典方州。爾以學優則仕之能，見於三年有成之後。操刀能割，曾不患乎尨茸；比屋可封，又何憂乎獷悍？綏民急吏，襦袴之澤有聞；作政寄軍，衿要之防彌固。政聲流通於六屬，義威震叠於三秦。年勞上聞，朕心嘉嘆。乃授爾階奉直大夫，錫之誥命。乃者蜀寇告警，褒斜棧道間流離接踵〔一〕。爾在金州〔二〕，故稱良牧，其亦有以綏定之乎？古稱刺史有文武大略，不徒以治辦爲能事也。爾其勉哉！朕將顯陟女。

初任陝西西安府邠州長武縣知縣。

二任本府咸陽縣知縣。

三任直隸河間府交河縣知縣。

四任今職。

制曰：爲吾理人之吏，襦袴吾人甚勞苦也。其於家人婦子死生契闊之故，人主亦將省視其私而往復閔念焉。爾陝西興安州知州馮珣妻贈孺人張氏，出自辦族，歸於令人。不解於躬，以頌圖爲被服；職思其事，以黽勉爲順承。嗟膏火之依然〔三〕，嘆機絲之不作。衡門綦縞，空懷比德於素沙；官舍齏鹽，尚念矢心於白首。是用加贈爾爲宜人。不徒著勞人之報，亦以慰君子之心。

天啓二年三月二十九日。

制誥之寶。

【校注】

〔一〕蜀寇：當指奢崇明之叛。奢崇明，四川永寧（今叙永）人，彝族酋長。天啓元年，叛明自立，冬十月，圍成都，布政使朱燮元固守。至天啓三年十一月，四川總兵官李維新等平定叛亂。

〔二〕金州：即指陝西興安州。西魏改東梁州，置金州，治所在西城縣（即今安康），唐武德元年復改西城郡爲金州，後改爲安康郡、漢南郡。明萬曆十一年改爲興安州。

〔三〕依然：七賢本《世録》作『已然』。

## 整飭莊浪兵備道兼理馬政屯田水利陝西布政使司右參議兼按察司僉事馮士標父母誥命

奉天承運皇帝，制曰：興孝維君，錫類弘昭報本；教忠自父，服官敬用承家。爾馮璣，乃整飭莊浪兵備道兼理馬政屯田水利陝西布政使司右參議兼按察司僉事馮士標之父。道在隄躬，爰被絲綸之重；志存作室，式弘堂構之遺。兹以覃恩，贈爾爲朝議大夫、陝西布政使司右參議兼按察司僉事，錫之誥命。於戲！恩逮所生，彌表象賢之美；榮施下壤，益彰燕翼之庥。

制曰：聖朝弘孝治以勸忠賢，胤念慈徽而永慕。苟寵賚叨同，則先後維均。爾整飭莊浪兵備道兼理馬政屯田水利陝西布政使司右參議兼按察司僉事馮士標前母王氏，華茂傷年，徽流毓胤。難替子情於歿後，宜彰母德於生前。兹以覃恩，贈爾爲恭人。於戲！音容隨翟服重光，姓字藉龍綸復賁。爰頒榮命，用慰幽靈。

制曰：疏恩將母，弘推錫類之仁；移孝作忠，均切顯揚之念。爾整飭莊浪兵備道兼理馬政屯田水利陝西布政使司右參議兼按察司僉事馮士標母竇氏，愛子能勞，篤義方於杼軸；相夫克順，端令範於閨闈。兹以覃恩封爾爲太恭人。於戲！象服昭榮，聿荷廷綸之寵；熊丸式穀，永貽女史之方〔一〕。

順治八年八月二十一日。

【校注】

〔一〕方：七賢本《世録》作『芳』。

**吏部驗封清吏司爲欽奉恩詔事**

奉本部送，據整飭莊浪兵備道右參議馮士標請給誥命等因，該本部查明於順治十一年九月十三日題奉〔一〕：欽依合應給照付本官收執，撰文領軸施行，須至執照者。

計開：

應撰給。

誥命二軸〔二〕。

從四品。

整飭莊浪兵備道兼理馬政屯田水利陝西布政使司右參議兼按察司僉事馮士標，該授朝議大夫，山東青州府臨朐縣人。進士，初任兵部武選司主事，二任陝西分巡關內道僉事，三任前職。妻劉氏，該封恭人。父馮璣，該贈朝議大夫陝西布政使司右參議兼按察司僉事。前母王氏，該贈恭人；母竇氏，該封太恭人。

順治拾壹年玖月二十七日。

【校注】

〔一〕此文亦見冶源本《世録》。此日期有誤，據七賢本《世録》載《宗尼馮公行述》，則馮士標於順治五年戊子擢陝西布政使司右參議兼按察使司僉事、整飭莊浪道兵備，順治九年已遷四川建昌道副使，此諭旨不當在順治十一年。

〔二〕誥命二軸：見於七賢本《世録》，一爲《整飭莊浪兵備道兼理馬政屯田水利陝西布政使司右參議兼按察司僉事馮士標父母誥命》，一爲《整飭莊浪兵備道兼理馬政屯田水利陝西布政使司右參議兼按察司僉事馮士標并妻誥命》。兩封誥命落款均爲『順治八年八月二十一日制誥之寶』。

## 整飭莊浪兵備道兼理馬政屯田水利陝西布政使司右參議兼按察司僉事馮士標并妻誥命

奉天承運皇帝，制曰：國家推恩而錫類，臣子懋德以圖功。懿典攸存，忱恂宜勖〔一〕。爾整飭莊浪兵備道兼理馬政屯田水利陝西布政使司右參議兼按察司僉事馮士標，慎以持躬，勤以莅事。服官有日，洊歷監司。既奉職以無愆，復率屬而克謹。式奉慶典，宜沛新綸。兹以覃恩特授爾階朝議大夫，錫之誥命。於戲！式弘軍服之庸，用勵顯揚之志。尚欽榮命，益矢嘉猷。

初任兵部武選司主事。

二任陝西分巡關内道〔二〕。

三任今職。

制曰：靖共爾位，良臣既效其勤；黽勉同心，淑女宜從其貴。爾整飭莊浪兵備道兼理馬政屯田水利陝西布政使司右參議兼按察司僉事馮士標妻劉氏，克嫻内則，能貞順以宜家；載考國常，應褒嘉以錫寵。兹以覃恩，封爾爲恭人。於戲！敬爲德聚，實加儆以相成；柔合女箴，愈著匡襄以永賚。

順治八年八月二十一日〔三〕。

【校注】

〔一〕勖：七賢本《世録》作『最』。

〔二〕分巡關内道：七賢本《世録》作『分巡關内道僉事』。

〔三〕七賢本此句兩側多『制誥之寶』四字。

## 南京前軍都督府經歷司經歷馮士朮并妻誥命

奉天承運皇帝，制曰：國家以軍政分隸武勛，而參之以文胄，閲文於武，閲世禄於府事，用意良深。留都根本之地，與是選者蓋難之。爾南京前軍都督府經歷司經歷馮士朮，乃原任禮部尚書兼翰林院學士、贈太子少保琦之子，卓爲國禎，蔚參時彦。幾奮高騫於鸞鳳，勉承世業之箕裘。乃佐戎樞，爰司尺籍。入郄生之幕，寧乏帷幄之謀；佐郤縠之軍，皆出《詩》《書》之教〔一〕。所以引經飾吏，能使法振於一新；設若借箸籌邊，亦可功成於不戰。兹以覃恩，授爾階奉直大夫，錫之誥命。於戲！爾父文敏，文章經濟，岩然具瞻〔二〕。厥用弗究，天下悲之。爾食其舊德〔三〕，可不念哉！其三復析薪之語，勉旃丹雘之圖。

初任南京前軍都督府都事。

二任南京前軍都督府署經歷司都事。

三任實授今職。

制曰：爲婦難，爲婦於世家尤難。若使其夫子展采清時，休有令聞，則敬助之效亦已著矣。爾南京前軍都督府經歷司經歷馮士杰妻王氏，少保之孫，少保之婦〔四〕。教成師氏，動合女箴。黽勉初年，先辟績於媪御；辛勤十指，潔酒食於祭賓。美不忘親，時曰嚴姑之教；仁能逮下，樂祇君子之心。至於綦縞從官，齏鹽屏貴。薄馬倫之家世，慕德耀之風規〔五〕，可爲克嗣徽音，助流世澤者矣。是用封爾爲宜人。祇承翟玭，彌儆燕私。

天啓四年□月□日。

制誥之寶。

【校注】

〔一〕郄生：即郄超，亦作郗超（三三六—三七七），字景興，一字嘉賓，高平金鄉（今山東金鄉）人。桓温辟爲掾，轉參軍，至臨海太守。《晋書·郗超傳》：『謝安與王坦之嘗詣温論事，温令超帳中卧聽之。風動帳開，安笑曰：「郗生可謂入幕之賓矣。」』郤縠：春秋時晋國大夫，曾爲趙衰所薦將中軍。《左傳·僖公二十七年》：『冬，楚子及諸侯圍宋。宋公孫固如晋告急。先軫曰：「報施救患，取威定霸，於是乎在矣。」……於是乎蒐於被廬，作三軍，謀元帥。趙衰曰：

「郤縠可。臣亟聞其言矣，説禮樂而敦《詩》《書》……君其試之。」乃使郤縠將中軍。』

〔二〕文敏：即馮琦，賜謚文敏。岩然：七賢本《世録》作『嚴然』。

〔三〕爾食其舊德：七賢本《世録》作『爾食其報舊德』。

〔四〕馮士羔妻王氏：王基之孫女。王基，字啓亨，青州左衛人，嘉靖四十四年（一五六五）進士，累官至户部尚書，總督倉場，兼兵、工二部尚書。卒贈太子少保。士羔父馮琦，亦贈太子少保。故稱王氏『少保之孫，少保之婦』。

〔五〕馬倫：東漢右扶風茂陵縣人，大儒馬融之女，汝南袁隗之妻。富才智機辯。德耀：即孟光，東漢隱士梁鴻之妻，容貌醜而有節操，生平見袁宏《後漢紀》。

## 太僕寺寺丞馮士棨父母誥命

奉天承運皇帝，制曰：南宫禮樂，垂亮節於當年；北海聲名，被休光於奕葉。輿論久而愈定，國恩蔚以洊加。社稷功高，宗祊慶遠。爾原任禮部尚書兼翰林院學士、贈太子少保謚文敏馮琦，乃太僕寺寺丞士棨之父，經世文章，格天道術。簡重著立朝之大體，温恭昭事上之小心。粤從史局、宫僚以至佐銓典禮，清塗周踐，休問暢宣。玉匱緘詞，編擬詩書。無愧金華勸講，道非堯舜不陳。掄秀鎖闈〔一〕，羅網盡中原麟鳳；儲材秘館，薰陶多沼上夔龍。澄叙當乎品流，寅清表於夙夜。乃兆夢瓊之异，遂遺忘鑒之思。舊德堪追，新綸宜賁。是用覃恩，晋爾階資德大夫，仍爾官。於戲！直暴蓋悰，赫赫具瞻於岩石；永終令譽，煌煌載勒於彤編。教忠克荷夫析薪，詒穀肆成其肯構。歆兹寵渥〔二〕，光乃家邦。

制曰：母之尊敵父，推恩必涣新章〔三〕；婦之爵從夫，錫命尚偕夙貴。矧内階之已峻，值遐福之方來。寵襲芝函，春融萱背。爾原任禮部尚書兼翰林院學士、贈太子少保謚文敏馮琦妻累封夫人姜氏，乃太僕寺寺丞士桀之嫡母。性成温惠，德表明章。相室克諧，贊羔羊之素節；承祧在念，垂樛木之休風。劬勞同離裹之恩，聖善著析葼之教。庭闈式化，丕宣南國徽音；弓冶承家，聿樹北堂懿範。禄養方寧於燕喜，板輿仍備乎魚軒。是用覃恩，加封爾爲太夫人。鶴髮翩翩，永慈顔於愛日；鸞文熚熚，揚壽母之引年。

天啓六年三月二十九日。

制誥之寶。

【校注】

〔一〕掄：原作『論』，訛，據七賢本《世録》改。掄秀即選拔人才，馮琦曾兩任鄉試主考，一任會試主考，一任武會試主考。

〔二〕兹：七賢本《世録》作『此』。

〔三〕涣：七賢本《世録》作『焕』。

## 太僕寺寺丞馮士棨生母敕命

奉天承運皇帝，敕曰：漢稱枚叔，晋著伯仁〔一〕，皆克光世烈，揚其母以令名。而顯號彝章，尚或闕焉。則從貴榮，固人子亟欲自致於所生者也。爾夏氏，乃太僕寺寺丞馮士棨之生母。含坤之美，體漸之貞。柔嘉宛有令儀，淑慎雅無渝則。贊弋鳧雁而力協矢於《詩》《書》，助謹蒸嘗而功并奏於祖禰〔二〕。肅衾裯之御，瞻彼嘒星；葉管簟之祥，啓茲卿月。真如藍田靈宅，璞玉於焉是呈；亦猶丹穴祥區，雛鳳托之而孕。巨公哲嗣，藉以延長；圉寺良臣，賴之成就。雖養未沾於鍾釜，而澤尚戀乎杯棬。是用覃恩，贈爾爲安人。祇紓伊蔚之悲，式表徵蘭之慶。

天啓六年三月二十九日。

敕命之寶。

【校注】

〔一〕枚叔：即枚乘（?—前一四〇），字叔，西漢辭賦家。伯仁：即晋代周顗（二六九—三二二），字伯仁，汝南安城人。西晋末官至尚書吏部郎。司馬睿出鎮江東，他受任寧遠將軍、荆州刺史。東晋初，任吏部尚書、尚書左僕射。性嗜酒，且長醉不醒，時人稱之『三日僕射』，後被王敦殺害。

〔二〕蒸：原本作『丞』，據七賢本《世録》改。

## 太僕寺寺丞馮士槼并妻敕命

奉天承運皇帝，敕曰：朕以封疆多故，亟修牧圉之政，以佐軍興。肆簡廉能，俾襄冏伯，乃震祥覃慶，何得不先及之？爾太僕寺寺丞馮士槼，雋望承家，翼猷顯世。身從王謝，公門故自有卿；腹飽詩書，慧種原生於聖。筮官戎幕，雅著公勤。丰采已見其翩翩，才情乃增夫霍霍。蓋比之荀龍，則露其角；而視以謝鳳，則有其毛〔一〕。迨晋陟於奉車，益抒猷於簡乘。勵精振弛，騰驤克莊乎天閑；飭法厘奸，蠹盡清乎弊竇。秉其淵塞，減此驕皇。兹以覃恩，授爾階承德郎，錫之敕命。《書》不云乎，『僕臣正，厥後克正』。蓋旦夕承弼之司，非迪知忱恂無敢任者。爾尚勤思乃職，用協比爾長，務蕲有濟時艱，以無忝於往訓。朕嘉爾勞，嗣有休命。欽哉！

敕曰：士人丕承先緒，能於其官，夙夜之忱，厥惟自勵，而女宗之助亦不少焉。從爵疏榮，國有彝典。爾太僕寺寺丞馮士槼妻曹氏，毓貞華閥，儷德吉人。雍雍沼沚之儀，肅肅珩璜之度。相夫順正，持敬戒以無違；治内明章，秉静恭而作範。惟聞鷄之致儆，乃數馬以昭虔。是用覃恩，封爾爲安人。方徽綸紼之華，益岦衿鞶之飾。

天啓六年三月二十九日。

敕命之寶。

【校注】

〔一〕荀龍：東漢荀淑有子八人，皆有能名，時稱『八龍』。《後漢書·荀淑傳》：『荀淑字季和，潁川潁陰人……有子八人：儉、緄、靖、燾、汪、爽、肅、專，并有名稱，時人謂之「八龍」。』謝鳳：南朝謝靈運之子，謝鳳子超宗，亦是著名文人。洪邁《容齋隨筆》卷四『鳳毛』：『宋孝武嗟賞謝鳳之子超宗曰：「殊有鳳毛。」今人以子爲鳳毛，多謂出此。按《世説》，王劭風姿似其父導，桓温曰：「大奴固自有鳳毛。」其事在前，與此不同。』

## 浙江湖州府安吉州孝豐縣知縣馮士衡父母誥命

奉天承運皇帝，制曰：國家課績酬庸，緣子貴父，雖布衣蔬蹻，得徼一命之寵。矧倅貳良臣、茂著賢能者乎〔一〕？學有源而政有譜，朕亟褒之，以風人父。爾原任陝西漢中府同知馮珣，乃浙江湖州府安吉州孝豐縣知縣士衡之父，家世有聞，徽猷懋著。剖符花縣，垂績棠陰〔二〕。迨職遷乎郡貳，而德彌播於秦關。政聲留昔日之龔、黄，義方啓今日之召、杜〔三〕。源深者流遠，澤厚者報崇。是用晋爾階，封爾爲奉政大夫，錫之誥命。五馬沐國恩之寵，式耀明倫；一經增家乘之光，彌敦世業。

制曰：良吏如保之政，自教忠於父，而亦毓慈於母。疏恩并錫，豈以存歿异也？爾贈宜人張氏，乃浙江湖州府安吉州孝豐縣知縣馮士衡之母，道合温良，範成肅穆〔四〕。芼羹以進，織誦相將。鳴機襄鼓篋之勤，家稱女士；持梱贊懸弧之志，人曰嚴君。溯彼和瞻之風，增以副笄之寵。是用贈爾爲宜人。綸綸重賁，永昭圖史之光；機杼如存，用慰杯棬之慕。

崇禎八年九月□日。

制誥之寶。

【校注】

〔一〕倅：原本作『倖』，形近而訛，據七賢本《世録》改。

〔二〕棠陰：七賢本《世録》作『常陰』。

〔三〕龔黄：西漢時龔遂和黄霸的合稱。漢宣帝時，龔任渤海太守，黄任潁川太守，皆以清廉愛民著稱於時。《漢書·循吏傳》：『及至孝宣……二千石有治理效，輒以璽書勉厲，增秩賜金，或爵至關内侯，公卿缺則選諸所表以次用之。是故漢世良吏，於是爲盛，稱中興焉。……王成、黄霸、朱邑、龔遂、鄭弘、召信臣等，所居民富，所去見思，生有榮號，死見奉祀，此廩廩庶幾德讓君子之遺風矣。』

〔四〕肅穆：七賢本《世録》作『雍肅』。

## 浙江湖州府安吉州孝豐縣知縣馮士衡并妻敕命

奉天承運皇帝，敕曰：朕眷念東南民勞已甚，佇望二三長吏代爲綏戢。保此遺黎，兹有人焉。式敷德意，以光予治，予一人實加賴之。爰有贊書，以著成績。爾浙江湖州府安吉州孝豐縣知縣馮士衡，雅志潔修，英標峻朗。明經擢雋，花縣握符。爾催科撫字，施政有方。吏畏民懷，驗迹皆實。清風徵於馬骨，惠澤睹乎雉馴〔一〕。蔚有賢聲，抵於考績。授爾階文林郎，錫之敕命。士之服官也，辟諸宰割。始逢厥族，後則有餘，至廉能著譽，而爾之批郤導窾可知已。尚益殫貞心，懋繼前猷。朕有榮升，爾欽哉！

敕曰：自古采藻之勤，與芨棠之惠并著。《國風》嘉内外政教相成也。徵兹德助，可無寵綸？爾浙江湖州府安吉州孝豐縣知縣馮士衡妻白氏，生於名閥，儷其英人。佩璲爲儀，孝資啜菽。静琴在御，敬佐焚蘭。曳縞以弼素絲之節，均飼而著鳲鳩之仁。中梱揚芬，花封助譽。兹用封爾爲孺人。緋霞隨葉縣之鳧〔二〕，明月綴桐華之彩。

崇禎八年九月□日。

敕命之寶。

## 【校注】

〔一〕清風徵於馬骨：用『官清馬骨高』句意。歐陽修《六一詩話》：『聖俞常語予曰：詩家雖率意，而造語亦難。若意新語工，得前人所未道者，斯爲善也。必能狀難寫之景，如在目前；含不盡之意，見於言外。然後爲至矣。賈島云「竹籠拾山果，瓦瓶擔石泉」、姚合云「馬隨山鹿放，鷄逐野禽栖」等是山邑荒僻，官況蕭條，不如「縣古槐根出，官清馬骨高」爲工也。』雉馴：東漢循吏魯恭的事迹，見《東觀漢紀》卷六：『魯恭爲中牟令，時郡國螟傷稼，犬牙緣界，不入中牟。河南尹袁安聞之，疑其不實，使仁恕掾肥親往察之。恭隨行阡陌，俱坐桑下，有雉過止其傍，傍有童兒。親曰：「何不捕之？」兒言「雉方將雛」。親嘿然有頃，與恭訣曰：「所以來者，欲察君之治迹耳。今蟲不犯境，此一异也。化及鳥獸，此二异也。竪子有仁心，三异也。府掾久留，擔擾賢者。」具以狀白安。』

〔二〕葉縣之舄：東漢王喬爲葉縣令，有仙術，傳説能乘履變成的舄上朝。事見《後漢書·王喬傳》，後爲咏縣令的典故。

## 户部江西司郎中馮肅父母誥命

奉天承運皇帝，制曰：誼篤靖共，入官必資於敬；功歸誨迪，能仕而教之忠。爰沛國恩，用揚庭訓。爾候選七品京官馮治世，乃户部江西司郎中加一級馮肅之父〔一〕，躬修士行，代啓儒風。抱璞自珍，克毓珪璋之秀；析薪能荷，彌彰杞梓之良。兹以覃恩，贈爾爲朝議大夫、户部江西司郎中，加一級，錫之誥命。於戲！貽令問於經籯〔二〕，義方久著；佩徽章於策府，禮秩加優。茂典丕承，湛恩永荷。

制曰：移孝作忠，懋簡勞臣之績；推恩錫類，式揚賢母之名。載賁榮綸，用宣懿範。爾户部江西司郎中加一級馮肅，前母劉氏，早嫻典則，夙著規型。敬以從夫，宜室聿徵其順德；勤於訓子，備官一本於慈祥。兹以覃恩，贈爾爲恭人。於戲！荷彩翟之天章，徽音益暢；披彤毫之仙藻，惠問常流。祇服寵光，永綏福履。

制曰：鞠子而念恩勤，情獨深於毛裏；顯親而申愛敬，化必溯乎本源。爾户部江西司郎中加一級馮肅之母張氏，女誡夙嫻〔三〕，壺儀久著。母從子貴，自難忘拊育之恩；忠以孝成，適足勵靖共之節。兹以覃恩，封爾爲太恭人。於戲！笄珈并焕，既彰淑慎以宜家；綸綍均榮，尚勖賢勞而報國。

康熙五十二年三月十八日。

制誥之寶。

【校注】

〔一〕馮治世（一六三一—？）：字虞臣，爲大學士馮溥之長子。庠生，候選七品京官。馮肅（一六六七—？），治世長子，以蔭歷任行人司司正、刑部員外郎、户部郎中，至揚州知府，卒於任。

〔二〕令問：七賢本《世録》作「令聞」。

〔三〕女誡：七賢本《世録》作「女戒」。

## 户部江西司郎中馮肅并妻誥命

奉天承運皇帝，制曰：錢穀持籌，列職以郎曹爲重；度支經國，分猷推會計之才。爾户部江西司郎中加一級馮肅，廉隅夙勵，心計兼精。上佐地官，績奏舍香之署；典司民部，躬親握算之勞。兹以覃恩，特授爾階朝議大夫，錫之誥命。於戲！不懈於位，克稱車服之庸；益懋厥功，庶副簿書之寄。

初任行人司司正，二任刑部貴州司員外郎，三任今職。

制曰：臣心恪慎，著懋績於周行；婦德修明，樹令儀於中閫。爰頒慶典，俾荷榮褒。爾户部江西司郎中加一級馮肅妻法氏，茂族含芳，名門作儷。素風自矢，克敦圖史之型；箴節相規，無改縞綦之度。兹以覃恩，封爾爲恭人。於戲！表從夫之大義，翟茀承恩；沛逮下之深仁，魚軒焕彩。祇承休命，益劭嘉名。

康熙五十二年三月十八日。

制誥之寶。

## 諭祭原任河南布政使司右參政馮子履文〔一〕

維萬曆二十四年十二月初十日，皇帝遣山東按察司副使兼布政使司右參議于仕廉〔二〕，諭祭原任河南布政使司右參政、封通議大夫、禮部右侍郎兼翰林院侍讀學士馮子履。文曰：

惟爾行方古人，學有家法，服茹荼之儀訓，發扳茅之賢科。宰畿邑，播譽於循良；贊夏曹，精心於搜校。洊更藩臬，强半邊陲〔三〕。早挂神武之冠，獨賁丘園之帛。嘉爾哲嗣，爲予近臣。日宣勸講之勞，大發趨庭之藴。頃俞至懇，往慰寧思。爰貤宗伯學士之封，爲日月岡陵之壽〔四〕。胡然訃至，遽爾告終。宜備榮哀，特隆葬祭。英靈如在，尚克歆承！

【校注】

〔一〕原本無題，此係注者所加。

〔二〕于仕廉（一五五九—一六四五）：字元貞，號振方，金壇人。萬曆十四年（一五八六）進士，萬曆二十四年任山東按察司副使兼布政使司右參議。累官至户部右侍郎。此諭亦載於七賢本《世録》和冶源本《世録》。

〔三〕邊陲：原作『邊操』，據冶源本《世録》及七賢本《世録》改。

〔四〕爲：冶源本《世録》作『以爲』。

## 諭祭原任河南布政使司右參政馮子履并妻宋氏文〔一〕

維萬曆三十九年□月□日，皇帝遣山東等處承宣布政使司右布政使〔二〕，諭祭原任河南布政使司右參政、贈禮部尚書兼翰林院學士馮子履并妻封太夫人宋氏。文曰：

惟爾性質剛明，才猷爽達，配兹賢媛，誕我良臣。載筆雅擅其兼長，典禮立成乎止議；久徵燕翼，兼識熊丸。雖喆嗣之云亡，實愍懷之猶切。爰兹卉珥，載葺若堂。祭葬并頒，幽靈式耀！〔三〕

【校注】

〔一〕原本無題，此係注者所加。

〔二〕萬曆三十九年山東布政使司左布政爲李同芳，右布政爲孫承榮。孫承榮：直隸長洲人，萬曆十四年進士，累官至山東左布政使。

〔三〕冶源本《世録》及七賢本《世録》均收載此文，并附祭品單：『猪一口重百斤，羊一腔重五十斤，鳳鷄一隻，煠骨一塊，煠魚一尾，鷄湯一分，魚湯一分，果十五色各五斤，饅頭五分，粉湯五分，降真香一炷重五斤，油燭一對重二斤，黄封酒二瓶，焚祝紙一百張。』

## 諭祭禮部尚書馮琦文〔一〕

維萬曆三十一年四月二十六日，皇帝遣禮部右侍郎兼翰林院侍讀學士郭正域，諭祭原任禮部尚書兼翰林院學士馮琦〔二〕。文曰：

惟卿傳家經術，濟世科名。載筆詞林，三長獨擅。横經講幄，十載爲勞。陟宫端翰學之清班，歷貳禮佐銓之茂伐。棘闈搜士，文體一新；宗伯寅清，大典肇備。讜論時文於補牘，善言猶進於陳尸。『直哉史魚』，卿之謂矣。有才無命，天道謂何？特示眷於加籩〔三〕，復疏榮於封樹。靈其不昧，歆予愍恩！

【校注】

〔一〕原本無題，此係注者所加。

〔二〕冶源本《世録》亦載此文。郭正域（一五五四—一六一二），字美命，號明龍，湖廣江夏人。萬曆十一年進士，歷官至禮部右侍郎掌翰林院篆，攝部事。『妖書』事起，爲政敵誣陷，幾至死。後家居。有《皇明典禮志》等。萬曆三十一年三月三日，馮琦以禮部尚書卒於任，四月，帝遣郭正域諭祭。

〔三〕 邊：原文作『邉』，據冶源本《世録》改。

## 諭祭禮部尚書馮琦文〔一〕

維萬曆三十一年八月初二日，皇帝遣山東等處承宣布政使司右布政使劉尚志，諭祭原任禮部尚書兼翰林院學士馮琦〔二〕。文曰：

惟卿器美珪璋，忠耿金石，列侍從而啓沃久，典南宫而禮樂修。吁嗟溘亡，倏臨首七。載陳樽俎，以表憫懷。惟靈有知，尚歆斯渥！

【校注】

〔一〕 原本無題，此係注者所加。

〔二〕 冶源本《世録》亦載此文。劉尚志：冶源本《世録》作『劉尚忠』。按，作『劉尚志』是。劉尚志，字士行，懷寧人，隆慶五年進士，授歸善令，尋擢諫垣。張居正柄國，繩下嚴，尚志上緩刑一疏。歷任江西少參、浙江海道，選將練兵，爲防倭計甚悉。按察福建，轉山東左布政使，致仕。據張德信《明代職官年表》，萬曆三十一年山東右布政使爲劉卿，三十三年右布政使爲劉尚志。

## 爲比例陳情懇乞天恩俯賜恤典以光泉壤事（一）[一]

禮部尚書兼翰林院學士臣范謙等謹題[二]：爲比例陳情懇乞天恩俯賜恤典以光泉壤事。祠祭清吏司案呈奉本部送禮科抄出，原任日講官、禮部右侍郎兼翰林院侍讀學士今給假丁憂馮琦奏前事，奉聖旨：『禮部知道。欽此。』[三]欽遵抄出到部，送司行准，翰林院手本查開，本官於萬曆十七年二月初六日補經筵講官，八月初八日補日講官。又准吏部驗封清吏司查開：萬曆二十四年閏八月内該原任日講官、禮部右侍郎兼翰林院侍讀學士馮琦奏稱，比照日講恩例，請給誥命，伊父馮子履封通議大夫、禮部右侍郎兼翰林院侍讀學士訖，各等因回覆。到司，查得《大明會典》并恤典條例内一款：兩京三品文官父母，曾授本等封者照例祭葬[四]。又一款：侍從而日侍講讀，方與題請，及照本部屢年題准特恩所加祭葬，大約於本等品級内量加一等，如無祭者，給與祭一壇，無葬者給與半葬，應半葬者給與全葬[五]。又查得先任日講官、吏部左侍郎兼翰林院侍讀學士王希烈奏父王廷望[六]，日講官、太子賓客、吏部左侍郎兼翰林院侍讀學士沈一貫奏父沈仁佶[七]，各病故乞要恤典等因。該本部覆奉欽依賜給祭葬去後，今該前因通查案呈，到部看得原任日講官、禮部右侍郎兼翰林院侍讀學士馮琦奏父馮子履病故，乞要賜給祭葬一節爲照，本官三品雖未滿秩，而日講積有年勞，伊父先已誥封，殁後宜從恩恤，以示優禮儒臣之意。既經該司查有前例，似應與祭一壇，給與全葬。恭候命下，行翰林院撰文，山東布政司轉屬支給官錢，買辦祭品、香燭、紙，就遣布政司堂上官致祭，及行工部造墳安葬。但特恩出自朝廷，臣等未敢擅便，伏乞聖裁，緣係比例陳情，懇乞天恩俯賜恤典以光泉壤。及奉欽依禮部知道事理，謹題請旨。

萬曆二十四年十一月十二日奉聖旨：准照例與祭一壇，仍給全葬。計開：

猪一口，羊一腔，饅頭五分，粉湯五分，果子五色每色五斤，案酒五盤，鳳鷄一隻，煠骨一塊，煠魚一尾，酥餅四个，酥錠四个，鷄湯一分，魚湯一分，降真香一炷，燭一對重一斤，焚祝紙一百張，酒二瓶。

## 【校注】

〔一〕原本無題，此係注者所加。

〔二〕此文亦載於冶源本《世録》。范謙（一五三四—一五九七）：字汝益，號含虚，江西豐城人。隆慶二年進士，改庶吉士，累官至禮部尚書兼翰林院學士，贈太子太保，謚文恪。天啓三年，改贈太子太傅。

〔三〕萬曆二十四年十一月，朝廷給予恤典。七賢本《馮氏世録》載馮琦《誥命至日告文》。

〔四〕申時行等《大明會典》卷一〇一：『凡文官三品以上，不論已未考滿，其各父母妻，必曾授本等封，俱照例祭葬。』『凡三品父母曾授本等封者，無論亡故先後，一視其子以爲差等，其已經考滿者祭葬全給，未經考滿者祭一壇，減半造葬。』

〔五〕申時行等《大明會典》卷一〇一：『凡四品五品文官，以侍從、春宫、軍功等項……侍從必日侍講讀……其特恩所加祭葬，大約於本等品級内量加一等，如無祭者給與祭一壇，無葬者給與半葬；應半葬者給與全葬。如講讀官，則五品本身有祭，四品本身父母得擬祭葬，三品祭得及其妻。』

〔六〕左侍郎，原文作『右侍郎』，訛。據《明世宗實録》改。王希烈（？—一五七七），字子中，江西南昌人。嘉靖三十二年（一五五三）進士，歷官翰林院侍讀學士、國子監祭酒、禮部侍郎，至署詹事府吏部左侍郎。卒贈禮部尚書，謚文裕。其父王廷望，號蛟川，有《王蛟川詩稿》。以希烈貴，贈承德郎、刑部侍郎。

〔七〕沈一貫（一五三一—一六一五）：字肩吾，號龍江，又號蛟門。鄞縣人。隆慶二年進士，改庶吉士，累官至太子太保兼少師、吏部尚書、建極殿大學士。其父沈仁佶（？—一五九一）：字允成，號慕閑，萬曆十九年十月卒，沈一貫乞祭葬，有旨照例并祭仍給全葬。

## 爲比例陳情懇乞天恩俯賜恤典以光泉壤事（二）[一]

工部署掌部事、都察院右副都御史臣徐作等謹題[二]：爲比例陳情懇乞天恩俯賜恤典以光泉壤事。

屯田清吏司案：呈奉本部送准禮部咨，該原任日講官、禮部右侍郎兼翰林院侍讀學士馮琦父馮子履病故，乞要賜給祭葬一節，奉聖旨：『准照例與祭一壇，仍給全葬，欽此。』〔三〕欽遵咨部送司，查得正德六年六月内該本部《爲審時省禮以寬民力事》，議得兩京三品文官父母病故，曾授本等封者，照依今定，後開價值，轉行有司措給，喪家自行造葬。題奉武宗皇帝聖旨：是。造墳開壙，工料價銀則例都准擬行，欽此。已經通行，欽遵在卷。今該前因，查呈到部，臣等看得原任日講官、禮部右侍郎兼翰林院侍讀學士馮琦係三品文官，日侍講讀，效勞年久〔四〕，啓沃功深。伊父馮子履已授本等誥封。今故造墳工價委宜從厚全給，既經禮部覆奏，欽依備咨前來。相應題請恭候命下，本部行移山東布政司，將合用造墳工價銀兩照依後開擬定數目，行屬派辦徵給，喪家自行造葬。該司仍委堂上官一員，前去造墳處所，依式督理。造葬畢，自備將給過銀兩數目造册奏繳〔五〕，仍其數報部查考。緣係比例陳情，懇乞天恩俯賜恤典以光泉壤事。理未敢擅便，開坐謹題請旨。

計開：原任日講官、禮部右侍郎兼翰林院侍讀學士馮琦父馮子履病故，該造墳工料銀二百兩、夫匠一百名，每名出銀一兩，通共該銀三百兩。〔六〕

萬曆二十四年十一月二十六日，奉聖旨：是。

【校注】

〔一〕原本無題，此係注者所加。

〔二〕此文亦載於冶源本《世録》。徐作：今江西南昌人，嘉靖四十一年進士，歷官至工部侍郎、右都御史。

〔三〕《神宗實録》卷三〇四『萬曆二十四年十一月』：『（甲辰）禮部題侍郎馮琦討父恤典，命與祭一壇，仍給全葬，以日講加恩故也。』

〔四〕年久：冶源本《世録》作『有年』。

〔五〕自：冶源本《世録》作『日』，則其句讀亦當作『造葬畢日，備……』。

〔六〕『計開』一段，冶源本《世録》脱。

## 爲比例陳情懇乞天恩俯賜恤典以光泉壤事 （三）〔一〕

原任禮部尚書兼翰林院學士今已故馮琦男原任南京户部湖廣清吏司員外郎馮士杰謹奏〔二〕：爲比例陳情懇乞天恩俯賜恤典以光泉壤事。

臣父馮琦，繇萬曆五年進士改翰林院庶吉士，授編修，歷官禮部尚書兼翰林院學士、經筵日講官、國史副總裁。恭遇神祖册立光宗皇帝正位東宫，暨册封福王、瑞王、惠王、桂王行冠婚禮，加上慈聖宣文明肅貞壽端獻皇太后徽號。大典殷繁，拮据盡瘁〔三〕，歿於官。欽蒙聖恩，軫念微勞，賜給祭葬，加祭，贈太子少保，謚文敏公〔四〕。伏念臣父啓沃功多，寅清績懋，風節夙著於朝寧，品望久愜於輿情。雖忠猷未究鴻施，而勤事已叨异數。子孫未報涓埃，何敢復有希覬？緣臣母姜氏先以臣父誥封夫人，後以臣弟士榘任太僕寺寺丞，覃恩加封太夫人，於本年五月初二日病故〔五〕。伏睹

《大明會典》并恤典條例内一款：『凡兩京二品以上文官并父母妻曾授本等封者，俱照例祭葬。』又一款：『凡二品三品文官曾經賜葬者，妻故在後，俱許祔葬，惟授封夫人者例給開壙工價。』〔六〕查得原任南京禮部尚書、贈太子少保林燫妻先封淑人、後封太夫人黄氏病故，伊男原任户部四川清吏司員外郎林世吉奏乞祭葬〔七〕；又查得原任南京禮部尚書、贈太子少保陶承學妻先封夫人、後封太夫人董氏病故，伊男原任國子監祭酒陶望齡奏乞祭葬〔八〕：該禮部題覆俱蒙賜祭，開壙合葬并祭。今臣母事例實與相同，伏乞皇上俯沛敝帷之澤，弘施掩骼之仁。敕下該部查議，如果微臣所請與舊章不謬，照例具覆，賜祭開壙合葬，將臣父列名并祭。則恩綸焕自丹陛，盛典賁及黄壤。臣父母銜結於九泉，子孫頂戴於奕世矣。臣不勝激切懇祈待命之至！

【校注】

〔一〕原本無題，此係注者所加。

〔二〕士杰：即馮士杰（一五九八—一六四二），字于高，本馮璲子，過繼與馮琦。以廕至南京户部湖廣司員外郎。生平參俞彦《明奉直大夫、南京户部湖廣清吏司員外郎于高馮公行狀》。

〔三〕盡：冶源本《世録》作『勞』。

〔四〕文敏公：冶源本《世録》作『文敏』。

〔五〕五月初二日：即崇禎元年（一六二八）五月初二日。

〔六〕俱見申時行等《大明會典》卷一〇一。

〔七〕林燫（一五二四—一五八〇）：字貞恒，號對山，閩縣人。嘉靖二十六年（一五四七）進士，累官南京工部尚書，改禮部。卒贈太子少保，謚文恪。林世吉（一五四七—一六一六）：字天迪，號泰華，戲曲家。以廕入太學，歷官户部員外郎。

〔八〕陶承學（一五一八—一五九八）：字子述，號泗橋，浙江會稽（今紹興）人。嘉靖二十六年進士，累官南京禮部尚書，卒贈太子少保，謚恭惠。陶望齡（一五六二—一六〇九）：字周望，號石簣，萬曆十七年探花，歷官至國子監祭酒。謚文簡。

## 青州府爲博訪謚典事

據禮部咨前事，據益都、臨朐兩縣申已故禮部尚書兼翰林院學士贈太子少保崇祀鄉賢馮□〔一〕，係山東青州府臨朐縣人，由萬曆丁丑進士選翰林院庶吉士。己卯，授翰林院編修。辛巳，直史館，纂修《大明會典》。癸未，充經筵展書官。丙戌，同考會試，編纂六曹章奏、起居注。丁亥，《大明會典》成，進侍講，賜銀幣，掌文臣誥敕。戊子，主考湖廣鄉試。己丑，充經筵日講官，進右春坊右諭德。辛卯，主考順天鄉試。壬辰，進左庶子，主考武舉會試，復進少詹事兼翰林院侍讀學士，掌院事，纂修國朝正史，充副總裁。廷推内閣〔二〕。乙未，進禮部右侍郎，丁外艱。戊戌，服除，再推内閣。己亥，充《玉牒》副總裁，進吏部右侍郎。辛丑，主考會試，再推内閣，進左侍郎〔三〕，協理詹事府事，教習庶吉士[四]。尋拜禮部尚書兼翰林院學士，上册立東宫儀注，皇上采納。建儲禮成，逾月，皇太子冠禮成。上慈聖皇太后徽號，禮成。明年，皇太子婚禮成。佐銓典禮，積勞成疾。壬寅卧病，猶條上四方水旱灾异狀，陳弭救之策。屬纊前一日，命家人補舊牘上之，疏入，卒於京邸[五]。予祭葬。以萬曆□年□月□日奉主祀於學宫之鄉賢祠。

切照本官心符賢聖，手植綱常。經術本自家傳，忠孝蓋其天性。文章班馬，三長獨擅於詞林；事業夔龍，廿載談經於講幄。賨謨載筆，雲漢爲章。棘院持衡，鳳麟得士。清通簡要，司黜陟而佐政冢宰；明允篤誠，典禮樂而端居宗伯。象天喉舌，作帝肱股。至誠動主上之知，先覺任天下之重。遂使青宫正位[六]，前星朗耀於黄離。共羡紫極轉圜，少海澄波於蒼震。定宗社萬年之計，快中外一時之心。若夫闡經義以淑人，正文體以維世。條奏六曹封事，捷若承蜩；斟酌九塞軍機，洞如觀火。此其經濟之緒，益徵謀國之真。疏牘屢陳，社稷攸賴。止礦罷税，役未革於生前；讜論危言，諫尤切於身後。力苟補於圭衮，心無間於死生。此其幹國如家，真是爲臣無已。蓋其立朝徇義，啓心沃德，上聞帝佐之師師；至若因事納忠，盡瘁鞠躬，無愧王臣之蹇蹇。信是千秋之文獻，允爲百辟之儀刑。在朝廷諒有公評，在鄉邦孚合輿論。宜易嘉名，以昭信史。

看得禮部尚書馮琦，明聖腹心[七]，詞臣冠冕。承家忠孝，致身竭力以無遺；華國文章，濟變經常其胥賴。志存啓沃，則進《通鑒分解》之書，遂使深宫亦有經筵；念切糾繩，則勤止礦罷税之請。期於衮衣，永無闕德。棘院精品題，而名賢多出其門，可方知貢之永叔；銓曹秉衡鑒，而選人雅當其識，何殊啓事之山公[八]？正文體，正士風，力排澆邪，亹亹真儒作用；策東倭，策西夏，先機奇中，桓桓老將運籌。少海欲澄，能迎引以疏其脉；前星既朗，爰黼黻以焕其光。調和善骨肉之間，典章關廟社之重。加冠合巹，嘉禮焜煌於青宮；顯號徽稱，大孝敦崇於慈幄。元良蚤建，允乎魏定册之祥；遺疏進規，遠媲史鰌尸諫之藎[九]。始終完節，宇宙全人。誠輿論所同稱，宜謚法所必予。

【校注】

〔一〕馮：原本後有空格，蓋諱『琦』字也。此處以下簡介馮琦生平。

〔二〕萬曆二十二年（一五九四）五月，會推閣臣，馮琦在列。《神宗實録》卷二七三：『（萬曆二十二年五月丁亥，即初十日）吏部會推閣臣七員：原任東閣大學士王家屏、南京禮部尚書沈鯉、原任吏部尚書孫鑨、禮部尚書沈一貫、左都御史孫丕揚、原任吏部右侍郎鄧以贊、少詹事馮琦。上以原旨「不拘資品」爲先年陸光祖謀推自用，今何又推吏部并掌院御史，顯屬徇私，仍將前次所推通寫來看。』

〔三〕萬曆二十九年辛丑七月，馮琦進吏部左侍郎，九月，上點馮琦入閣，爲沈一貫所阻。《國榷》卷七九『神宗萬曆二十九年』：『（九月）戊午，禮部尚書兼翰林院學士沈鯉、朱賡并兼東閣大學士，直文淵閣。時廷推九人，上已點朱國祚、馮琦，而沈一貫密揭「二臣年未及艾，曷少需之，先爰立老成者」，蓋爲賡地也。』按：萬曆二十六年戊戌，内閣會推，馮琦之名在列，《琢菴馮公墓表》：『戊戌服除，再推内閣。』萬曆二十九年爲第三次與列。

〔四〕庶吉士：原作『庶吉事』，據冶源本《世録》改。

〔五〕萬曆三十一年二月，馮琦效尸諫之誼，連日草疏，三月二日疏成，報入而卒。此疏即《宗伯集》卷五九《爲病危戀主恭進微言懇乞聖明省覽大修德政以慰輿情以補未報深恩疏》。

〔六〕遂：原作『隨』，據冶源本《世録》改。

〔七〕明聖腹心：冶源本《世録》作『聖明心腹』。

〔八〕知貢之永叔：指北宋時歐陽修曾知貢舉，薦拔賢士。啓事之山公：指晉朝山濤善於甄拔人才，其啓奏對人物先加評論然後公奏。

〔九〕元良蚤建：指册立皇太子。魏公：指宋代韓琦，封魏國公。史鰌尸諫：春秋時衛國大夫史鰌活着的時候没能説服國君，死後以尸諫之。事見《韓詩外傳》。

# 卷二

## 鄉　賢

### 青州府崇祀鄉賢

貴州按察司副使馮裕。

光禄寺卿馮惟訥。

河南布政司右參政封禮部右侍郎兼翰林院學士馮子履。

禮部尚書兼翰林院學士贈太子少保謚文敏馮琦。

### 臨朐縣崇祀鄉賢

貴州按察司副使馮裕。

光禄寺卿馮惟訥。

河南參政封禮部侍郎馮子履。

癸酉舉人馮子咸。

禮部尚書贈太子少保馮琦。

## 《青州府志·事功志》〔一〕

《青州志》曰：孔門署『政事』之科，而建功古稱『不朽』〔二〕。夫士毓靈藴璞，爲世用也，業已委贄揚庭，攝尺寸柄見任矣，雖巨細區别，要以自效其所挾材，竭蹶心力，焉可誣也。片言而其利溥，一介而有所濟，况掀揭魁壘者乎？鉛松海物，見謂參錯離奇矣，叙齊貢者稱焉，地産而庭獻之，微與必録，此《禹志》也。《詩》曰：『自古在昔，先民有作。』先大夫之業，其爲鉛松海物大矣。予小子曷敢略焉，曷敢略焉？作《事功志》。

【校注】

〔一〕原本無題，此係注者所加。

〔二〕《青州志》：按，明清時期曾屢纂《青州府志》。《嘉靖青州府志》由知府杜思主修、馮惟訥等總纂，嘉靖四十四年刊印；《萬曆青州府志》由知府王家賓主修、鍾羽正主纂，萬曆四十四年刊印；《康熙青州府志》由知府崔俊主修、鍾諤總纂，康熙十五年刊印，後又有康熙四十八年、康熙六十年重修本，皆未付梓；《咸豐青州府志》由知府毛永柏總纂，咸豐九年刊印。本處之《青州志》，據下文『鍾羽正曰』知，當爲《萬曆青州府志》。

## 馮裕

馮裕，字伯順，臨朐人，以先世戍遼東，生於廣寧。少孤貧，刻苦讀書，聞義州賀醫閭先生倡明理學，往師事之，輒充然有得〔一〕。歸而事身心之學，動静語嘿，雖細必謹。家無積書，借誦以資見聞。精心經學，雖箋注，隻字必窮研，洞豁然後已。正德初，舉進士，授華亭令。清慎正直，名動一時。時瑾豎煽禍，邑人張文冕任近侍〔二〕，爲瑾腹心，以家托之。裕至邑，一無所私庇，冕怒，訴於瑾，將逮繫之。裕知禍在旦夕，略不爲動。已而逆黨伏誅。

升知州。所至多惠政，民懷去後之思。遷户部郎，一任法制，數忤權貴。權貴密遣人偵伺闕失，逾歲無所得，乃益重之，嘆服再拜而去。出守貴州，遷按察司副使。後先七年，屢建平蠻功。有百餘年仇殺者，先是，廷議數遣重臣按治，不服。裕單車往諭之，一言而解。酋長感泣，夷兵悉散去。南裔賴之以安。

後解官歸青州，不治生産，僦居十餘年。力不能酬，囊無遺鏹，瓶無儲粟，弗問也。性重厚剛介，人不敢干以私。晚年端坐陋室，手不釋卷。與諸同志結社賦咏，不忘忠愛之念、切偲之學。嘗爲醫誾先生集序，疾亟，猶更定字義，命筆是正。俄而正冠斂衽而卒。歷官所至，著冰蘗聲。既歸田，尤凜凜自守，非義一毫不染。子四：惟健、惟重、惟敏、惟訥，俱登科，人以爲清節之報云。

## 【校注】

〔一〕充：原本空格，據《嘉靖青州府志》卷一四馮裕本傳補。按：本傳雖出自《萬曆青州府志》，然實據《嘉靖青州府志》。

〔二〕張文冕：松江華亭人，王世貞《弇山堂別集》卷九五：『文冕，華亭人。初爲縣學生，被黜，潛至京，投劉瑾門下，遂用事。冒軍功，授錦衣衛千户。瑾捏傳旨意，多出其手，交通賄賂，氣焰傾一時。至是瑾敗并誅之，妻妾送浣衣局。』張廷玉等《明史》卷三〇四劉瑾本傳載：『瑾不學，每批答章奏，皆持歸私第，與妹婿禮部司務孫聰、華亭大猾張文冕相參決，辭率鄙冗，焦芳爲潤色之，東陽俯首而已。』

### 馮子履

馮子履，臨朐人，父惟重，以行人奉使卒。公幼孤，母節婦蔣氏訓育之。弱冠能文，下筆數千言立就。登戊辰進士，選固安令。邑多盗，公揀良家子爲牙兵，習騎射，盗發輒捕得之，道路清肅。升兵部主事，略〔一〕。升大同兵備，練修堡，虜不敢南牧者數年。以讒忌歸里。尋復起知和州，升易州兵備副使。適有開礦之議，公言於巡撫宋公〔二〕，力止之。民有聚衆誦經者，儌兵詐，不遂，以叛告，有司遽請兩臺兵剿之。公笑曰：『何至是？正煩一檄耳。』乃出示，散其衆，呼爲首者笞遣之。其從容談笑，銷彌大變類如此。子琦爲宗伯，公畏盛滿，致政還。封禮部侍郎、侍讀學士。卒入鄉賢。

【校注】

〔一〕略：《萬曆青州府志・馮子履傳》此段應有一段内容，此處删節。

〔二〕巡撫宋公：即宋仕（?—一六一八），字汝學，號可泉，山東平原人。隆慶五年進士，累官至南京右都御史，卒贈太子少傅。萬曆十六年至十九年，以右僉都御史巡撫保定。

## 《青州府志・文學志》〔一〕

《青州府志》曰，《傳》云：『言之不文，行之不遠。』齊稱稷下，堅白同异，離經掩實，閎博麗達，有足觀者。鄒陽節伸借國，顏安力挽頽風，實亦多矣。左思而下，咸究一藝云。

### 馮惟健

馮惟健〔二〕，字汝至，臨朐人。憲副裕之子。生於遼左，隨宦南北，游學金陵。方弱冠，文名嶄嶄起，同學之士靡不傾心，以爲野王再生、敬通復出〔三〕，争相引重，摹其點畫，擬其體裁。樸樕之俗，份份藻雅矣。戊子，領鄉薦，凡七上春官不第。齟齬於時，奇思健氣，溢爲詞章，然多酬贈游衍之撰。本其志，殆不徒以文人自命，思欲爲當時輸誠效節，著功業於《春秋》，退而抒意綴詞，成一家言。卒未之能待也。詩賦得之漢魏、《騷》《選》爲多，近體似開、寶以上名家。書啓誄贊，超軼峻整，使出晋宋人口，皆成奇語。至於叙記諸篇，命意深厚，敷言爾雅，不類文士之詞。所著有《陂門山人文集》若干卷。子子咸，見《理學志》。

## 【校注】

〔一〕原本無題，此係注者所加。

〔二〕按，馮惟健此傳，實節自陳鳳《陂門集叙》，亦即本《世録》之《明孝廉陂門馮公傳》。

〔三〕野王：指漢代馮野王，字君卿，上黨潞縣人，馮奉世之子。敬通：即漢代馮衍，字敬通，京兆杜陵人。

## 馮惟敏

馮惟敏，臨朐人，號海浮，裕之子。能承家學。聰穎過人，多所博觀外家之語。詩文雅麗，尤善爲樂府，以俊語度新聲，傳之遠邇，聞者解頤。王元美稱其『北調獨爲杰出，拍凑、務頭，無不曲盡，而才氣亦足發之』[一]。中鄉試，爲淶水令，以不能俯仰改教。久之，自免歸。所著有《山堂詞稿》《擊節餘音》行於世。郡志多所裁定，人皆稱之。

鍾羽正曰：吾鄉作詞曲者，李開先、谷繼宗與海浮皆著名一時[二]，而論者以馮爲勝。觀其才情腔調，卓有獨得，所謂『别學』『别才』，非可效而及之也。承蜩弄丸，即聖人不能與争能，况歌詞乎？是足以名家矣。

【校注】

〔一〕王元美：即王世貞（一五二六—一五九〇），字元美，號鳳洲，南直隸太倉人。嘉靖二十六年進士，歷官至南京刑部尚書。『後七子』領袖。著述宏富，有《弇州山人四部稿》《弇州山人續稿》等。王世貞《藝苑卮言》：『北調……近時馮通判惟敏獨爲杰出，其板眼、務頭、攛搶、緊緩，無不曲盡，而才氣亦足發之。止用本色過多，北音太繁，爲白璧微纇耳。』

〔二〕李開先（一五〇二—一五六八），字伯華，號中麓子，章丘人。嘉靖八年進士，歷官至太常寺少卿。『嘉靖八才子』之一。有《閑居集》《中麓小令》《詞謔》等。與『臨朐四馮』交誼頗深，尤長散曲，與馮惟敏并稱。谷繼宗：字嗣興，號少岱，濟南歷城人，嘉靖五年進士，歷官至宜興知縣。善詩，尤長於散曲。

## 馮惟訥

馮惟訥，字汝言，臨朐人。六歲就傅，誦書如成人。質問敢言，父閭山公名之訥〔一〕，自是謹厚沉毅矣。長授《毛詩》，嘗謂：『《三百篇》後，其堪垂金石而風來祀者，胡可散佚？』爰集删後之所逸、楚騷之未輯，及鳥迹、竹書，自黄軒逮秦漢魏晋迄隋，上下千載，爲《詩紀》百卷〔二〕。蓋自弱冠，始與仲兄同舉於鄉，同進士〔三〕。知宜興縣，以事上官不阿，調魏縣。遷知蒲州，累遷陝西按察僉事，備兵隴右。督攝學校，品題十不失一。在任，刻《詩紀》成，書一出，海中紙貴，聲實岳岳起中外。由少參遷浙江督學副使，首與諸生約正文體，敦德行，士瞿然顧化。大學士袁公遺官致書〔四〕，謝而不發，其介如此。遷山西參政、按察使、陝西右布政，清屯田，得萬餘頃。事聞，欽賞金幣。遷江西左布政使，核上供瓷器浮費，令民以他爲率，畝出一錢顧役。民大悦，肖像事之。入覲事竣疏請老，以光禄寺卿致仕。

家居，日手一編。發爲詩文，淵然閒静，粹然莊瑩，而不務一切瑰奇亢厲之態。公於此道，所得深矣。學士大夫嘗言：《詩紀》未出以前，華林修文，虞、徐、歐陽諸書〔五〕，皆彙事而無彙詩。《詩紀》出，而爲樂苑、爲詩藪、爲類苑、爲雅音編、爲詩宿，諸家於斯詳韵、詳類、詳體、詳格。是前代得失之林，後人漁獵之窟也。海内觚翰之士，無不宗爲陸海藍田。外所著有《風雅廣逸》《楚辭旁注》《選詩約注》《文獻通考纂要》《杜律删注》《馮光禄詩集》若干卷，行於世。孫珣，令長武，請於按臺畢公重梓《詩紀》〔六〕。

## 【校注】

〔一〕閭山公：原作『閭山父』，當涉上而訛。

〔二〕《詩紀》：又稱《古詩紀》，有嘉靖三十七年至三十九年甄敬初刻本、萬曆年間吴琯刻本以及萬曆末馮琦刻本。凡一百五十六卷。《四庫全書總目》稱：『前集十卷，皆古逸詩；正集一百三十卷，則漢魏以下陳隋以前之詩咸在焉；外集四卷，旁采仙鬼之作；别集十二卷，則前人論詩之語也。』

〔三〕仲兄即馮惟重，與馮惟訥嘉靖十三年同榜中舉，嘉靖十七年同榜中進士。

〔四〕袁公：即袁煒（一五〇七—一五六五），字懋中，號元峰，浙江慈溪人。嘉靖十七年探花，累官至建極殿大學士。卒贈少師，謚文榮。

〔五〕虞、徐、歐陽諸書：虞指虞世南（五五八—六三八），字伯施，餘姚人。善書法，初唐四家之一。隋煬帝時官起居舍人，唐時歷任秘書監、弘文館學士。其編撰《北堂書鈔》一百六十卷，爲現存最早類書之一。徐指徐堅（約六五九—七二九），字元固，浙江長興人。官至集賢學士。與張説等編《初學記》三十卷。歐陽指歐陽詢（五五七—六四一），字信本，潭州臨湘人。累官至弘文館學士，封渤海縣男。與令狐德棻等編纂《藝文類聚》一百卷。

〔六〕按臺畢公：即畢懋康（一五七一—一六四四），字孟侯，號東郊，歙縣人。萬曆二十六年進士，以中書舍人授御史，天啓中累官右僉都御史，崇禎間仕至南京户部右侍郎。

## 《青州府志·理學志》〔一〕

《青州府志》曰：聞之長者，宋以前士無理學之名，明以前齊鮮理學之士。李挺之雖啓其端，而未見微言精義〔二〕，止傳《易》學而已。端恪卓然於波靡之中〔三〕，近溯程朱，上師孔孟，言論風旨，純正高明，使見之者服深，遠去疵吝，可謂豪杰之士，無文王而猶興者矣。司寇夙服東越之傳〔四〕，而操履篤實，風節孤峻，終其身，皭然不滓，君子哉若人！醇乎醇者也。貞静愔愔〔五〕，友朱師冀，超然高蹈，凝然内朗，孝友廉讓之行，真足勵頑懦而起淳風，確乎聖人之徒也！三君子雅不以著述名，而默識躬行，皆深於理學者。乃若丘公遵程朱以訓經〔六〕，馮公闢异途以衛道〔七〕，砥節奉公，掄材作士，其深心苦行，於理學有裨補焉。高山景行，爰啓後人。作《理學志》。

【校注】

〔一〕原本無題，此係注者所加。

〔二〕李挺之：即李之才（九八〇—一〇四五），字挺之，青社（今山東青州）人。曾師從穆修學《易》，後爲邵雍師。天聖八年（一〇三〇）同進士出身。始爲衛州獲嘉主簿、權共城令，調孟州司法參軍，後爲澤州簽署判官，在澤轉殿中丞，丁母憂，甫除喪，暴卒於懷州官舍。生平見《宋史》本傳。

〔三〕端恪：即冀鍊（一五一三—一五八七）：字純夫，號康川，山東益都人。嘉靖二十三年進士，累官兵部右侍郎。卒贈工部尚書，謚端恪。《光緒益都縣圖志》本傳載：『向學純篤，自六經及諸大儒遺書，無不成誦。其學以誠敬爲主。動止語默，皆有法度。』『每語人曰：「人心有一息之怠，便與天地之化不相似。」又曰：「人心淡然虛止，不容一物而無所不容。」又曰：「立志須剛，剛乃能伸萬物之上。」』

〔四〕司寇：即朱鴻謨，字文甫，山東益都人。隆慶五年進士，累官刑部右侍郎，卒於官。贈刑部尚書，謚恭介。生平見《明史》本傳。林之盛《皇明應謚名臣備考録》卷四《朱鴻謨》載：『謨生平心儀端恪，學務不欺。大庭以及屋漏，無墮容；公卿以及走卒，無飾辭。尊濂洛關閩之矩矱，視世之新學如操戈入室，一切吐弃。平居未嘗談人短長，聞人善，喜動顔色。見一才，推轂不容口，時尤多之。』

〔五〕貞静：即馮子咸，友人私謚曰貞静先生。明後期青州理學，以冀鍊、朱鴻謨、馮子咸爲代表。

〔六〕丘公：即丘橓，字茂實，諸城人。嘉靖二十九年進士，授行人，擢刑科給事中，遷兵科都給事中，擢南京太常少卿，進大理少卿，以病免。神宗立，言官交薦，張居正惡之，不召。萬曆十一年起右通政，未上，擢左副都御史。遷刑部右侍郎，往籍張居正家。還，轉左侍郎，增俸一秩。尋拜南京吏部尚書，卒官。贈太子太保，謚簡肅。《明史》本傳稱：『橏强直好搏擊，其清節爲時所稱云。』

〔七〕馮公：即馮琦。馮琦兩主鄉試，一主會試，始終以端正士風爲己任。最著名者，萬曆三十年春，上《爲重經術祛异説以正人心以勵人材疏》。

## 馮子咸

馮子咸，臨朐人。父惟健，祖裕，見《文學》《事功》志。公少孤，事母至孝。母疾，衣不解帶者數月，卒而哀毁泣血三年〔一〕。事兄盡愛敬，致美分薄，宗族稱孝，鄉黨稱弟焉。爲文根理要。癸酉舉於鄉。一再與計偕，遂幡然曰：『情非捧檄，禮非翹弓，何數數干禄爲？』遂捐舉子業，躬服耕埴，依治水而居焉。約族人爲敦睦會，合食而周其貧乏者。交朋友，不阿所好，善則奬之，過則規之。或告之過，則喜曰：『是望我爲全人也。』老儒張其綱、唐虞治始終相處〔二〕，爲忘年交，無間言。訓鄉人以禮讓，倡立義倉，差其等而賑貸之，鄉人徙而依者百餘家。其康濟見於鄉居者如此。遠近稱爲仁德士。所著有《日進劄記》《自警私課》《讀禮抄記》，具有深識超詣，然不以示人。亦不聚徒進學，淵然守正而已。動容造次，必修古則。或問爲學，曰：『須剛須恒。不剛則隳，不恒則退。』問敬，曰：『惺惺之謂敬，繩束非敬也。』問廉，曰：『静則廉。』問處事，曰：『凡事歸之自然，欲高人則害本體。』問處人，曰：『和氣誠心，不可出理之外。』言心，秉程朱，尤深憂儒名而趨二氏者。與人談及，則毅然辨之。年四十九卒，聞者無不悼惜，知友共推其學行，仿古黔婁、柳下之遺，謚曰『貞静先生』。

鍾羽正曰：古人有言，志於道德者功名不足累其心，馮先生之謂也。凡隱逸者好放言詭行，憑陵一世，而先生貞不抗俗，隱不肆志，信道忘世則漆雕生，循經蹈古則高子羔[三]。孔門四科，虞廷九德，其殆庶乎？而玄纁未徵，儀刑遽泯，斯道之不幸也。先生冲夷恬巽，言不出口，學者翕然景慕，擬之冀、朱兩公[四]，無軒輊者。可謂躬行君子矣。

**【校注】**

〔一〕哀毁泣血：原文作『哀毁血』，據《康熙臨朐縣志》卷三《馮氏世家·子咸》『母疾，衣不解帶者數月，卒而哀毁泣血三年』改。

〔二〕張其綱、唐虞治：生平俟考。

〔三〕忘世：據鍾羽正《馮貞静先生誄》『道忘仕則漆雕生，循經蹈古則高子羔。貞不抗俗，隱不肆志』，則當作『忘仕』。

〔四〕景慕：原文作『景暮』，訛。冀朱兩公：即冀鍊、朱鴻謨。

## 馮　琦

馮琦，臨朐人，貞静從子也。父子履，見《事功傳》。幼聰穎絶人，嗜學敦行，以古人自期。丙子中鄉試，丁丑成進士，選庶吉士。己卯授翰林編修，纂《大明會典》成，升侍講。戊子，主湖廣試；辛卯，主順天試。咸稱得人。所發策，具宫府大計，剴切確至，讀者以王佐期之。尋升侍讀學士，掌院事。乙未，升禮部侍郎。尋丁憂，服闋，改吏部侍郎，佐尚書李公戴清選法〔一〕。公計典，吏治一清。旋主會試，考人爲盛。升禮部尚書，贊册立。大典迫期，司設傳經費不給，公與内閣議曰：『今日禮爲重，勿計財。』時公從弟户部郎瑗解遼東餉四萬金已出都矣，急追還，與司設，而册立乃得成。逾月舉大冠禮，明年大婚，皆公手注禮制。遂成勞瘵，逾年卒。卒之前一日，尚遺疏，皆天下大事也。賜祭葬，有加恩焉。

方公在部，有异學見效者，公因上疏明正學、禁异説，其略曰：『春秋大一統者，統於一也。國家以經述訓士，自五經四書、性鑒、正史外，不列於學宫，不用以課士。蓋即古人罷黜百家獨尊孔氏之意，此所謂聖真、所謂王制也。邇者人文向盛，士習日非，始騖新奇，漸趨幽詭，背捐孔孟，非毁程朱，惟南華西竺之語是崇，是競以實爲空，以空爲實，以名教爲桎梏，以紀綱爲贅疣，以放言恣論爲神奇，以蕩弃行檢掃滅是非廉耻爲廣大，取佛經言心言性略相近者竄入於聖言，取聖言有空字無字者强同於禪教。承學小生，未離勺象，而已荒談幻語，壞其心術，道術之弊久矣。晋以來於吾道之外自爲二氏，宋以來於吾道之内自爲兩岐。又其後則取釋氏之精藴自附於吾道之中，又其後則尊釋氏之名法而顯出於吾道之外。非聖天子執中建極，揭日月於中天，士大夫力挽頹風，引之正路。悠悠世道，未知所届也。』〔二〕因條上經術、文體、行檢、冒籍、刊書等項，士務以經書宋注爲準；督學歲試，士有用佛書不遵朱注者降黜之，犯卧碑戒者究治之；鄉會試敢用佛書者官罰士斥，詐冒儒童發解原籍，坊刊非正書秉置炎火。奉旨依擬着實行。風由此漸變，公之力也。

鍾羽正曰：馮公温然雅士也，至憂世維風於波流靡蕩之中，力闢二氏，視韓、歐所論，更深切矣〔三〕。時縉紳有膜拜落半髮者，得旨令致官自遂，論者是之。大要二氏之學原各就其所見，非欲與吾道爲敵。而奇詭之士，竊取聖賢之言，以推其明説，易以玄詞幻語，疾於動人。吾儒不自深味古經書，反以彼爲超詣，而向慕之，遂至變夏爲夷而不之覺，深可怪也！曷能澄心默識求於古經傳之中，如《易》之『寂然不動，感而遂通』『何思何慮，成性存亡』，《書》之『惟精惟一，允執厥中』『善無常主，協於克一』〔四〕，《詩》之『無然歆羡，無然畔援』『不識不知，順帝之則』，《中庸》之『喜怒哀樂未發』，《論語》之『毋意毋必毋固毋我』，《孟子》之『良知良能』『不慮不學』。諸如此類，曷嘗不至精至深，自如自足？而更待稱玄稱禪然後爲超詣耶？顧徹下上，彝倫名節，乃道規程，不可少屑越耳。觀諸公所稱引與所履蹈，是亦士之楷範也。予極固陋，而竊有所聞，故備論之，高賢或采正焉。

【校注】

〔一〕李公戴：即李戴，字仁夫，號對泉，河南延津人。隆慶二年（一五六八）進士，累官至吏部尚書。

〔二〕此段文字見《爲重經術祛异説以正人心以勵人材疏》。

〔三〕韓、歐：即韓愈和歐陽修，二人都曾力闢佛道，韓愈曾上《論佛骨表》，歐陽修著《本論》，其旨歸皆在崇儒排佛。

〔四〕允執厥中：執，原文作『報』，訛。協於克一：協，原文作『主』，訛。

鄉之賢者祀於學宫，一以表揚前哲，一以風勵後來，此鄉閭萬口之公議、朝廷闡揚之大典，非勢位可得而干，非子孫可得而私也。近世以來，稍稍濫觴矣，以是吾祖父碩德懿行〔二〕，皆未嘗敢與斯典。夫鄉之賢哲，必不與不肖者爲伍，神明有靈，亦孰肯自輴褻乎？此昔賢所以有慨於中，而欲奉其先世之主以歸也。若吾先世之從祀，蓋尚有公議也與？

【校注】

〔一〕吾祖父：即鍾羽正之祖鍾秀、父鍾洲。鍾秀，字熙菴，嘉靖二十五年舉人，官至廣宗知縣。《光緒益都縣圖志·儒學》：『秀沈潜嗜學，深入理奥，以舉人爲廣宗縣知縣，清静爲治，有訟者以理諭之，經旬不聞鞭樸。暇則垂簾翻書，進諸生，與談經義，俸入以葺學宫、振貧士。士民感其德教，爲立生祠。又刻碑於縣治，稱其「冲懿淵粹，無得而名」，而比之漢林慮長云。子洲，少傳家學，尤熟《史記》《漢書》，嘗云：「古人七業以《史》《漢》抵二經，何可略也。」生平不信堪輿家言，謂君子當以生者光死者，不當假死者福生者。卒之日，遺命薄葬，後以子羽正貴，與秀并贈太僕寺卿。』

## 貞節

《青州府志》曰：仲尼删《詩》，《齊》首《鷄鳴》，蓋駸駸於《葛覃》《樛木》矣〔一〕。視鄭衛之靡蕩忘返，蓋徑庭也。豈其山川峻駛、土俗深厚而然歟？世教漸遠，固門深宫，彤管女史，姆保紉佩尚或違之，况嫠妻庶女，執節不回，能自同於后妃夫人者乎？此尤足尚者也。搜羅舊聞，作《列女志》。

馬文煒曰〔二〕：古之閨梱，出入有環佩之節，居處有鞶帨之飾，閒燕有箴管之戒，坐作有紃組之工，故能内則克修，而女德懋也。後世姆訓不立，内教之闕久矣。且義方克肖，大聖賢不能得之子姓，矧婦女哉！諸貞婦，子母祖孫，世節相繼，非其夙禀正氣，怙依觀法，何能得此乎？斯其爲鄉邦重，無遜冠纓矣。嗚呼休哉！

【校注】

〔一〕樛木：原文作『繆木』，訛。

〔二〕馬文煒（一五三三—一六〇三）：字仲韜，號定宇，山東安丘人。嘉靖四十一年進士，累官至右僉都御史、巡撫江西，生平詳于慎行撰《明故中憲大夫都察院右僉都御史定宇馮公墓志銘》。

## 馮惟重妻蔣氏[一]

列女夫亡守志、訓子持宗者：行人馮惟重妻蔣氏，遼東人，從惟重還青州。惟重登進士，爲行人，使楚，中道卒，孤子履方晬。守志訓孤，足不逾閾，雖兄弟莫見其面。以子孫貴，累受封，壽八十餘卒，題准旌表立坊。

【校注】

[一] 原本無題，此係注者所加。

## 馮惟直妻陳氏[一]

列女夫亡守志、清白攻苦者：生員馮惟直妻陳氏，益都人，尚書陳經女也[二]。生三月不能啼。既長，沉默寡言，專女紅。父母鍾愛之。年十九，適直。年二十三，直卒，陳撫尸慟哭，曰：『妾忍少須不死者，見有遺腹五月。』既而生子，復不育，乃朝夕爲必死計，家人每踪迹之，得不死。已乃孤身歸父母家，剪髮茹素，獨居一室。家人罕睹其面。偶節序回，拜家廟，哭聲痛切，聞者下泪。題准旌表立坊。

【校注】

〔一〕原本無題，此係注者所加。

〔二〕陳經（一四八三—一五五〇）：字伯常，號東渚，山東益都人。正德九年進士，歷官至户、禮、兵三部尚書。《嘉靖青州府志》本傳：『立朝垂三十年，門鮮干謁。卒之日，囊無私遺，有古人之風。』曾與馮裕等結海岱詩社。

## 馮子蒙妻劉氏〔一〕

生員馮子蒙妻劉氏，臨朐人，夫亡無嗣，堅守終身。題准旌表立坊。

【校注】

〔一〕原本無題，此係注者所加。

## 禮部奏爲旌表事〔一〕

儀制清吏司案呈節奉本部送該巡按直隸等事監察御史楊柏等〔二〕，奏保及核勘過孝子高宗孔等二名、節婦張氏等二十四名、烈婦賀氏等七口，各孝行節烈是實，取具各該官吏人等保結及奏抄，到部送司，案呈到部。看得前項孝行節烈事情，既經奏保及覆勘明白，前來合行。各該原籍官司，照例旌表以勵風俗。緣係旌表事理，未敢擅便，開坐謹具奏聞。

計開：

蔣氏，係山東青州府臨朐縣人，已故行人馮惟重妻，見年五十九歲。夫亡時年三十歲，守節二十九年，委無瑕玷。今照例旌表已故行人馮惟重妻蔣氏貞節之門。

隆慶三年五月十六日具奏。本日奉聖旨：『是。』

【校注】

〔一〕楊柏：河南商丘人，嘉靖三十五年進士，曾以御史巡按江西、直隸，升陝西副使，累官湖廣右布政使等。

## 禮部奏爲旌表事（二）

儀制清吏司案呈奉本部送該巡按四川等事監察御史陳瑫等〔一〕，奏保及核勘過節婦楊氏等十二口、烈婦王氏等二十二口、孝女解氏一口，例應旌表。案呈到部，看得前項節烈孝行事情，既經各該巡按御史奏保及核勘明白，前來合行，各該原籍官司，照例旌表，以勵風化。緣係旌表事理，未敢擅便，開坐謹具奏聞。

計開：

陳氏，係山東青州府臨朐縣已故生員馮惟直妻，嘉靖十九年二月二十五日夫卒於外，氏年二十三歲。聞訃不食，欲以身殉，姊以百方慰解，得不死。有遺腹五月，已而生男，復不育。養於二姓親族之家，茹苦四十五年。萬曆十三年十二月以内疾終，年六十八歲。合照例旌表已故生員馮惟直妻陳氏貞節之門。

萬曆十五年十二月□日具奏，□日奉聖旨。

【校注】

〔一〕陳瑫：南昌人，萬曆五年進士，以監察御史巡按四川，遷建寧知府。

## 遺　愛

### 華亭令閭山馮公祠祀記

徐獻忠撰〔一〕

閭山馮公某治華亭有惠政，其去也，民爲歌曰：『大水横發高樹低，人死爲魚公凄悲。誰使公去傷哉離！』公去華亭幾四十年，其子少洲公復來治松〔二〕，念其民之思公也，益視之如家人子。其後少洲公以治績入補尚書地官郎。去三年，民益思公尚神游兹土，故裨其令子來惠我也〔三〕，遂請祀公於學宫。逸民徐獻忠少日經見公治理，乃爲記曰：

昔在正德己巳，公來治民，任真履平，不事繢飾，事有利民者即力任之〔四〕。方是，中官操竊名器，郡長吏有出其門者，頗事歛括〔五〕。公不承其意旨，遂爲所不樂。是歲秋，大水自邑以西漭爲巨壑，民飢餓死者甚衆，而糧額不捐減〔六〕，監司者又適去任。乃不待報請，移其税於高鄉。繼而監司者至，郡長吏乃從其中構之，幾中於禍。民相率聲其冤，僅得調蕭縣去。民既素感公，故思戀之而歌之，以至祠祀云。

嗟乎！後世任法之弊，乃至不能少展士人之志。如公所遇，不重爲世道傷哉？漢武帝以法繩群下，數誅戮丞相、御史，乃能容一汲長孺〔七〕，不問其矯制發粟，至今爲美稱。宋名公卿救恤荒政，往往便宜自任，不爲常法所拘縛。公爲守相，調量土田以均民税，亦一時濟難之權也。乃至坐受其困，此非人有所持之，何至於是？假使操持不固〔八〕，蹶躓之後即變易其志，中道弃捐者衆矣。公之調蕭也，其志益耿烈，民煩苦百出，節財省費，務與休息，民尤感之。其後擢知晋州，適滹沱變遷，城南沾其利而城北之税不除，公奪衆議，力爲去之，此其直己守道、不惑於志，似汲長孺。其氣和平安雅，而又濟之以學力，故貴州臬政，雖處蠻夷而誠信感孚，有不徒然者也〔九〕。公之神靈如日月之明，如風雷之肅，何所不被及，豈特華亭一祠祀哉？顧其感德報功，出於實心，是固公之餘教也。少洲公以文章政業名於海内，與諸昆炳然，足以令公之後。其佐松之績〔一〇〕，別有著，不述。

## 【校注】

〔一〕徐獻忠：字伯臣，一號長谷，華亭人。嘉靖四年舉人，官奉化縣知縣。《明史·文苑傳》附見文徵明傳中。有《吴興掌故集》《水品》《長谷集》《樂府原》《金石文》《六朝聲偶》等。王世貞私謚曰『貞憲』。此文亦見《長谷集》卷八。

〔二〕少洲公：《長谷集》本作『少洲公名惟訥』。嘉靖二十七年，馮惟訥補松江府同知，《光禄集》之《送别二首》序云：『戊申中秋，訥奉母薄游吴淞，二兄送余彌水之陽，時積雨淹旬，黽勉就道，感别述征，言咏斯章。』

〔三〕禆：《長谷集》本作『俾』。

〔四〕利民：原文作『利兵』，據《長谷集》本改；本句後《長谷集》本有『雖難弗憚也』。

〔五〕中官：指劉瑾，時柄政。出其門者：指張文冕，生平見前。

〔六〕捐：《長谷集》本作『蠲』。

〔七〕汲長孺：即汲黯，字長孺，濮陽人。西漢時直臣。《漢書·汲黯傳》：『河内失火，燒千餘家，上使黯往視之。還報曰：「家人失火，屋比延燒，不足憂。臣過河内，河内貧人傷水旱萬餘家，或父子相食，臣謹以便宜，持節發河内倉粟以振貧民。請歸節，伏矯制罪。」上賢而釋之，遷爲滎陽令。』

〔八〕操持：《長谷集》本作「所操持」。
〔九〕蠻夷：《長谷集》本作「蠻貊」。
〔一〇〕績：原作「續」，據《長谷集》本改。

## 陝西按察司僉事少洲馮公遺愛記

嘉靖丙辰，少洲馮公分臬隴右，駐節秦州。越五祀，晋河南參議。又三年，是爲嘉靖甲子，秦之若士若民若薦紳，思公恩澤在秦者，猶深一路也。欲爲公頌美以志永思，介郡學生王瑶偕鄉耆王鸞輩過余[一]，請曰：陝之諸路，隴右稱難治焉；隴之諸郡，秦州又稱難焉。蓋地險隘而俗獷悍，田瘠薄而民貧弊。加之番戎内窺，胡虜外逼，豈惟守若令難，顧監司愈益難也。夫地險則藪逋亡，俗獷則多疆禦，田瘠則賦詘，民貧則徵逋，羽檄一馳，逖邇震讋，若將阽於危。已臬其地者，急之則變虞起，緩之則法紀隳，鮮克善其治者，矧遺去後之思耶！自我明公莅秦，五年於兹矣。令務宜民，政崇體要。墨吏不法，曰民賊也，踣而縶之，苗薅髮櫛罔弗繩；武夫黷貨，曰治蠹也，按而核之，褫職奪級罔弗懲。盗肆不恪，民罹荼毒，乃選官遂捕，盡殲凶渠，民用胥安。惡少竊礦，賕吏勿追，乃詰厥奸慝，究竟主者，釁隙頓塞。蓋公之威令，如雷霆之不可褻侮，秦人畏威若神明焉。然威而不猛，明而不察。平久冤之縶囚，無辜全活；稽侵牟之屯田，流徙歸業。減節縻費，裁抑冗食，軫民創殘如己病，賙士飢寒如己飢。賢不肖率俾，賤若貴從乂。蓋公之惠愛，如雨露之潤物無私，秦人戴若怙恃焉。夫茅柔而人藉之矣，坎下而水趨之矣。公去秦未洽三年，遺愛浩盎，民思不輟，久若近也，去若存也。豈僞爲哉！願乞一言以爲公頌。秦人思公之心，庶幾慰矣。

予聞而嘆曰：是古之道也，可以觀德矣。夫古之君子，恩結民心，民即所游居而歌咏之，如《詩》《書》所稱，百世耿光焉。是故召公所稅，愛流甘棠；宣子所游，爰樹其樹。梁公侈和戎之頌，叔子紀征南之勛〔二〕。蓋豐於德者其感深，悦於心者其孚遠。公以博古通今之學，瀰淪經世之才，光明俊偉之操，觀察秦隴。其威而不可犯者，義也；其愛而不忍違者，仁也。仁以育之，則敦大成俗；義以正之，則割斷罔艱。二者居天下之大道哉！蓋仁，德之澤也；義，德之防也。仁義并用，德之盛也。德盛則感神，感神則應妙，應妙則化乎，是故在則民畏愛之，去則民懷思之。一誠之不可解也。非甚盛德，疇克有此？若公者，《詩》《書》所稱何加焉？故曰：古之道也，可以觀德矣。夫山惟崇也，人斯仰止焉；海惟泓也，水斯朝宗焉；政惟善也，民斯永懷焉。若公弃仁義而用智術，置威愛而尚刑辟，則歡虞之風，或可矯情於未去之日，怨懟之實，終難抑制於既去之後。欲民之思，得乎？故曰：民至愚，可以誠感；民力至柔，不可威劫。此之謂也。

夫秦隴衣被公德一矣，而秦獨頌之，不私乎？蓋公德之在秦隴，猶陽春之煦物，無弗遍者，而秦人獨思之深、頌之至。無乃公駐節於秦，若召之稅、宣之游，睹物思德，宜不後諸郡矣！《易》曰『鶴鳴在陰，其子和之』，言應也。隴之人，將應之矣。雖然，『大德不官，大道不器』〔三〕。公歷試中外，所至懋績循良播於郡邑，經濟徽於武部，旬宣光於藩垣。任有煩簡而樹勛同，位有巨微而遺愛同，猶泥之在鈞，惟甄之所爲，金之在鎔，惟冶之所化。昇日晉位台階，泰勛寰宇，銘太常，勒彝鼎，頌功德於廊廟，垂聲光於國史，天下後世咸共傾企，秦人且不得私，況隴哉！公諱惟訥，字汝言，山東臨朐人，戊戌進士。

嘉靖四十三年仲春之吉〔四〕，賜進士第廣東監察御史隴西劉應熊撰〔五〕。

【校注】

〔一〕王瑤、王鸞：生平俟考。

〔二〕梁公：即狄仁杰（六三〇—七〇〇），字懷英，并州太原人。唐代名臣，追封梁國公。《新唐書·狄仁杰傳》：「出爲寧州刺史，撫和戎落，得其歡心，郡人勒碑以頌。」叔子：即羊祜（二二一—二七八），字叔子，泰山南城人。魏末，受司馬昭寵信，掌機密，任中領軍。司馬炎稱帝，羊祜爲尚書僕射，後任都督荆州諸軍事，加征南大將軍。贈太傅，謚成。

〔三〕大德不官：「德」字原闕，據《禮記·學記》補。

〔四〕嘉靖四十三年：原文作「嘉靖四十九年」，誤。按，嘉靖年號至四十五年。據前「又三年，是爲嘉靖甲子，秦之若士若民若薦紳……介郡學生王瑤偕鄉耆王鸞書過余」，則此文當作於嘉靖甲子即嘉靖四十三年，「九」爲「三」之誤。

〔五〕劉應熊：原文作「劉應態」，「態」當爲「熊」之訛。劉應熊，字得陽，隴西人。嘉靖二十年進士，官至巡撫御史。初任分宜縣知縣。邑人王臣，嚴嵩客也，横里中，殺人，立置於法。遷監察御史。

## 易州兵備副使青州馮公崇祀名宦碑

今上御極之十有八年庚寅，青州仰芹馮公子履以中憲自河南徙鎮易州。越四年癸巳，擢去。又六年己亥，今東昌淳寰韓公學信由都諫來觀察兹地[一]，時公已以參知乞身，卒於家者三年矣。觀察故存心當世之務，既抵易，謁夫子廟，顧其制新，士彬彬如也，心甚善之。詢之，馮公振作之餘也。曰：『知本哉政乎！文翁不得顓美於前矣。』閱衆保定時，見易茂衛之籍隸焉，念易重地，勢不得虚無人。已而閱易自有卒，卒精，訝曰：『若屬既不關尺籍，將應募而來者耶？』皆前對曰：『非也。某某良家子，某某介胄之餘夫爾。』『然則何時設者？』曰：『什伍我而討練之，蓋馮公在鎮之日矣。』曰：『有備哉政乎，猶有地水之遺意焉。』

已而按部聽風謡，謡者曰：『南山無穴開，求金到枯骸。二馬去，群虎來。』蓋先是，采議未起，民有嘗試其説於當道者[二]。當道疑其便，商諸公。公爲之衡其意，答之厲禁，禁民又爲之冤，極末流，以爲必有今日。不幸而言驗，裁三年事耳。觀察曰：『思深哉政乎，惜未以其言聞之始議之日者。』

謡者又曰：『勿聽訛言，訛言減宗。易州三萬八千户，從今生子皆姓馮。』蓋嘗有奸民欲挾衆爲亂者，四布妖書，流言曰易州有天子氣。久之，又流言曰：朝廷惡我州之有天子氣也，舉兵來，盡誅之，莫知死所矣。奉其母與妻與子哭而奔，百姓皆奔，城爲之空。左右白公亡者衆，不可勝追，請追以營兵。公方飲賓客酒，不應，飲酒自若。第懸諭，諭之返。明日，有返者；又明日，盡返。乃罪一二首事之人，而人安。公謂：『當是時，彼以急投我，固欲我以急應之，而彼因藉我之急以實其詐，而益急我無知之民。民不爲走險之鹿，必爲反噬之麛，而奸人始得志矣。故罷追兵者，令彼之急無所藉以發也。』觀察曰：『重而有度哉，政乎！直以一杯酒洗萬姓之冤也。』大抵公政寬於編氓，嚴於屬寀，字無告而武斷者抑焉。以故一時文武吏即不肖者，往往惕而自新，民間即强有力之家有所占營〔三〕，役不崇朝還伍。而田野小民謳吟歌頌之聲，雖既久弗息。河壖壙土，阡陌縱横，濠隍隙壤，柳榆茂滋。問誰爲之，咸曰公教。蓋一利一害，無纖無巨，罔弗興也，罔弗革也。

自觀察受事，一切踵行，咸有成法。而以爲不有鎸勒，後將何觀？於是集郡大夫博士、博士弟子員、郡邑父老而謂之曰：『百年以來，以耳目之所睹記，憲於斯地者誰最賢？』咸作而對曰：『其馮公乎？』曰：『其政可得聞乎？』曰：『其詳不可縷數也，其大者有士民所上、兩臺請祀，箋在焉。』觀察曰：『然則已從祀乎？』曰：『三年矣，特未碑之耳。』曰：『碑之，我之責也。』遂以己所迹及箋所在徵言史砥氏。

史砥曰：予因是考鏡斯郡所祀古名宦，諸君子如劉梁以興學，賀惟忠以詰戎，李瓊以寬簡，李允則以樹蓺，各得其一以食於兹土〔四〕。而公兼有之。若夫止采，憂參政他日之憂；定變，得堅卧不起之意。斯不特諸君子，古鮮其儷也！於戲！祀以風世，勸有功也，而孰知有功之非公意？吾以前所稱二事信之，倘所謂加於有功一等非耶？爰爲之銘。銘曰：

金臺之下，易水湯湯。日月之側，福星煌煌。惟公如星，厥澤如水。未光餘潤，彌新未已。奕奕宮墻，惟公構之；濟濟章縫，惟公誘之。河壖淤壤，既衍且豐。我疆我理，其畝南東。表餌自甘，樽俎自恪。綏帶輕裘，身爲鎖鑰。空國之戍，實生戎心。釋鍤荷戈，如雲如林。孟有烱戒，極於危國。利弓害服，涓涓而塞。塞彼涓涓，觀在未然。雖悔可追，悲哉狂瀾。何物狡夫，利哉警警。駕言獺鸇，潛藪逋逃。爾震爾撼，公静如山。林木不驚，飛鳥自還。六察在握，肅如清秋。拂拭諸屬，共寡愆尤。孱弱見德，豪强屏氣。四載之勞，風於百世。人亡政存，澤遠民思。韓侯顧之，越惟我儀。事不忘前，致足師後。美鎸金石，光生俎豆。俎豆維何，芹芽泮波。是謂孔門，政事之科。私有尸祝，公有廟食。報德報功，與天無極。

萬曆三十年歲次壬寅季夏吉旦，賜同進士出身、詹事府右春坊右中允管國子監司業事、前纂修國史、管理誥敕起居經筵官年家鄉晚生即墨周如砥頓首拜撰〔五〕。

【校注】

〔一〕韓公學信：即韓學信，號淳寰，山東平山衛人。萬曆十四年進士，累官工科都給事中，出爲易州兵備道。

〔二〕當道：當指宋仕，時以右僉都御史巡撫保定。鍾羽正《仰芹馮公行狀》：『方礦事未起也，易奸民首奏疏窺上意，上下疏議之。都御史宋公以問公，公曰：「自古未聞開礦富國者，今國家雖乏財，奈何欲煩苦萬民，取給地下。即不得而利不償費，害也。得之而怨歸於上，力殫於下，長奸施奪，爲害滋甚。」宋公以聞上，事得已。』

〔三〕强：原文作『疆』，訛。

〔四〕劉梁：字曼山，一名岑，東平寧陽人。東漢桓帝時，累遷爲野王令。《後漢書·劉梁傳》：『桓帝時，舉孝廉，除北新城長。告縣人曰：「昔文翁在蜀，道著巴漢，庚桑瑣隸，風移碨磥。吾雖小宰，猶有社稷，苟赴期會，理文墨，豈本志乎！」乃更大作講舍，延聚生徒數百人，朝夕自往勸誡，身執經卷，試策殿最，儒化大行。』賀惟忠：忻州定襄人，五代宋初名將。《宋史·賀惟忠傳》：『惟忠性剛果，知書，洞曉兵法，有方略。在易州繕完亭障，撫士卒，得其死力。每乘塞用兵，所向必克，威名震北邊，故十餘年間契丹不敢南牧。』李瓊：字隱光，滄州饒安人，仕後唐後晉。曾救石敬瑭於圍中，敬瑭薦於唐明宗，超授軍職。累授護聖右廂都指揮使，領岳州團練使。李允：生平俟考，《弘治易州志》及《乾隆易州志》均不載其人。

〔五〕周如砥：字季平，號礪齋，山東即墨人。萬曆十七年進士，改庶吉士，授檢討，累升國子監祭酒。有《青黎館集》。

# 興安州守青齊馮公生祠碑記

孔子嘆『才難』，而又曰『十室之邑，必有忠信』，此非其言相背也，爲才無地不産，而千里一見猶比肩，曠世一出若旦暮，則難耳。乃今天下何如哉？郡縣則龔、黄、卓、魯絶迹，邊陲則狄、衛、李、趙無人〔一〕。臨時掣肘，欲借之异代莫由，若求文事武備於一人，而以循良膺樞府、效范文正之於宋者誰〔二〕？獨不佞撫甘肅時，興安牧青齊馮公足以當之〔三〕。其莅政甫及瓜餘，宏聲四達，知者器爲廟堂大受。尋東虜益犯順，天子撫髀疆域，簡掄宿望重臣。不佞濫竽至京，而有留都今日之命。

計馮公且將以三載考成矣。無何，有紹介叩司馬門而告，謁者詢之，曰：『興安太學生劉季子重基之使也。』〔四〕乃驚訝至再，曰：『長江天限南北，使胡爲乎來哉？』使於是致詞曰：『興安徼天之幸，得青齊馮公一意撫循，三年於兹。感恩者靡不漬肌浹髓，佩德者率皆傾念輸心，人人思久任而長游化日，深挹和風，若鄭國之母僑、晋人之愛盾也。〔五〕近日，國家東西搶攘，局内乏人，當事者燭照馮公材堪營繕，推轂督瑞藩土木，而登之薦矣。其釐北門鎖鑰者，則以監山海軍奏聞；痛郅支虐使者，則又以領前鋒左袒〔六〕。天子業已報可，蒲輪旦暮至矣。郡中及六屬邑，含甘飲醇，往往於通都大衢，窮鄉細邑，各建祠肖像，圖尸祝以識不朽。重基浸沉汪濊，欲有所鳴，以罄衷曲，敬徵言爲厥事。』

不佞出季子先方伯門墻〔七〕，在甘肅又稔知馮公最狀，於情於事當言。第季子爲公言則知公，己言之爲私言，馮公何私？

使者趨進曰：『季子自先方伯不禄，蔭漸衰，群小視爲魚肉。扶顛濟危，屬在上官〔八〕。公走赤輪來，每垂青盼濡沫，季子爲之課藝迪行，爲之捍難禦侮，期月而變。若劍之新發於硎也，光采畢耀，三年而化；若金之渾鎔於冶也，渣滓都忘。今日季子身得借手無咎，家得借手有終，公之力也。公於季子君治師教之恩，與父生并，季子不能忘父，敢忘公耶？不敢忘公，則日起視公之榱桷几筵〔九〕，而游神於泰山喬木，固也。』乃其一念呱呱孺慕，欲鳴其高而高不可企，欲鳴其深而深不可測，蕩蕩無能名，祇栖息於無知識之天耳。不佞悉使者之言，曰：『若是季子雖私實公也。今夫宇宙之吹萬，何者不在覆載生成内乎？一人而各囿於覆載，則各歸功於覆載。億萬兆人而共囿於覆載，則共歸功於覆載。興安七郡邑戴公，億萬兆人之於覆載也；季子感公，一人之於覆載也。要之，合戴與感，然後成其爲公，然後知其爲覆載。雖然，公爲廟堂物色，小儆則專閫而爲方召，太平則鎮坐而爲伊周〔一〇〕，將舉一世而在宥。其豐功偉績，深澤厚仁，風涌翔洽，采之太史，勒之青簡，固不待瑣屑，而硯山有記，則他日操觚者，料不能外此爲券也。姑就其言，筆之以附。若夫三年間嘉績，總載公祠堂碑，故不贅云。

天啓二年歲在壬戌季夏之吉。

賜進士第兵部右侍郎、前巡撫陝西甘肅等處地方贊理軍務都察院右僉都御史滑臺祁伯裕撰〔一二〕。

## 【校注】

〔一〕龔、黄、卓、魯：指漢代龔遂、黄霸、卓茂、魯恭，均以循吏見稱。狄、衛、李、趙：此或指狄青、衛青、李廣、趙充國。

〔二〕范文正：即北宋名臣范仲淹。范仲淹以文吏出爲邊將，文事武備皆精。《宋史·范仲淹傳》：『仲淹爲將，號令明白，愛撫士卒，諸羌來者，推心接之不疑，故賊亦不敢輒犯其境。元昊請和，召拜樞密副使。王舉正懦默不任事，諫官歐陽修等言仲淹有相材，請罷舉正用仲淹，遂改參知政事。』

〔三〕青齊馮公：即馮珣。

〔四〕劉重基：字季子，興安州人，監生。

〔五〕鄭國之母僑：僑即公孫僑，字子産，春秋時鄭國著名政治家。《史記·循吏列傳》：『爲相一年，竪子不戲狎，斑白不提挈，僮子不犁畔。二年，市不豫賈。三年，門不夜關，道不拾遺。四年，田器不歸。五年，士無尺籍，喪期不令而治。治鄭二十六年而死，丁壯號哭，老人兒啼，曰：「子産去我死乎！民將安歸？」』晋人之愛盾：盾即春秋時晋國大夫趙盾。晋靈公無道，趙盾屢諫，靈公派鉏麑刺殺之，鉏麑觸槐而死；後又賜趙盾飲酒，伏甲將攻之，其右提彌明搏殺靈公之獒，靈公衛士靈輒倒戟以禦，終於使趙盾逃出。事見《左傳·宣公二年》。

〔六〕郅支虐使者：西漢元帝時，匈奴郅支單于關押并侮辱漢朝派往康居國的使者，爲漢將陳湯攻殺。《資治通鑒》之『（西漢）初元五年』：『匈奴郅支單于自以道遠，又怨漢擁護呼韓邪而不助己，困辱漢使者江乃始等；遣使奉獻，因求侍子。漢議遣衛司馬穀吉送之……上許焉。既至，郅支單于怒，竟殺吉等。』

〔七〕季子先方伯：即劉重吉之父劉卿（一五四二—一六一九），興安人，萬曆八年進士，累官至山東左布政使。

〔八〕濟危：原文作『極危』，訛。

〔九〕樓楠：原文作『樓桶』，訛。

〔一〇〕方召：亦作『方邵』，指周宣王時賢臣方叔與召虎，後借指國之重臣。伊周：指商伊尹和西周周公旦，兩人都曾攝政，故并稱。

〔一一〕祁伯裕：原名光宗，字伯裕，號念東，滑縣人。晚避明光宗諱，以字行。萬曆二十六年進士，授工部主事，調禮部，晋員外郎。擢陝西提學副使，歷參政、右布政使，遷甘肅巡撫，晋兵部侍郎、南京都御史，至兵部尚書、太子少保。有《餘清館詩稿》《明文存雅》等。

## 長武邑侯馮公去思碑記

璞菴馮侯某，山東臨朐人。於萬曆辛亥夏來令長武，迄癸丑冬，甫兩年奇，德政洋溢，邑大治。

持衡者不欲久私侯蕞爾之邑[一]，請於朝，改令咸陽。父老士紳難於去侯，如赤子之失乳母也，謀樹碑石以永去思、示將來。無何，冀北派陽孫侯泓承命代侯[二]，父老以其情告，欣然嘉與成之。而鄭廣文贊、黄尉日明亦以燕及朋友素媚於侯[三]，相率剖璞藍田之野，厲鍛太華之墟，徵昌言以記。

昌喟然嘆曰：『《傳》有之，「得其民有道，得其心，斯得民矣」。夫衆庶如星，好風好雨鮮能齊一，然厚之以利，雖涣悉悦；服之以理，雖梗亦化。捨是而欲以得民，難已。』長武屢興屢廢，今上御宇之十一年，鄖西梁侯道凝承命來城是邑[四]，經營拮据，以意調停，不覺勞費，而縣治以成。然民貧而寡，賦重而逋，其待澤後人者尚多也。嗣是率秉仰前法，無忝哲人。及庚戌以來，稍尚嚴鷙，民不聊生，幸弗久於地方。繼維璞菴馮侯聞侯世閥閲，或未知民事是懼。抵下車，則藹然真父母。邑人咸舉手加額曰：『今日司牧非侯，吾儕無噍類乎？』新政甫頒，民已有樂生之望矣。時正值大旱，民攘臂而奪，説者謂是庚戌之餘烈[五]。及一見侯，耻不復爲。侯於是多方極救，全活萬億。民之凋瘵，休息就蘇，然後革弊剔奸，興利舉廢，大小遠邇，無一不殫厥心。民之血脉榮衛，始油然向榮，而侯以太孺人遐齡、孺人不禄請解組歸養。邑人赴當道哭留。凡四越月，始視事，益加惠愛，覃敷德教，民之太和元氣，盎然充周矣。由是以往，治效正未可量，詎意咸陽之命下，寇君竟不我借[六]。

嗚呼！人之溺於水也，有能援之以手，則没齒戴德不忘。侯極全邑之厄，措於衽席，奚啻一人之溺、一手之援哉！於其去也而不思者，非情矣。大抵侯之爲人，才足籠蓋一世，而心不遺匹夫，量足優容萬物，而行必矜細。故利之所在，無不致之民；理之所在，必欲成其是。民之悦而服也，固其所也。不然，民心豈易得哉！侯德政不可悉記，略其大者列於左。若夫善繼述之，尤望後之良司牧焉。

賜進士第户部廣西清吏司主事邠州鄭國昌撰〔七〕。

昔我先祖父出宰方州，式多惠政，流風遺愛，載在口碑。當路博采公評，俎豆以祀；鄉民追思舊德，肖像而祝。鄭國之思僑，載咏誰嗣；晋人之愛盾，冬日餘温。千載遺澤，昭垂志載；五世政譜，具列家乘。惟後嗣之克紹，庶前徽之勿墜。人湮地遠，搜羅難遍於舊游；考見徵聞，參稽可備乎實録。

灝識。

【校注】

〔一〕持：原文作『待』。持衡者，借指吏部負責考選的官員。

〔二〕孫泓：北直隸人，以選貢任長武知縣，接任馮珣。《宣統長武縣志》卷八《秩官表》：『孫泓，北直隸人，選貢；馮珣，山東臨朐人，選貢，祀名宦。』將孫泓列於馮珣之前，誤。

〔三〕鄭廣文贊：即鄭贊，曾任長武縣教諭，生平俟考。黄尉日明：即黄日明，時任長武縣尉，生平俟考。

〔四〕梁道凝：鄖西人，恩貢，萬曆十一年始設長武縣，梁道凝爲縣令，在宜禄鎮舊址修建長武縣城。後官永春知縣。《宣統長武縣志》卷八《秩官表》載：『梁道凝，湖廣鄖西人，創立縣治，祀名宦。』

〔五〕庚戌：原作『庚戊』，訛。庚戌即萬曆三十八年（一六一〇）。

〔六〕寇君：指東漢寇恂（？—三六），字子翼，昌平人。雲臺二十八將之一。《後漢書·寇恂傳》：『恂歸潁川。三年，遣使者即拜爲汝南太守……恂素好學，乃修鄉校，教生徒，聘能爲《左氏春秋》者，親受學焉。……車駕南征，恂從至潁川，盗賊悉降，而竟不拜郡。百姓遮道曰：「願從陛下復借寇君一年。」』

〔七〕鄭國昌：號天符，邠州人，萬曆三十五年進士。歷山西參政。崇禎元年，以按察使治兵永平，遷山西右布政使，上官奏留之。崇禎三年，清兵攻永平，城破自縊。生平見《明史·忠義傳》。清李衛等《畿輔通志》卷六七《名宦》載：『崇禎元年，任永平兵備道。軍興旁午，供應不缺。明年城破，有勸出亡者，國昌厲叱之，公服西向，再拜曰：「臣力竭，臣罪不可贖矣。」先令妻子縊死，乃從容自盡。事聞，追贈太僕寺卿，從祀表忠祠。』

## 馮伯順先生傳〔一〕

馮裕，字伯順，其先臨朐人也。明興，募中國人實塞下，曾大父思忠始徙遼之廣寧〔二〕。裕少孤，父之叔母池育之。池卒，爲三年喪。有司嘉其誼，屢辟不就。

舉進士，知華亭縣。治務廉平。縣大水，令上田代輸逋租什一〔三〕。會與大吏議不合，坐令加賦。民交走言狀，事白。猶改知蕭縣。蕭故羯羠，新中盜，閭虚無人。鋤强扶弱，民乃安。遷知晋州。滹沱河自城北南徙，北地瘠而賦如故，爲更其額。遷南京户部員外郎，督儲中都，與留守中貴人抗。中貴人陰伺間中之，卒無所得。稍遷郎中，蓋自是復還臨朐居矣。久之，遷知平凉府，以後期，改知石阡。凱播酋相攻，爲正疆界，計所殺傷，償之如其俗。遂不復爲亂。遷按察副使，治兵威清。土酋龍里死，其兄侵之，里妻率衆撑距，兵各數萬〔四〕，遠近震恐。乘單車往諭，皆立解散。苗犯程番，議者欲用師。不可，徐遣斷事撫之，苗聽命無二心。當官伉直，有裁斷，而貌粥粥若無能者，見謂不勝任。大計時，予致仕歸。與閭閈浮沈〔五〕，有召飲輒往，輒盡醉。以私請則辭。好爲詩，晚結詩社，所倡和多傳於人。在廣寧，聞義州賀給諫談理學，師之，得其宗。嘗謂：『希寵者負君，媚人者負己，謀身者負人，生平蓋三無負矣。』年六十有七。五子，少子惟直早卒，與其四人俱知名〔六〕。伯惟健，仲惟重，叔惟敏，季惟訥。

惟健字汝强，胡中丞纘宗更字之汝至〔七〕。從父游南都，方弱冠，有文名，與南都人陳元舉、楊全卿、盧國賢、金子有子坤，馬承道、陳孟錫、許仲貽爲師友〔八〕。才情駿發，超然絶塵，諸人士心折服之〔九〕。父罷官，家徒四壁，惟健拮据生業，供養無乏。弟妹昏嫁以時。舉於鄉，屢試南宮不第。弟惟重卒廬江，方歲晏，觸冰雪歸其喪，又反其妻孥京邸。所著《陂門集》《南征》《聖泉賦》

《四愁詩》，學士大夫亟稱之。子子咸，癸酉舉於鄉〔一〇〕。

惟重，字汝威，十歲能屬文，觀書數行俱下。有會於心，輒手録之。少伯兄一歲，游學相長大，然不敢雁行〔一一〕。弱冠補遼東廣寧衛庠生，故清河令蔣某者讀其文异之〔一二〕，以女妻焉。尋從父歸臨朐，改郡庠，齊魯間執經爲弟子者日衆。豐頤修幹，譚説傾其座人，然常挹遜〔一三〕，無矜奮之容。飲酒斗許不亂。起整衣冠，滌器，則有酒所矣。刻意爲詩，無大曆以後語，書遒逸有晋人筆。父嘗語諸子曰：『吾每飯意未嘗不在醫無間下也，先人丘墓寄焉。以道路之不易，誰往省者？』惟重請行。於時虜數入寇，行旅斷絶，匹馬烽火中，月餘達廣寧。展墓，芟榛蕪，繚垣搘之以棘，勒石而識之，乃還報命。父大喜。舉進士，授行人。肅皇帝南狩，奉命告湖湘，一切饋遺無所受。走烈暑中，及廬江而疽發於背。友人臨視之，曰：『子之病病矣，恐卒然不可諱，貽子父母憂，奈何？子何不歸？』謝曰：『惟重受天子命，介於南國，不幸而病〔一四〕，不能卒事，重也是懼。在禮：朝會而終，以尸將事。受事於朝，即命於事，乃其所也。敢懷首丘，虧人臣死職之義以爲家大人羞？』遂卒。婦蔣生子子履才百日，期與俱死，勺飲不入口。已，自念曰：『夫子死而無死，以有孺子耳。未亡人從夫子死，將并死孺子，是未亡人死夫子也。』乃起抱哺其子〔一五〕。莞葭之室，不蔽風雨。竟以勤儉起家。子履成進士，上書言狀，詔表其閭，八十一卒。子履官至河南參政，爲縣爲州守，爲郎，治兵并代間，政聲甚著。孫琦，今爲少宗伯、學士〔一六〕。

惟敏，字汝行。總角時，父官石阡，力不能携家，惟敏曰：『萬里外〔一七〕，奈何令大人獨往？』

從之行。暇則讀六經、諸子史，含咀英華，爲文閎肆，萬言可立就。晉陵王慎中督學山東，自謂於書無不讀，猶遜其才也。尋舉於鄉。既屢上南宮不第，結茅治水之上居焉，放舟上下，浩歌自適，望之如神仙中人。久之，謁選，授知淶水縣事，縣所食用取諸俸〔一八〕，稍不以煩里甲。出則簞食壺漿自隨，繕學宫，浚城隍，樹以榆柳，行道之人歌咏之。縣民富者爲將軍，爲校尉，爲力士，爲執金吾，爲中貴人，兼并地無算，而逋租挐。惟敏擿其最負者懲之，貧民以爲德，而豪右謗四起矣。坐謫鎮江教授，聘典雲南試，録文多出其手。稍遷判保定府，奉檄修府志。爲集楊忠愍遺文行於世。陳郡利害十六事，皆中窾綮。尋左遷王官，遂歸，構亭冶原之上，命之曰『即江南』。日與朋輩觴咏。無何，遘疾卒。卒之日，侍者以朱衣進，摇首曰：『不當服此。』時有期喪云。其文不爲刻削語，情事若指掌上，填詞尤號當家，西北人往往被之弦索。孫瑗，亦成進士。

惟訥，字汝言，六齡就外傅，誦書聲朗朗如成人。質問敢言，父名之惟訥，自是謹厚沈毅矣。少長，授《毛詩》，與仲兄同舉於鄉。舉進士，知宜興縣。捕諸豪侵牟租者治之，得數萬金報郡，郡守以爲能，大愛重之。部使者乘間行邑，適有他期會，不得見，坐蜚語，論調魏縣。虜犯塞，畿南震恐，增築邑城，城雙井鎮。功成，不愆於素。遷知蒲州，州多强宗大姓，其政情法相得，衆咸服。與諸生談道論文，寒暑不輟，得人爲一時冠。遷揚州府同知，以父喪歸。服除，除松江，督賦入京師，舟中惟圖書數卷而已。遷南京户部員外郎、郎中，曹務簡，日手不釋書。以母喪歸。服除，除兵部車駕郎。未幾，遷陝西按察僉事，分巡隴右。隴右番虜雜處，民雕劾爲甚〔一九〕。至則繕城隍，謹斥埃，懲貪墨，平政令，四民安業焉。嘗攝督學事，品題十不失一。凡五年，遷河南右參議。尋遷浙江督學副使。士習浮靡，轉相承效。首與諸生約正文體，敦德行，士瞿然顧化〔二〇〕。亡何〔二一〕，遷山西參政、按察使、陝西右布政使，清屯田，得萬餘頃。事聞，有金幣之賜。遷江西左布政使，出納明允〔二二〕，核上供瓷器之浮費，令民以地爲率，畝出一錢雇役。民大悦，肖像事之。入覲，評騭官屬，與太宰廷辯〔二三〕，無依違語。事竣，疏請老，太宰亦惜其才。以光禄卿致仕。稍營郭外田數十畝，又愛海浮山之勝，營菟裘其中〔二四〕。逾年卒。嘗輯上古以來迄於六朝，爲《詩紀》百卷，藝林極珍之。性密静有思，其爲詩文，斌斌然弘博君子也。

論曰：裕學以從政，臨事不惑，身遠與寡，厄窮無怨，白首耆艾，魁壘之士也。諸子道術通明，贍於文辭，抱功修職，緣飾儒雅，又皆漂然有節概，知去就之分〔二五〕。語曰：『依世則廢道，違俗則危殆。』此古人所以難受爵位也。以彼父子質行齊魯，諸儒莫及。位不過藩臬，甚者左官蚤世，光曜晦而不宣，其在《屯》《蒙》之際耶？天降時雨，山川出雲，五世其昌，莫之與京。豈不宜哉！

河南布政使司右參政、前翰林院修撰雲杜李維楨撰〔二六〕。

## 【校注】

〔一〕此文亦見李維楨《大泌山房集》卷六五，題作『馮氏家傳』，除馮裕五人外，另有子履、子咸之傳。下簡稱『《大泌》本』。

〔二〕之：《大泌》本無。

〔三〕逋租：原文作『通租』，據《大泌》本改。

〔四〕里妻率衆撐距，兵各數萬：《大泌》本作『里妻率衆鬥，兵合數萬』。

〔五〕與閒閑浮沈：《大泌》本作『親仁善鄰』。

〔六〕與：《大泌》本無。

〔七〕胡中丞纘宗：即胡纘宗（一四八〇—一五六〇），字世甫，一字孝思，號可泉，别號鳥鼠山人，秦安人。正德三年進士，歷官副都御史，巡撫山東、河南，頗有政績。有《鳥鼠山人集》。

〔八〕陳元舉：即陳鳳，字羽伯，一字元舉，號玉泉，上元人。嘉靖十四年進士，累官陝西參議。楊全卿：即楊成，字全卿，號水田，南直隸上元（今南京）人。嘉靖十一年進士，歷官至四川參政。盧國賢：即盧璧，字國賢，金吾衛籍。嘉靖十七年進士，歷官至苑馬寺少卿。金子有：即金大車，字子有，號方山。其先爲西域默伽國人，明初歸義，賜姓金，遂爲南京上元人。嘉靖四年舉人，未仕而卒。子坤：即金大輿，大車弟，字子坤，號平湖，應天府諸生。馬承道：『馬』原訛作『焉』，據《陂門集叙》改。馬承道，號竹山，上元人，官至國子學博士。與高近思、金大車、金大輿號稱『青溪四子』。陳孟錫：即陳時萬，字孟錫，嘉靖十三年舉人，太醫院籍，仕至淄川縣令。許仲貽：即許穀（一五〇四—一五八六），字仲貽，號石城，上元人。嘉靖十四年會元。

歷官户部主事、吏部郎中、南太常少卿、江西提學僉事，至南京尚寶司卿。

〔九〕諸人士心折服之：《大泌》本無。

〔一〇〕癸酉舉於鄉：《大泌》本無，而後列馮子咸之傳。

〔一一〕少伯兄一歲：按此語不確。惟健生於弘治十四年（一五〇一）二月，惟重生於弘治十七年（一五〇四）正月，兄弟相差三歲。

〔一二〕故清河令蔣某者讀其文异之：《大泌》本作『故清河令蔣某异其文』。

〔一三〕然：《大泌》本無。

〔一四〕而：《大泌》本無。

〔一五〕抱哺：《大泌》本作『育』。

〔一六〕子履官至……孫琦，爲少宗伯、學士：《大泌》本無，而後列馮子履傳。

〔一七〕萬里外：《大泌》本作『萬里荒徼』。

〔一八〕俸：原作『捧』，據《大泌》本改。

〔一九〕雕劾：《大泌》本作『勞』。

〔二〇〕士瞿然顧化：《大泌》本作『以與化條』。

〔二一〕亡何：《大泌》本作『未幾』。

〔二二〕出納明允：《大泌》本無。

〔二三〕太宰：原本作「大宰」，據《大泌》本改。時任吏部尚書的高拱，將馮惟訥排擠而去。馮瑗《先兄行實》載：「高（拱）掌銓日，以嫌罷叔祖光禄公官，及格伯父大參公選取，兄不爲隙也。」

〔二四〕菟裘：原文作「菟求」，據《大泌》本改。

〔二五〕贍：原文作「瞻」，據《大泌》本改。抱功修職，緣飾儒雅：《大泌》本作「典幹撫民，以惠利爲績」。漂然：《大泌》本無。

〔二六〕李維楨（一五四七—一六二六）：字本寧，京山人。隆慶二年進士，改庶吉士，授編修，進修撰，出爲陝西參議，遷提學副使，歷河南、江西、四川參政，進浙江按察使。天啓初，以布政使家居。召爲禮部侍郎，進尚書，尋乞休。有《大泌山房集》一百三十四卷。

## 貴州按察司副使閭山馮公傳

閭山馮公諱裕，字伯順，青州臨朐人也。公之父曰振，振之父曰春，春之先有曰思忠者，高皇帝時以選戍廣寧，遂爲廣寧人。迨公既仕，始復臨朐。自思忠及振，世有隱德。振贈南京户部員外郎，母李氏，贈宜人。公生而穎异，少失父母，叔祖母池媪養之。年十七，補學宫弟子。及池媪卒，爲服喪三年。郡縣交辟，不赴。嘗事義州賀醫閭先生，學儒者言，能究通其義。聲聞齊魯之間，雖當世夙學，皆自以爲不及也。年三十，登正德戊辰進士，明年出爲華亭令，政尚寬平，必聽民所便，不以鷙擊爲治〔一〕，民頗安其生。是歲，邑大水，賦多逋負。公不得已，稍均之上田。人有短公加賦者，上吏怒，讓公。民相率爲謝曰：『華亭令實不加賦。』具道本指所以爲者，爲民也。事稍稍得解，然卒改知蕭縣。蕭號爲難理，故多奸豪之族，又新被兵。公至，則馴以慈惠，民甚宜之。

居無何，擢知晋州。滹沱河故道始在城北，北地爲沃野，其賦獨重。河既南徙，地日以瘠，而賦從其故，民多流亡。公次第方略損之，雁户復集。由是遷南京户部員外郎，督儲中都。留守中貴人倨甚，公弗爲詘體。中貴人意不平，陰伺其短，欲陷之。歲餘無所得，竟不能害。已而遷平凉太守，以赴官後期，調守石阡。凱播酋相攻擊，正其疆界，責償所殺傷，各罷兵去。稍遷至貴州按察副使，部兵威清。土酋龍里死，其兄介雅不相能，引衆數萬人攻之。里妻聚其黨亦數萬人，負險相距，四境振恐。公單車深入，諭以利害，各爲偃兵戈。及攝司事，時苗叛程番，議者欲奮兵擊之，公曰：『無以兵爲，此不足定也。』乃遣幕官往諭之，即時解散。君子聞之曰：『長者之一言，勝於百萬之師矣。』當是時也，威清之境盗賊衰止，吏民親愛，其化大行。公獨以廉直自信，不喜事貴近，莫有喜其賢操者，竟以被論免官。然卒無悔也。

公家居，喜讀書咏詩，不問生産。與鄉人處，樂易可親，召之飲，輒往，往輒盡醉。或干以私，則一無所聽。其檢身不苟類如此。

嘉靖乙巳歲卒，葬青州洋溪之上。配宜人伏氏，有子五人：長曰惟健，次曰惟重，次曰惟敏，次曰惟訥，次曰惟直。并有文行。惟健，戊子舉人；惟重，戊戌進士，官行人，卒。惟敏，丁酉舉人。惟訥，亦戊戌進士，今南京户部郎中。惟直，縣學生，亦卒。

自公之去華亭也，其後三十九年，是歲爲嘉靖戊申，而公之季子惟訥復爲松江同知〔二〕。郡人大喜，争迎馮公子。馮公子以公舊游，雅知民俗，禮賢親民，如公故操。人人又益喜。頃之，遷南京户部員外郎去〔三〕，郡人益思之。後三年，郡縣學諸生述公善政，遺愛在民，請於督學御史，入列名宦祠，以春秋奉祀焉。

張之象曰〔四〕：老氏稱『上無欲而民樸，上無事而民自富』『法令滋章，盗賊多有』。誠哉是言也！明興以來，江左郡縣吏多有能治者矣。至以其武健嚴酷相爲名高，君子不貴也。馮大夫不任密網，與民休息。以彼其才，何所不可，而往往奉法循理，弗立能稱。察其本，殆與俗見者异。然所居民愛，所去見思，存有榮名，殁見奉祀，德流子孫，受天之祐，庶幾循吏之遺風矣。余采其行最大者〔五〕，著於篇云。

松郡後學張之象撰。

【校注】

〔一〕鷙擊：原本作『摯擊』，寺頭本《世録》同，訛。

〔二〕嘉靖戊申即嘉靖二十七年（一五四八），本年馮惟訥補松江府同知，《光禄集》之《送别二首》序云：『戊申中秋，訥奉母薄游吴淞，二兄送余彌水之陽。時積雨淹旬，黽勉就道，感别述征，言咏斯章。』前推三十九年，爲正德四年（一五〇九），馮裕始任華亭令，據《崇禎松江府志》卷二六《守令題名》『馮裕……七年調蕭縣』，則自馮裕離任華亭至惟訥赴任松江同知，這期間實三十六年。

〔三〕去：寺頭本《世録》無。

〔四〕張之象：字玄超，别號碧山外史，晚年號王屋山人，松江華亭人。由諸生入國學。嘉靖中，曾官浙江按察司知事，後弃官，專事著述。有《太史史例》《楚範》《唐詩類苑》《古詩類苑》《楚騷綺語》等。

〔五〕采：原文作『來』，據寺頭本《世録》改。

## 馮閭山先生小傳

余嘗歷兩都，游太學，友天下士，與之上下古今人物，思齊内省，日亹亹焉。乃於青齊得一人，曰閭山先生。先生姓馮，名裕，字伯順，上世臨朐人。國初時選戍廣寧城，遂籍廣寧。先生既仕，復歸臨朐焉。先生少孤，鞠於叔祖母池氏，家故貧，能勵志讀書。年十七，補衛學生，厭心時習，聞義州賀醫閭講明程朱正學，徒步往從。池卒，持喪三年。有司請應舉，不赴。弘治甲子，領鄉薦。正德戊辰，舉進士。令華亭，有惠政。嘗均水鄉賦，官不損而民益顧。以讒被論，改蕭縣。拊循瘡痍，民德之。尋擢知晋州，均滹沱河北賦，流民喜而就業者以千數。遷南京户部員外郎，督儲中都，留守中貴驕而嫚士，獨推敬先生，折節焉。繼遷郎中，擢平凉府知，以赴官後期，改石阡。凱、播二酋連結逾年，議者謂非先生莫定，檄之往，卒寢其兵。進貴州按察副使。土酋龍介與其弟里妻不相能，擁兵稱亂。先生單車馳詣，讓以大義，咸愧悟解散。攝司事，苗叛程番，僉議用師，不聽，徐遣幕屬撫定之，竟不煩兵。

先生性狷介，其中退然若無能者，見義則勇爲。力能任重，才能濟變，使由此得宰天下，恢恢乎投刃有餘地。然而行古之道，質直自任，不能工媚悦以趨時好，故雖爲士論所歸，亦竟不容於時。悲夫！

弃官來歸，未嘗一語時事。與里人居，恂恂如也。至干以非義，則毅然不可奪。古所謂『鄉先生没而可祀於社者』，非其人哉？

先生有丈夫子五人：曰惟健，舉人；曰惟重，戊戌進士，官行人；曰惟敏，舉人；曰惟訥，同行人戊戌進士，嘗爲吾松郡二守，今官留都户部尚書郎，循吏之政、醇儒之學，尤爲士林所推重云；曰惟直，縣學生。

論曰：國之大事，在賦與兵。賦出於民而不均，則民病；兵禦乎亂而不戢，則自焚。是故君子慎斯二者焉。閶山施於有政〔一〕，其德善功烈蓋不可悉得而紀，獨於均賦靖亂，則文事武備兼焉。豈不爲識治之長才、通方之偉器乎？顧其名位，厄而不顯，傷哉其遇之艱也！余甚悲之。且慮後人無從考見，乃摭其大者論著焉。昔太史公傳晏子，至願爲執鞭〔二〕，乃余於閶山亦云。

恕舊聞閭公高義，心竊鄉往。暇時輒次《閭山先生傳》，藏之笥中，時觀覽焉，亦區區私淑意也。今歲秋，同門友張子、胡子追德慕義[三]，裒海内諸名家言，凡歌頌閭翁者若干首，匯而成帙，題曰『德厚流光』[四]，庶以表揚先哲。嗣是又有甘棠遺咏之什之作，抑可見閭翁遺澤之在人心，没世猶不忘也。恕無能爲役，庸書此以傳畀之，俾綴諸簡末。殊恨譾劣無文，靡以發揚盛美爲愧耳。辛亥重九日潘恕謹識[五]。

【校注】

〔一〕施於有政：『於』，寺頭本《世録》作『與』。

〔二〕太史公傳晏子：即司馬遷爲晏子作傳。《史記·管晏列傳》：『方晏子伏莊公尸哭之，成禮然後去，豈所謂「見義不爲無勇」者邪？至其諫説，犯君之顔，此所謂「進思盡忠，退思補過」者哉！假令晏子而在，余雖爲之執鞭，所忻慕焉。』

〔三〕張子、胡子：生平俟考。

〔四〕流：原文作『疏』，據寺頭本《世録》改。

〔五〕潘恕：字行甫，廣東潮州府海陽人，嘉靖十一年進士，授合肥知縣，累官至户部郎中。辛亥即嘉靖三十年（一五五一）。

## 忠貞傳

夫婦立天地之義，忠貞端風化之原。《易》『蹇匪躬』，言忠也；《詩》『矢靡他』，言貞也。忠而貞焉，古今所難。既忠且貞，惟仰芹馮公之父母爲雙美云。公家世遼左，代惟清素，乃祖發科於正德之戊辰，歷官憲副，德業風紀，縉紳所推。清白歸來，移居臨朐。朐、遼皆山東疆域，而朐爲古昔舊居，且近畿輔而鄰鄒魯，禮樂教化可承仰而育也。子五，皆科目之器，文章聲華，輝映東國。同爲嘉靖戊戌進士者二焉，其一號芹泉而任大行者，乃仰公之父也。先皇南狩，奉命奔馳，罄誠殫力，朝夕不遑，瘁殂南州，其忠何如？時太老夫人寓京宦邸，存没相歧，嬛嬛遺腹未久而仰公載育焉。識者謂其天奪之速而畀之良也。抱嬰東遷，備嘗艱苦，孤燈寒幃，落莫寂寥者三十年餘。逮隆慶戊辰，仰公果登第焉。雅操堅持，課成令子，克終夫志，其貞何如？忠如馮父，不有其身，臣子之大義也；貞如馮母，不渝其志，婦道之永貞也。忠貞全於夫婦，節義重於一門。忠非有期於貞也，貞以忠而顯；貞雖有啓於忠也，忠以貞而大。更得子如仰公者，而發揚忠貞，上達綸音焕發。布之海宇，芳聲懋著，而天下之爲夫婦者定焉；昭之簡策，大法攸存，而萬世之綱常立焉。前有所作，則美而彰；後有所爲，則盛而傳。仰公一門，奚止雙美也？其所以得此者，良由祖宗修積日久，培養殊深，義理精微之澤，默契乎天地剛中之氣，而凝之乎子孫，則夫爲臣而忠，爲婦而節，抑理數之所必至焉耳？不然，何祖若孫皆以戊字發科〔二〕，而世濟之美，適當其時也？

雖然，忠貞美節也，亦人道之變也。遇變而美，其爲節也苦矣。孰若我仰公者，萃祖先之德，延父母之慶，漸鴻之逵，登泰之階，爲生民福，爲綱常主。而確然毅然之守，可以凌雪霜，可以貫金石，是亦未嘗不忠且貞也，亦未嘗不美且并也。若曰必如前人之忠貞而後得爲忠貞，是未達常變之理者，烏足與語忠貞之美？

【校注】

〔一〕按：馮裕中正德三年戊辰科（一五〇八）進士，馮惟重中嘉靖十七年戊戌科（一五三八）進士，馮子履中隆慶二年戊辰科（一五六八）進士，三代『皆以戊字發科』。

## 仰芹馮太公誄〔一〕

故河南布政使司右參政、封通議大夫、禮部右侍郎兼翰林院侍讀學士馮太公者，吾師少宰學士先生父也。小子一龍，受知少宰先生，爲所選士〔二〕。玄化曲成，大明私照。義同卵翼，恩比丘山。聞太公之訃，愴怛不禁。徒負在三之義，莫效百身之贖。跼蹐一官，綦組空縻於南邦；瞻望三津，素車竟阻於北海。不待雍門之琴，而痛凄心腑；奚俟山陽之笛，而感深涕泗〔三〕。爰撰誄詞，庶幾揚芬昭懿，抒其哀慕焉。誄曰：

昔在漢室，大小馮君〔四〕。椒聊蕃衍，瓜瓞繽紛。雲仍耳禾，奕葉有聞。明起大行，四牡駪駪。

長轡不騁，莫策其勛。藐焉者孤，誕於都邑。父不逮見，祖抱而泣。曰此蛟龍，非池中物。其生也慧，風雲倏忽。通籍金閨，委蛇簪紱。爲母上書，苦節冰霜。天子表閭，紫泥煌煌。牛刀小試，剖竹爲邦。允文允武，治行無雙。入補司馬，出綰臺章。代方告饑，通商實廪。虜謀窺我，一鏃而寢。罔敢跳梁，奉約惟謹。呵止脱巾，軍中高枕。片言之鋒，百倍鋩刃。兩歲再遷，賞不償勞。云胡貝錦，射影刁刁。公解其綬，子登於朝。銅龍白虎，給札抽毫。昆弟故人，式燕游遨。和州之命，蹶然後起。不以佐宦，而耽卧理。秦臬甫升，隨車甘雨。撫民民輯，逐盜盜敉。秦人尸祝，良翰咸喜。自晉之藩，治兵涿易。訛言盈市，竄者傾邑。談笑乃定，萬井安集。采金禍始，力排乃息。迄今流毒，服公先識。熊車赴洛，入賀萬年。少宰既貴，青宫講筵。曼容辭禄，疏傅歸田〔五〕。子侍父還，天子曰賢。給驛賜金，輿馬駢闐。鳩杖鹿車，優游里社。兒勉旃哉，糜軀陛下。二豎不仁，貽書邸舍。少宰遄反，色喜豫暇。手攬封章，三日委化。嗚呼哀哉！

公性坦宕，削去町畦。肝腸在舌，彼哉囁嚅。公心慈愛，緩急倚賴。遺珠見還，碎玉蒙貸。嗚呼哀哉！

公才雄武，定亂弭禍，去而見思，來則歌慕〔六〕。公節皎皎，羔羊素絲。臨鼎不染，在塵曷緇。嗚呼哀哉！

公度汪汪，大河長江。蠡莫可測，葦豈易杭。施於後嗣，奚必在身。天道明明，一酌一斟。嗚呼哀哉！

龍之不才，少宰所造。摩頂至踵，曷云能報。人亦有言，後海先河。公之云亡，有泪滂沱。嗚呼哀哉！

直隸蘇州府推官門下晚學生朱一龍頓首拜撰。

【校注】

〔一〕原無標題，此係注者所加。

〔二〕朱一龍：字虞言，湖廣天門人，萬曆十六年舉人，萬曆二十年進士，授蘇州府推官，歷官至吏部考功司郎中。

〔三〕雍門之琴：雍門，戰國齊人，複姓雍門，名周，善鼓琴，曾借鼓琴游説孟嘗君。劉向《説苑·善説》：『雍門子周以琴見乎孟嘗君。孟嘗君曰：「先生鼓琴亦能令文悲乎？」……雍門子周引琴而鼓之，徐動宫徵，微揮羽角，切終而成曲，孟嘗君涕浪汗增欷而就之曰：「先生之鼓琴，令文立若破國亡邑之人也。」』山陽之笛：魏晋時向秀與嵇康、吕安爲友，嵇康被殺後，向秀經其山陽故居，聞笛聲，有感而作《思舊賦》。《思舊賦序》：『余逝將西邁，經其舊廬。於時日薄虞淵，寒冰凄然。鄰人有吹笛者，發聲寥亮。追思曩昔游宴之好，感音而嘆，故作賦云。』

〔四〕大小馮君：西漢馮奉世之子馮野王、馮立相繼爲太守，有善政，民稱之曰大小馮君。事迹見《漢書·馮奉世傳》。

〔五〕曼容：西漢邴丹，字曼容，爲官清廉守節。《漢書·王貢兩龔鮑傳》：『（邴）漢兄子曼容亦養志自修，爲官不肯過六百石，輒自免去，其名過出於漢。』疏傳：即疏廣、疏受，廣在宣帝時爲太子太傅。其侄受宣帝時爲少傅。叔侄同時辭官，時人賢之。

〔六〕慕：原文作『暮』，訛。

## 馮太公誄〔一〕

維明萬曆二十四年八月，河南布政使司右參政、誥封通議大夫、禮部右侍郎兼翰林院侍讀學士馮太公卒於家。越歲，訃至浙，小子淮方襄先慈之事〔二〕，頓顙承諱，捨杖而哭諸寢，曰：『吾師之翁也，顯庸疆圉，瑰望巖廊。炙德集徽，宛宛可忌。齊吴北南，修途引吭。逮釋慈制，庶幾走望。吟酸梁父，精越秦印。絮酒隻鷄，將予就路。何圖觳卵，暴遭霜露。潘悼千秋，我乃三孺。腸斷路遐，乖離誼故。割抑下情，遷延歲數。欲哭不可，欲泣不得。雖微師命，猶將濡吻，申寫眦精，仿佛雪涕而從以筆也。

夫誄者，撰德累行，尊名壹惠，卒瞽而歛，古之制也。雖然，卑有誄尊，賤有誄貴〔三〕。黔康柳惠，咸厥有鉥，不在顯者，雖臺小子，其或可也。况奉師教，身厠史局。揚往勸居，職思公路。古亦有言，聖人之葬人也，二三子其能贊一辭。惟是明白終始，污不至阿。《九章》《大招》，鬱悒差池。陳信無怍，流光四垂。謁於有位，揚之素旗。乃作誄曰：

遥冑世滋，悊人星紀。靈閟焉鍾，粱岳同萎。馴行齊栗，軼材卓詭。章皇休問，疇不孔邇。臚歡纏哀，莫能已已。天之不憖，遐不千祀。泱泱大風，猶表東海。素絲朱紱，以爲儒軌。嗚呼哀哉！

周官馮相，五緯是經。爰世其氏，聞人代興。龐眉安約，大樹不矜〔四〕。大君小君〔五〕，爰襲流聲。我閥自青，暨於遼處。登民定保，實播訏〔六〕。載廬載旅，仍復我所。閭山荒之，不遠緊祖。暨閭山，膏施貴陽。五常枚舉，起家頡頏。九賓穎豎，道敞湖湘。再世未究，肆台宗亢。有塗辛壬，育子之閔。四壁一經，蕭然地忍。奉教宣慈，皇恤臬吻。綴學夙知，經書籍枕。孰艱匪貞，孰最匪名。伏蒲首疏，令伯之情。何以一行，先民是程。三復瀧阡，慮囚求生。咄嗟盜藪，鳴琴拱手。陰勒良家，主名輒取。有呀吐舌，賣劍自首。宵椒無聲，解縱緣畝。鸞刀再試，襄於夏曹。敵戒司馬，庭聞旅獒。光光綉斧，于晋于郊。椎牛日餔，士有糒醪。歲祲不害，五均制通。湖南卒師，青州鄭公。有嘩而甲，門於司農。彼駔者傭，幾敗乃公。

公聞算事，呵殿而至。若爲謷謷，顧叱縛吏。黄頭手額，釋冰自潰。郎中縮胸，長跪拜賜。虜款雲中，公實主約。無闌出入，有巖請乞。責我主辦，剔窳與額。額若溢厲禁，具削胡兒，習射倜焉，相期笑手〔七〕，聊與爾戲。張侯百步，矢集如蝟。孤注來輸，刺指泚悸。既折其技，何跳非恚？能以立慬，利以畜异。命鵠尋常，賦徂三四。還其兩騎，叩頭受罪。在晋四年，旬宣顧復。漢索疆戎，胡歌度曲。白旆招摇，朱提菉蕢。王庭晨徙，陰山夜哭。

皇用三錫，長城在垣〔八〕。誰爲莠言，有嗾而羶。功高賞薄，德義不愆。褰裳去之，廷論具寃。孝事既周，我邁我軸。蓬山三昧，嘉予式穀。寧我求蒙，僉焉盱矚。西夷逝梁，東山推轂。皇葵不酬，就拜于和。匪遷用肆，職兢塗歌。期年報政，還余舊〔一〇〕。往來秦晋，以逮褒斜。秦饑極粟，晋饑開糴。自雍及絳，流移四集。片言首服，單騎踵躡。晨上關并，時五月〔一一〕。一疏千秋。帝念師臣，錫之鬯卣。兼金上壽，慎爾優游。野人争席，海若忘鷗。平田緑野，東陌西疇。調絲未央，鳴琴乍收。曾不再期，式遨以游。嗚呼哀哉！

宗卿疏爵，猶及生存。猶及床頭，書贊宣恩。東首銜拜，曲踊稱言。臣死不朽，報於子孫。三命滋恭，榮哀令終。師臣雅念，况爾多庸。黄腸題輳，紫鬣穿中。將軍復土，少府分銅。嗚呼哀哉！

壽不滿百，精華旦旦。位不滿德，備承崇貫。嚙指趨風，猶及繾綣。君恩子孝，可以無憾。猶緼英靈，含情同孺。莫捐匪憐，賢者多慕。煢煢孝思，哀號罔訢。蒼生延頸，滅性是思。况辱門墻，如孫大父。因想鬚眉，心存平素。精爽不遷，笑言非故。通天貫日，與化俱去。一哀千里，百身莫贖。零丁憶昔，在疚承訃。西河之索，投杖頓措。防墓弗臨，孺酒罔絮。生芻一束，虞哀聿皇。累德無疆，陳謨孔明。秩在三品，宜謚于皇。史臣陳信，敢告太常。嗚呼哀哉！

賜同進士出身、翰林院檢討、門下晚學生西吴沈漼頓首拜撰。

## 【校注】

〔一〕原無標題，此係注者所加。

〔二〕小子：即沈潅，字銘縝，烏程人。萬曆二十年進士。改庶吉士，授檢討。累官南京禮部侍郎，掌部事。天啓元年，以禮部尚書兼東閣大學士入閣，與魏忠賢相結，爲士論所薄。旋晋太子太保、文淵閣大學士、少保、武英殿大學士。天啓二年致仕。卒贈太保，謚文定。有《沈文定公集》。

〔三〕貴：原文作『責』，形近而訛。

〔四〕龎眉：當指馮姓歷史人物，俟考。大樹：即東漢馮异，字公孫，潁川人。光武帝『雲臺二十八將』之一，封應侯，人稱『大樹將軍』。

〔五〕大君小君：即大馮君、小馮君，西漢名將馮奉世之二子馮野王和馮立。《漢書·馮奉世傳》：『吏民嘉美野王、立相代爲太守，歌之曰：「大馮君，小馮君，兄弟繼踵相因循，聰明賢知惠吏民，政如魯、衛德化鈞，周公、康叔猶二君。」』

〔六〕實播訏：原文此處脱一字。

〔七〕額若溢厲……相期笑手：此段有脱文。

〔八〕垣：原文作『坦』，據文意改。

〔九〕欒：原文作『藥』。

〔一〇〕還餘舊：原文此處脱一字。

〔一一〕時五月：原文此處脱一字。

## 仰芹馮公誄〔一〕

萬曆丙申八月癸丑，誥封禮部右侍郎兼翰林院侍讀學士、前河南布政使司參政北海馮公卒於家，將以十二月壬申卜葬於堯山之原，禮也。高陽錫胤，朗陵處終，始興滋大，即丘先逝。黼扆嘆其不憖，縉紳悲其安仰。興國罷市之哀，家有遺像之祝。通家子蒙陰公鼐〔二〕，執友二世，受知三紀。先是六月，得公手書，叙述病狀，爲將絶筆。鼐以公天所篤厚，勿藥可卜，期在秋杪省公稷門〔三〕。報章未久，旋即奉諱。

公神情朗暢，超然物表。鼐疏脱草野，不工逢世。公意適相投，其於儕類，最爲契合。豈意一朝遂成永訣？猶子之情，曷維其已？天下之慟，匪以其私。負笈輕於千里，籍茅愧於一芻。乃長泣爲文以誄之，其辭曰：

天祚明德，篤生哲人。在沂之麓，在海之濱。相惟丕宗，興於營北。憲伯南歸，舊騈是宅。繩河瑟瓚，積厚流長。福延於世，仲氏彌昌。侃侃烈考，輶軒盡瘁。公之初生，厥日未晬。太母之節，格於皇天。撫公於褓，其訓三遷。公始佩觿，萬言日受。總角明經，褎然舉首。神機穎迅，天骨瑰奇。絶塵奔逸，俶儻不羈。内奉母儀，下帷掃軌。文史三冬，聲華洵美。乃進司馬，乃進司徒。颺言於闕，丕顯慈謨。策名登朝，成母之德。展也孝思，光於四國。起家赤縣，在畿之郊。戚瑲輻輳，奸宄繹騷。公如韋弦，一張一弛。既里且平，帝用嘉止。俾佐宥府，克詰兵戎。俾司朔鎮，屢奏膚公。玁狁于襄，潢池于定。人之捷翻，公則不兢。挂冠懸節，歸侍慈闈。五十而慕，斑彩夔夔。式穀之貽，宗伯繼起。資父事君，爲國良史。垣屋不治，公府不趨。晨昏温凊，左右圖書。廬冢載祥，狀猷方茂。國人曰賢，推轂恐後。公辭不報，黽勉就徵。和陽遺愛，隴右澄清。爰自晉藩，視師涿易。裔夏其同，兵民其戢。采山之議，以去爭之。訛言之擾，以靜鎮之。大猷是經，疑獄是聽。數世之休，萬人之命。右輔奏績，帝念厥功。浚郊維翰，以俟登庸。宗伯薦升，儲端極位。公覲於京，簪笏擁篲。公思止足，乃賦歸歟。宗伯請侍，六傳前驅。襄錦南金，寵逾疏傅。送者虛朝，觀者載路。宗伯反命，公益安居。眴山冶水，桂楫藍輿。昆季協從，朋友參會。琴酒逍遥，惟日爲歲。不侮卑賤，不畏高明。哀多益寡，周急扶傾。貴不及驕，滿恒思溢。家範閫儀，四方之式。孫枝襲慶，仲子聯輝。韋賢掩耀，公藝齊徽。友于之敦，言喪從弟。哀毁所鍾，二豎爲厲。宗伯聞狀，拜表星奔。九重封誥，迨公之存。亞旅崇階，親承异數。冢嫡服官，千里來赴。啓手啓足，載笑載言。人生父子，至此爲全。清白是垂，誦讀是訓。惟弟及兄，曰愛曰順。囊無餘蓄，病無戚容。不醫不禱，任運而終。脱屣如遺，籧廬遽委。將御風雲，將騎箕尾。嗚呼哀哉！

公之先烈，人倫黻黼。抱玉握珠，聯肩踵武。詞壇獨步，藝圃先鳴。爲雄爲向，爲植爲楨〔四〕。

公之嗣君，邦家模楷。望重岩廊，學侔淵海。有勃之重，有黯之忠。有董之粹，有賈之通[五]。明興世家，是不一姓。未有人文，若斯之盛。孰闡其緒，孰衍其傳。公之負荷，克大克艱。遺孤亢宗，餘慶昌後。止孝止慈，古今稀遘。國稱大老，世號完人。生爲聖瑞，歿爲明神。名在丹青，精歸河岳。誄公斯文，九原可作。嗚呼哀哉！尚饗！

【校注】

〔一〕原無標題，此係注者所加。

〔二〕公鼒（一五五八—一六二六）：字孝與，號周庭，山東蒙陰人。萬曆二十九年（一六〇一）進士，選庶吉士，歷官至禮部右侍郎，謚文介。

〔三〕秒：當作『杪』。

〔四〕雄、向、植、楨：分别指漢代揚雄、劉向和三國時期曹植、劉楨。此處用此四人比擬馮裕及『臨朐四馮』的才華。

〔五〕勃、黯：分别指西漢周勃、汲黯。董：指漢代董仲舒，號爲大儒；賈：原作『價』，訛，賈指漢代賈誼。此處用此四人比擬馮子履之子琦。公鼒在爲馮琦撰寫的《琢菴馮公行狀》中稱：『鼒每謂歷代文學之臣，必有以議論爲功業者，如漢之董、賈、晁錯，唐之魏玄成、陸敬輿，宋之歐、王、司馬，其文皆專於經世，而有用與不用。公之在我朝，當比於數子，惜用而未盡，其賈長沙、陸敬與之儔乎？』

## 馮貞靖先生誄〔一〕

歲丙申五月念六日，北海隱君馮望山先生卒於冶原，時年四十九歲。道不偶時，年不稱德，清風悠邈，微言圮絶。嗚呼哀哉！

君諱子咸，字貞甫，郡之臨朐人也。祖曰誾山，父曰冶泉。誾山諸子皆以文行顯名當世，冶泉尤著，然竟未仕卒。先生其次子也。秉質清淳，性與道合，不言躬行，與物無競。少孤，奉母備極色養。居家庭，叱呵不及犬馬。執喪，泣血者三年。敬事兄長，久而彌篤。宗族稱孝，鄉黨稱弟焉。博學强識，然一禀於六經。時二氏説方盛，士大夫多溺之者，君獨力闢之。所謂法自孔孟後，宋濂洛諸賢、河汾薛氏，以爲此淳乎儒者已。爲文朗俊，根理黜浮。癸酉舉鄉試高等，一再計偕，輒翻然曰：『情非捧檄，禮非翹弓，何爲奔走公車自炫鬻乎？』於是弃制舉業，隱居冶水之湄。潛心理學，躬耕訓子。鄉閭化德，煢獨稱恩。歲常大饑，躬輟饔飧，以食餓者。好義若渴，見善若驚。樂道愛材，孜孜奬拔。人有過，正容以悟之。與之居，不知鄙吝之什、名利之脱也。於是郡邑之吏、纓緌之倫莫不仰止高風，望廬瞻德。先生韜光埋照，深自挹損，人愈益重之。比於吴、陳諸君。旦夕冀其徵聘，乃忽感痰病，醫藥罔效。嗚呼哀哉！

先生持身以禮，刑家以義，馭物以誠，愛人以德。睹其容，誾誾如也，旼旼如也。若夫子輿養志，薛包讓長，信道忘仕則漆雕生，循經蹈古則高子羔。貞不抗俗，隱不肆志，使居孔門，則四科之英，在虞廷必九德之列。而玄纁未徵，儀刑遽泯，豈命之弗亨，抑道之將廢與？

余與先生三世師友，情意兼至。惟古者高行隱德，必有謚以易名，故黔展定議於室人，陳陶共推於同好。竊不自量，遂采學士大夫之論，擬謚曰貞靖先生。在謚法：清白守節恭己鮮言。先生當之，可謂名實允協者矣。既以質之有道，乃爲誄曰：

於皇馮氏，代有哲人。矯矯冶翁，抱璞含珍。先生孠之，克孝克仁。因心則友，體信惇倫。學本聖真，既博既約。澡泗濡洙，包伊匯洛。二氏横流，狂瀾滂薄。思障其衝，是排是鑰。論鄉之俊，觀國之光。仕非爲貧，干禄皇皇。賤也士乎，懷器而藏。雅歌商周，高夢羲黄。遜志詩書，潛光丘壑。坐嘯行吟，春耘秋獲。取適蓬茅，怡情葵藿。節則顔原，望衡許郭。洋洋冶水，篧篧竹竿。以遨以游，碩人之寬。士也有志，坎坎伐檀。清斯濯纓，樂以忘餐。舉世熙熙，匪名伊立。或趍而仆，或留而膩。我乃脱焉，若浼若忘。激懦興頑，惟君之志。在昔余祖，冶翁是師。翁也有子，余祖教之。父有執友，唯君是期。小子顓蒙，我掖我持。頃余解組，君方秉耜。耦君於耕，君不我鄙。晤言永夕，陳飡見子。玄水之交，永矢没齒。胡天不弔，降此鞠凶[二]。閔斯人疾，殲我儒宗。模楷逝矣，予安適從。誄行易名，以寫我悰。嗚呼哀哉！

萬曆丙申夏季賜進士第吏科都給事中同郡眷晚生鍾羽正頓首拜撰[三]。

【校注】

〔一〕此文已見前，題爲『馮貞静先生誄』。

〔二〕鞠：原文脱，據前《馮貞静先生誄》補。

〔三〕萬曆丙申：即萬曆二十四年（一五九六）。此句前《馮貞静先生誄》作『吏科都給事中鍾羽正撰』。

## 疏稿

### 户部山東清吏司辦事進士臣馮子履謹奏：爲比例陳情乞旌貞節事

臣伏睹《大明令》内一款：『凡民間寡婦三十以前守志，五十以後不改節者，許令呈請旌表，欽此。』切念臣履有母蔣氏，於嘉靖二年適臣父惟重爲妻，至嘉靖十七年父叨中進士，任行人司行人。十八年，先皇帝巡狩江漢，奉命播告南國，冒著疾馳至廬州府身殞。比時臣母旅寓京邸，懷臣在孕，聞訃，昏仆不食，誓與俱歿〔二〕。賴親戚慰解，謂臣父無子，可且須臾勿死，倘得生男，不絶馮氏宗祀。俄而臣履果生，遂忍痛南還，間關道路，哀毁萬狀。臣家雖舊列宦籍，而世守清苦，母歸之日，家徒四壁。母乃親躬績紡，供朝夕費，勉臣讀書，令承父業。三十年間，備嘗辛苦。且臣母生自遼左，繼遷於青，兄弟父母隔絶天海，凄風敗幃，兀處一室，誰堪告訴？是婦人之中，寡居爲獨苦，而寡婦之中，臣母則苦之尤者也。上年六月内，有本省提學副使鄒善采訪臣母貞節〔二〕，移文獎勵，未及題請。今臣叨有今日，恭遇我皇上純孝格天，崇本勵俗。臨御以來，凡中外臣工，莫不重荷恤典。兹者又奉册立恩詔，凡忠臣孝子，義夫節婦，訴令有司，遂即奏請旌表，此正區區烏私得以披瀝之時也。況今臣母業已西山薄暮，晚景無多，若不仰干天聽，誠恐平生苦節泯没無聞，則親有善而不揚，是臣莫大之罪，何以立身於聖明之世耶？近查得嘉靖四十一年六月内有本部進士楊楠自陳伊母楊氏貞節〔三〕，已蒙聖恩特賜旌表，時伊母年五十九歲。今臣母已逾六十，彼此事體，似爲相合。況臣父殞身王命，而臣履又爲遺腹。權諸國典，似尤在所恤録；概諸人情，似尤在所矜憫。懇乞敕下禮部，移咨都察院轉巡按衙門查勘，如果臣言不妄，將臣母照例旌表。則臣母餘生有幸，獲沾覆照之恩，而臣之靡他，誓竭涓埃之報。臣干冒天威，無任戰栗懇切之至！

## 【校注】

〔一〕按：子履生於嘉靖十八年閏七月十八日，惟重卒於當年十月二十八日，是惟重卒時，子履已出生一百餘天。故此處子履所言『比時臣母……懷臣在孕』不確。

〔二〕鄒善：字繼甫，號潁泉，吉州安福人。鄒守益子。嘉靖三十五年進士，歷官至太常寺卿。《同治安福縣志》卷一〇本傳：『初授刑部主事，恤刑湖廣，矜釋甚多。與兩院意异，或危之，善曰：

「吾奉命耳，何迎合爲？」卒如所請。督學山東，率諸生講明聖學，所授士皆爲名賢。晋廣東右布政，徽羅旁有功。以病假歸，後叙功，賜銀幣，即以構草廬，居族之貧者，題曰公賜草廬。晋太常寺卿，致仕里居，建任仁精舍，每月與同志聚講，雖耄年不少倦，學者稱爲潁泉先生。』

〔三〕楊楠：字讓卿，雲南太和人，嘉靖四十一年進士，官至户部主事。

## 日講官詹事府少詹事兼翰林院侍讀學士掌院事臣馮琦謹奏：爲父病乞休驟聞驚惕懇恩歸省以全子道事〔一〕

臣以草茅賤士，濫竽詞林。荷橐横經，供事講幄。近蒙拔擢，視篆北扉。自省虚庸，不足以報恩厚、稱隆旨，豈敢亟顧其私，以虚官守。緣臣父馮子履任河南布政使司右參政，頃以賫捧入京，觸冒炎暑，致傷脾胃。臣見其顔色憔悴，形神兩傷，心切憂之。及辭朝赴任，行至新城，宿疴增劇，飲食漸減，不得已上疏乞休。臣父入仕二十七年，更藩臬八任，受恩深重，矢志捐糜。若其尚可支持，寧忍自甘廢弃？今離京三舍，扶將兩旬，驛舍荒凉，道途迢遞，不知調治者何藥、扶將者何人？臣坐卧念之，心膽俱碎。且臣父雖病，比猶相見於京師；不見臣母，已歷數載。臣母以骨肉之痛，日夜悼心，憂臣憶臣，倚閭望臣，臣復何心而能安處？查得《大明會典》：兩京文職離家六年，欲給假省親者聽。如原任吏部左侍郎沈一貫、原任翰林院修撰陳于陛〔二〕，皆係日講官，并以省親，得蒙予假。臣事例與二臣相同，而衷情更爲迫切。伏望皇上容臣給假侍父還鄉，兼省臣母。烏鳥之情，幸獲伸於此日；犬馬之報，當矢竭於他年。臣不勝懇切仰祈之至！

奉聖旨：『馮琦准給假回籍省親，伊係日講官，着馳驛去，仍賜路費銀二十兩，紵絲二表裏，着限五個月内前來供職。』

【校注】

〔一〕此表上於萬曆二十一年九月十七日。

〔二〕沈一貫（一五三一—一六一五）：字肩吾，號龍江，又號蛟門。鄞縣人。隆慶二年進士，改庶吉士，累官至太子太保兼少師、吏部尚書、建極殿大學士。陳于陛（一五四五—一五九七）：字元忠，號玉壘，四川南充人。大學士陳以勤之子。中隆慶二年進士，改庶吉士，授編修，萬曆二十二年，以東閣大學士入閣。

**日講官詹事府少詹事兼翰林院侍讀學士掌院事臣馮琦謹奏：爲恭謝天恩事**〔一〕

該臣於本月十七日具疏給假省親，十九日奉聖旨：『馮琦准給假回籍省親，伊係日講官，着馳驛去，仍賜路費銀二十兩、紵絲二表裏，着限五個月内前來供職。欽此。』欽遵遂於二十日報名廷謝訖〔二〕。伏念臣少承父訓，早被朝榮，爰從荷槖之班，掄置執籤之列。未瞻咫尺，何有涓埃？乍驚官序之驟遷，敢意私情之曲體。當楓陛承恩之日，適椿庭請老之時。倦鳥依林，方懸車之是望；慈烏返哺，俾擁傳以言旋〔三〕。金緋爭羡其同歸，銀幣復沾乎异數。千里續食，分御府之精鏐〔四〕；九月授食，出天機之文綺。道路侈儒臣之寵，庭闈欣游子之還。古稱資父以事君，臣獨藉君而將父。豈但千載遭逢之盛，實由九重孝治之餘。情既慰於瞻雲，心敢忘於向日？仙班暫遠，尚思玉扆臨朝〔五〕；清夢長懸，如在金華侍講。鶴禁行開於不日，龍顔遥祝於齊天。臣無任感戴激切之至！

奉聖旨：『知道了。禮部知道。』〔六〕

【校注】

〔一〕此表亦見《宗伯集》卷二四，作『爲恭謝天恩事』。

〔二〕遂：《宗伯集》作『隨』。

〔三〕返哺：《宗伯集》作『反哺』。

〔四〕精鏐：《宗伯集》作『精膠』

〔五〕臨朝：《宗伯集》作『升朝』。

〔六〕奉聖旨：《宗伯集》此句前有『萬曆二十一年九月二十四日』。

## 日講官詹事府少詹事兼翰林院侍讀學士掌院事臣馮琦謹奏：爲恩假已滿疾病驟嬰懇乞聖明俯容在籍調理以全生命事

該臣於去年九月具疏乞假〔一〕，奉聖旨：『馮琦准給假回籍省親，伊係日講官，着馳驛去，仍賜路費銀二十兩、紵絲二表裏，着限五個月内前來供職。欽此。』臣以賤士叨侍講幃，皇上既已曲體至情，又復寵加异數。道路之人，亦且爲臣稱羨，爲臣嘆息，况在微臣身受其賜，當復何如感激，何如圖報！

既抵舍，見臣父母相對誦皇上恩德，繼以泣涕。臣父藉皇上之寵，宿疴漸平，臣即擬依限束裝，赴京供職。不意十二月間，臣父感吞酸之症，胸膈鬱塞，飲食不消。及入新正，兩足腫痛。臣欲强就道，則親病未痊，欲留侍親，則王程已迫。循陔戀闕，并在一時。熱火凝冰，戰於五内。憂煩中鬱，風邪外干。伏火積痰，一時驟發。頭目眩暈，手足頑麻。屢經醫生石維巖、劉忠信調治未效〔二〕。念臣官列清班，家有具慶，獨以尚無兒女之累，致傷父母之心。子病因親，親病因子。愁以病劇，病以愁增。深惟主恩親德，同一罔極，而臣未至四紀，已見二毛。常恐寸草未酬，蒲質易謝，則君親兩負，忠孝兩虧。此臣所以執筆泪流、顧影心悸者也。

皇上仁覆孝理，沾溉群生。方將使匹夫無不獲之情，豈忍令侍臣負不孝之罪？故敢冒陳情款，仰達宸嚴。伏望聖慈容臣在籍調理。倘親病漸愈，即微臣痊可之期；身命可延，即异日捐糜之地。臣不勝瞻戀懸望之至。

奉聖旨：『日講事重，馮琦着上緊前來供職，不准辭。吏部知道。』

【校注】

〔一〕去年九月：即萬曆二十一年九月，見前奏。此表則是五個月假期將滿時所上，應是萬曆二十二年正月。

〔二〕石維巖、劉忠信：生平俱不可考。

**日講官詹事府少詹事兼翰林院侍讀學士掌院事臣馮琦謹奏：爲力疾赴京中途增劇懇乞天恩俯容回籍調理事**

該臣以給假省親遘疾請告，奉聖旨：『日講事重，馮琦着上緊前來供職，不准辭。吏部知道。欽此。』仰惟講幄至重，天語至嚴。臣病未及死，敢不束裝就道？親於病中送子，子於病中別親。兒行十步，親意千里。行至長山地方〔一〕，怔忡眩暈，倍加沉重。神理恍惚，寒熱往來。纔欲就枕，便已驚寤。手措麻木，移時乃休。右足横筋拘攣掣痛，延醫生張子相、馬宗禹診視〔二〕，謂臣痰結中焦，濕停下部，爲日已久，不治將深。臣臣子一身，君親兩急，進不能趨執戟之役，退不能奉菽水之歡。呼天則天聽益高，呼父母則親闈漸遠。羈栖驛路，沉頓匡床。病中營營，何念不起？而臣父母爲臣憂，更深於臣。臣昇日可憂，更甚於今日。此臣所以撫七尺而自悲，仰九閽而上控者也。臣自離闕下，六月于兹，瘝曠之罪與日俱積。主恩深厚，且虛講席而待臣。上有虛懷之主，則臣雖在親側而心不安；下有久病之親，則臣雖趨君命而心不安。臣之心事，其亦可憐矣。伏乞皇上念臣病已沉綿，事無規避，容臣回籍調理，原缺另行推補。庶曠職之罪少釋，而心可安；奉親之願少酬，而病可愈。倘未填溝壑，猶可效銜結於昇日也。臣無任激切懇祈之至。

奉聖旨：『日講官兼有修史新命，馮琦着遵旨上緊前來供職，毋得再辭。吏部知道。』

【校注】

〔一〕長山：即長山縣，明代屬濟南府，即今山東鄒平長山鎮。長山爲馮琦從青州至京師必經之地。

〔二〕張子相、馬宗禹：皆醫生，當爲長山一帶人，生平俱不可考。

**日講官詹事府少詹事兼翰林院侍讀學士臣馮琦謹奏：爲夙疾未愈新命難勝謹瀝病若真情乞容依親調理以全生命事**

該臣以病劇請告，奉聖旨：『日講官兼有修史新命，馮琦着上緊遵旨前來供職，毋得再辭。吏部知道。』先該閣臣以修本朝正史，擬臣充副總裁官，皇上過聽而用臣〔一〕。夫臣，史官也，而修史，君命也。臣即病，敢不自力？獨念臣入仕十七年矣，未嘗一日敢離官次，而近乃得請假以歸。

人子久别父母而得暫歸，誰能無戀戀者？然使親安身健，則臣父自當教忠，微臣自當移孝。而乃有危苦至情，不容不爲皇上陳之。

自臣抵長山上章，而臣父前症復發。每日午後嘔逆吞酸，胸膈痞塞。腹痛連心，股痛刺骨，呻吟後夜，鷄鳴始休。臣去家無幾時，而家書以病者三矣。臣方苦怔忡眩暈、手足麻木之症，調理未效，一聞此語，倍覺驚惶。病勢益深，寢食俱廢。臣一身何足惜？奈何君有命而不能趨，父有病而不能侍。欲留不敢，欲去不能。自憐不進不退之身，抱此不孝不忠之罪。每一念至，涕泗交横。夫身病親無恙，則心猶可以自寬；親病身無恙，則力猶可以自强。今乃父子俱病，心力兩窮。無論困頓中途，不能前進，即臣在京邸，亦豈能佐史局萬分一也？已敝之精神，必不能稽二百年之因革；已亂之方寸，必不能定千萬世之是非。不但辱命曠官，有玷傳信之典；抑且遺親嗜進，難立孝治之朝。伏望皇上憫臣病苦真情，容臣依親調理，將日講官及國史副總裁官别行推補。庶曠職之罪少釋，而心可安；奉親之願少酬，而病可愈。倘未即填溝壑，猶可效銜結於异日也。臣無任激切懇祈之至。

奉聖旨：『馮琦准給假半年。吏部知道。』〔二〕

【校注】

〔一〕萬曆二十二年三月，任馮琦爲國史副總裁。《神宗實録》卷二七一『萬曆二十二年三月』：

『甲辰，纂修正史，以禮部尚書陳于陛、南京禮部尚書沈一貫、詹事劉虞夔、少詹事馮琦充副總裁官。』

〔二〕于慎行《瑑菴馮公墓志銘》：『假滿移病，不許，予寬假。』

**日講官禮部右侍郎兼翰林院侍讀學士臣馮琦謹奏：爲親病十分危急懇乞天恩即容回籍少盡子情事**

臣頃以思親成病，具疏乞歸，奉聖旨〔一〕：『馮琦着在任調理，痊可之日即出供職。吏部知道。欽此。』仰惟皇上俯念簪屨，不欲遽從廢弃，臣不勝感激！方遵旨調理，間於本月初七日接得臣父家書〔二〕，字迹模糊，言語錯亂。臣多病之餘，受此驚悸，昏暈仆地，良久始蘇。細詢疾狀，則痰喘日甚，瘦弱已極。以前止能食粥，近來粥亦少進；以前尚能起坐，近來坐亦不能。此人離家已是八日，又未審八日之後病勢如何。臣即得請，兼道疾馳，不知猶及侍湯藥否？思親愁苦，忽欲忘生。待命趦趄，真同忍死。伏望皇上憫臣病苦真情，早容臣回籍調理侍親，臣或可得與臣父相見。臣言至此，不自知涕之交横、魂之飛越也。臣不勝迫切仰望之至！

聖旨：『馮琦情詞懇切，准暫給假回籍，着馳驛去。伊係日講官，還賞路費銀二十兩、紵絲一表裏。吏部知道。』

【校注】

〔一〕奉：原文作『奏』，訛。

〔二〕本月初七日：即萬曆二十四年（一五九六）八月初七日。

## 日講官禮部右侍郎兼翰林院侍讀學士臣馮琦謹奏：爲恭謝天恩比例陳款懇乞聖慈俯賜矜允以伸子情事

臣以憂親成疾，再疏乞歸。奉聖旨：『馮琦情詞懇切，准暫給假回籍，着馳驛去。伊係日講官，還賞路費銀二十兩、紵絲一表裏。吏部知道。欽此。』臣不勝激衷，不勝感泣。伏惟皇上天植至仁，日嚴純孝，察臣陳情迫切，恩許一歸。憫臣去國倉皇，禮隆三錫。儼驂騑於道路，展烏鳥於庭闈。兼金分御府之藏，綺彩出天機之巧。况臣前蒙予假，已沐恩波。去而復來，涓埃未效；來而復去，賞賚重頒。恩重難酬，感深欲涕。顧臣下爲身計，不宜重干雨露之私；遠爲親圖，不敢自遺覆載之澤。

伏念臣濫史局者廿載，侍講幄者八年。緣臣父歷官之品原高於臣，致微臣考滿之恩，未沾於父。查得嘉靖八年日講官詹事顧鼎臣，三品未經考滿，因父年老乞恩〔一〕；十五年，日講官禮部右侍郎謝丕亦三品未經考滿，因母年老乞恩，世宗皇帝念係講臣，皆准給授〔二〕。臣較量才品，何敢比擬前人？皇上優禮儒臣，實則紹隆聖祖。况臣父疾病日迫，臣愚憂懼日深。既不敢自必尚有報主之身，又不敢必親尚有承恩之日。是以冒昧陳款，仰瀆宸嚴。憐臣至情，查照顧鼎臣、謝丕事例，預給與臣父母誥命。臣父當危而拜命，或可因喜以獲安。倘臣父得延一日之生，即微臣安惜百身之報！臣不勝感激仰望之至。

奉聖旨[三]：『知道了。馮琦日講效勞，准照例給與父母誥命。吏部知道。』

【校注】

〔一〕顧鼎臣（一四七三—一五四〇）：字九和，號未齋，蘇州府昆山人。弘治十八年狀元，嘉靖十七年以禮部尚書兼文淵閣大學士入閣，尋加少保、太子太傅、武英殿大學士。

〔二〕謝丕（一四八二—一五五六）：字以中，號汝湖，晚號留園野老，餘姚人。大學士謝遷之子。弘治十八年探花，累官禮部右侍郎兼翰林院學士，卒贈禮部尚書。有《歸省録》。

〔三〕奉聖旨：《宗伯集》此句前有『萬曆二十四年八月十二日』。

**日講官禮部右侍郎兼翰林院侍讀學士臣馮琦謹奏：爲辭朝事**

伏念臣遭逢明聖，徼沐恩私，方緣親身兩病而乞歸，乃體臣子至情而予假。頌《南陔》而心動，若將定省於晨昏；望北闕以魂摇，惟有瞻依於信宿。既不能驅馳以報主，又不能匍匐以辭朝。

蓋聞義并再三，未有假而至再。恩禮若此，報稱謂何？返哺如烏，情少伸於愛日；往來似雁，意常在於隨陽。臣無任戰兢惶悚之至〔一〕。

【校注】

〔一〕《宗伯集》卷二四亦載此表，此句後另有：『萬曆二十四年八月十二日。奉聖旨：「知道了。」』

## 日講官禮部右侍郎兼翰林院侍讀學士臣馮琦謹奏：爲恭謝天恩事

臣蒙恩許歸，星言就道，以五晝夜扶病抵家〔一〕。省臣父於病榻，見臣父肌肉銷鑠，神思恍惚。不覺失聲大哭，相對猶夢。又蒙皇上允臣之請，准給臣父母應得誥命，邸報亦以是日至。臣謹於榻前具道皇上恩禮，臣父子不勝感激，不勝頂戴。臣竊自傷，臣父未病而臣不歸；臣歸而父已病。臣父則强拭泪慰臣，孰能不病，孰有病而蒙主恩至此者？徼主上休寵，即爲吉祥，或猶有可愈之理。蓋臣父在林壑間被新命而喜，在床褥間見游子而喜。是日爲臣食粥半盞，飲藥數匕。臣伏自思，非皇上憐而放臣，臣不得歸；非藉皇上給驛，臣歸不得速；非藉皇上給誥命，臣無以榮親而慰悦其意。

夫恩及於臣之身，則臣可以致身報答。今皇上之恩不止於臣之一身，而及於臣之父母。其錫命臣父母，又不出自廷臣之常例，而出於講幄之特恩〔二〕。即使臣身可捐，亦安能報萬分一也？惟於田間祝願皇上如地如天，享無疆之壽；如堯如舜，垂不朽之聞而已。臣不勝感激瞻戀之至！

奉聖旨：『禮部知道。』

【校注】

〔一〕馮琦《府君行略》：『不孝以八月初聞府君病，上章請急，主上惻然念之，予假以歸。已，復推講幄恩，予父母誥命，蓋特典也。不孝既拜命，乘驛騎，以五日至子舍，省府君於病榻前。府君持不孝而泣：「初不意病至此，至此又不意尚見汝。」不孝俯而泣，仰而致天子命。府君爲破顔，尚自幸也。猶及生而受之，已復感泣，手額謝曰：「必報國，有死無二。」不孝事府君病，肌膚如削，跪而循其脉，脉尚治。府君素不服藥，手藥以進，猶强爲不孝飲之。更三日而弃不孝孤也。』

〔二〕按，明例規定文臣滿三年考，始得封父如其官。馮琦於萬曆二十三年四月升禮部右侍郎，至二十四年八月，僅一年有餘。沈德符《萬曆野獲編》卷一三《非例得封》：『文臣滿三年考，始得封父如其官。……萬曆二十四年，禮部侍郎馮琦，以父山西參政（子履）病，給假省覲，亦乞恩求封。上命如所請。然馮三品未及一年，乃翁年止六旬，尤爲异典云。』

## 原任日講官禮部右侍郎兼翰林院侍讀學士今丁憂臣馮琦謹奏：爲比例陳情懇乞天恩俯賜恤典以光泉壤事

臣山東青州府臨朐縣人，由萬曆五年進士改翰林院庶吉士，授編修，充經筵日講官，歷升今職。臣猥以庸愚，謬叨任使，備史局者廿載，侍講幄者八年。比緣父病乞歸，蒙恩准假，復俞臣請准給誥命，封臣父原任參政馮子履禮部右侍郎兼翰林院侍讀學士。臣隨具疏馳謝訖。臣父不幸於二十四年八月十八日病故，臣自慟違親一年，侍親三日，呼天叩地，無可以自致於親、自解於心者。惟是荷皇上垂憐，早允臣歸，臣父含殮，臣猶及親視，皇上特恩，臣父猶及生受，此皆人臣人子所不能得於君父。而臣自省立朝以來，未有尺寸樹立可以稱此异數者，何敢復有希冀？

伏睹《大明會典》一款：『凡三品大臣，父母曾授本等封者，照例祭葬；大臣見在不拘見任、致仕，許自行陳乞。』又一款：『特恩所加祭葬，或有講讀年久，禮部臨時議擬，奏請定奪。』又查萬曆二年日講官、吏部左侍郎兼翰林院侍讀學士王希烈〔一〕，萬曆十九年日講官、太子賓客、吏部左侍郎兼翰林院侍讀學士沈一貫〔二〕，爲父陳情乞恩，皆蒙准給。臣父事例，實與相合。且臣父廿年仕籍，强半邊陲，蓋嘗致身以當封疆搶攘之衝，終乃乞身以明進退止足之義。三品特命，既已拜於生前；九原殊恩，能無望於身後？謹昧死援例以請，伏乞敕下禮部，查照舊例，給賜臣父祭葬。臣哀病餘生，得藉手以終窀穸之事，即先朝露，從先臣地下，亦死且不朽矣。臣無任稽顙叩心哀鳴仰籲之至。

奉聖旨：『禮部知道。』

【校注】

〔一〕王希烈（？—一五七七），字子中，江西南昌人。嘉靖三十二年（一五五三）進士，歷官吏部左侍郎。卒贈禮部尚書，謚文裕。

〔二〕沈一貫（一五三一—一六一五）：字肩吾，號龍江，又號蛟門。鄞縣人。隆慶二年進士，改庶吉士，累官至太子太保兼少師、吏部尚書、建極殿大學士。

**原任日講官禮部右侍郎兼翰林院侍讀學士今丁憂臣馮琦謹奏：爲恭謝天恩事**〔一〕

該臣以臣父原任河南布政使司右參政今封禮部右侍郎兼翰林院侍讀學士馮子履患病危急，蒙恩歸省。旋以病故奏乞恤典。奉聖旨：『禮部知道。』禮部題覆，奉聖旨：『准照例與祭一壇，仍給全葬。欽此。』隨該山東按察司副使兼布政使司右參議于仕廉前來諭祭〔二〕，本布政司給與葬價夫銀叁百兩。臣謹叩頭祗領如式。造葬訖〔三〕，不勝感激，不勝哀痛。

三命遥頒，方沐如綸之寵；九原不返，遂成若斧之封。感聖德之難酬，痛親容之永隔。孑身在疚，雙泪横流。伏念臣自屢疏乞歸，兼程抵舍，見父尚疑於夢寐，承恩已下於雲霄。自幸屬纊之前，猶得拖紳而受。終天永訣，是臣卒命之時；三日彌留，皆上更生之賜。仰皇天而上籲，擗厚地以難呼。遽期草土之微臣，過辱楓宸之曲軫。遣守臣而臨祭，發官帑以營塋。生死榮哀，泣遺孤而欲絶；春秋窀穸，賁幽魄以如存。顧臣父半世疆埸，未酬馬革，而臣愚八年講讀，空對麟編。自維兩世之虛糜，曷稱九重之异數？予内史之假，奉訣别於生前；賜京兆之阡，藉光華於身後。澤深及骨，感切銘心。祭以大夫，葬以大夫，渥典并隆於此日；遇以國士，報以國士，微忠難罄於餘年。惟隨薄海之民，永祝同天之壽。臣不勝銜感頂戴之至。

奉聖旨〔四〕：『覽奏謝，知道了。禮部知道。』

【校注】

〔一〕此表亦載《宗伯集》卷二四，作『爲恭謝天恩事』。

〔二〕于仕廉（一五五九—一六四五）：字元貞，號振方，金壇人。萬曆十四年進士，累官至户部右侍郎。萬曆二十四年，于仕廉任山東按察司副使兼布政使司右參議。

〔三〕造：《宗伯集》作『近』。

〔四〕奉聖旨：《宗伯集》此句前有『萬曆二十五年五月十七日』。

# 卷四

## 馮子履後代世系及其夫婦神主〔一〕

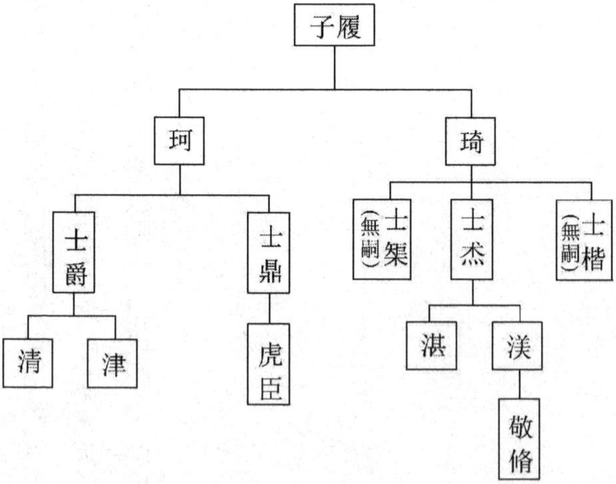

河南布政使司右參政贈禮部尚書兼翰林院侍讀學士府君諱子履，字禮甫，行三，神主生於嘉靖十八年乙亥閏七月十八日（一五三九年八月三十一日）寅時，享年五十八歲，卒於萬曆二十四年丙申八月十八日（一五九六年九月十日）酉時。暨元配誥封太夫人宋氏，生於嘉靖十九年庚子八月十八（一五四〇年九月十八日）卯時，享年七十一歲，卒於萬曆三十八年庚戌五月十七日（一六一〇年七月七日）未時。合葬於府城堯山之東。

【校注】

〔一〕原本無題，此係注者所加。

## 明河南布政使司右參政、誥封通議大夫、禮部右侍郎兼翰林院侍讀學士仰芹馮公墓志銘〔一〕

賜進士出身嘉議大夫、禮部尚書兼翰林院學士、直起居注、會典副總裁、經筵日講官東阿于慎行撰

萬曆丙申八月十八日，故河南參政、誥封禮部侍郎、翰林院侍讀學士仰芹馮公卒於家，冢子少宗伯琦上書請恤。上念琦講讀勞，推恩所生，特遣守臣臨祭，賜少府金錢以葬，如卿臣法。宗伯卜以其年十二月十二日奉安玄宫，來徵堂斧之銘，禮也。行游公父子，交誼甚深，敢不惟命？

叙曰：公諱子履，字禮甫，别號仰芹。自上世爲青州臨朐人。國初徙實遼左，數傳至閆山公裕，舉室南遷，即郡城家焉，官貴州按察副使。是生五子，皆以科名文雅稱雄海内。其仲則芹泉公惟重，舉嘉靖戊戌進士。爲行人，奉使湖湘，道卒。配蔣安人舉公京邸，百日而孤，考不聞問也。蒲伏號泣，抱而歸舍，四壁蕭然。父友宋公來哭，酬諸几而女焉〔二〕。稍長，穎敏絶倫，日誦萬餘言，爲文詞，援筆立就。十三補郡諸生，未冠受廩，名伏一時。

隆慶丁卯，與計偕，明年戊辰成進士。伏闕上書，訟母蔣『食貧矢節，耕織自給，俾臣厲志進修，得有成立』〔三〕。朝廷感動，命表其閭。除固安知縣〔四〕，治行著聞。徵爲兵部車駕司主事，滿考課最，進職方員外郎。萬曆甲戌，以望擢山西按察司僉事，備兵大同，數有邊功。累遷參議、副使，治兵如故。爲故政府嬖人所中，議且左遷。蔣安人老矣，宗伯已第爲史〔五〕，公因解組自免，日承甘膬，若將終焉。

丁内艱，除，言官交薦，起知和州。尋擢陜西僉事，備兵隴西。居三年，遷山西參議。又一年〔六〕，遷河南副使，以才任要據，改備易州。又三年〔七〕，遷河南參政，奉璧入賀。宗伯方直講幃，新拜宫尹，公乃謂曰：『嗟乎！造物忌太盛，奈何父子同時官至穹顯，吾去汝歸矣。』遂稱病乞休。宗伯固請扶侍〔八〕，賜金給驛以歸，當世榮之。無何，詔趣宗伯入侍。越二歲，公以病聞。宗伯連章請急，主上惻然許之，以所居官爵公，及其生存，蓋异數也。宗伯奉策書馳傳，五日抵舍，加紱於床，公持其手而泣曰：『必報上恩，有死無二。』三日而瞑。距生嘉靖己亥閏七月十八日，得年五十有八歲。生受崇名，没邀殊寵，可謂哀且榮矣。

公爲人豪爽俊邁，才器絶人。機鋒神敏，事無難易，迎刃立解；剖析利害，人所不了，片語可決。與人處，和易傾竭，不爲城府，而動有檢柙，無所曲徇。嘗曰：『吾行圓而性方，理所不可，賁育不能奪也。』孝友子諒，内行篤修，有仁人長者之稱焉。歷官幾三十年，爲監司、長吏，治迹不同，大指修舉廢隊，振飭綱紀，操三尺繩吏，銖兩之奸毋少假貸。案無滯牘〔九〕，庭無留訟，曲直皆得其平。然好優禮士大夫，延見長老，問所疾苦。暇則前諸儒生，談説經義，得俊爲多。所在士民感慕，去常見思云〔一〇〕。固安多盗少兵，藉良家少年，教之騎射，厲使求盗，禽可三百餘人，萑苻絶警。大同歲祲，發倉賑贍，調給兵食，厚招商賈，輸輓雲集，軍民以安。邊給軍餉，司農新班法馬重於舊時，吏匿而懸其舊，郎中不知也。軍士大恚，甲而噪於門。公聞，呵殿而入，掠吏問狀，得其新者以給，衆乃不嘩。郎中長跪謝曰：『微公，不死亂卒，即死法矣。』虜既納款，雲中值其王庭，以公主市，所予虜繒絮不中量，責邊將吏，更以善美，虜索溢額，即禁毋予。時有聞變，得公面諭，無不懾伏。小酋那吉入市，操弓矢前跪，請與公之角。公曰：『吾與汝射。』虜射利近，密遠其侯，公矢相屬於的，酋盡輸其衣馬，嗌指大愧。乃前其侯，使自射賞之，復盡予其衣馬，酋乃大喜。其操縱威懷，多此類也。隴西盗數百盤踞關山，無能禽制，公馳尺檄曉譬，從之以兵，盡散其衆。值歲旱饑，多方拊循，流移盡復，秦人德之，有俎豆焉〔一一〕。易州故設兵屯，及罷防邊，多所散遣，或更其直以佐它費〔一二〕。公至，盡復故額，得彀騎千餘，日訓練之。會有兵詔，使視師，易爲上選。

辛卯，彗星見，民間訛言『易水有王者氣，官舉兵誅至矣』，衆皆反走，城郭爲空。郎中項君過公〔一三〕，公曰：『民方恫疑，不可驟止也。』趣命庖人治具，不闔扉而飲酒。徐遣吏曉譬曰：『此訛言，毋恐。』士民且疑且覘，知其無它乃定。束鹿有妖徒惑衆〔一四〕，聚至千餘。長吏走白兩臺，計且請兵。公曰：『此一亭長力耳。』爲檄下邑，逮其魁即訊。諭遣餘衆各散歸農，官無所問。檄至而解。奸民上言易州諸山礦金可采，下兩臺議，公曰：『不可。礦之爲利，民竊則贏，官開則詘矣，非便也〔一五〕。無事而聚衆，寇且生心，密邇九陵，將傷地脉，誰敢任之？』兩臺如議以覆，事乃得已。其後數年，竟用諸軍校言，礦使大出，西輔首困矣。

公居塞上久，周知邊事，能寬假諸將，全其體貌，毋徇以小文〔一六〕。雲中郭將軍琥廉而少鈍〔一七〕，保定楊將軍紹勛有勇而卞〔一八〕，失群下心，皆爲當事所疑。公先後調護，各盡其能。比楊移鎮遼左，謂曰：『以公才略不難當虜，而難御士，願少慎之。』楊竟以繩下急敗，中它法死，恨不用馮公言也。

故諸生時，嘗赴臨淄試。夜歸，大雪，有侯生者隊而僵於谷，衆弗顧也，公止，親掖出之。乘以己騎，且扶且行，及城乃曙，生得無死。郡人聞之，無不感嘆。長安周媪嘗以賣珠至舍，醉遺其櫝，歸而忘其處，憒欲自裁。公使趣召媪也，至而得珠，叩頭謝曰：『老婦無以報公，但焚香祝天，報公子孫耳。』塞上嘗得善馬，日行數百里，絶愛之。或飲諸河，馳而斃，自因請死，公曰：『置之，而公不以一馬傷吾健兒。』又嘗有玉環爲吏所觸碎，吏怖欲死，亦貰不問。其有度如此。故吏士樂爲效力，雖嚴不怨也〔一九〕。

居官廉，不受私，里居十餘年，未嘗以事干有司。而與鄉曲最下者均茵席，踆踆退讓，如恐先之。亦時從二三故人觴咏游娱，爲歡未厭也。以公才猷質行，卓冠人倫，年不逮耆，位不及政，故足悲矣。然陰施厚積，克饗天心，會五世之祉，而鍾諸哲嗣，以元德茂學遭際聖明，將有枚卜之命，所禔福於廟社而大亢其宗，惡可量哉！

元配宋氏，累封淑人，莊恪惠和，克修壼政，父禮部司務延年〔二〇〕，即一川公。子男二，長即琦，舉丁丑進士，累官禮部右侍郎兼翰林院侍讀學士，娶姜氏，處士嵐女，累封淑人；次珂，郡諸生，才俊士也，娶李氏，茂才延緒女。女三：一適張元豸〔二一〕，縣令華鳳孫；一適遲一梧，少司馬鳳翔孫〔二二〕；一字蔣璽卿春芳子奎胤〔二三〕。孫男一，士慤〔二四〕，琦出。

銘曰：華胄維馮，宗遼祖青，歸廓其閎。連枝四五，厥陰蓋畝，或蓄而廡。考瘁於塗，罔聞呱呱，有母茹荼。勖勤儆逸，學成名立，舊德是食。束髮登朝，肇尹東郊，政有謳謡。入陪圻父，謨謀樽俎，允文孔武。出歷價藩，於朔於燕，於隴之原。惟兹氓隸，是拊是飭，厘之三尺。旭焕冬陽〔二五〕，棱肅秋霜，膏流大方。燕徒羆虎，甲則練組，罔或伏莽。彼獷者戎，厥角來庭，爾勛既升。慶流式穀，維師啓沃，將諧枚卜。公曰歸與，數有盈虚，我操其餘。如彼喬岳，出雲漠漠，雨施孔渥。如彼長川，汩澥其淵，厥浸瀰天。維皇祐德，既豐其澤，年胡不百。維帝酬庸，勸孝作忠，物備禮崇。奄宅吉土，司空之蒐，自天胙汝。寢成孔安，有銘在埏，子孫億千。

賜進士出身、資政大夫、禮部尚書兼翰林院學士、前經筵日講、國典副總裁官、同年友東阿于慎行撰文。

【校注】

〔一〕此文見冶源本《世録》，亦見《穀城山館文集》卷二一（下省稱《穀城》本）。

〔二〕宋公：即宋延年（一五一二—一五六五），字仁夫，號一川，青州益都人。嘉靖十六年舉人，謁選，累至南京禮部司務。

〔三〕馮子履上書，當即前《户部山東清吏司辦事進士臣馮子履謹奏：爲比例陳情乞旌貞節事》，此段引文乃檃栝其意。

〔四〕除固安知縣：冶源本《世録》及《文集》本此句前有『是年』二字。

〔五〕史：冶源本《世録》及《文集》作『太史』。

〔六〕又一年：冶源本《世録》及《穀城》本均作『又一年所』。

〔七〕又三年：冶源本《世録》及《穀城》本均作『又三年所』。

〔八〕固：冶源本《世録》作『因』。

〔九〕滯：冶源本《世録》及《穀城》本均作『留』。

〔一〇〕馮子履在任多有政聲，去後見思，如前周如砥《易州兵備副使青州馮公崇祀名宦碑》。

〔一一〕秦人德之，有俎豆焉：《穀城》本作『秦人德而俎豆之』，冶源本《世録》作『秦人德之，有私俎豆焉』。

〔一二〕它：原作『宅』，據《穀城》本及冶源本《世録》改。

〔一三〕郎中項君：即項德楨（一五五五—一六〇五），字庭堅，號玄池，嘉興秀水人。萬曆十四年（一五八六）進士，歷官至河南副使。

〔一四〕惑：原作『或』，據《穀城》本及冶源本《世録》改。

〔一五〕官開則詘矣，非便也：原作『官開則詘策非便也』，據《穀城》本及冶源本《世録》改。

〔一六〕徇：《穀城》本及冶源本《世録》作『拘』。

〔一七〕郭將軍琥：即郭琥，字宗器，永昌衛人。繇總旗積首功，歷爲大同副總兵，升薊州、山西、大同總兵，至左都督致仕。

〔一八〕楊將軍紹勛：即楊紹勛，籍貫俟考，萬曆十五年由薊遼副總兵遷爲保定總兵，十九年改昌平總兵，旋代李成梁爲遼東總兵。萬曆二十一年，回衛聽勘，二十三年以罪戍邊。

〔一九〕嚴：《穀城》本及冶源本《世録》作『死』。

〔二〇〕延年：《穀城》本及冶源本《世録》作『某』。

〔二一〕張元豸：《穀城》本作『秉彝』。

〔二二〕鳳翔：即遲鳳翔，字德徵，號朐岡，臨朐人。嘉靖二十三年進士，累官至兵部侍郎。著有《四書説》《胸岡集》等。

〔二三〕蔣春芳：字實伯，益都人。萬曆八年進士，累官至尚寶司卿。

〔二四〕士慤：按馮琦三子，士杰、士楷、士榘，士慤獨生於馮子履在世之時，其生平不見於《世録》，當是早卒。

〔二五〕焕：《穀城》本及冶源本《世録》作『焕』。

## 明故河南布政使司右參政、封通議大夫、禮部右侍郎兼翰林院侍讀學士仰芹馮公行狀

公諱子履，字禮甫，號仰芹，郡之臨朐人也。馮氏於青爲望族，公父芹泉，登戊戌進士，爲行人，使楚中，道病，不旋踵而卒。時公生京邸，芹泉公殁時未知也。訃至，蔣太安人携以歸。祖間山抱而泣曰：『嗟乎，仲子不幸殁，殁而有子〔一〕，是天哀勞臣而不絶其胤也。』已，撫摩視孤，則又泣曰：『是子神色奕奕，非庸常者。其父業未竟，天其或者將啓諸！』囑太安人善視孤。太安人亦以是自慰，勤劬呴噢。稍有識，即檢父書教之。

公生而聰慧。及學書，日誦萬餘言，爲文不屬草，頃刻立就。從姊夫岱宇石公學〔二〕。十三爲諸生，有聲黌序。性少嗜酒，嘗夜飲達旦。太安人怒，泣不食，公亦伏地泣謝，後不敢。由是下帷發憤，每試輒高等。十八受餼廩。戊午，宗伯生。丁卯，舉於鄉。戊辰，成進士。詣闕下上書，言母守節狀，天子表其閭〔三〕。是歲，授固安令。

固安近京師，事煩夥，中貴多請寄。公持法立斷，神采峻發，庭無留事，邑無冤民。上官有大獄，皆移公取衷焉。修學葺城，百廢俱舉。訓諸儒生，曲有禮意。樂接士大夫，無所不歡合，然罔敢私請者，底今邑人士思慕之。邑故多盜，公擇良家子爲牙兵，教習騎射，察非常，捕盜賊，盜賊以故不發，發又輒得。諸游劫無敢近固安者。蓋公方在有司，而文武威望已藉甚公卿間矣。

辛未，擢兵部車駕司主事，歷職方員外郎。甲戌，升山西按察司僉事，治大同。值大同方洊饑，公爲實倉廩、籌軍餉，通商惠民。是歲也，饑而不害。時貢市新啓，虜王幕直大同，其市曰得勝口，公主之，申明約束，布威信，察邊吏無得侵賞格，失款虜心。虜逾額要求，公亦禁弗予，内外肅然。把漢那吉者，黠虜也〔四〕，時入市謁公，伐其騎射，請與公之士角，賭以衣馬。譯者以告，公笑曰：『虜亡它〔五〕，謂而公文吏耳。』令移的百步外〔六〕，連發命中，虜矢重〔七〕，屢負，盡失衣與馬，面赤流汗。公度虜意迫，則令移的近，而再命之射，漸給之，虜大喜〔八〕，叩頭去。諸部聞之，皆慴服，無敢横者矣。大同軍素悍，司農頒新法馬餉軍，吏匿之而用其舊，一軍盡甲，環部署而讙。公聞，則荷殿至〔九〕，叱之曰：『若輩藉口，爲餉乎〔一〇〕？吏弄奸，易法馬，乃公爲若笞之耳，何遽爲狂圖，不畏死耶？』皆叩首願聽命。乃以法繩吏，追新法馬給軍，軍遂定。

乙亥，升參議；丙子，升副使，皆以籌邊勞也。丁丑大計，吏科陳君三謨者〔一一〕，故與公有郤，乃以前僉事署枉狀奏公。部議當平調。陳復言之政府，調旨削一級。衆議嘖嘖不平。公囂然曰：『吾母老，宜歸養，是輩欲我去，去之善。』由是解組歸。時宗伯已登第入詞林矣。

太安人病失明，公歸，日侍飲食〔一二〕，候起居，母子歡然甚得。而間則邀昆弟故人置酒高會，諧笑呼盧，盡醉而罷，以爲常。己卯，茂才生。壬午，居太安人喪，哀毁逾禮〔一三〕。時虜入西寧，詔舉材堪邊鎮者，臺省共舉公。公服闋，雅不欲出，姻友共强之，乃囂然曰：『吾不奉先慈，已無意人間事，乃公等欲我出，出亦善。』遂起知和州。至則平徭役，抑豪强，歲饑爲請蠲賦，發倉廪賑之。拮据拊循，不以遷謫意怠民事。民亦心附公，惟恐旦夕遷去，失良父母。

丙戌，擢陝西僉事，治秦州。值州方旱也，公禱雨，雨立應。撫輯士民，修明武備，政紀一新。有劇盗數百人聚關山，公傳檄諭之，而以兵隨其後，盗望風解散。戊子，遷山西參議，去而秦人尸祝之。己丑，遷河南副使，治大梁。尋改治易州，時款貢日久，邊備漸弛。易雖重鎮，兵不滿千人，踐更、驅使復居其半，而裁廪食以佐公帑、奉過客。公至則請增兵，簡老弱，募健勇，爲治戯矛掤矢，日討訓之。軍實大振。及邊事告急，天子使使者視師，而易州一軍爲之冠。方礦事未起也〔一四〕，易奸民首奏疏窺上意，上下疏議之。都御史宋公以問公〔一五〕，公曰：『自古未聞開礦富國者，今國家雖乏財，奈何欲煩苦萬民、取給地下〔一六〕。即不得而利不償費，害也。得之而怨歸於上，力殫於下，長奸施奪，爲害滋甚。』宋公以聞上，事得已。竟公任，無復議礦者。

辛卯，彗星見，民訛言易水間有王氣，天子且舉兵加誅焉。會一偏將將兵過易水〔一七〕，或曰：『此即行誅者也。』民駭然，急走散入山谷，城郭爲空。部司項公馳詣公，公笑曰：『有是乎？君第飲，民今還，定無恐也。』即款項公，坐不闔扉而飲酒，而命人馳諭之〔一八〕，民窺公安飲，則復稍稍還。乃捕訛言者治之，民遂定。東鹿道人有爲左道惑衆者，民聚聽，至千餘人，吏就索賄不得，則急詒令：『是白蓮謀叛者。』令走告兩臺，將請兵誅之。公笑曰：『何至是！愚民相扇聚，止可煩一檄耳。令亡賴，爲吏愚，何詫而公爲也〔一九〕？』乃爲二檄，一諭遣其黨，一執道士即訊，應時解散焉。公數居邊鎮，猝遇非常，皆以笑談雍容消大變。同事諸公聞之，曰：『馮公議論翩翩，甚脱耳，至變亂當前，不慹不竦，隨機勘定，他人雖千百何能及？』其材望服人如此。

癸巳，遷河南參政。甫之任，以入賀至京師。時宗伯已轉宫詹，奉講筵，貴顯矣。公浩然動歸興〔二〇〕，所知勸止之，則不從，曰：『吾前已脱迹仕途，爲國恩未報，故復黽勉出。今憊矣，有子幸奉聖人侍禁幄，此區區自適日也〔二一〕。』於是乞身歸。而宗伯亦以省覲行。上爲賜驛傳道里費，父子相繼出都門，里人皆榮之。

既抵舍，申舊約，與客酣飲對奕。宗伯日侍前，道故舊，爲笑樂。久之，不懌，則使宗伯行。宗伯辭不允，復之京。然念公甚，時時遣候公。公寓書，勉以『盡忠；毋念我，我快飲甚樂耳』。每暇日，則與縉紳爲真率會，酒酣以往，謔笑爾汝。日醉二三。晨起對客外，即坐書室課次公讀。次公坐而讀，則喜。客至，出課業共評之，恨不即見其成也〔二二〕。

丙申，弟貞静先生卒於冶水。公素厚諸昆，馳往哭之慟，歸而病作。既少愈，復出從客飲〔二三〕。無何，輒劇。卒之日，談笑如平時，已而呼衣冠服之。二子跪受囑，公曰：『汝兄弟猶一人耳。兄善教弟，弟善聽兄教。』目茂才曰：『汝能讀書，即我兒；不能，則自弃也〔二四〕。』鑒戒得失，在目前耳。』遂不復言，從容瞑而没，時八月十八日也。

初，公疾，戒舍中毋以聞宗伯，疾劇乃召之[二五]。宗伯聞而上章請急，上推恩封公，予假給驛。以五日馳至家，父子相見，持而泣。已而致朝命，公色喜，手額謝，更三日卒也。人謂宗伯少遲治裝即不及見公，公先三日歿即不及見新命，天之佑助慈孝，蓋其至哉！

訃聞於朝，天子命守臣諭祭，司空營葬事，蓋自宗伯三歲中蒙上恩德三予假再歸，省公於卧榻，受制詞，殁而給全葬，視三品大臣有加禮。士大夫相傳以爲异數，因而嘆上優禮儒臣至此，國家盛事也[二六]。

公性明爽高亮，與人處，傾懷抱無町畦。善爲笑言，若儻宕者。然禮度周旋，纖毫不肯失[二七]。其遇人有氣岸矜夸者，輒調笑狎之，即木訥敦朴，益憐愛厚視之。人開心陳説，即不當心，喜之；即囁嚅深藏，則以爲欺我，厭薄之。親故有過端，必面相語，語已，即待如初。以是人皆敬憚公，無致怨者。

心慈愛，好急人之難。爲諸生時試臨淄，大雪失道，侯生者陷坎中，哀呼無救。公獨扶而出，以己所乘乘之，而步行掖以歸。周媪者，京儈也，挾故侯珠一篋，醉而遺諸途。求弗得，則呼號欲自刃。公得而召與之，得不死[二八]。乙未，邑大饑，出宋莊藏粟，捐價以濟貧民，所全活者甚衆，閭里頌義焉。自宗姻至知友，告飢寒者予衣食，婚喪者爲助給。即屢索屢獲，獲而更索，不以厭，亦不瑕疵也。

馭僕隸，嚴而不苛〔二九〕。大同舍人踣良馬，秦州吏碎玉絛環，皆貸之，不加罪。然約束舍中人甚備，不令鮮衣冠横里中。

識鑒朗徹，號善知人。在雲中知大將琥，琥老而慎，當道欲處之，公曰，『是夫也廉，廉，將德也，所蓋多矣』〔三〇〕，當道然之。郭卒善其任。在中山知大將紹勛，紹勛轉遼東，且行，請益，公曰：『君剛而好察，剛易折，察難爲下，若不少易，其不没乎〔三一〕？』楊至遼東，果以剛察敗，罪至死，死乃悔不用馮公言。

宦轍所至，推轂士及官屬將吏，皆爲聞人。居官二十餘年，堅持一節，宦橐僅佐酒鐴。治田數區，不欲積羸財遺子孫。家居好爲德，然不以私事瀆有司。議論依名節，每談及仕路非禮媚人及陰謀相抵者，輒慨然痛恨。嘗謂士人進退少能自拔者，不爲白簡驅則白首歸耳〔三二〕。故未老而致政，其素志然也。

議者謂公曠逸似達，持正似果，倜儻似豪，决退似隱。若乃忠孝大節，光映後先，而從容指顧，消大亂、定大議，以彼其材，何所不至？功業未盡究，其將在後人乎？易簀數言，諄諄棠棣之戒，意念深矣。

余父子與公家累世姻友，知公最真。宗伯有命，敬列而狀焉，以俟國史。

公生於己亥七月十八日，距卒，得年五十有八。配宋氏，南京禮部司務一川公女。蓋自芹泉殁而一川來哭之，遂許婚。累封淑人。子二：長宗伯琦，娶姜處士嵐女；次茂才珂，娶郡廩生李孫延緒女。女三：一歸張令君華鳳孫元豸，一歸遲侍郎鳳翔孫一梧，一許聘蔣侍御春芳子奎胤。孫一，士愨，琦出。

賜進士、吏科都給事中、侍經筵、年眷侄鍾羽正撰。

【校注】

〔一〕殁：冶源本《世録》作『没』，鍾羽正《崇雅堂集》卷一三載此文（下省稱《崇雅》本），亦作『殁』。

〔二〕岱宇石公：即石繼芳，字克肖，號岱宇，益都人。娶馮惟重長女。嘉靖三十四年舉人，歷猗氏教諭、桐城知縣、錦衣衛經歷，升寧夏副使，遇哱拜之亂，遭難。

〔三〕馮子履上表，即前《户部山東清吏司辦事進士臣馮子履謹奏：爲比例陳情乞旌貞節事》，事在隆慶二年。

〔四〕把漢那吉：俺答之孫。《明史紀事本末》卷六〇《俺答封貢》：『（隆慶）四年冬十月癸卯，俺答孫把漢那吉率其屬阿力哥等十人來降。把漢那吉者，俺答第三子鐵背臺吉之子也。幼孤，育於俺答妻一刻哈屯所，命僕阿力歌之妻乳焉。及長，那吉多智，有口辯，俺答娶婿比吉女爲之婦，不相能，復聘兔撦金的之女。適俺答長女啞不害有所生三娘子者，貌甚艷麗，已受襖兒都司聘。俺答奪取之，襖兒恚甚，將攻俺答。俺答無以解，即以那吉所聘兔撦金的女償之。那吉怒，謂阿力哥曰：「我祖妻外孫，又奪孫婦與人。吾不能爲若孫，吾行矣。」遂與阿力哥同妻比吉女等十人南走，叩關請降。』此句，《崇雅》本無「者，黠虜也」。

〔五〕亡：冶源本《世録》作「無」。

〔六〕《崇雅》本「百步外」後有「自與射」。

〔七〕虜：《崇雅》本作「那吉」。

〔八〕虜：《崇雅》本作「遂」。

〔九〕荷：《崇雅》本作「可」。

〔一〇〕藉口：冶源本《世録》及《崇雅》本作「藉藉」。

〔一一〕陳三謨：浙江仁和人，嘉靖四十四年進士，累官至吏科都給事中。先爲高拱門生，後又諂事張居正，善攻訐，爲士林所輕。

〔一二〕飲食：《崇雅》本作「食飲」。

〔一三〕己卯……逾禮：《崇雅》本無。

〔一四〕方：《崇雅》本無。

〔一五〕宋公：當即宋仕（?—一六一八），字汝學，號可泉，山東平原人。隆慶五年進士，授衡水知縣，改遵化，遷御史，歷官爲大理少卿，遷右僉都御史巡撫保定，累官至南刑部右侍郎、南京右都御史，卒贈太子少傅。

〔一六〕苦：原作『若』，據冶源本《世録》改。

〔一七〕偏將將兵：原文脱一『將』字，據《崇雅》本補。

〔一八〕項公：即項德楨，字庭堅，號玄池，嘉興秀水人，萬曆十四年進士，歷官至汤南副使。命：《崇雅》本作『令』。

〔一九〕爲吏愚，何詫而公爲也：《崇雅》本無。

〔二〇〕歸與：《崇雅》本作『歸與』。

〔二一〕曰……自適日也：《崇雅》本無。

〔二二〕即：冶源本《世録》無。

〔二三〕客：冶源本《世録》作『容』。

〔二四〕目茂才……則自弃也：《崇雅》本無。

〔二五〕疾劇乃召之：《崇雅》本作『疾革則召之』。

〔二六〕蓋自宗伯……國家盛事也：《崇雅》本作『以十二月十日葬洋水之陽，蓋新阡也』。

〔二七〕不肯失：冶源本《世録》及《崇雅》本均作『不爽』。

〔二八〕爲諸生時試臨淄……得不死：此段《崇雅》本無。

〔二九〕苛：原文作『荷』，據《崇雅》本及冶源本《世録》改。

〔三〇〕蓋：冶源本《世録》作『益』。

〔三一〕没：治源本《世録》作「殁」。

〔三二〕白簡：原文作「曰簡」，據《崇雅》本及治源本《世録》改。

## 明故河南布政司右參政、誥封通議大夫、禮部右侍郎兼翰林院侍讀學士仰芹馮公神道碑〔一〕

公諱子履，字禮甫〔二〕，號仰芹，副使閭山公裕之孫，行人芹泉公惟重之子〔三〕，今少宗伯琦之父。舉隆慶五年進士，除固安知縣，遷爲兵部車駕司主事、職方員外郎。擢山西按察司僉事，備兵大同。累遷參議、副使。時公以威望屢鎮重邊，隆顯矣，爲權幸所中，當左遷。公乞免，歸侍蔣太安人。

尋丁内艱。服除，以薦起知和州。尋升陝西僉事，備兵隴西，歷遷山西參議、河南副使。以才堪部劇，改備兵易州。又三年，遷河南參政。捧賀表至京，遂乞休，時宗伯方直講筵，亦請歸侍父病，天子許之，爲賜金、予傳以歸。無何〔四〕，宗伯趨召還〔五〕，而公遂病以卒。卒之歲，纔五十八。

公之病也，宗伯請急，浹日章三上，天子又許之，爲特予父母三品誥命。宗伯得請，則五日夜馳至家，侍湯藥三日，而公卒。卒後，天子復念琦講讀勞，推恩其父，遣守臣臨祭，賜全葬。嗚呼〔六〕！公於君臣父子始終際會之數，何其盛也！

公爲人才氣踔絶，神爽無滯，用其平生所施見獨吏迹〔七〕，吏迹多在塞垣。初任固安，剖决如神，籍良家子爲牙兵，習騎射，使迹盜。固安以無盜。其任大同也，值歲祲，公爲發廥廩〔八〕，時糴糴，商賈集而民不飢。會司農頒新法馬，給軍餉，吏匿而仍其舊，一軍噪，皆甲。公聞則呵殿至，叱之曰：『吏舞法當死〔九〕，若以數百人死易一吏乎？』立追其新者給軍，軍遂定。

當是時，款市議初起，諸邊或不能廉察，將吏稍欺給虜物，失虜心，而又或心畏虜，稍俯仰從之，闌出溢與無禁。獨大同多寡一如額。一日，把漢那吉入市，操弓矢謁公，請與公之士射，決賭衣馬。公笑曰：『此不足煩吾材官，吾文吏自當之。』令遠樹侯，公矢發輒中，虜負衣馬且盡。公知其愧也，乃更移侯近，使虜自射，而漸以其物與之。虜大喜，叩頭去。其有文武材善操縱如此。

再起治和州，一如治固安時，不以遷吏傲忽州事〔一〇〕。和州大治。繼治秦，適盜起，公馳檄喻之，而隨以兵，盜立解。其在易也，省向所供億過客及一切無名之費，悉以養兵，別簡募精壯，日訓習之。會有兵事，天子使使者視師，易爲諸鎮最。辛卯，彗星見，民訛言易有王氣，相驚告曰大師且至，則盡走。部司項馳告公，公即留項與飲，而徐遣人諭走者〔一一〕，且曰：『夫驚不可以止驚，子姑安飲，行定矣。』東鹿有左道惑衆者，聚至千人，長吏馳白兩臺，且請兵。公笑曰：『何至是，吾縛其魁而破散其黨，吾檄至而解耳〔一二〕。』已而皆如其言。蓋公居常自稱：『若使吾居官守職，蹈常襲故，無以逾人。若當倥偬之會，事變卒至，赴竅應節，或有微長。』蓋人亦以此推服公。而是時易州奸民已有言近地礦可采用者，兩臺以問公，公曰：『富國之道多端，何必礦？礦自上開，利一而害什伯。且易州近陵寢，傷地脉，不可。』

今公没未幾而采礦之使旁午於道〔一三〕，邊海有急，畿輔地洶洶需材賢。使公此時而在，用事者詎能捨置公，而公於爾時亦不知能抑首受成事與否？又不知能如今之豪舉者，動則張小爲大，言誅言剿示武勇否？嘗竊謂以公之材，世受國厚恩〔一四〕，寧伏節死疆場間，不當早就閑寂〔一五〕。猥附辭盈知足之義，而鍾給事則數聞公語矣〔一六〕，云：『吾三十年仕途，所見稍自愛重、安進退者，非蹇蹇驅鹿車，即負重劾歸耳。』嗚呼！公之勇退，倘亦意有所不可，而姑托焉者乎？

公居塞上久，習邊事，馭將吏寬轡策，使各盡其長。善郭將軍琥廉，調護之，使終其任。知楊將軍紹勛勇而傷其卞急也，語之曰：『子剛而好察，非令終道也。』後楊果以剛察敗，比死，曰：『吾負馮公。』其他所推轂士吏，以公教，爲世聞人者不少。

初，公爲諸生試臨淄，歸，夜雪。有侯生者隊谷中，扶之出，乘以己乘，徒步掖而歸，得無死。長安賣珠媪周，醉遺珠而忘其處，遽欲自刃。公使趨召媪，媪至則以珠與之。大同舍人踣公所愛善馬日行數百里者，秦州吏碎公玉環，皆貰不問。其德量如此。

公行圓性方，内行甚修。與人交易，直無城府。居官不營宦橐，歸不問家人生産。不入公門。日召賓客故人，以詩酒自娱樂，輒至醉。幼余嘗一識公於瀛博道中〔一七〕，寬然朴厚長者也。固不意其遇事健決如此。當公指揮談笑，玩弄驕虜劇盗於股掌之上，亦豈知公與鄉曲小夫日班坐泥飲無間哉！賢者固不可測，天下真才識，必不掀髯戟指，作蜂涌可喜、睢盱可畏之狀。如公者是矣。

馮氏於青爲望族，閶山公四子〔一八〕，皆以科第起家。其仲爲芹泉公，以行人奉使，卒於廬。公即蔣安人所撫百日孤也。公長子宗伯文學器局，天下擬之陸敬輿、韓稚圭，而少子茂才珂，項君嘗爲予言才雋過乃兄[一九]。馮氏且世稟公遺德，黼黻帝治，爲世光儀，豈徒表東海而已哉！

宗伯既葬公，郵書命予銘諸墓道之石[二〇]，爲之銘。銘曰：

有美巨宗，興於營北。憲伯南歸，舊駢是宅。繩河瑟瓚，積厚而長。四杰代興，仲氏彌昌。侃侃烈考，輶軒盡瘁。公之初生，厥日未晬。太母之節，格于皇天。撫公於褓，其訓三遷。乃對軒墀，乃令左輔。不競不絿，民歌且舞。入贊樞管，克詰兵戎。視師代北，屢奏膚功。玁狁于襄，潢池于定。人之捷翻，公則不競。挂冠懸輿，歸侍慈闈。五十而慕，衣彩夔夔。毁往譽還，如鏡斯拭。南服大邦，用公思戢。還公舊節，寄以安攘。於渭之將，於晉之陽。易水浚郊，惟翰惟屏。矯矯天衢，長轡方騁。知止不殆，公曰歸與。家嗣請侍，六傳前驅。貴不及驕，滿恒思溢。家範閫儀，四方是式。東山北海，爲樂孔多。及於疢疾，鼓缶以歌。宗伯請急，腐心泣血。五日而至，三日而訣。煌煌封誥，惟公承之。鬱鬱佳阡，司空營之。遺孤亢宗，餘慶昌後。止孝止慈，古今希遘。出爲翔鳳，處爲冥鴻。三槐手植，八座考終。能出能處，能作能止。進不忘退，生無怖死。忘進退易，忘死生難。結纓易簀，神識恬然。名炳丹青，精歸河岳。有銘在恒[二一]，九原可作。

賜進士及第、光禄大夫、太子太保、禮部尚書兼武英殿大學士、知制誥經筵國史玉牒總裁、奉敕加吏部尚書兼建極殿大學士、予告太原王錫爵撰。

## 【校注】

〔一〕此文見王錫爵《王文肅公文草》（下省稱《文草》本）卷七，題作『參政仰芹馮公墓表』，亦見冶源本《世録》。

〔二〕字禮甫：《文草》本無。

〔三〕裕：《文草》本作『某』；惟重：《文草》本作『某』。

〔四〕無：《文草》本作『亡』。

〔五〕《文草》本『宗伯』後多『復』。

〔六〕嗚呼：原文作『嗚呼』，訛。

〔七〕平生：冶源本《世録》本作『生平』。

〔八〕膾：《文草》本作『倉』。

〔九〕舞法：冶源本《世録》作『無法』。

〔一〇〕以：《文草》本作『倚』。

〔一一〕徐：《文草》本作『陰』。

〔一二〕吾檄至而解耳：《文草》本作『檄至立解耳』。

〔一三〕未幾：冶源本《世録》及《文草》本皆無。

〔一四〕受國厚恩：《文草》本作『受國恩』，冶源本《世録》作『受國家厚恩』。

〔一五〕伏節：冶源本《世録》及《文草》本作『赴節』。早：《文草》本無。

〔一六〕鍾給事：即鍾羽正，時任吏科都給事中。王錫爵此文即依據鍾羽正《仰芹馮公行狀》而作。

〔一七〕幼：《文草》本及冶源本《世録》均作『初』。

〔一八〕四子：《文草》本及冶源本《世録》均作『五子』。

〔一九〕項君嘗爲予言：《文草》本作『宗伯嘗詫予』。

〔二〇〕《文草》本此句後作『諸子孫婚嫁具志中者不論，論其大者』，無以下銘文。

〔二一〕恒：冶源本《世録》作『桓』。

## 明故河南布政使司右參政、誥封通議大夫、禮部右侍郎兼翰林院侍讀學士仰芹馮公墓表

賜同進士出身、嘉議大夫、禮部右侍郎兼翰林院侍讀學士、前詹事府詹事掌院事、經筵日講官、記注起居、正史副總裁年家子古瀛余繼登撰〔一〕

【校注】

〔一〕青州本《世録》抄至此處。此文全文見冶源本《世録》。

# 附録

## 臨朐馮氏著述考

臨朐馮氏以著述稱於世，兹將可考者臚列於下。

### 一、馮裕《方伯集》《海岱會集》

#### （一）《方伯集》一卷

《方伯集》一卷，即《馮氏五先生集》（又稱《五大夫集》）之一。由馮琦於萬曆二十四年冬編選，友人康丕揚校刻。據《光緒臨朐縣志·藝文》載：『馮裕《方伯集》一卷。（此集無單行本，裕曾孫琦刻五大夫集，取以冠首。五大夫者，裕及子惟健、惟重、惟敏、惟訥也。）』弁以李維楨爲馮裕及其四子惟健、惟重、惟敏、惟訥所作傳記，實即《大泌山房集》之《馮氏家傳》。據《陂門集》前康丕揚《刻四馮先生集序》『先生别有行誼、宦迹，具在雲杜李太史傳中』和『萬曆丙申孟冬日』的落款，則知李維楨《馮氏家傳》作於『四馮』集匯刻之前。當是馮琦、康丕揚刻完『四馮』集後，馮琦又刻《方伯集》，并取李維楨《馮氏家傳》冠於首。《方伯集》收詩凡一百二十八首，與《海岱會集》所收馮裕詩略同。

## （二）《海岱會集》十二卷

《光緒臨朐縣志·藝文》載：『《海岱會集》十二卷。（馮裕與益都石存禮、陳經、黄卿、楊應奎，壽光劉澄甫、淵甫，即墨藍田，林下閑居結社酬唱，非一人之作也。詩凡四百七十九首，裕得詩一百二十八首。此書無刻本。《四庫全書總目》著録注云：「兵部侍郎紀昀家藏本。」蓋傳寫流播，達於秘府也。）』此集是『海岱詩社』的唱和集，凡十二卷，收馮裕等上述七人之詩（集中無藍田之詩）。其馮氏家藏稿本早已亡佚，王士禛訪得鈔本後曾抄録一部收藏。後紀昀亦藏有鈔本，《四庫全書》據以收録。魏允貞所作原序云：『友人馮用韞一日以《海岱會集》自遠寄至。』時間爲『萬曆己亥（一五九九）夏六月朔日』。此集另有民國間鈔本，卷首弁以《欽定四庫全書簡明目録》，并抄附王士禛《古夫于亭雜録》中的有關記載。鈔本較四庫本多出『海岱會集名氏』和『海岱會集條約』，集後則附有李文藻《海岱會集跋》和無名氏校勘、識語數十則。此本《簡明目録》下附『香亭』的考證：『王漁洋、李南澗俱云《海岱會集》無刻本，而《四庫》何以有是書？蓋南澗當日以鈔本送其房師紀曉嵐，時曉嵐爲總纂官，故目録中有之也。』南澗爲李文藻之號，文藻爲紀昀門生，這種推測當有可能。但此本所附無名氏識語説：『南澗鈔本正與曉嵐藏本多少不同，香亭附識所云「南澗當日以鈔本送其房師紀曉嵐」，此亦是臆度。』其根據是據紀昀藏本而抄録的《四庫全書》本與此鈔有异文。《海岱會集》實收馮裕詩一百二十七首，其中四首不見於《方伯集》。

## 二、《陂門山人集》《陂門集》《大行集》

### （一）《陂門山人集》八卷

前四卷爲詩賦，後四卷爲文，嘉靖三十五年馮惟訥刻。此刻本天津圖書館、山東省圖書館、山東省博物館、福建師範大學圖書館均有藏。明代《笠澤堂書目·集部》載『《陂門集》二册，馮惟健；《山堂稿》二册，馮惟健』。其中，《陂門集》當即此書，後者則爲『馮惟敏』之訛。

鈔本《陂門山人集》版心上方有『陂門集』三字，中間抄卷、葉，下方有『宋氏抄本』

四字。《中國古籍善本書目》載録其版本爲『清商丘宋氏抄本』。《千頃堂書目》和《明史·藝文志》載：『馮惟健《陂門集》八卷。』《光緒臨朐縣志·藝文》載：『馮惟健《陂門集》八卷。賦詩四卷，文四卷，見《明史·藝文志》。其選入五大夫者，賦二篇，詩一百三十首，即所謂《孝廉集》是也。』所稱即此《陂門山人集》。

宋氏鈔本《陂門山人集》脱訛甚多，時有手誤。《陂門山人集》有嘉靖三十五年馮惟訥刻本，宋氏鈔本應出自刻本無疑。

据陳鳳《陂門集叙》：『予上京師，時其季氏駕部君汝言適免喪待次公車。會其叔氏汝行上南宫，自其家携所遺稿授予，俾任後死之責，既定著爲如干卷，爲詩若文總如干首，駕部將刻梓以傳，屬予爲序。』落款爲『嘉靖丙辰（一五五六）王正月南都友人陳鳳元舉序』。

## （二）《陂門集》一卷

《馮氏五先生集》之一，由馮琦校、康丕揚選刻，弁以康丕揚《刻四馮先生集序》。此集所收全爲詩賦：賦兩篇，《聖泉賦》《南征賦》，詩一百一十六首。

（三）《大行集》一卷

《馮氏五先生集》之一，《千頃堂書目》載『馮惟重《大行集》一卷』，即指此本。此集共收詩五十三首，錢謙益《列朝詩集》、朱彝尊《明詩綜》均未采擇，然宋弼《山左明詩鈔》、陳田《明詩紀事》皆有收録。

## 三、馮惟敏著述

### （一）《山堂緝稿》《海浮山堂詩稿》《海浮山堂文稿》

《山堂緝稿》，馮惟敏《山堂詞稿引》：『余今刻《山堂緝稿》於潤州，既迄工，乃别輯此卷刻之……丙寅（一五六六）閏月海浮山人題。』此書亦見石茂華《海浮馮公行狀》、傅國《昌國艅艎》著録，《千頃堂書目》作『《前山堂緝稿》』。此書實即《海浮山堂詩文稿》，北京大學圖書館有藏，《續修四庫全書》據以收録。

《海浮山堂詩文稿》實分《詩稿》《文稿》兩部分。《中國古籍善本書目》著録：『海浮山堂詩稿五卷、文稿五卷，明馮惟敏撰，明嘉靖四十五年刻本。』卷首冠以許穀《山堂緝稿序》，落款時間『嘉靖丙寅秋八月』。但集中有此後的作品，則知此本《海浮山堂詩稿》并非嘉靖丙寅所刻，乃是《山堂緝稿》之遞修本，而仍用許穀原序。

另，岳浚等《山東通志·經籍志》載：『馮惟敏《山堂詩稿》十卷，惟訥弟。』所載卷數有誤。《詩稿》《文稿》共十卷。

## （二）《馮海浮集》一卷

俞憲編《盛明百家詩》之一種，其刊刻稍晚於《海浮山堂詩文稿》，俞憲爲作小序云：『予參東藩，海浮忽爲一巡院所虐，因得縱觀其詩文，然未有集也。故嘗刻少洲詩而不及海浮。比得其集并南游詩數十篇。』文末題『隆慶戊辰（一五六八）長夏』。俞憲時任山東左參政，段顧言時任山東巡按，馮惟敏因與段交惡而被逮至省城，俞憲得以『縱觀其詩文』。收詩凡一百五十三首。

## （三）《石門集》一卷

即萬曆丙申（一五九六）康丕揚選、馮琦校刻的《馮氏五先生集》之一種。《光緒臨朐縣志·藝文》載：『《石門集》，即五大夫集内之别駕集也，賦二篇，詩一百五十首。』鄭騫《馮惟敏及其著述》：『《石門集》（又名《别駕集》）一卷。萬曆二十四年丙申，康丕揚選，侄孫琦校刻本；與兄惟健《陂門集》（又名《孝廉集》），惟重《大行集》，弟惟訥《光禄集》，合稱《四馮先生集》；有康丕揚序；冠以父裕《方伯集》，稱《五大夫集》；《光緒臨朐縣志》卷九上《藝文》著録。原本寫刻頗精，燕京大學圖書館藏。』《石門集》中除有幾首重收，實收詩一百五十三首，其中三十三首不見於《海浮山堂詩稿》。

（四）《南游稿》《燕山稿》

兩集均亡佚，著録僅見於《海浮馮公行狀》。俞憲在爲《馮海浮集》所撰小序中稱『南游詩數十篇』，當即《南游稿》，内容應是馮惟敏應雲南鄉試之聘途中所作，今可見者即《馮海浮集》中十九首，不見於《山堂詩稿》。《燕山稿》當即任保定府通判時之作，馮琦編選《石門集》時曾從中選擇，其中不見於《詩稿》者，有二十九首當出自《燕山稿》。

（五）《海浮山堂詞稿》四卷

有題爲嘉靖四十五年刻本和天啓六年刻本。另有汪廷訥環翠堂刻坐隱先生選本、任中敏《散曲叢刊》本、鄭振鐸藏鈔本等。『嘉靖刻本』收録於《續修四庫全書》，因卷首《山堂詞稿引》題有『丙寅閏月，海浮山人題』，然集中多有丙寅（一五六六）以後之作，則此本應是嘉靖丙寅刻本之增修本。鄭騫《馮惟敏及其著述》：『馮氏家刻本，前有惟敏手書自序，署「丙寅閏月」，嘉靖四十五年也……今所見本，載丙寅以後曲甚多，自是後來印本。全書依年分類，編次井然，各曲後時有自記：蓋惟敏晚年手訂本，而仍用原序耳。全書四卷，卷爲一册，每册封皮皆有寫刻題簽曰「海浮馮先生詞稿」，蓋馮氏後人印本。觀其刻工字體，至晚在萬曆末年，而書中所收萬曆初年作品甚多，故可定爲萬曆中葉刻本。傳世馮曲舊刻，衹有此本，或題曰嘉靖刻本，蓋據卷首舊序也。嘉靖丙寅原刻，今已不可復見。』《光緒臨朐縣志》考證云：『舊志云四卷，考原書衹二卷，命之曰詞，實曲類也。』則《縣志》編者所見二卷本極當爲嘉靖原刻本。

書凡四卷，共收小令五百餘首，套曲近五十套，數量居明代散曲家之首。

## （六）《擊筑餘音》《石門樂府》

兩集均亡佚。《擊筑餘音》見於四庫本《山東通志·經籍志》《光緒臨朐縣志·藝文》《益都縣圖志·藝文》，《千頃堂書目》則録作『《擊節餘音》』，當爲一書异名。《擊筑餘音》應即《海浮山堂詞稿》卷三《擊節餘音》，《光緒臨朐縣志》著録二卷本《山堂詞稿》當爲嘉靖四十五年原刻本，萬曆年間重刻時，將一卷本《擊筑餘音》收入作爲第三卷，并收録散套《縣官賣

《玉殿傳臚》《縣官賣柳》《呂純陽三界一覽》《骷髏訴冤》《財神訴冤》，以及兩種雜劇《僧尼共犯》，而仍冠以馮惟敏嘉靖四十五年的原序。這樣，單行本《擊筑餘音》便不再流傳。

另外，惟敏《山堂詞稿引》云：『余弟在秦州刻《詩紀》，以其羨刻《石門樂府》。』《石門樂府》當爲曲集，今已不見，其中散曲或存於家刻本《海浮山堂詞稿》中。

（七）《不伏老》雜劇

全稱《梁狀元不伏老玉殿傳臚記》，即家刻本《海浮山堂詞稿》中之《玉殿傳臚》。除此，另有兩種較常見：一爲孟稱舜編《新鐫古今名劇酹江集》，明崇禎刻古今名劇合選本；一見於《盛明雜劇二集》中。孟本題爲『《一世不伏老》，明馮惟敏著，孟稱舜評點，劉啓胤訂正』，正目爲『王從善自負青春小，劉賢良開樽延舊老；賈希德下第送長亭，梁狀元一世不伏老』。此本每欄十九行，行二十字。中縫處有孟稱舜眉批。如首頁眉批云：『有氣蒸雲夢、波撼洛（岳）陽之概，此劇堪與王渼陂《杜甫游春》曲媲美，置之元人中，亦未肯低眉也。』錢謙益《列朝詩集小傳》稱『余所見《不伏老》雜劇，當在王渼陂《杜甫春游》之上』，即襲取孟語。《盛明雜劇》本不著馮惟敏名，僅題『北海馮氏編，栩菴居士評；西湖玉汝丁必成、仕元馮士鰲閲』。劇名也僅題作《不伏老》。正目與孟稱舜評本同；每半葉九行，行十九字；葉眉處有栩菴居士的評語。

《不伏老》凡五折，劇叙五代至宋初梁顥八十二歲狀元及第之事。本事見於洪邁《容齋四筆》引陳正敏《遁齋閑覽》。趙景深《古典戲曲存目彙考·序》稱：『本事極單純，作者能排場巧妙，趣向各异，老當益壯之氣概，每流露曲中。與之同一題材者，别有《題塔》《青袍》《折桂》等傳奇，然以此劇爲最著。』

## （八）《僧尼共犯》雜劇

亦見於家刻本《海浮山堂詞稿》，題作『僧尼共犯傳奇』。除此，另有涵芬樓印行的《孤本元明雜劇》本、脉望館《古今雜劇》校本，後者題作『無名氏』。全劇四折，叙述一僧一尼苟合被逮後還俗事。趙景深《古典戲曲存目彙考·序》云：『《遠山堂劇品》亦著録此劇總名，實係四折北曲，爲雜劇體制，題目正名别作「潑僧尼知而犯故，喬打斷情法昭然」。此劇即今之昆劇《思凡》小尼下山所本。叙僧明進與尼惠明苟合，被鄰人拿奸，到官審問，鈐轄司吴守斷令還俗，結爲夫婦云。』祁彪佳《遠山堂劇品》將其列爲『逸品』，稱曰：『本俗境而以雅調寫之，字句皆獨創者，故刻畫之極，漸近自然。』

## （九）《隆慶保定府志》四十卷

《千頃堂書目》卷六載『馮惟敏《保定府志》四十卷。隆慶辛未修、郡判』，隆慶辛未（一五七一）成書，而其纂修則始於隆慶三年秋。馮惟敏《修志自叙》稱：『作志始於己巳之秋，告成於今，近三年矣。而吏事間之者三之二，録刻不給者亦如之，是以久而後成。逮余改官，膏車之日，始稍稍印布焉。』落款時間『隆慶辛未冬十有二月，保定府通判臨朐馮惟敏叙』。己巳爲隆慶三年，辛未爲隆慶五年，從創修至竣工刊印，歷時兩年有餘。

此志僅存孤本，藏日本内閣文庫，中國國家圖書館藏影印本。此《志》圖、表、志俱全。圖分天文圖、地理圖，表分封建表、職官表、選舉表等，志則分地理、山川、古迹、郡國、政事、祥异、風俗、學政、田賦、户役、兵政、樹渠、邊政、鹽政、屯政、馬政、倉廒、驛傳、封爵、宦迹、人物、藝文、雜志等。與成於衆手的志书不同，每一志前皆作小序，并加按語，對歷史沿革、時事利弊、社會風俗等多有分析考辨。

## （一〇）《嘉靖臨朐縣志》四卷

此《志》孤本，存於寧波天一閣。《光緒臨朐縣志》之《凡例》云：『舊志創始於明嘉靖三十一年，董其事者知縣王家士，總纂者邑人馮惟敏……今明志不存。』可知光緒年間修志者未曾見此《志》，鄭騫《馮惟敏及其著述》承襲其説，以爲已亡佚。據時任縣令王家士《臨朐志叙》：『豫川、草堂皆嘗考索往事，嚴子嘗草創之，會其遷去，遂托海浮馮子終厥事焉……是志也，邑之士大夫皆有商訂，不克悉録。如少洲馮子嘗之南都，過朐一閲，雅有是正。而石溪、海浮實專其任，可謂有功於朐矣。』臨朐訓導祝文（號豫川）、夏雲鵬（號草堂）、嚴怡（號石谿）皆參與其事，嚴怡和馮惟敏先後負責，馮惟訥也參與了修訂。此《志》完成於嘉靖三十一年冬，是臨朐縣歷史上現存最早的縣志。此《志》分風土、官政、人物、雜志四類，内容頗簡，然多以按語議論，另附馬玠、馮惟健、馮惟敏、王家士的議論凡十二處，皆針對時弊，剴切中肯。

## 四、馮惟訥著述

### （一）《馮少洲集》一卷

嘉靖間俞憲刻《盛明百家詩》本，浙江省圖書館有藏。卷首俞憲識語云：『北海馮汝言，名惟訥，號少洲。原籍遼東廣寧衛，今居山東之臨朐。父裕、兄惟重皆舉進士；長兄惟健、次惟敏皆舉於鄉。兄弟四人，各抱奇質，好問學。少洲尤稱俊雅，予同年中莫逆交也。邇以督學兩浙過予，論文多所契。晤既別去，裒其平日所遺詩，刻如左簡。少洲鋭志篇章，進往未艾，尚虚木以俟云。』此集刊刻當在嘉靖四十一年至四十二年間（一五六二—一五六三）。此集共收詩一百三十六首，編排頗爲蕪亂。

（二）《馮光禄詩集》十卷

《千頃堂書目》、《明史・藝文》及《光緒臨朐縣志・藝文》皆著録。馮惟敏撰《少洲馮公行狀》稱『《少洲初稿》若干卷』，當是《馮光禄集》之前身。此集刻於明萬曆十四年，前七卷爲刻本，卷八至卷十、墓志銘配抄本。每卷題『北海馮惟訥著，侄孫琦、孫珣校緝』，弁以于慎行於萬曆十四年仲秋所作的《馮光禄詩集叙》，末附余繼登撰《明通奉大夫光禄寺卿少洲馮公墓志銘》及魏允貞的《跋少洲先生詩後》。此集藏中國國家圖書館，青州圖書館有殘本。

（三）《光禄集》一卷

即《馮氏五先生集》之一，題『北海馮惟訥著，侄孫琦校，平原康丕揚選』，馮琦、康丕揚從十卷本《馮光禄集》揀擇刊印。此集仍按五古、七古、五律、七律、五絶、七絶的順序編排。《光緒臨朐縣志・藝文》認爲從十卷本《馮光禄集》中『選入《五大夫集》者一百七十九篇』，實則一百九十八首，次序一仍十卷本《馮光禄集》。

## （四）《詩紀》一百五十六卷

亦稱《古詩紀》，始纂於嘉靖二十三年冬，到嘉靖三十六年馮惟訥任陝西僉事時全書完成，嘉靖三十七年陝西御史甄敬爲之付梓，三十九年完工。此即《詩紀》初版，分正集一百三十卷，前集十卷、附録一卷，外集四卷，别集十二卷，凡一百五十七卷。此版刻印不精，魯魚亥豕，所在多有。

此書又有吴琯刻本。萬曆前期，吴琯在南京重刻《古詩紀》，张四維《〈古詩紀〉序》稱：『惟訥竭生平之精力爲此書，書成而御史甄敬刻之陝西行臺。其刻既不能精，又無爲之校訂者，豕魚之誤相屬。蓋至萬曆中而古鄣吴琯氏與其鄉人謝陛氏、江都陸弼氏、吴郡俞策氏，相與讐校而復刻之金陵。大約吴氏居其資，而謝氏、陸氏、俞氏居其力。其書遂完好無遺憾。』另有汪道昆作於萬曆十四年的《〈詩紀〉序》，則知此時此書已刻成。此本凡一百五十六卷，包括前集十卷，正集一百三十卷，外集四卷。

第三種爲馮琦刻本。萬曆四十年（一六一二），惟訥孫馮琦任陝西長武縣令，請於巡按畢懋康，重刻《古詩紀》。此刻由黄承玄、馮琦董理，於次年竣工，卷次一仍其舊。雖對初版多有是正，但仍未盡善。

吴琯本刻成後，又有方天眷據此重訂本。據《中國古籍善本書目》列《詩紀》刻本共九種，除嘉靖三十九年甄敬刻本，萬曆四十一年黄承玄、馮琦刻本，其他版本均屬吴琯刻本這一系統：吴琯本刷印後，方天眷稍事剞劂，重新刷印；另又有聚錦堂印本，屬於同一刻本的三種印本。四庫本《古詩紀》即以吴琯本過録。

《古詩紀》爲第一部旨在全面搜集唐前歷代詩歌之總集，影響深遠。張之象《古詩類苑》、臧懋循《詩所》、梅鼎祚《八代詩乘》、張溥《漢魏六朝百三名家集》、沈德潛《古詩源》、丁福保《全漢三國晉南北朝詩》、逯欽立《先秦漢魏晉南北朝詩》皆襲其跡，而馮舒《詩紀匡謬》、楊守敬《古詩存目録》皆補其闕。

## （五）《風雅廣逸》十卷附録一卷

馮惟訥纂，嘉靖三十年（一五五一）刻本，《天一閣藏書目録》著録。《千頃堂書目》、《明史·藝文志》均著録爲七卷，《光緒臨朐縣志·藝文》則作八卷。此書實有十卷，末附録逸詩篇名。此書爲補益楊慎《風雅逸篇》而作，據惟訥自序，成於嘉靖二十七年（一五四八）。三年後馮惟訥遷任南京户部員外郎，其門生喬承慈將此書付梓。此書後編入《古詩紀》，《四庫全書總目·〈古詩紀〉提要》考辨曰：『惟訥别有《風雅廣逸》十卷，核其所載，即此編之前集。蓋初輯古逸諸篇，先刊别行，後乃續成漢魏以下，並爲一篇，實非有二。』中國國家圖書館、上海圖書館有藏。

## （六）《漢魏詩紀》二十卷

馮惟訥刻本，分漢、魏各十卷，其内容實即後來《古詩紀》的漢魏部分。安丘黄禎的《漢魏詩紀序》作於嘉靖三十四年（一五五五），此時書已成稿。喬世寧的《漢魏詩紀叙》作於『嘉靖己未（一五五九）春正月』，中云：『少洲馮子類輯上古詩自上古迄秦别爲前編，漢魏爲一編，六朝又爲一編……刻既成，屬余爲叙。』則此書當刻於嘉靖三十七年（一五五八）。除以上二序，另有徐南金作於嘉靖三十八年（一五五九）三月的序，故一般標爲『嘉靖三十八年刻本』。

此書中國國家圖書館、上海圖書館、華東師大圖書館、浙江大學圖書館等均有藏。另有嘉靖年間王應璧刻本，稍晚於馮氏自刻本，今中國社科院文學研究所、上海圖書館、南京圖書館、福建省圖書館等均有藏。

（七）《選詩約注》七卷，《補遺》一卷

萬曆九年沈思孝刻本。卷首有沈思孝《校選詩約注序》、朱多煃《序》及惟訥自《序》，并《選詩評議》（實采鍾嶸《詩品》、劉勰《文心雕龍》以下至楊慎《丹鉛餘録》論詩之語）。内容是對《昭明文選》中詩歌的簡約注解，主要依據六臣注及明初劉履的《補注》，并參以己見。惟訥自《序》作於『嘉靖壬寅季春朔』，即嘉靖二十一年（一五四二），而朱多煃作於隆慶四年（一五七〇）的《序》称：『始嘉靖庚子，成隆慶庚午，閱三十年，良亦勤矣。』則知是書始纂於嘉靖十九年庚子（一五四〇），兩年後（一五四二）寫成，隆慶四年庚午（一五七〇）寫定。但惟訥生前一直未能付梓。據沈《序》：萬曆初，沈思孝見抄本『傳寫多年舛脱』，遂『爰加厘正，字櫛而句比之，屬付諸梓』，『校蕪刊僞，竭三晝夜之力，三閱月以新兹編』。

此書《少洲馮公墓志銘》著録。四庫本《山東通志·經籍志》注爲一卷，未知所據。

（八）《杜律删注》二卷

此書余繼登《少洲馮公墓志銘》、黄虞稷《千頃堂書目》、王道明《笠澤堂書目》及四庫本《山東通志·經籍志》均著録，實即《杜律虞注删》，全名作《杜工部七言律詩》，二卷一册，元虞集注，馮惟訥删其蕪雜而成。明萬曆末刻本，每半頁九行，行十九字，四周單邊，藏成都草堂。前有馮惟訥作於嘉靖十五年（一五三六）的序，後附其孫馮珣作於萬曆四十三年（一六一五）的跋。據馮珣跋：『杜詩一代宗工，而注七言者，無如元虞伯生氏……先光禄公少時嘗删去其冗雜語，詮次成帙，而採集諸家評説附諸其後，若因虞，又若不因虞者，而卒未敢以己意參之。』説明此集在對虞注删繁就簡的同時，又雜采諸家評説而成。

（九）《文獻通考纂要》《楚詞旁注》《唐音翼》

均見於《少洲馮公墓志銘》及四庫本《山東通志·經籍志》，其中《文獻通考纂要》《楚詞旁注》亦見於《少洲馮公行狀》《光緒臨朐縣志·藝文志》。《文獻通考纂要》，卷數不詳，四庫本《山東通志·經籍志》著録『馮惟訥《文獻通考纂要》六十四卷』，未知何據。《楚詞旁注》，卷數不詳，亦見《千頃堂書目》《笠澤堂書目》著録。《唐音翼》《千頃堂書目》不著卷數，四庫本《山東通志·經籍志》著録爲一卷。

### （十）《嘉靖青州府志》十八卷

此書爲孤本，僅存於天一閣。嘉靖四十四年刻本，全書共十八卷十二册。卷首弁以雷禮、李攀龍、錢有威之序。雷禮《序》：『嘉靖壬戌春，憲副洪洞劉君應時慨青郡久闕志，無以章往開來，與郡人參政馮君惟訥議葉，敦請憲副陳君夢鶴等分類纂輯。草具，未及删訂，繼慈溪秦君鈁秉憲飭戎兹土，與太守古鄞杜君思議』，錢有威《後序》：『壬戌歲，洪洞劉公以按察副使飭兵青郡，按圖撫籍，謂爲闕典，以屬郡守杜君，鳩度以請。乃羅舊聞，搜遺帙，歷訪故老，得其梗概，參以少洲馮先生輩志草，徵文學四明薛子晨考訂而編次之。』知此志始纂於嘉靖四十一年，成書於嘉靖四十四年，由按察副使劉應時和青州知府杜思等人主持，依據馮惟訥草稿，又採訪搜集，由薛晨編次而成，故纂修者中首列馮惟訥。此《志》凡十八卷，分：圖、沿革表、封建表、職官表、選舉表、天文志、地理志、人事志、列傳、藝文、遺文等。

## 五、馮子咸《日進劄記》《自警私録》《讀禮抄記》《耕餘筆談》

馮琦《貞静先生行狀》載：『所著書有《日進劄記》《自警私録》《耕餘筆談》《讀禮抄記》。』《光緒臨朐縣志》《光緒益都縣圖志》皆據此著録。

《日進劄記》，卷數不詳，《千頃堂書目》亦著録，内容當是馮子咸研修理學的心得體會。《自警私録》，卷數不詳，《千頃堂書目》亦著録，當爲作者研習理學的經驗教訓，與《日進劄記》内容相類。《讀禮抄記》，卷數不詳，内容或爲作者讀『三禮』的心得體會。《耕餘筆談》，卷數不詳，《千頃堂書目》卷一二《雜家類》亦著録，當屬筆記類著作。馮子咸『不欲以著述名』，著述皆未付梓，均已亡佚。

## 六、馮琦著述

### （一）《馮用韞先生北海集》四十六卷

《馮用韞先生北海集》，簡稱《北海集》，明萬曆林有麟刻本。《千頃堂書目》著録即此本。卷首題『鎸馮琢菴先生北海全集，石城萬卷樓梓行』，冠以郭一鶚《北海馮先生集叙》、林景暘《刻北海集叙》及林有麟跋語。林《叙》作於萬曆三十一年（一六〇三）夏，當爲編定之年；郭《叙》作於萬曆三十四年（一六〇六），當於是年付梓。是集前五卷爲詩，共計詩五百二十六首、詞六首；後四十卷爲文，收各類文體六百三十二篇。卷四六爲附録，收王錫爵撰《墓志銘》、公鼐撰《行狀》、林景暘撰《宗伯馮公傳》三篇傳記。

此書另有遞修本。遞修本削去郭《叙》，而代之以于慎行《馮宗伯文集序》，另於附録中增于燕芳長詩《五言古一章讀馮用韞先生北海集即事柬林丈仁甫作》。原刻及遞修本，上海圖書館均有藏。

## （二）《馮琢菴先生北海集》五十八卷

《馮琢菴先生北海集》，五十八卷，簡稱《北海集》，萬曆三十七年唐時升等校刻。卷首冠以馮琦門人陳一元作於萬曆三十七年十月的《重刻北海集序》，以及李騰芳《擬進講記序》、莊天合《刻兩部題稿序》、于慎行《馮宗伯詩叙》。前五卷爲詩，共計詩五百三十首、詞五首；卷六至卷五七爲各類文體，凡一千餘篇。卷五八爲附王錫爵所撰《墓志銘》及公鼐所撰《行狀》。所收詩文範圍比四十六卷本《馮用韞先生北海集》多出四百餘篇。

此書中國國家圖書館、南京市圖書館、河南省圖書館及南京大學、首都師範大學、武漢大學、日本早稻田大學等圖書館均有藏。

## （三）《宗伯集》八十一卷

此書刻於萬曆三十五年（一六〇七），卷首冠以于慎行《宗伯馮先生文集叙》（萬曆三十三年）、《馮宗伯詩叙》（萬曆二十七年），以及李維楨《宗伯馮先生全集序》（萬曆三十五年）。

前六卷爲詩，共計詩五百三十七首、詞六首。卷七至卷八一爲文，共收各類文體九百餘篇。

此書明末又有遞修本。據《中國古籍善本書目》，初刻本在上海、天津、遼寧、吉林、山東、湖北各省圖書館共二十八家均有藏本，其中浙江省圖書館藏本附康有爲跋。增修本僅上海圖書館存一部。是書策論多涉及明廷與建州邊事，清乾隆年間被定爲全毀書，《四庫禁毀書叢刊》據天津藏本影印。

（四）青箱本《宗伯集》六卷

馮琦的詩集亦曾單行，其中有青箱本《宗伯集》六卷，萬曆三十五年刻本。每半葉九行，行二十字，中山大學圖書館有藏。此書和八十一卷本同刻於萬曆三十五年，當時從中揀擇而出。

（五）萃慶堂刻本《宗伯集》六卷

晋江李廷機校，門人莊天合、李騰芳同輯，萬曆三十九年『林余泗泉』刻本。每半葉九行，行二十字。書中鈐有『朱□之印』『九丹一字淹頌』『從光之印』『松風水月』等印。是書共收文一百四十五篇，每篇之後附《篇意》和《釋義》，前者概述内容大意，後者注解名詞、典故，當是校者所加。書前弁以萬曆三十三年于慎行《馮宗伯詩叙》。中國國家圖書館、北京大學、中國社會科學院、廣東省中山圖書館均有藏本。

（六）《文敏馮先生詩集》六卷

明末刻本，收詩五百餘首，附録詞九首。山東省圖書館和首都圖書館有藏本。清馮溥藏《佳山堂書目》的『家刻』一類中列《文敏公詩集》，當即此書。

（七）《宗伯馮先生尺牘》四卷

《宗伯馮先生尺牘》，明末刻本，中國國家圖書館和山東省圖書館有藏。所收書牘不出八十一卷本《宗伯集》範圍。清馮溥藏《佳山堂書目》的『家刻』中有《宗伯尺牘》，當即此書。

（八）《馮用韞先生書牘》四卷

清乾隆三年程岑刻本。每半葉九行，行二十四字。是書共收尺牘二百通，書前弁以程岑之序，稱馮琦尺牘『周摯條暢，詞采彬鬱，不染纖毫塵俗氣習，尤堪寶貴』。北京大學、中國社會科學院文學研究所和浙江省圖書館、山東省博物館均有藏本。《山東文獻集成》收録。

## （九）《經濟類編》一百卷

此書見王錫爵《琢菴馮公墓志銘》、公鼐《琢菴馮公行狀》及林景暘《宗伯馮公傳》等，《千頃堂書目》及《明史·藝文志》亦皆著録。書成於馮琦去世的次年（一六〇四），由馮瑗與馮琦門人周家棟、吴光儀等人付梓。刻本前冠以馮瑗《經濟類編序》，稱：『先兄琢菴先生弱冠讀中秘書，則厭薄菁藻，留志經濟。與同館于公下帷讀史，時瑗從先生問字，間窺帷中，每有劄記，必刳截至笥篋，餘即弃去。及讀他書亦然。閲數年，笥篋漸滿，遂分類目。手自綴演成數十編，散置几案間，若將更有論著……會虎林鄭生之惠過北海，從先生問字。先生與抵掌千古及當世務甚愜，因出視是編，欲廣陸文裕《同异録》之意，節采編中政最巨、論最暢者，稍爲論著，成一家言，并以《録》受生。』馮琦卒後，馮瑗與鄭之惠『相與整齊其緒，厘爲百卷，屬總類其上，以便編檢，間遇一事數見者，稍芟其複。副墨將半，以質侍御周公……趨取卒業，手定編次，捐四十萬錢，屬嘉禾曹理君遍告同舉諸君，而以剞劂役屬仁和吾令君及鄭生董焉。令君就鄭生所肄業南屏山開局鳩工，簿書稍暇，躬詣督校，凡六閲月。瑗及瓜當代，生以刻成編目來，幾十之八矣。千金之役、千指之役、亦千日之役。』

馮夢禎《經濟類編序》：『公没無幾，而是編出於公弟民部郎瑗。蓋主於經濟，而雜采秦漢已下鴻儒著作、名臣奏對，旁及百家雜猥，爲類二十有三目，僱之凡三百餘條，蓋大宗伯東阿于公嘗參其畫。民部所云割截群書、手自演綴者，因憶在館時闔扉静哦，是編實托始矣……整齊厘次，存公手澤，則公之門生侍御周公、仁和令吴公有功焉，而受其成於鄭生孔肩。剞劂之役，則周公而下出貲共成之，而我吴明府之勞勩尤劇。』據以上記述可知：第一，此書籌畫始於馮琦任職詞館時，于慎行曾參與其體例和條目的商訂。馮琦去世後，馮瑗和鄭之惠整理編次，馮琦門人周家棟出資，另一門人吴光儀負責鳩工刊刻，『千金之役、千指之役、亦千日之役』説明此編耗費財力、人力、精力之大。第二，此書基本上一依馮琦『手澤』，馮瑗等人僅是『整齊其緒，厘爲百卷』『屬總類其上』『稍芟其複』。

全書一百卷，共分二十三類：帝王、政治、儲宫、宫掖、臣、諫諍、銓衡、財賦、禮儀、樂、文學、武功、邊塞、刑法、工虞、天、地、人倫、人品、人事、道術、物、雜言。其中，帝王、政治、臣、銓衡、禮儀、文學、武功内容較爲豐富，而物、樂二類則過於簡略。誠如《四庫全書總目·〈經濟類編〉提要》所言：『此書既非琦所手校，其間所録諸條，瑗等有所損而弗能益，故或詳或略，不盡均齊。又離析合并，未必一一得琦之本意。』此書徵事宏富，非明代一般類書可比。鄭振鐸《西諦書話》稱：『自諸子百家以下，幾無書不采，而尤着意於經濟之言，故録載奏疏特多，實爲後來諸「經世文編」之祖。體例集若「類書」，而實非「類書」；蓋每録全文，不若諸類書之條文瑣碎也。陳元愫於萬曆時，輯《經濟文輯》，陳子龍於明末輯《皇明經世文編》，即仿其意。』

《經濟類編》目前存抄本和刻本。抄本在明代已流傳，上海圖書館、天一閣文物保管所、復旦大學圖書館均藏部分抄本。

刻本即萬曆三十二年周家棟等人的刻本，此本每半葉十行，行二十字，卷首有『明北海馮琦纂，弟馮瑗、楚黄門人周家棟、淮南門人吴光儀校』。刻本目前在中國國家圖書館、山東省圖書館、山東省博物館等四十一家館均有藏本。

## （十）《宋史紀事本末》

馮琦原編，陳邦瞻續成。是書是馮琦未完之稿，據劉曰梧《刻宋史紀事本末序》：『余師臨朐馮先生蓋嘗慨然於斯，稍爲編次，凡例初具，天復不予。及余行部舊京，從京兆徐公所，得故沈侍御所輯《事紀》於其子朝陽，義例適與馮先生合，而删潤未備，條貫稍遺。余鄉司勛陳公德遠，博觀二酉之藏，能以精神疏觀古人於千載之後，事惟擇其關時，言無取於枝葉……蓋經三公之手而書始成。』由此可知，劉曰梧得到馮琦遺稿後，又從友人徐申處獲知沈越有遺稿《宋史事紀》，因將兩部遺稿交由陳邦瞻，由其最後成書。陳邦瞻也在《序》中說：『先是，宗伯馮公欲爲是書而未就，侍御斗陽劉先生得其遺稿若干帙，以視京兆徐公，徐公以授門下沈生，俾讎正之，因共屬不佞續成焉。凡不佞所增輯幾十七，大都則侍御之指而宗伯之志也。』《四庫全書總目·〈宋史紀事本末〉提要》云：『於一代興廢治亂之迹，梗概略具……詮叙頗有條理……其書雖亞於樞，其尋繹之功，乃視樞爲倍矣。』其缺點是涉及遼、金、元史事，而獨標『宋史』，體例不純，失於斷限。

此書有二十八卷本、十卷本和一百零九卷本三個系統。二十八卷本即萬曆三十三年劉曰梧、徐申所刻。此後不久，徐申又請陳邦瞻撰成《元史紀事本末》，分爲六卷。萬曆三十五年，巡撫黄吉士將陳氏的宋、元二書與袁樞《通鑒紀事本末》全刻，并將《宋史紀事本末》合并爲十卷。崇禎年間，張溥取陳氏二書加以論正，附於各篇之後，改成以篇以卷，遂將《宋史紀事本末》析爲一百零九卷。

《千頃堂書目》著録作『馮琦《宋史紀事本末》二十八卷』，《明史·藝文志》因之。《四庫全書總目提要》將二十八卷誤爲二十六卷，并歸於陳邦瞻名下。《光緒臨朐縣志·藝文志》考證曰：『《四庫全書總目》作陳邦瞻撰，蓋琦撰此書未竟而殁，邦瞻補葺成之，因琦稿者纔什三，然分一百九篇，義例悉仍琦舊，故《明史·藝文志》仍作琦撰。』中華書局校點本《宋史紀事本末》徑署陳邦瞻，殊失公允。《山東文獻書目》著録『（明）馮琦撰　（明）陳邦瞻增訂』，更爲允當。

（十一）《唐策》十卷，《明策》三卷

《千頃堂書目》著録。崇禎五年張氏智居樓刻本，署張延登輯，而不題馮琦。此書每半葉八行，行十六字。現藏於北京大學圖書館。按，張延登（？—一六三七），字濟美，山東鄒平人。萬曆二十年進士，官至右都御史。《民國鄒平縣志》等皆未載其輯《唐策》事。今中國國家圖書館藏《明策》四卷，題『明馮琦、黄汝良撰，張延登輯』，當即黄汝良在馮琦三卷本的基礎上增修而成。此本爲明崇禎間張延登刻本，附清李文田跋語，亦每半葉八行，行十六字，白口，四周單邊，版本特徵與《唐策》完全一致。可以推知，張氏刻本《唐策》當亦馮琦之作，極有可能在馮琦卒後手稿輾轉流入張延登之手，張氏於崇禎間將《明策》《唐策》一起付梓，而將《唐策》换署己名。黄氏《千頃堂書目》所記不誤。

（十二）《萬曆辛丑會試録》一卷

萬曆刊本，現藏臺灣圖書館。實即《宗伯集》卷一四《辛丑科會試録序》一文。臺灣學生書局影印，收入屈萬里主編的《明代登科録彙編》。

## （十三）《男訓》二十一卷，《女訓》二十卷

馮琦原輯，沈鯉裁定。《男訓》全題《龍江先生輯男訓》，《女訓》全題《龍江先生輯女訓》。上海圖書館藏重刻本，首弁以莊履豐《男訓女訓序》、陳經邦《男女二訓序》、吕坤《書男女二訓》及徐昌祚《重刻男女二訓叙言》。其中，莊《序》、陳《序》徑將其歸於沈鯉名下，陳《序》落款時間爲『萬曆己丑歲立夏日』，即萬曆十七年（一五八九），吕《序》稱：『宫保龍江先生閑家有道……乃語馮宫坊琢菴檢括經史，得男女可爲訓者五百有奇，分類四十有一。』時間爲『萬曆壬辰秋八月』，即萬曆二十年（一五九二）。徐《叙言》稱：『吾師相國沈先生始任宗伯時，嘗與宫保馮先生薈撮群書爲男女二訓，業已梓行海内。』時間爲『萬曆癸卯夏五月』，即萬曆三十一年（一六〇三），則知此書初刻於萬曆十七年至二十年間，徐昌祚校訂重刻於萬曆三十一年。

《男訓》分孝親、事君、尊師、友悌、取友、治家、居官、居鄉、好學、謹言、慎行、循禮、行義、器量、容忍、長厚、信實、聰敏、謙抑、儉素、廉潔二十一目；《女訓》分孝行、敬戒、相夫、教子、娣姒、嫡妾、慈愛、儉素、憂勤、廉潔、婦容、婦功、持正、循禮、好學、安貧、行義、明達、貞節、貞烈二十目，并附格言。重刻本卷首均題『歸德沈鯉裁定，臨朐馮

琦纂集，常熟後學徐昌祚校訂』。

（十四）《經筵講義》一卷

未見傳本，疑即《宗伯集》卷三〇《經筵講章》，原曾單行，八十一卷本《宗伯集》刊印後，此書遂亡。

（十五）《通鑒分解》

不載卷數，《光緒臨朐縣志·藝文》考證云：『此書不傳，《宗伯集》内有《日講通鑒直解》十七卷，豈即此書而目特重出歟？』所疑甚是。《宗伯集》卷三一至卷四七所收《日講通鑒直解》，實爲馮琦任講官時的『講稿』，是對《資治通鑒》的講解，其中以古爲鏡、借古諷今的用意至爲明顯。《通鑒分解》即此十七卷《日講通鑒直解》無疑。

（十六）《兩朝大政紀》

見傳國《昌國艅艎·藝文》和《千頃堂書目》，《光緒臨朐縣志·藝文》亦據傳書著録。

（十七）《唐詩類韵》

《千頃堂書目》《昌國艅艎·藝文》《光緒臨朐縣志·藝文》均著録。此書與《兩朝大政記》均見於《昌國艅艎》，作者傅國與馮琦同邑同時，記載當可憑信。今題名《唐詩類韵》的明人著作有兩種：一種四卷，張可大輯，明萬曆刻本；另一種二十九卷，題于承祖撰，明萬曆白雪齋刻本。這兩種是否與馮著有關，尚不得而知。

（十八）《正士風文體疏》一卷

當即《宗伯集》卷五四中的《爲肅官常清吏治端士習懇乞聖明嚴爲申飭以挽回世道人心疏》，此疏在晚明曾流傳甚廣，傅國亦載入《昌國艅艎》。

（十九）《北海書抄》

《昌國艅艎》著録，《光緒臨朐縣志》亦據以著録。從書名看，當係馮琦書牘之一種。

（二〇）《文敏公奏疏》

見馮溥《佳山堂書目》之『家刻』類。按，《宗伯集》卷四八至卷五九爲奏疏，當即此集。此《奏疏》原本單行，因《宗伯集》出而不復流行。

（二一）《宗伯遺稿》

亦見《佳山堂書目》之『家刻』類。此書與《宗伯尺牘》《文敏公奏疏》《文敏公詩集》并列，當爲《宗伯集》中的其他文章。

## 七、馮瑗著述

（一）《晋楚從政録》

卷數不詳，鍾羽正《栗菴馮公墓志銘》及董可威《栗菴馮公行狀》均著録。馮瑗曾任湖廣茶陵、山西澤州知州，此書當是在兩地從政的記録。

（二）《使越録》

卷數不詳，鍾羽正《墓志銘》及董可威《行狀》亦著録。馮瑗在任户部廣東司員外郎時曾監兑兩浙漕糧，此書當是出使浙江時的記録。

（三）《黄龍紀事》

卷數不詳，《光緒臨朐縣志·藝文》著録：『馮瑗《黄龍紀事》。（見本傳，蓋瑗在開原時作，傳國稱其甚晰邊情。）』據鍾羽正《栗菴馮公墓志銘》：『予讀《黄龍紀事》，撫卷於邑，弗忍竟也，遼事謬至此哉！世曷嘗無沉幾遠慮之士，方危機交急，揣情勢、瀝肝膽而籌之，當事者曾不少顧，愎諫輿尸，天固奪之鑒也。』知此書所記爲馮瑗對女真諸部的策略和馮瑗的軍事思想，成書於任開原兵備道時。

（四）《黄龍焚草》

卷數不詳，據董可威《栗菴馮公行狀》：『公復條具奴之可亡者十，而我之可慮者亦十，語具在《黄龍焚草》中，顧與經臺枘鑿戾也。』奴即指努爾哈赤，可知此書和《黄龍紀事》所載内容相近，都是有關對努爾哈赤戰争的策略。

## （五）《開原圖説》二卷

《行狀》和《墓志銘》未著録。此書刻於萬曆末年，卷首第二行有『北海馮瑗輯』，卷末有『金臺魏祚、劉鳳、陳玉寫刊』。據上卷撫安、白家衛、三岔兒堡圖下均有『萬曆四十六年東夷入犯克去』，可知輯成此書當在此年，因爲次年六月開原陷落，所以此書當在萬曆四十六年前後刊刻。

此書分上下兩卷，内容可分爲圖説、女真支系、軍政三個部分。上卷叙開原及附近城堡之防衛，凡二十七圖，先圖後文，介紹各城堡的形勢、守衛，并附按語，對各處防衛形勢予以分析總結。下卷十二篇，先考女真各部之支派，另有軍政類圖説八篇。此書爲研究明末開原周邊防務以及滿族支派、起源的重要史料。

刻本被影印收入《玄覽堂叢書》。抄本有馮瑗的韓國後裔保存本，以及華東師範大學圖書館、北京師範大學圖書館、上海圖書館、復旦大學圖書館藏本。

## 八、馮珣、馮士衡著述

（一）《韞璞齋稿》

馮珣著，卷數不詳，《光緒臨朐縣志·藝文》著録。此書亡佚，臨朐七賢藏本《馮氏世録》收其有關骨肉親情之作百餘首，可知《韞璞齋稿》詩作數量應頗爲可觀。

（二）《雲鏡閣遺詩》

馮士衡著，卷數不詳。趙愚軒《青州明詩鈔》選馮士衡詩八首，叙其生平云：『士衡字子平，號宗遠，珣子，泰昌時歲貢生，官孝豐知縣，有《雲鏡閣遺詩》。』趙氏《自叙》作於『戊辰（一九二八）仲秋』，則此書民國間猶存。

## 九、馮溥著述

（一）《佳山堂詩集》十卷，《二集》九卷

《佳山堂詩集》十卷，由馮溥衆門人及三子負責校勘，共收詩八百六十九首。刻於康熙十九年（一六八〇）秋，《光緒臨朐縣志·藝文》著録『馮溥《佳山堂集》四卷』，明顯訛誤。《四庫全書總目》云：『《佳山堂集》十卷，國朝馮溥撰……康熙己未召試博學鴻詞，溥與高陽李霨、寶坻杜臻、昆山葉方靄四人同爲閲卷官，得人最盛，故毛奇齡等爲作集序，皆稱門人，其詩則未爲精詣也。』前冠以高珩、魏象樞、施閏章、梁清標、汪懋麟、毛奇齡、曹禾、徐乾學、李天馥、王士禛、方象瑛、王嗣槐、陳維崧、陳玉璂、馮源濟等人《序》十五篇，高珩、毛奇齡、曹禾《序》皆題作於康熙十九年（一六八〇），徐乾學《序》作於康熙二十年，梁清標《序》作於康熙二十一年秋馮溥致仕之際。後附徐嘉炎、倪燦、吴任臣、徐釚諸人之《跋》及毛端士、陸棻《後序》，徐嘉炎、倪燦之《跋》未標年月，另四人之作均作於康熙十九年。

《二集》九卷，刊刻於康熙二十七年（一六八八）冬。冠以黄與堅之《序》，後附毛奇齡作於康熙二十七年之《後序》。亦由衆門人和其三子負責校刊。各類詩體共計四百三十九首。兩集共收詩一千三百零八首。

（二）《佳山堂書目》一卷

馮溥藏，道光十二年諸城劉喜海鈔本，中國國家圖書館有藏。是書所列爲馮溥藏書之一部分。首頁行書題『益都馮相國佳山堂藏書目録』，卷首劉喜海《序》稱馮溥原書目『乾隆辛卯間，李南澗先生得於其家』，劉氏『從南澗先生所録書目中鈔得此種』，劉氏又稱『余過益都時，不全得寫本《周益公集》一巨册，云是相國故物，馮氏售出者，而目中無此種，即此目亦恐非當時故籍也』。可知劉氏此本鈔自李文藻藏本，而李氏所藏亦非全璧。《書目》分爲經書、史書（附前明書）、志書、類書、文集、子書、詩集、韵書、醫書、佛書、道書、天文、地理、雜記、家刻共十五類。末葉題『道光壬辰春，兄雯改名如海書，時年七十有六』。『如海』即劉喜海堂兄。

## 十、馮協一等人著述

### （一）《友柏堂遺詩選》二卷

馮協一《友柏堂遺詩選》，二卷，刻於『乾隆歲在戊午冬十月』，即乾隆三年（一七三八）冬。《四庫全書》存目，亦見《皇朝文獻通考·經籍考》和《皇朝通志·藝文略》，《光緒臨朐縣志·藝文》和《光緒益都縣圖志·藝文》均有著録。《四庫全書總目·〈友柏堂遺詩選〉提要》稱：『子願檢收遺稿，求正於其姻家趙執信。執信托目疾不省覽，命門人常熟仲昰保代删之，而執信爲之序，昰保跋焉。其詩雖未極工，亦非極惡，而執信序嘲誚百端，殊可怪訝！亦可云魏收驚蛺蝶矣。』國家圖書館有藏本。

### （二）馮灝《益都志續》一卷、《馮氏世録》一卷

馮灝，馮溥三弟。《光緒益都縣圖志·藝文》載：『國朝馮灝（字孔素，號約齋，大學士馮溥弟，歲貢生）《益都志續》一卷，《馮氏世録》一卷（以上俱見《家乘》）。』《益都志續》已不見，當是《康熙益都縣志》的續志。《馮氏世録》即臨朐馮氏『家乘』，從馮惟敏開始歷代相傳而有不斷增益。

### （三）馮鈐《拙逸齋詩稿》二卷、《蕉硯録》六卷

馮鈐，字孝明，號麗堂，晚號拙逸老人，馮溥之玄孫。《拙逸齋詩稿》二卷、《蕉硯録》六卷均見《光緒益都縣圖志·藝文》，其載：『國朝馮鈐（字麗堂，號拙逸老人，增廣生，相國溥之裔）《拙逸齋詩稿》二卷，《蕉硯録》六卷（多記國初軼事）。』二書均不見他書著録，《拙逸齋詩稿》或已亡佚。《蕉硯録》六卷係馮鈐稿本，清末民初邱琮玉從中抄録少許。現青州市政協主編的《青州文獻》第二輯中據李明吾抄本排印。李明吾《蕉硯録跋》云：『邑先進馮鈐……所著《蕉硯録》，聞見所及，筆諸簡端，信而有徵，堪稱良史。無刻本，邑志僅就抄本

采登。耳其名久矣，丁巳仲春，偶於姻丈錦方先生處睹此抄本，亟假歸而景寫，存諸篋衍，以俟世之稽古右文之士，鐫諸梨棗，俾廣流布，我得博一抄胥之名幸矣。中華民國十八年中秋前三日李明吾跋。』由此可知，李明吾於丁巳仲春（一九一七）從錦方先生（丘琮玉）處措抄，民國十八年（一九二九）撰此跋語。